KB117118

왕을 위한 변명

왕을 위한 변명

지은이_ 신명호

1판 1쇄 발행_ 2009. 4. 20.
1판 3쇄 발행_ 2015. 7. 27.

발행처_ 김영사
발행인_ 김강유

등록번호_ 제406-2003-036호
등록일자_ 1979. 5. 17.

경기도 파주시 문발로 197(문발동) 우편번호 413-120
마케팅부 031)955-3100 편집부 031)955-3250 팩시밀리 031)955-3111

값은 뒤표지에 있습니다.
ISBN 978-89-349-3454-7 04900

독자 의견 전화 031)955-3200
홈페이지_ www.gimmyoung.com　카페_ cafe.naver.com/gimmyoung
페이스북_ facebook.com/gybooks　이메일_ bestbook@gimmyoung.com

좋은 독자가 좋은 책을 만듭니다.
김영사는 독자 여러분의 의견에 항상 귀 기울이고 있습니다.

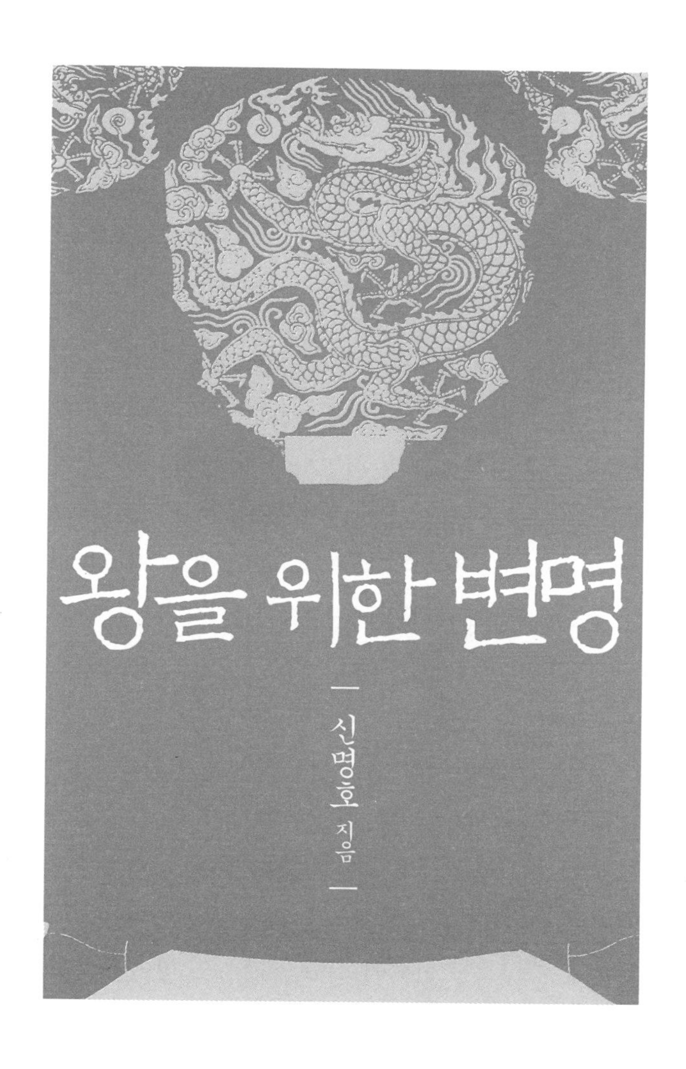

김영사

실존적 인간으로서의 왕을 만나다

태정태세문단세 예성연중인명선…… 중고등학교시절, 나는 이 말을 무슨 주문 외듯이 외웠다. 잘 외워지지 않아 노래 가락에 얹어서 외우기도 했다. 외워야 할 글자가 27자나 되었기에 그랬다.

그렇게 외운 27자는 바로 조선시대 27왕의 호칭이었다. 나는 그때, 그렇게 외운 것으로 조선시대 27왕을 다 안 것으로 생각했다. 외워야 할 것이 너무나 많았던 그 시절, 무엇인가를 외웠으면 그것은 곧 무엇인가를 다 안 것이었다.

그리도 쉽게 알았던 조선시대 왕들을 새삼스레 알아보겠다고 매달린 지 벌써 20년 가까운 세월이 흘렀다. 생각해 보면 왕들을 알아보겠다는 욕심은 결국 인간을 알아보겠다는 욕심이었다.

이 책은 실존적 인간으로서의 왕들을 알아보고자 썼다. 왕은 모름지기 어떠해야 한다는 당위성 너머에 있는 실존적 인간으로서의 왕들을 알아보고자 했다. 대상은 조선시대 27왕 중에서 10명이다. 그들은 긍정적이든 부정적이든 조선왕조 500년간 굵직한 발자취를 남긴 왕들이었다. 10명의 왕들이 자기 자신, 가정, 인간, 국가, 세계와 마주해 보여주었던 마음과 행동은 바로 조선왕조 500년간의 굵직한 발자취였다.

이 책을 쓰면서 주로 이용한 자료는 『조선왕조실록』과 『승정원일기』이다. 『조선왕조실록』의 가치는 굳이 설명이 필요 없다. 1997년 유네스

코의 세계기록유산으로 지정된 『조선왕조실록』은 우리나라만의 문화유산이 아니라 세계의 문화유산으로 공인될 정도로 소중한 기록유산이다. 『조선왕조실록』에 수록된 정보는 그 깊이와 넓이에서 읽는 이들의 찬탄과 경외를 불러일으키기에 충분하다.

그렇지만 실존적 인간으로서의 왕들을 알아보고자 하는 필자에게 『조선왕조실록』은 가장 중요한 정보원이기도 했지만 동시에 거대한 장애물이기도 했다. 『조선왕조실록』에 수록된 그 많은 정보들은 어떤 면에서는 실존적 인간으로서의 왕들을 철저하게 가리고 있었다. 『조선왕조실록』에 들어있는 왕들은 조선시대의 '춘추필법'이라 불리는 대의명분에 갇혀 있었기 때문이었다.

이뿐만이 아니었다. 왕의 입장에서 본다면 『조선왕조실록』은 매우 불리한 기록일 수밖에 없었다. 『조선왕조실록』에는 대의명분에 입각해 왕을 비판하는 무수한 양반들이 등장한다. 한 명의 왕을 두고 수백 명 아니 수천 명의 사람들이 훈계하고 충고하고 비난하는 셈이었다. 그런 글들을 그대로 읽다보면 실존적 인간으로서의 왕은 고사하고 흠투성이의 왕만 보이기 십상이었다. 여기에 더하여 실록기사들은 '춘추필법'을 드러내기 위해 취사선택되고 재편집되었기에 그런 기사들 속에서 실존적 인간으로서의 왕을 읽어내기란 너무 힘든 일이었다. 고백하자면 행간을 읽는다는 핑계로 많은 부분을 상상하고 억측할 수밖에 없었다.

『조선왕조실록』이라는 거대한 장애물로 끙끙대던 필자에게 『승정원일기』는 거의 구세주와도 같았다. 최소한 『승정원일기』는 '춘추필법'을 드러낸다는 명분으로 취사선택되고 재편집되지는 않았기에 그만큼 사실을 사실대로 기록했기 때문이다. 그렇지만 『승정원일기』도 만병통치약은 아니었다. 『승정원일기』는 조선전기 부분이 없고 또한 많은 경우 결정적인 내용이 삭제되었기 때문이다.

예컨대 사도세자를 뒤주에 가두어 죽이던 당일의 기록은 완전히 삭제되어 있다. 그날의 기록을 삭제할 것을 영조에게 요청한 세손 즉 훗날의 정조는 '『승정원일기』로 말하면 그때의 사실이 모두 실려 있기에 모르는 사람이 없고 못 본 사람이 없으며 본 자는 전하고 들은 자는 의논하여 세상에 퍼지고 사람들의 이목을 더럽히니 신의 사사로운 마음이 애통하여 거의 곤궁한 사람이 돌아갈 데가 없는 것과 같습니다'라고 하소연했다. 영조는 이런 세손의 하소연을 받아들여 사도세자를 뒤주에 가두어 죽이던 당일의 기록을 세초洗草하게 했다. 이렇게 해서 그날의 진실은 사라지고 온갖 추측이 난무하게 되었다. 이런 사실에서도 알 수 있듯이 조선시대에 가장 확실한 사실기록은 역시 『승정원일기』였다.

이런저런 한계에도 불구하고 『조선왕조실록』과 『승정원일기』가 실존적 인간으로서의 왕들을 알려주는 최고의 기록임에는 변함이 없다. 하지만 기록이 모든 것을 알려주는 것은 아니다. 깊숙한 인간의 내면을 문자 안에 모두 포괄한다는 것 자체가 불가능한 일이다. 문자에 포괄되지 않는 인간의 내면은 어쩔 수 없이 '인간통찰'이라는 미명으로 채워 넣을 수밖에 없다. 그래서 실존적 인간으로서의 왕들을 오독했거나 왜곡했다면 그것은 전적으로 필자의 인간통찰력의 부족임을 자인하지 않을 수 없다.

그럼에도 불구하고 굳이 이런 시도를 한 이유는 역사의 주체는 역시 인간일 수밖에 없다는 생각 때문이다. 인간이 배제된 역사는 역사라고 할 수가 없다. 조상들이 남겨준 모든 자료를 찾아 확인하는 것이 역사가의 기본 사명이라면, 마찬가지로 그 시대의 인간들을 주체적으로 통찰해야 하는 것 또한 역사가에게 피할 수 없는 사명일 것이다.

먼 옛날, 원효대사는 해골 물을 마주하고 큰 깨달음을 얻었다고 한다. 당나라로 유학가기 위해 의상대사와 함께 남양 바닷가에 도착한 원효대사는 갈증에 시달렸다. 한 밤중 무덤가에서 찾은 해골 물은 감로수 같은 생명수였다. 하지만 날이 밝아 해골 물을 본 원효대사는 불현듯 역겨움을 느꼈다. 같은 해골 물인데도, 마음에 따라 생명수가 되기고 하고 역겨움도 느끼게 되는 사실에 원효대사는 크게 깨달았다는 것이다.

조선시대 10명의 왕들이 마주했던 자기 자신, 가정, 인간, 국가, 세계는 어찌 보면 지금 내가 마주하고 있는 나 자신, 내 가정, 내 이웃, 내 나라이기도 하다. 조선시대 10명의 왕들이 자기 자신, 가정, 인간, 국가, 세계와 마주하며 보여주었던 마음과 행동은 이미 썩어 문드러진 해골의 물과 같다. 그 해골의 물이 나에게 또 이 책을 읽는 독자들에게 작으나마 성찰의 계기가 되기를 기원해본다.

2009년 4월

신 명 호

차례

한 세상 내 마음대로 원을 풀리라, 연산군

극도의 공포심이 빚어낸 이중성, 중종

저주를 혹신한 극단의 심리, 광해군

무엇이 천륜마저 저버리게 했을까, 인조

이복형 경종의 죽음 앞에서, 영조

아버지의 아들로서, 태종

조선왕조의 창업은 천명이 아니었다 ❀ 나라의 화복이 불상에 달려있지 않다 ❀ 제왕은 자신의 이성을 찾아 중심을 잡아야한다 ❀ 원칙을 바로세운 것이지 불효가 아니었다 ❀ 미움과 복수심도 현실 앞에서 굴복했다 ❀ 냉철한 이성도 천륜 앞에서는 무너지고 말았다

조선왕조의 창업은 천명이 아니었다

이육李陸의 『청파극담青坡劇談』에는 태종 이방원과 관련하여 이런 이야기가 전한다. 태종 이방원이 세종에게 양위하고 상왕으로 있을 때였다. 어느 날인가, 상왕 궁에서 근무하는 하급관리 두 사람이 열띤 토론을 벌였다. 주제는 하늘과 사람의 이치에 관한 내용이었다. 한 사람은 '부귀와 영화는 모두 임금에게서 나온다'고 주장했고, 다른 사람은 '그렇지 않다. 하나의 품계나 하나의 자급資級도 모두 하늘이 정하는 것이어서 비록 임금이라 하더라도 그 사이에 어떻게 할 수가 없다'고 했다. 요컨대 사람의 운명을 결정하는 것이 하늘인가 아니면 임금인가를 놓고 벌어진 논쟁이었다. 이런 논쟁은 본디 쉽게 결론을 내기가 어려운지라 두 사람은 계속 갑론을박했다.

우연인지는 모르지만 태종도 이 논쟁을 듣게 되었고, 주제가 꽤 심각하게 여겨졌던지 태종은 말이 아니라 다른 방법으로 논쟁에 뛰어들었다.

태종은 작은 종이에다 '지금 가는 아무개에게 한 품계를 올려주도록 하시오'라고 써서 세종에게 전하게 했다. 물론 그 종이는 '부귀와 영화는 모두 임금에게서 나온다'고 주장하는 사람에게 주었는데, 그 속내는 알리지 않았다. 태종은 운명론자라기보다는 현실론자였기에 '부귀와 영화는 모두 임금에게서 나온다'는 사실을 입증하고 싶었던 것이다.

그런데 무슨 조화인지 종이를 받아 나온 사람이 갑자기 복통을 일으켰다. 그는 할 수 없이 '운명론자'에게 부탁하여 종이를 전하게 했다. 결국 품계를 올려 받은 사람은 운명론자였다. 이 소식을 들은 태종은 한참 동안 말을 못했다고 한다. '운명'의 위력에 놀란 태종이 할 말을 잊었기 때문이었을 것이다. 작자가 이런 이야기를 전한 이유가 '운명'의 위력을 이야기하려는 것인지 아닌지는 알 수 없다. 하지만 이 이야기에서 확실한 것은 태종은 '운명론자'라기 보다는 '현실론자'였다는 사실이다.

실제로 태종은 조선시대 국왕 중에서 가장 냉철한 현실론자였다. 대부분의 국왕들이 운명론 예컨대 지리도참이나 예언을 믿었지만 태종은 믿지 않았다. 태종은 철저하게 이성적으로 무장한 현실주의자였다.

태종은 고려 말에 조선이 건국되는 과정에서 걸림돌이 되는 정적들을 계산된 행동에 의해 가차 없이 제거해버림으로써 조선왕조의 창업을 쟁취해냈다. 건국 이후에는 제1차 왕자의 난과 제2차 왕자의 난을 통해 왕권을 쟁취해냈다. 이런 인생경험을 통해 태종은 인간의 삶이란 예정된 운명이 아니라 현실적인 도전을 통해 결정된다고 믿었다.

태종은 개인의 삶뿐만 아니라 왕조의 창업 같은 거대한 사업도 현실적인 도전을 통해 좌우할 수 있다고 믿었다. 반면 당시의 많은 사람들은 개인의 힘이 아무리 뛰어나도 그 힘만 가지고는 왕조창업과 같은 거대한 사업을 성취할 수 없다고 생각했다. 그것이 가능하려면 인간의 힘에 천명天命과 같은 거대한 운명이 더해져야 가능하다고 생각했다. 그러한 생각은 조선왕조의 건국시조인 태조 이성계를 비롯하여 당대의 지식인들 사이에도 만연해 있었다.

세종 때에 조선왕조의 창업을 노래한 「용비어천가」는 '해동육룡海東六龍이 ᄂᆞᄅᆞ샤 일마다 천복天福이시니'라는 구절로 시작된다. 해동육룡은 세종 이전의 여섯 조상인 목조, 익조, 도조, 환조, 태조, 태종의 여섯 명을 지칭한다. 이 육룡이 하는 일마다 천복 즉 하늘의 복이 함께하여 조선왕조가 창업될 수 있었다는 것이다. 이것은 물론 하늘을 빙자하여 조선왕조 창업의 정당성을 강변하려는 정치적 주장이기도 하지만, 그것은 또한 당시의 많은 사람들이 실제 천명을 믿었다는 증거이기도 하다. 즉 개인의 힘에 더하여 천우신조라 할 천명이 보태져야 왕조창업이 가능하다는 일반적인 인식의 표현이기도 했다.

하지만 태종은 조선왕조의 창업을 천명으로 이해하지 않았다. 그는 조선왕조의 창업도 철저하게 현실적, 인간적 측면에서 파악했다. 제2차 왕자의 난에 성공한 후 세자가 되어 명실상부 최고 실세가 된 태종은 자신이 그 자리에 오르게 된 배경을 이렇게 분석했다.

"세자가 『대학연의大學衍義』를 읽다가 좌보덕左輔德 서유徐愈와 더불어 병권장악의 폐해에 대하여 논의했다. 논의가 당나라의 현종, 숙종 때 일에 이르자 탄식하며 말하기를, '당나라 숙종이, 자신이 총애하던 환관 이보국李輔國을 도리어 두려워하는 지경에까지 이르게 된 것은 다만 이보국이 병권을 장악했기 때문이다. 병권을 흩어놓으면 안 된다는 귀감이 이와 같다. 또한 우리 가문의 일로 말하더라도, 태상왕께서 병권을 장악했기 때문에 고려 말에 능히 화가위국化家爲國할 수 있었던 것이다. 무인년(戊寅年, 태조 7년, 1398) 남은과 정도전의 난(제1차 왕자의 난)의 경우에도, 그때 만약 우리 형제가 병권을 장악하고 있지 않았다면 어떻게 능히 임기응변할 수 있었겠는가? 박포朴苞가 회안대군懷安大君을 설득한 것도 또한 병권이 있었기 때문이다. 요사이 공신 3, 4명이 병권을 내놓게 되자 불평불만 하여 마지않는다. 이에 대간臺諫이 죄주기를 청하여 외방에 귀양을 보내기까지 했다. 지난번에 내가 병권은 흩어놓으면 안 된다는 일로 공신들을 직접 만나서 자세히 타일렀지만, 모두 나의 뜻을 깨닫지 못했다. 지금에야 오직 조영무趙英茂가 평양에 있으면서 말하기를, 세자의 가르침을 깨닫지 못한 것이 한스럽다 한다.' 고 했다."(『정종실록』 권4, 2년 6월 20일조)

위는 태종이 공신들의 사병을 혁파하는 과정에서 언급한 내용이다. 따라서 사병혁파를 강조하기 위한 측면도 있지만 동시에 운명보다는 현실을 중시하는 태종의 생각이 잘 나타나 있다.

당시 조선왕조가 창업되는 시기에는 특히 도참이나 예언이 유행했기에, 개국주체세력은 고려왕조의 멸망과 조선왕조의 창업이 이미 하늘에 의해 예정되었다는 것을 널리 퍼뜨렸다. 그런 도참이나 예언은 분명 정치적 의도가 있었지만 실제로 효과적이기도 했다. 그만큼 사람들이 도참이나 예언을 믿었다는 뜻이다. 당시의 도참은 주로 꿈 또는 신비한 글귀인 비결秘訣이나 보록寶籙으로서 그 내용이 실록이나 야사에 적잖게 전하고 있다.

예컨대 꿈은 이런 내용들이다. 태조 이성계가 왕이 되기 전 안변에 살 때, 여러 집의 닭들이 일시에 우는 꿈, 무너진 집에 들어가서 서까래 세 개를 짊어지고 나오는 꿈, 꽃이 떨어지고 거울이 떨어지는 꿈 등을 연이

이성계 초상 이성계는 조선의 개국시조였지만 아들 이방원이 일으킨 제1차 왕자의 난으로 권력을 빼앗기고 상왕으로 밀려났다.

어 꾸었다. 문득 잠에서 깨어난 이성계는 마침 옆에 있던 노파에게 꿈의 징조를 물으려 했다. 그러자 그 노파는 '장부의 일을 소소한 여인이 알 바 아니니 서쪽으로 가서 설봉산 굴 안의 신비한 스님에게 물으십시오'라고 했다. 그래서 이성계는 설봉산으로 가서 스님을 만났는데, 그가 바로 무학대사였다. 무학대사는 이성계의 꿈 이야기를 듣자 이렇게 해몽했다.

'여러 집의 닭들이 일시에 우는 꿈'은 '고귀위高貴位'이다. 닭이 우는 소리는 '꼬기요'인데 그것을 한문으로 쓰면 고귀위라는 것이다. 고귀위는 '높고 귀한 자리'라는 뜻이니 바로 '왕'이라는 의미이다.

'무너진 집에 들어가서 서까래 세 개를 짊어지고 나오는 꿈'은 '왕王이라는 글자의 형상'이다. '왕王'이라는 글자는 일자(一字) 획 3개와 그것을 위에서 아래로 관통하는 곤(丨)이 합성된 글자인데, 서까래 세 개와 그것을 짊어진 이성계의 모습이 바로 왕이라는 것이다.

'꽃이 떨어지고 거울이 떨어지는 꿈' 또한 '왕이 될 징조'이다. 왜냐하면 '꽃이 날라 떨어지면 마침내 열매가 생기고, 거울이 떨어질 때는 소리가 나는 것이니' 좋은 결과를 암시하는 징조라는 것이다.

요컨대 세 개의 꿈은 모두 이성계의 즉위를 예언하는 징조였다. 훗날 왕위에 오른 이성계는 무학대사가 자신의 꿈을 해몽한 장소를 기념하여 석왕사釋王寺라는 절을 짓기도 했다. 이외에 이성계는 신인神人으로부터 금척金尺을 받는 꿈도 꾸었다는데, 금척은 왕권을 상징하므로 이것을 받았다는 것도 결국은 왕이 된다는 의미였다.

이성계의 즉위는 꿈뿐만이 아니라 신비한 글귀인 보록으로도 예언되었다. 이성계는 왕위에 오르기 전에 모르는 스님으로부터 이상한 글귀를 받았다. 그 스님은 지리산 바위 속에서 얻었다며 전해주기만 하고 집에도 들어오지 않고 사라져 버렸다. 이성계가 그 글귀를 받아보니 다음과 같은 구절이 있었다.

> '목자승저하 木子乘猪下 복정삼한경 復正三韓境',
>
> **돼지띠의 이씨가 다시 삼한을 바로 잡는다.**
>
> '삼전삼읍 三奠三邑 찬이성지 贊而成之',
>
> **삼정三鄭이 도와서 이룩한다.**
>
> '전우신도 奠于神都 전조팔백 傳祚八百'
>
> **신도에 도읍을 정하고 8백 년을 이어간다.**

즉 '목자木子'는 이李의 파자破字이고 '승저하乘猪下'는 돼지띠를 상징하는데, 이성계가 돼지띠였기에 결국 이성계가 다시 삼한을 바로잡고 왕이 된다는 의미였다. 또한 '삼전삼읍三奠三邑'은 세 개의 전奠과 세 개의 읍邑이란 뜻인데, 전奠과 읍邑을 합하면 정鄭이 되므로 결국 정鄭의 파자라는 뜻이 된다. 즉 정씨 3명이 이성계를 보좌하여 나라를 세운다는 의미로서 그들은 바로 정도전, 정총, 정희계라고 했다. 실제 이들은 이성계의 측근으로서 조선건국에 큰 공헌을 했다. 그리고 '전우신도奠于

神都 전조팔백傳祚八百'은 결국 개경에서 한양으로 천도한 이씨 왕조가 8백 년을 이어간다는 의미였다.

현재의 시각에서 본다면 이런 꿈과 보록은 믿거나 말거나 일수도 있다. 그러나 태조 이성계를 비롯하여 정도전 같은 사람들은 이런 꿈과 보록을 사실로 믿었다. 그런 믿음을 바탕으로 그 꿈과 보록을 대대적으로 선전했던 것이다.

조선건국 후 정도전이 지은 '몽금척夢金尺'과 '수보록受寶籙'은 바로 이런 꿈과 보록 이야기였다. 그 몽금척과 수보록은 궁중잔치에서 연주되던 악장 중에서도 가장 중요한 악장의 가사로 이용되었다. 태조 이성계와 정도전 등은 궁중잔치 때마다 몽금척과 수보록을 들으면서 조선창업은 인간적인 힘보다는 하늘의 예정에 의한 것이었음을 음미하곤 했다.

그러나 현실주의자인 태종은 이런 상황을 못마땅해 했다. 왕과 신하들이 함께 즐기는 흥겨운 궁중잔치에서 연주되는 가장 중요한 악장가사가 다름 아닌 꿈과 예언의 이야기라면 그것은 사람들을 숙명론이나 운명론으로 오도할 수도 있었기 때문이다.

1411년(태종 11년) 12월 25일, 태종은 '몽금척과 수보록은 꿈 가운데 일이거나 혹은 도참의 설'이라 하면서 노래를 태조의 현실적인 공덕으로 바꾸라 했다. 그러자 많은 신하들이 불만을 제기했다. 그들은 태조가 '보록을 받고 금척을 꿈꾼 것은 천명을 받으리라는 징조'이니 악장의 첫머리로 삼아야 한다고 주장했다. 심지어 당대 최고의 엘리트인 하륜도 몽금척과 수보록을 지지했다. 그러나 태종이 주장을 굽히지 않아 결국 몽금척과 수보록은 악장의 첫머리에서 밀려났다. 당시 태종은 도참과 예언에 대한 자신의 생각을 이렇게 피력했다.

"자고로 도참은 믿을만하지 못하다. 지금 보록의 설도 나는 믿지 못하겠다. 보록 중에 '삼전삼읍三奠三邑 응멸삼한應滅三韓' 등의 구절이 있는데, 사람들은 해석하기를 '삼전'은 '정도전과 정총 그리고 정희계'라고 한다. 그런데 정희계로 말한다면 재주도 덕도 없는 사람으로 개국에 아무 공로가 없었으니 이 사람이 과연 시대에 호응하여 나온 자란 말인가? 또 보록에 '목자장군검(木子將軍劍:이 장군의 칼 곧 이성계) 주초대부필(走肖大夫筆:조대부의 붓 곧 조준) 비의군자지(非衣君子智:배 군자의 지략 곧 배극렴) 복정삼한격(復正三韓格:다시 삼한을 바로 잡았도다)이라는 구절이 있는데, 사람들은 말하기를, 비의非衣는 배극렴이라고 한다. 그런데 배극렴은 정승이 된 지 오래되지 않았고 보좌하여 다스린 것도 효과가 없었다."(『태종실록』 권22, 11년 윤12월 25일조)

나라의 화복이 불상에 달려있지 않다

태종이 이렇게 몽금척과 수보록에 거부감을 가진 것은 정도전에 대한 개인감정도 있을 수 있지만 앞서 언급했듯이 근본적으로는 현실을 중시하는 사고방식에서 비롯되었다. 그러한 입장은 당대의 정치문화뿐만 아니라 불교에도 그대로 적용되었다.

태종은 부처님의 영험함이 사리舍利로 분신分身한다는 사리분신 기적도 믿지 않았다. 태종은 사리분신이 거짓임을 증명하기 위해 당시 도성 안의 최고 사찰이었던 흥천사의 사리탑에서 실험까지 했다.

흥천사 사리탑은 태조 이성계가 심혈을 기울여 세운 탑이었다. 본래 흥천사는 신덕왕후의 명복을 빌기 위해 정릉 주변에 세운 절이었다. 태조 이성계는 유교국가인 조선왕조의 개국시조였지만 독실한 불교신자였다. 스스로는 무학대사에게 수계受戒까지 한 보살이기도 했는데 부처님의 사리를 열렬히 수집했다. 실록에 의하면 태조 이성계가 수집하여 보관한 사리가 300매가 넘었다는데, 그 정도면 사실상 조선시대 최고의 사리수집가였다고 할 만하다.

홍천사 사리탑은 흔히 볼 수 있는 석탑과는 달리 3층의 거대한 목탑이었다. 그것도 직접 탑 안으로 들어가 예불禮佛할 수 있을 정도의 거대한 건물이어서 사리전舍利殿이라고도 했다. 현재 사리탑이 남아있지 않아서 정확히 어떤 모습인지는 알 수 없지만 짐작건대 전체적인 분위기는 경주의 황룡사 9층탑에 비견되었을 것이다.

태조 이성계는 자신이 소장하던 사리를 홍천사에 시주하여 사리탑에 모시고 자주 그곳에 들러 예불했다. 태조 이성계가 상왕으로 있던 정종 2년(1400) 4월에는 예불하던 중에 사리 4매가 분신하는 기적이 일어나기도 했다. 이처럼 당시 홍천사 사리탑은 태조 이성계가 세웠다는 상징성뿐만 아니라, 사리분신 기적까지도 일어난 영험한 도량이기도 했다. 훗날 세조도 사리분신으로 얻은 102매의 사리를 이곳에 모시고 그 기념으로 홍천사 종을 만들기도 했다. 조선초기의 홍천사 사리탑은 당대를 대표하는 사리탑이었다.

태종은 바로 그 홍천사 사리탑에서 사리분신이라는 현상이 실제로 일어나는 기적인지, 아니면 사기행위인지를 실험했다. 태종은 동왕 15년(1415) 7월에 1백 명의 승려들을 모아 홍천사 사리탑에서 사리분신을 기도하게 했다. 그 정근법석精勤法席에는 당대의 고승 설오雪悟를 비롯하여 유명한 승려들도 참여했다. 불교계 입장에서 본다면 최고의 영험도량에 최고의 승려들이 모인 정근법석이었다. 만약 사리분신 기적이 실제 일어나지 않는다면 불교계에 막대한 타격이 예상되었다.

정근법석은 호조참의 김계란金桂蘭과 환관 노희봉盧希鳳이 관장했다. 그런데 법석이 시작된 지 하루 만에 사리분신 기적이 일어났다며 환관 노희봉이 분신사리 1매를 태종에게 바쳤다. 실록에 의하면 '정근법석을 시작한 다음날 아침에 푸른 보자기 위에 분가루같이 희고 작은 물건 네 개가 나타났다'고 한다. 승려들은 '세 개는 서기瑞氣이고 조금 큰 것 한 개는 사리'라고 했다. 사리분신 기적이 일어났다는 뜻이었다. 이에 김계란은 사리 1개를 '향수로 씻은 후 서기 3개와 함께 그릇에 담고 보자기로 싸서' 노희봉에게 주어 태종에게 올리도록 했다. 태종은 그것이 진짜 사리인지 확인하기 위해 마늘을 먹지 않는 사람을 시켜 손으로 비벼보게 했는데, 만약 진짜 사리라면 그대로 남아 있어야 했다. 그런데 사리가 가루로 부서지는 것이 아닌가.

태종은 김계란과 노희봉을 불렀다. 먼저 김계란에게 '어찌하여 나를 속였느냐?'고 물었다. 김계란은 '그때 여러 승려들과 직접 보고 바쳤습니다. 분명 중간에 잃어버렸을 것입니다. 또 사리라고 하는 것은 신통한 물건이어서 숨었다 나타났다 하는 것이 무상합니다. 승려들이 모두 말하기를, 불결하면 곧 없어진다고 했습니다.'라고 대답했다. 속인 것이 아니라는 주장이었다.

태종은 다시 노희봉에게 '네가 처음에 가지고 올 때 분명 사리를 보았느냐?'고 물었다. 노희봉은 '김계란과 승려들이 모두 분신사리라 말했고, 신도 또한 가늘고 작은 흰 물건을 보았습니다. 그것을 사리라 생각하고 받들어 올렸는데, 지금 내어 보니 과연 흰 가루였습니다.'라고 했다. 태종이 김계란에게 '네 말이 정말이냐?'고 묻자 그는 '정말입니다. 감히 속이지 못합니다.'라고 대답했다.

김계란의 주장대로라면, 어떤 경우든 사리가 분명하다는 것이었다.

만약 태종이 본 것이 사리가 아니라 그냥 가루였다면 그것은 중간에 누군가가 바꿔쳤거나 아니면 불결하기 때문에 사리가 스스로 숨어버렸다는 것이었다. 부처님의 영험함은 확실하다는 것이었다. 그러나 사리분신 기적을 믿지 않는 태종은 이렇게 말했다.

> "내가 불법의 허실을 시험하고자 하여 승려들을 모아 기도하게 했다. 또 사리를 가져왔다는 말을 듣고 근시하는 어린 환관으로 하여금 깨끗한 곳에서 보게 했다. 만약 그것이 정말 사리였다면 무슨 불결한 것이 있다고 도로 숨었겠는가? 너희들이 처음에 다른 물건을 가지고 와서 나를 속인 것이다. 속인 것이 드러나고 변명할 말이 궁색해지자 도리어 사리가 숨었다고 하니 정말로 속이는 것이다." (『태종실록』 권30, 15년 7월 23일조)

사기를 당했다고 생각한 태종은 김계란과 노희봉을 의금부에 하옥하고 장차 국문까지 하려고 했다. 임금을 속인 죄라면 그 파장이 일파만파로 확대될 것이었다. 그렇게 되면 김계란과 노희봉 뿐만 아니라 정근법석에 참여한 1백 명의 승려들도 무사할 수가 없었다. 나아가 불교계 전체가 말할 수 없는 불명예를 뒤집어 쓸 판이었다. 결국 국문까지는 하지 않고 사태가 해결되었지만, 불교계는 타격을 면할 수 없었다.

정확히 말하면 태종은 사리분신 뿐만 아니라 불교 자체, 즉 부처님의 영험함이나 신통함도 믿지 않았다. 태종이 부처님에게 절을 하지 않으려고 해서 명나라와 외교 분쟁을 일으킬 뻔한 사건을 보면 확연해진다.

태종 당시에 중국 명나라 황제는 영락제로서 그는 독실한 불교신자였다. 영락제는 생불로 명성이 높았던 서역의 고승이 북경에 오면 직접 관료들을 거느리고 교외까지 마중하기도 했다. 심지어 영험하다는 소문이

난 조선의 불상과 사리를 구하기 위해 몇 차례나 칙사를 보내기도 했다. 이 칙사들은 대부분 영락제의 측근 환관으로 독실한 불교신자였다. 그 중에 대표적인 칙사가 '황엄'이라는 환관이었다.

태종 6년(1406) 4월에 영락제는 부모의 명복을 빌기 위해서라며 황엄을 조선에 보내 불상을 구해오게 했다. 하필 그 불상을 조선에서 구해오게 한 이유가 무엇인지는 모르지만, 조선의 불상이 영험하다는 평판이 있었기 때문일 것이다. 그 불상은 제주도 법화사에 있던 미타삼존彌陀三尊이었는데, 고려시대에 제작되었다고 한다.

황엄은 자신이 직접 제주도로 가서 미타삼존을 가지고 오겠다고 했다. 이에 태종은 영락제가 불상을 빙자하여 제주도를 정탐하려는 것은 아닌지 의심했다. 태종은 급하게 제주도에 사람을 보내 미타삼존을 가져오게 했고, 황엄이 전라도 나주에 도착했을 때 이미 그곳에 미타삼존이 반출되어 있었다. 황엄은 제주도에 들어가 보지도 못하고 발걸음을 돌려야 했다.

그런데 정작 문제는 황엄이 독실한 불교신자였기에 자신이 칙사라는 점을 이용해 태종을 미타삼존에게 절을 시키려 한 것이었다. 그것도 천자에게나 행하는 오배삼고두五拜三叩頭를 황엄이 한양으로 들어오는 7월 16일에 태종이 교외로 마중 나오는 기회를 이용해 시키려했다는 점이었다. 그러자 태종은 아프다는 핑계를 대고 아예 마중을 나가지 않았다.

그러나 계속 만나지 않을 수도 없었다. 할 수 없이 태종은 7월 18일, 미타삼존을 가져오느라 멀리 나주까지 다녀온 황엄의 노고를 위로하기 위해 태평관으로 찾아갔다.

그러나 황엄은 태종이 미타삼존에게 예불하기 전에는 만나지 않겠다고 했다. 먼저 예불하라는 요구했다. 곤란해진 태종은 정승들에게 물은 뒤 결정하겠다고 했는데, 당시의 정승 하륜과 조영무는 '황제가 불교를 숭신하여 멀리 우리나라에서까지 불상을 구하고 또 황엄이 교양 없는 것은 천하 사람들이 다 알고 있으니, 임시방편으로 예불하시기 바랍니다'라고 대답했다. 만약 태종이 예불하지 않는다면 교만 방자한 황엄이 그 길로 귀국하여 영락제에게 온갖 험담을 늘어놓을까 우려했던 것이다. 그렇게 된다면 조선과 명나라 관계는 극도로 경색될 수 있었다. 결국 나라를 위해 억지춘향으로라도 불상에 절하라는 것이었다. 그때 현실론자이자 자기 확신이 강했던 태종의 진면목이 유감없이 드러났다.

'내가 두 정승을 믿고 절하지 않으려고 했는데 모두가 절하라고 하니 무슨 까닭인가? 나의 여러 신하 중에 의리를 지키는 사람이 한 사람도 없구나. 여러 신하들이 한 사람의 황엄을 두려워함이 이와 같으니, 하물며 임금이 어려움에 빠질 때 의리를 지켜 구할 수 있겠는가? 고려시대에 충혜왕이 원나라에 잡혀갔을 때, 온 나라의 신하들 중에 구하려 드는 자가 없었다. 내가 위태롭고 어려움을 당해도 역시 이와 같을 것이다. 또 임금의 거동은 가볍게 할 수 없다. 그런데도 내가 만일 미타삼존에 절한다면 예법에 어떻게 되겠는가?'

태종은 단호하게 거절했다. 태종은 황엄에게 사람을 보내, 다음과 같이 말하여 절대로 절하지 않겠다는 뜻을 보였다.

'제후국의 화복禍福은 천자의 손에 달려 있는 것이지 불상에 달려 있는 것이 아닙니다. 마땅히 먼저 천자의 사신을 만나야지 어찌 내 나라의 불상에게 절을 한단 말이오?'

그냥 갈 테면 가라는 통첩이었다. 황엄이 그냥 돌아가서 영락제에게 험담을 한다고 해도 개의치 않겠다는 뜻이었다. 결국 태종의 확신과 황엄의 불교신앙이 충돌한 셈이었다. 전갈을 받은 황엄은 한참 동안 하늘을 우러러보다가 미소를 지으며 '먼저 전하를 만나겠다'고 했다. 태종의 확신이 황엄의 불교신앙을 누른 것이었다.

태종은 한국의 불교사상 최대의 탄압자라고 할 만하다. 태종은 당시 수천 개가 넘던 사찰을 수백 개로 정리했으며, 사찰에 소속되었던 노비와 토지도 대거 국고로 환수시켰다. 당시 사찰의 토지가 대략 10만결結 정도로, 그 중에서 1만결을 제외한 9만결을 국고로 환수시켰으니 불교계의 입장에서 본다면 전체 경제력의 90%를 빼앗긴 셈이었다. 이 같은 태종의 조치로 조선 초기에 불교계는 재기불능의 상태로 추락했던 반면, 조선왕조는 명실상부한 주자학의 국가로 자리 잡을 수 있었다. 그런 면에서 태종은 한국사상 최대의 불교 탄압자인 동시에 최대의 주자학 부흥자로, 그 바탕에는 운명이나 신비주의보다는 현실을 중시하는 태종의 확신이 있었던 것이다.

제왕은 자신의 이성을 찾아 중심을 잡아야한다

한국 불교는 삼국시대에 왕실 주도로 수용되었다. 그렇게 수용된 불교는 삼국시대를 거쳐 통일신라시대와 고려시대까지 1천년 가까이 국가종교, 왕실종교의 지위를 누렸다. 그러다보니 고려 말의 불교는 지나치게 보호 받고 지나치게 비대화 되면서 자정능력을 상실할 정도로 타락했다. 따라서 고려 말의 신진사대부들은 불교의 타락과 부패를 신랄

하게 비판했다. 하지만 신진시대부들도 사적으로는 여전히 불교를 신앙했다. 부처님의 영험함이나 예정된 운명 같은 신비주의를 넘어서기에는 아직 자기 확신이 부족했던 것이다.

그것은 어쩌면 당시의 시대적 분위기라고도 할 수 있다. 귀신, 운명, 신비주의 등은 당시 사람들의 정신에 깊이 뿌리박혀 있었다. 예나지금이나 세상이란 지나치게 신비하고 또 지나치게 험난하지 않은가? 그리고 신비하고 험난한 세상을 넘어서는 또 하나의 방법이 운명이나 신비주의 또는 종교가 아닌가? 그런 면에서 운명이나 신비주의 또는 종교는 세상을 살아갈 수 있는 힘을 주기도 한다. 하지만 너무 광신적으로 의지한다면 운명론이나 숙명론에 빠질 위험성도 수반한다.

그런데 현실 또는 이성이라는 것은 종교나 신비주의에 비해 한계가 분명하다. 인간이란 존재가 유한하기에 그 인간의 능력이나 지식 또한 유한하다. 유한으로 유한을 넘기에는 한계가 있다. 유한의 허망함이나 두려움은 무한에 대한 갈망으로 이어진다. 고려 말, 조선 초의 사람들은 유한의 허망함이나 두려움을 도참이나 불교로 극복해내려 했던 것이다.

태종도 인간인지라 유한에 대한 허망함이나 두려움 그리고 무한에 대한 갈망이 있었다. 그렇지만 도참이나 불교는 태종에게 정답이 아니었다. 도참의 운명론이나 불교의 신비주의는 믿으면 정답이 되겠지만 믿지 않으면 거짓이나 다름없다. 태종은 도참이나 불교가 아닌 다른 것을 통해 유한의 허망함과 두려움을 넘어 설 수 있었다.

태종은 한국사 전체를 통해서 특이한 이력을 갖고 있는 왕이다. 한국사를 통틀어 국왕이 등장한 이래 과거시험에 응시하여 합격한 왕은 태종이 유일무이하다. 사실 한국사에 등장했던 국왕들 중에는 1차 과거시험에도 떨어질 만한 사람들이 적지 않았다. 국왕은 혁명이나 쿠데타를 통해 또는 세습에 의해 왕위에 올랐기에 과거시험을 볼 기회 자체가 없기도 했지만, 만약 과거시험을 보았더라도 합격할 만한 왕은 그리 많지 않았을 것이다. 반면 태종은 정식으로 과거시험에 응시하여 당당하게 합격한 유일무이한 왕이었던 것이다.

태종이 과거시험을 준비할 때 공부한 것은 주자학이었다. 태종은 주자학으로 과거에 합격했기에 주자학에 일가견을 갖고 있었고, 나아가 정신적으로 도참과 불교에서 벗어날 수 있었다.

태종은 17살에 과거에 합격한 후 혁명가로서의 인생을 살았다. 자연히 젊어서부터 주자학의 제왕학帝王學에 관심을 가졌다. 그렇다면 주자학의 제왕학은 무엇인가? 태종에 의하면 그것은 '정일집중精一執中'이었다. 주자학의 제왕학을 정일집중이라는 단 네 글자로 파악한 태종은 그것을 책문策問의 문제로 내기도 했다.

태종 7년(1407) 4월 18일, 왕은 종3품 이하의 관료 108명을 대상으로 시험을 치렀다. 시험은 초장初場과 종장終場의 2차로 이루어졌고, 태종이 직접 출제했다. 초장의 문제는 '벽사문(闢四門:사대문을 연다)'이었다. 응시자는 이와 관련한 역사적 사례와 경전상의 근거를 가지고 자신의 의견을 논술해야 했다. 2차 시험은 책문으로서 응시자는 국가적 현안문제를 해결할 수 있는 대책對策을 제시해야 했다. 태종이 출제한 책문은 다음과 같았다.

"왕은 이르노라. 옛날 제왕이 법을 세우고 제도를 정함에 반드시 시의時宜에 기반하여 지치至治를 융성하게 했다. 요순시대와 하夏·은殷·주周 3대의 태평성대를 성취한 도道를 들을 수 있겠는가? 정일집중은 요임금, 순임금, 우임금이 서로 전수해준 심법心法이고, 건중건극建中建極은 은나라의 탕왕湯王과 주나라의 무왕武王이 서로 전수한 심법이다. 그렇다면 정精이니 일一이니 하는 것은 그 공부가 어떻게 다른가? 집執이니 건建이니 하는 것은 그 뜻이 어떻게 같은가? 중中이라고 말하면 극極에 이르지 못한 듯하고, 극極이라고 말하면 중中에 지나는 듯하니, 두 가지를 장차 어떻게 절충할 것인가? (중략) 내가 부덕한 몸으로 한 나라의 임금이 되어 비록 덕교德敎가 백성에게 미친 것이 없으나, 거의 이른 아침부터 밤늦게까지 소강小康을 이루기를 생각하여, 제왕의 마음과 도에 일찍이 뜻이 있어 배우기를 원해 정사政事를 듣는 여가에 경전과 역사책을 보고 그 뜻을 강구하나, 힘을 쓰는 방법을 알지 못하겠다. (중략) 그대들은 경술經術을 통하고 치제治體를 알아서 세상에 뜻을 둔 지 오래니, 제왕의 마음을 가지고 다스림[治]을 내는 도리와 지금의 법을 세우고 제도를 정하는 마땅함을, 예전의 교훈에 상고하고 시대에 맞는 것을 참작하여 높아도 구차하고 어려운 것에 힘쓰지 않고, 낮아도 더럽고 천한 데에 흐르지 않도록 각각 포부를 다하여 모두 글에 나타내라. 내가 장차 친히 보고 쓸 것이다."(『태종실록』 권13, 7년 4월 18일조)

요순시대는 동양의 유교지식인들에게 태평성대를 상징했다. 유덕한 사람이 왕이었던 시대, 백성들은 누가 왕인지도 모른 채 태평을 누리던 시대, 그런 시대가 요순시대였다. 하·은·주 3대는 문물이 융성하고 백성들이 탐욕에 찌들지 않던 시대였다. 요순시대나 하·은·주 3대는 인간이 구현할 수 있는 최고의 세상, 즉 지상낙원이었다.

태종도 조선을 지상낙원으로 만들고 싶었다. 그러나 어떻게 해야 가능할까? 중국에서는 요순시대와 하·은·주 3대에 태평성대를 성취했다는데 조선의 현실에서는 그 역사적 경험을 어떻게 적용해야 할까? 태종이 책문에서 물은 것은 그것이었다.

아득한 옛날 중국에 위대한 왕이 있었다. 그는 '요임금'이었다. 요가 임금 자리에 오르고 긴 세월이 흘렀다. 나이가 너무 많아진 요임금은 후계자를 찾았다. 그에게는 '단주丹朱'라는 아들이 있었지만 왕의 재목이 아니라고 판단했다. 요임금은 후계자를 널리 물색하다가 '순舜'이라는 사람의 이야기를 들었다.

순은 '고수瞽叟'라는 사람의 아들이었다. 고수의 사람됨은 그의 이름에 그대로 드러났다. '고瞽'는 '소경', '수叟'는 노인이라는 뜻이었다. 고수는 '눈이 먼 노인'이었다. 육체적인 눈이 먼 노인이 아니라 마음의 눈이 먼 노인이었다. 순은 정신적으로 크게 문제가 있었던 사람의 아들이었던 것이다.

고수의 첫 부인은 순을 낳은 후 세상을 떠났다. 그러자 고수는 부인을 다시 얻었는데, 그만 후처에게 빠져들었다. 후처는 '상象'이라는 아들을 낳은 후 그에게 가문과 재산을 물려주고자 했다. 후처는 아들 상과 공모하여 전처의 아들 순을 모함하고 심지어 죽이려는 음모도 꾸몄다. 순에게 지붕을 고치게 하여 지붕에 올라가자 사다리를 치우고 불을 지르기도 하고, 우물을 파게하여 땅을 파고 들어가자 위에서 흙을 덮어 버렸다. 순이 나이가 들었지만 혼인도 시키지 않았다. 마음의 눈이 먼 고수는 후처에게 빠져 후처가 하자는 대로 자기 아들을 죽이려 했다.

효자였던 순은 아버지에게 오명을 남길 수는 없었다. 아버지가 후처에게 눈이 멀어 제 자식을 죽였다는 오명을 남길 수가 없었다. 지붕에 올라갔던 순은 만약을 대비하여 따로 사다리를 준비했다가 도망쳤다. 땅을 팔 때는 옆으로 비상통로를 파놓았다가 탈출했다. 아버지 몰래 혼인을 하여 대를 이을 자식도 낳았다. 겉으로는 아버지 뜻에 어긋나고 아버지를 속이는 행위였지만 궁극적으로는 아버지의 명예를 위하는 일이었다.

그렇지만 있을 수 없는 비극 앞에서 순은 통곡했다. 벌판으로 달려가 하늘을 우러러 통곡했다. 그러나 아버지를 허물하지도 하늘을 원망하지도 않았다. 아버지의 사랑과 신임을 얻지 못한 스스로를 자책할 뿐이었다. 순은 그렇게 변함없이 부모에게 효도했다. 이런 순의 효심에 사람들은 탄복했다. 그 소문이 퍼지고 퍼져 요임금에게까지 들어갔던 것이다.

요임금은 순을 시험하기 위해 딸 둘을 순에게 시집보냈다. 두 딸 모두 순에게 심복했다. 이 정도의 인물이면 제왕의 재목이 아닌가? 요임금은 순에게 임금 자리를 물려줬다. 그때 제왕학의 비결도 함께 전수했는데, 훗날 순임금은 그 비결을 다시 우임금에게 전수했다. 그 비결이란 '인심유위人心唯危 도심유미道心唯微 유정유일唯精唯一 윤집궐중允執厥中'의 16자였다. 이 16자의 비결 속에 요순시대의 비밀이 숨어있었다.

'인심유위'는 무슨 뜻인가? 인심 즉 사람의 마음은 위태롭다는 뜻이다. 희로애락의 감정에 휘둘리는 사람의 마음은 마치 갈대처럼 위태위태하다는 뜻이다. '도심유미'는 감정을 넘어 '도의 마음', 즉 '내 안의 이성'을 찾으려 해도 잘 찾아지지 않는다는 의미이다. 그러니 어쩌란 말인가? 위태로운 마음을 잘 살펴서 위태함에 빠지지 말고, 잘 찾아지지 않는 내 안의 이성을 찾아 꽉 붙잡아 중심을 잡아야 한다는 것이다. '유정유일 윤집궐중'은 그렇게 하라는 뜻이다. 그렇게 하면 곧 자기 스스로 중심이 세워져 세상 사람들의 기준도 될 수 있다는 것이다. 그것이 '건중건극建中建極'이었다.

내 안의 이성을 찾아 중심을 잡고 세상의 기준까지도 제시할 수 있는 마음공부, 그것은 바로 중용의 가르침이었다. 내 안의 이성이 나 스스로의 중심뿐만 아니라 세상 사람들의 기준까지 될 수 있는 근거는 무엇인가? 하늘은 모든 사람에게 이성을 부여했다. 그래서 내 안의 이성은 나를 넘어 하늘로까지 확대될 수 있고, 그것을 통해 유한함의 허망함이나 두려움도 넘어설 수 있다. 순임금이 생부와 계모의 불신과 악의를 극복하고 불후의 성군이 될 수 있었던 성공비결이 바로 '정일집중'의 마음공부였던 것이다.

순임금의 일생은 어찌 보면 태종의 일생과 닮은 면이 많았다. 후처에게 '마음의 눈이 먼' 아버지 때문에 죽을 뻔했던 순의 삶은, 후처 강씨에게 '마음의 눈이 먼' 태조 이성계 때문에 이복동생 방석에게 왕세자 자리를 빼앗겼던 태종의 과거를 연상시킨다. 그런 면에서 태종이 순임금의 성공비결에 크게 관심을 기울인 것은 일면 당연하다고도 할 수 있었다.

이처럼 태종이 운명론이나 신비주의를 단호하게 거부할 수 있었던 것은 순임금이 요임금에게서 받아 우임금에게 전수했다는 '정일집중'에 대한 확신이 있었기에 가능했다. 즉 '내안의 이성' 또는 '도의 마음'을 확신했던 것이다. 그런 확신은 태종이 책문에서 언급한 대로 '제왕의 마음과 도에 일찍부터 뜻이 있어 배운' 결과였다. 그렇지만 구체적인 현실 속에서 드러나는 마음이 꼭 '도의 마음'인지는 자신이 없을 때도 많았다. 태종은 운명론이나 신비주의에 대한 거부가 강하면 강할수록 더더욱 절박하게 '내안의 이성'을 찾으려 몸부림쳤다. 역사와 유교경전에 대한 공부는 그런 몸부림이었다.

원칙을 바로세운 것이지 불효가 아니었다

순임금과 태종은 이복동생 때문에 아버지의 미움을 받았다. 자신을 죽이려는 아버지를 피해 도망간 순임금이나, 자신을 후계자에서 배제시킨 아버지에게 저항한 태종이나 모두 아버지의 뜻을 어겼다. 그런데 순임금은 위대한 효자로 칭송을 받는데 태종은 그렇지 못했다. 아버지의 뜻을 어긴 순임금을 왜 위대한 효자라 할까?

만약 '효도'가 부모의 뜻에 무조건 순종하는 것이라면 아버지의 뜻을 어긴 순임금은 효자라고 할 수 없다. 하지만 효도는 그렇게 단순하지 않다. 부모의 뜻이 잘못되었는데도 무조건 순종하면 자신뿐만 아니라 부모까지도 오명을 뒤집어 쓸 수 있다. 따라서 자식은 부모의 뜻에 순종하면서도 무조건적인 순종이 아니라 도리에 맞는 순종을 해야 진정한 효자라 할 수 있다.

순임금은 아버지가 자신을 죽이려 하면 도망갔지만 작은 벌은 달게 받았다. 그렇게 한 이유는 아버지가 자식을 죽인 살인자라는 오명을 받게 될까 걱정해서였다. 또한 순임금은 자신을 모함하고 죽이려던 이복동생도 미워하지 않았다. 아버지의 미움과 이복동생의 질시를 받을 때, 순임금은 스스로 반성하고 노력하면서 자식의 도리, 형의 도리에 힘썼다. 그렇게 해서 결국에는 아버지의 애정과 이복동생의 신뢰를 받게 되었다. 자칫 순임금은 분노의 마음과 미움의 마음으로 미쳐버릴 상황이었지만 그런 마음을 잘 다스렸던 것이다. 순임금이 그렇게 할 수 있었던 비결이 바로 '정일집중'이었다. 이 '정일집중'의 마음공부에 의해 순임금은 진정한 효자가 될 수 있었다.

태종은 젊은 시절 열심히 유학을 공부한 것에 그친 것이 아니라 실천에도 힘쓴 사람이었다. 태종은 25살 되던 공양왕 3년(1391)에 어머니의 상을 당하자 무덤에 여막을 짓고 3년상을 치르려 했다. 불교가 횡횡하던 당시 시묘살이나 3년상은 주자학을 공부한 극히 일부에서 하던 일이었다. 예컨대 정몽주나 정도전 같은 사람들이 시묘살이와 3년상을 실천했다.

시묘살이와 3년상은 돌아가신 부모에 대한 효도의 상징으로 태종의 삶에 효도는 대단히 중요한 가치관이었다. 그런 태종이 제1차 왕자의 난을 일으켜 태조 이성계에게 저항했던 것이다. 저항뿐만 아니라 이복동생을 살해해 버렸다. 태종은 권력욕 때문에 효도의 가치를 포기했던 것일까? 그렇다면 태종은 권력에 눈이 먼 불효자이자 패륜아였을까?

태종은 성년이 되면서부터 태조 이성계에게 무조건적인 복종을 하지 않았다. 특히 정치적인 문제에서 더욱 그랬다. 예컨대 정몽주를 살해한 후 태종은 태조 이성계로부터 '너에게 공부를 시킨 것은 충성하고 효도하라고 한 것인데, 네가 감히 이렇게 불효한 짓을 한단 말이냐?' 라는 질책을 들었다. 이때 태종은 '정몽주가 우리 집안을 모함하는데, 왜 가만히 앉아서 망하기를 기다려야 한단 말입니까? 정몽주를 죽인 것은 곧 효도입니다.' 라고 항변했다. 가문을 살리기 위해 정몽주를 죽인 자신의 행동은 효도에 어긋나지 않는다는 것이 태종 나름의 확신이었다.

그런 확신은 제1차 왕자의 난에서도 마찬가지였다. 태조 7년(1398) 8월 26일 밤, 태종은 제1차 왕자의 난을 일으켜 이복동생 방석과 방번을 살해하고 태조 이성계의 권력을 무력화시켰다. 그때 태종은 '적장자嫡長子를 세자로 세우는 것은 만세의 법도인데, 전하께서 적장자를 버리고 유자幼子를 세우고, 정도전 등이 세자를 감싸고서 여러 왕자들을 해치고자' 하기에 이런 사태가 발생했다고 항변했다. 요컨대 태조 이성계가 방석을 세자로 삼은 것은 계모 신덕왕후 강씨에게 눈이 멀어서 내린 잘못된 결정이었고, 자신의 저항은 그 잘못된 결정을 바로잡는 행동이었기에 절대 불효가 아니라는 주장이었다.

그러나 이것은 어디까지나 태종만의 주장이었다. 제1차 왕자의 난으로 권력을 빼앗기고 상왕으로 밀려난 이성계는 태종을 배신자이자 원수로 생각했다. 정종 2년(1400) 1월 28일 개경에서 발발한 제2차 왕자의 난으로 태종이 왕위에 오르면서 상왕 이성계의 감정은 더더욱 악화되었다.

태종 즉위년(1400) 윤3월 1일, 개경에서 한양의 정릉으로 행차했던 상왕 이성계는 금강산을 거쳐 안변, 함흥으로 떠나버렸다. 안변은 이성계의 처가가 있던 곳이고, 함흥은 어려서 자란 고향이었다. 상왕 이성계는 안변과 함흥에 새로 궁궐을 짓기까지 했다. 분명 그대로 눌러 살 작정이었다. 그러나 상왕 이성계는 성석린에게 설득되어 다시 개경으로 되돌아왔다.

당시 상왕 이성계는 자신도 어쩔 수 없는 갈등으로 방황했다. 감정적으로 생각하면 태종은 아들이 아니라 원수였다. 태종은 자신의 와병을 틈타 사랑하는 아들 방석과 방번을 죽이고 권력을 빼앗아 갔다. 뒤통수를 맞았다는 배신감 그리고 아들과 권력을 빼앗겼다는 상실감은 곧바로 태종에 대한 미움과 복수심으로 연결되었다. 그런 미움과 복수심을 이기지 못할 때마다 상왕 이성계는 태종과 개경에서 벗어나려고 했다.

그러나 이성적으로 생각하면 태종은 자신이 건국한 조선왕조의 왕이기도 하고 또 아들이기도 했으며, 개경은 조선왕조의 수도이기도 했다. 태종과 개경을 버리는 것은 그나마 남아있는 자신의 삶을 모두 버리는 것이었다. 감정에 복받칠 때마다 상왕 이성계는 태종과 개경으로부터 벗어나고 싶었지만 반면에 이성적으로 생각하면 태종과 개경을 완전히 포기할 수도 없었다. 감정과 이성 사이를 방황하며 상왕 이성계는 개경에 돌아왔다가는 태종이 미워 다시 떠나고, 또 떠났다가는 어쩔 수 없이 개경으로 되돌아오곤 했다.

상왕 이성계는 마음을 안정시키기 위해 거처하는 곳에 불당을 짓기도

정릉(신덕왕후 강씨) 태조 이성계의 계비繼妃인 신덕왕후 강씨는 자신의 소생 방석을 세자로 만들고 이방원과 정적이 되었다.

하는 등 나름대로 노력했지만 방황에서 벗어나지는 못했다. 한번은 다시 개경을 떠나 소요산으로 갔을 때 그곳에 유명한 승려가 있어서 근처에 집을 짓고 살 생각으로 별전別殿을 짓기까지 했다. 이에 태종이 직접 소요산까지 찾아와서 개경으로 돌아올 것을 간청했다.

그때 이성계는 '그대들의 뜻은 내가 알고 있다. 내가 부처를 좋아하는 것은 다른 것이 아니라 다만 두 아들과 한 사람의 사위를 위함이다.'라고 대답하며 허공에 큰 소리로 '나도 이미 서방정토로 향하고 있다'고 외쳤다. 상왕 이성계의 외침에는 아예 속세를 떠날 결심이 암시되어 있었다. 양주의 회암사로 간 상왕 이성계는 자신이 존경하던 무학대사에게 수계受戒하고 보살이 되었다. 생활도 승려처럼 살았다. 머리만 깎지 않았을 뿐이지 사실상 출가한 것이나 마찬가지였다. 그러자 태종은 문안한다는 명분으로 회암사로 찾아가기까지 했다.

상왕 이성계는 회암사에 대략 4개월 정도 머물렀지만 방황에서 헤어나지는 못했다. 회암사로 갈 때는 출가하려고 마음먹었지만 결국 태종의 방해로 그렇게 하지도 못했다. 상왕 이성계의 방황은 마침내 미움과 복수의 감정으로 치닫기 시작했다.

태종 2년(1402) 10월 27일, 상왕 이성계는 금강산을 구경하고 돌아오는 명나라 칙사 온전溫全을 마중한다는 핑계로 회암사를 떠나 연천 방향으로 행차했다. 실제는 고향 동북면으로 갈 속셈이었다. 이번에는 그냥 가는 것이 아니라 자신의 아성인 고향에서 군대를 일으켜 태종에게 복수하기 위해서였다.

수상하게 생각한 태종은 경호를 명분으로 감시 병력을 딸려서 보냈다. 하지만 이미 복수를 결심한 상왕 이성계는 그 감시 병력까지 협박하여 동북면으로 데리고 갔다. 감시 병력들이, '태상왕께서 칙사를 마중한다고 하셔서 주상전하께서 저희들을 보내 시위하게 한 것입니다. 저희들은 깊이 먼 지방까지 들어간다는 사실은 알지 못했습니다.'라며 가려고 하지 않자, 상왕 이성계는 '너희들은 모두 내가 기른 군사들인데 지금 어찌하여 나를 배반하느냐?'라며 눈물을 흘렸다. 제1차 왕자의 난을 아들과 군대의 배반이라 생각하며 복수심이 극에 달한 터라 이렇게 쉽사리 눈물을 보일 정도로 감정이 격해 있었다. 이런 상황에서 감시 병력들은 마지못해 동북면으로 동행했다.

상왕 이성계는 11월 4일 김화를 거쳐 11월 8일에 철령을 넘고 9일에는 함흥으로 향했다. 김화를 출발하기에 앞서 상왕 이성계는 측근 환관 함승복과 배상충을 미리 동북면으로 보내 군대를 모으게 했다. 11월 5일, 상왕 이성계의 뜻에 호응하여 안변부사 조사의趙思義, 영흥판관 김권金綣 등 동북면의 실력자들이 마침내 군대를 일으켰다. 안변부사 조사의는 바로 신덕왕후 강씨의 친족으로서 제1차 왕자의 난에 대해 상왕 이성계 못지않게 분개하고 있었다. 그런 조사의였기에 함승복과 배상충의 권유를 받자마자 군대를 일으켰던 것이다. 조사의가 군대를 일으킨 11월 5일 이후 동북면 지역은 사실상 이성계의 왕국이었다. 11월 8일 상왕 이성계가 철령을 넘었을 때는 바로 자신의 왕국으로 입성한 셈이었다.

이른바 '조사의의 난'이라 불리는 사건의 내막은 상왕 이성계가 아들 태종에게 복수하기 위해 동북면의 군대를 일으킨 것이었다. 태종은 그 군대를 진압하기 위해 자신의 군대를 파견했다. 상왕 이성계와 태종의 군대는 동북면 지역에서 치열한 전투를 전개했다.

회암사지 회암사는 태조 이성계의 신임을 받던 무학대사가 주지로 있으면서 당대를 대표하는 사찰로 번성했다.

미움과 복수심도 현실 앞에서 굴복했다

초반 전투에서는 상왕 이성계의 군대가 승기를 잡았지만 일진일퇴의 상황이었다. 시간이 지나면서 전투는 점점 확대되었다. 상왕 이성계 군대에는 여진족이 가세했고, 태종의 군대에도 후방 지원군들이 속속 가세했다. 이렇게 가다가는 조선팔도 전체가 전쟁의 소용돌이에 빠져들 판이었다.

그런데 상왕 이성계가 조사의 등을 움직여 군대를 일으킨 것은 궁극적으로 태종에 대한 미움과 복수심때문이었다. 따라서 냉정하게 사후대책을 세우지 않았다. 설사 복수에 성공했더라도 향후 어떻게 할 것인지 구체적인 대안이 없었다.

상왕 이성계도 그런 문제를 모르지 않았다. 복수에 성공해도 68세나 된 그가 다시 왕위에 올라 국가를 통치한다는 것은 불가능한 상황이었다. 그렇다고 다른 아들에게 왕위를 넘겨줄 수도 없었다. 감정적으로는 복수를 하고 싶었겠지만, 이성적으로는 그렇게 하지 말았어야 했다. 결국 상왕 이성계는 현실을 수긍하고 받아들이는 수밖에 달리 대안이 없었다. 따라서 누군가가 차분하게 이성적으로 설득하여 복수심만 누그러뜨린다면 상왕 이성계의 군대는 허무하게 사라질 수도 있었다.

태종은 상왕인 아버지를 설득하기 위해 많은 사람들을 함흥으로 보냈다. 그러나 '함흥차사'는 가기만 할 뿐 소식이 없었다. 모두 죽임을 당할 뿐이었다. 가고 난 후 소식이 없는 사람들, 함흥차사가 그들이었다. 마침내 태종은 상왕 이성계가 가장 존경하고 신임하는 무학대사를 함흥으로 보냈다. 당시의 상황을 야사에서는 이렇게 전한다.

"태조가 처음 철령을 넘어 덕원에 갔다가 다시 함흥으로 갔는데 문안사로서 죽은 사람이 속출했다. 태종은 태조가 돌아오도록 설득하려고 했지만 방법이 없었다. 어떤 사람이 아뢰기를, '무학대사라면 능히 할 수 있을 것입니다' 했다. 태종이 무학대사를 찾아내어 간곡하게 청하니 무학대사가 어쩔 수 없이 함흥으로 가서 태조를 뵈었다. 태조가 노하여 말하기를, '당신 또한 나를 설득하러 왔구나' 했다. 그러자 무학대사가 웃으면서 대답하기를, '전하께서는 저의 마음을 모르십니까? 빈도貧道가 전하와 더불어 지낸 것이 수십 년입니다. 빈도는 오늘 특별히 전하를 위로하기 위해 왔을 뿐입니다.' 했다. 그러자 태조의 안색이 조금 부드러워져서 머물러 함께 잤다. 무학은 태조에게 말을 할 때마다 언제나 태종의 단점만을 이야기했다. 이렇게 하여 수십 일을 지내니 마침내 태조는 굳게 믿었다. 하루는 무학대사가 태조를 달래어 말하기를, '방원은 진실로 죄가 있습니다. 허나 전하의 사랑하는 아들이 이미 다 죽고 다만 이 사람만이 남아 있을 뿐입니다. 만약 이 사람마저 없애버린다면 전하가 평생 애써 이룬 대업을 장차 누구에게 맡기시려 하십니까. 남에게 부탁하는 것보다는 차라리 내 핏줄에게 주는 것이 좋습니다. 원컨대 세 번 생각하소서.' 했다. 태조가 그의 말이 그럴 듯하다고 생각하고 드디어 행차를 돌릴 뜻이 생겼다."(『오산설림五山說林』)

함흥본궁도 태조 이성계의 고향집이다.

실록에 의하면 11월 28일에 연산부사延山府使 우박禹博이 역마를 타고 개경에 와서 상왕 이성계의 귀경소식을 알렸다고 한다. 연산은 지금의 평안도 영변지역인데, 상왕 이성계는 함흥에서 맹산을 거쳐 평안도 영변지역까지 갔던 것이다. 물론 군대를 모으느라 그렇게 했을 것이다. 상왕 이성계는 11월 9일쯤 함흥에 도착했는데, 그로부터 9일 후인 18일에 맹산으로 갔다가 다시 10일 후인 28일쯤에 영변에서 귀경 의사를 밝힌 것이었다.

조사의도 상왕 이성계를 따라 군대를 이동시켰다. 11월 24일자의 『태종실록』에 의하면 그때 조사의의 군대는 맹산과 영변의 중간쯤인 덕천에 주둔해 있었다. 아마도 조사의의 군대는 11월 18일에 상왕 이성계와 함께 함흥에서 맹산으로 갔다가 다시 상왕 이성계와 함께 영변 쪽으로 이동 중인 24일에 덕천에 주둔했을 것이다. 그러던 조사의의 군대는 바로 3일 후인 27일에 안주에서 청천강을 건너다가 궤멸당하고 말았다.

앞뒤 정황을 보면 상왕 이성계는 26일쯤 영변에 도착한 후 무학대사에게 설득되어 개경으로 돌아가기로 결심한 듯하다. 그것은 곧 자신이 선동하여 일으킨 조사의 등의 군대를 버렸다는 의미이다. 그렇게 버림받은 조사의의 군대는 27일에 자멸했던 것이다.

복수하겠다고 군대까지 일으켰던 상왕 이성계가 그토록 허무하게 복수를 접은 것은 그의 행동이 이성보다는 감정의 산물이었기 때문이다. 이성계의 복수심은 무학대사의 논리 정연한 설득에 눈 녹듯 사라졌다. '만약 이 사람마저 없애버린다면 전하가 평생 애써 이룬 대업을 장차 누구에게 맡기시려 하십니까? 남에게 부탁하는 것보다는 차라리 내 핏줄에게 주는 것이 좋습니다.'라는 무학대사의 말은 냉정히 생각하면 진실로 맞는 말이었다. 무학대사에 의해 상왕 이성계는 감정을 누르고 이성을 살려냈던 것이다.

그러나 그 이성은 다시 감정에 휘둘리고 말았다. 영변에서 평양을 거쳐 개경을 향하면서 또다시 복수의 감정이 솟구쳤던 것이다. 게다가 12월 8일 태종을 만나게 되자 그 감정은 수습할 수 없을 정도로 악화되었다. 야사에서는 상왕 이성계가 태종을 만나면서 얼마나 감정적으로 행동했는지를 이렇게 전하고 있다.

무학대사 초상 무학대사는 정도전과 함께 태조 이성계의 신임을 받았다.

“태조가 함흥으로부터 돌아오니 태종이 개경의 교외에 나가 친히 맞이하면서 성대히 장막을 베풀었다. 하륜 등이 아뢰기를, ‘상왕께서 성난 것이 아직 다 풀어지지 않았으니 모든 일을 염려하지 않을 수 없습니다. 차일遮日을 받치는 기둥을 큰 나무로 해야 합니다.’ 했다. 태종이 허락하고 열 아름이나 되는 큰 나무로 차일 기둥을 만들었다. 태종이 태조를 만날 때, 면류관에 국왕의 복장을 하고 뵈었다. 태조가 태종을 바라보다가 노한 얼굴빛이 되면서 갖고 있던 활을 힘껏 쏘았다. 태종이 급히 차일 기둥에 의지하여 몸을 숨기자 화살은 기둥에 맞았다. 태조가 웃으면서 노기를 풀고 말하기를, ‘천명이로다’ 했다. 이어서 옥새를 주면서 말하기를, ‘네가 갖고 싶어 하는 것이 바로 이것이니 이제 가지고 가라’ 했다. 태종이 눈물을 흘리면서 세 번 사양하다가 받았다. 잔치를 시작하고 술잔을 받들어 올리려 하는데 하륜

> 등이 몰래 태종에게 아뢰기를, '술통 있는 곳에서 잔에다 술을 따른 후 잔을 올리실 때에, 술잔을 직접 올리시지 마시고 마땅히 환관에게 주어 올리소서' 했다. 태종이 그 말대로 하여 환관이 술잔을 올렸다. 태조가 받아서 다 마시고 웃으면서 소매 안에서 철퇴를 찾아내어 옆에 놓으면서 말하기를, '모두가 천명이로다' 했다."(『연려실기술燃藜室記述』)

태종 2년(1402) 12월 8일, 상왕 이성계는 개경으로 되돌아왔다. 개경을 떠난 지 만 1년 만으로 소요산, 회암사, 함흥, 영변을 거치면서 온갖 곡절을 겪었다. 그 곡절들은 모두가 감정과 이성 사이에서 일어난 방황의 산물이었다.

그러나 12월 8일 이후, 상왕 이성계는 더 이상 감정과 이성 사이에서 방황하지 않았다. 확실하게 현실을 받아들인 것이었다. 하지만 그것은 이성의 힘으로 그렇게 한 것이 아니라 '모두가 천명이로다'라는 운명에 대한 순응이었다. 태종에 대한 미움과 복수심을 이성이 아닌 운명론으로 극복한 것이었다.

사실 상왕 이성계는 운명론자라 할 만한 사람이었다. 조선을 창업하기 이전 백여 차례 이상 전투를 치르면서 이성계는 삶과 죽음 그리고 승리와 패배가 사람의 이성만으로 결정되는 것이 아니라는 믿음을 가졌다. 전쟁은 이성적으로 계획하고 준비한다고 해서 꼭 승리를 가져오는 것이 아니었다. 객관적으로 우세하다고 반드시 승리하는 것도 아니었다. 이성에 입각하여 철저하게 준비해야 하지만, 그 못지않게 운명이라 할 수 밖에 없는 수많은 변수들이 작용한다는 사실을 인정해야 했다. 졌다고 생각한 전투에서 이기거나, 죽었다고 생각한 상황에서 살아난 것은 이성의 힘이 아니라 운명이었던 것이다.

상왕 이성계는 조선 왕조의 창업도 자신의 능력과 이성의 힘만으로 성취한 것이 아니라 운명이라고 생각했다. 태종 5년(1405) 8월 11일, 상왕 이성계는 한양으로 재천도 한다는 이야기를 듣고 이렇게 말했다.

> "임금이 태상전을 찾아뵙고 장차 한양으로 다시 돌아가겠다고 했다. 이어서 술잔을 올리니 태상왕이 말하기를, '음양이론은 믿을 수 없다고 할지도 모르겠다. 비록 그럴 수는 있겠지만 왕씨 5백년 뒤에 이씨가 나라를 얻어 한양에 도읍한다는 예언이 있었는데, 우리 가문이 과연 그 예언에 부응했다. 그러니 음양이론을 어찌 허황하다고 하겠는가? 또한 우리 가문이 미리부터 나라를 얻을 마음이 있었는가? 왕이 한양으로 되돌아가려 하는 것은 실로 왕의 마음이 아니라 하늘이 시켜서 그런 것이다.' 했다."(『태종실록』 권10, 5년 8월 11일조)

상왕 이성계가 현실을 받아들이는 확실한 방법은 천명 즉 운명으로 받아들이는 것이었다. 처음에 상왕 이성계는 태종이 방석과 방번을 죽이고 왕이 된 현실을 '배신'과 '불효'로 생각했다. 그런 생각에서는 절대로 현실을 인정할 수 없었다. 배신과 불효로 만들어진 현실은 처벌되고 바뀌어야 했다.

이런 생각에는 태종에 대한 미움과 복수심뿐만 아니라 마음만 먹으면 태종을 처벌할 수 있다는 자신감도 있었다. 그래서 고향에서 군대를 일으키기까지 했다. 그러나 막상 군대를 일으켰지만 뒷일을 감당할 수도 없었을 뿐만 아니라 인심도 예전 같지 않았다. 무엇보다도 상왕 이성계 자신이 왕년의 이성계가 아니었다. 왕년에 자신을 따르던 많은 사람들은 더 이상 내일을 장담할 수 없는 68살의 노인에게 희망을 두지 않았다. 자칭 타칭 판단력이 있는 사람들은 모두가 말리는 상황이었다. 이렇게 사람들이 도와주지 않는다면 태종과 만나는 그 기회를 이용하여 일거에 처벌하려고도 했지만, 그것도 성공하지 못했다. 사람도 말리고 꼭 될 것 같은 기회도 무산된 것은 결국 하늘이 시켰다고 밖에 할 수 없었다. 그렇다면 그것은 운명이었다. 결국 하늘은 방석이 아니라 방원에게 왕위를 준 것이었다. 그것이 하늘의 뜻이라면 인정하고 따르는 수밖에 없었던 것이다.

태종이 왕위에 오른 것을 운명이었다고 인정하는 순간부터 상왕 이성계는 체념했다. 그 이후로 상왕 이성계는 개경을 떠나 밖으로 떠도는 일도 사라졌다. 태종 5년(1405) 11월, 아들 태종을 따라 다시 한양으로 돌아온 이성계는 태종이 마련해준 덕수궁에서 부처님께 의지하며 조용히 노년을 보냈다. 방석과 방번의 명복을 빌기 위해 가끔 절에 가는 일이 있었지만 더 이상 미움이나 복수심으로 방황하는 일은 없었기에 생활도 안정되었다. 그럼에도 불구하고 그의 마음속 깊은 곳에는 분노와 체념의 찌꺼기가 여전히 남아 있었다.

냉철한 이성도 천륜 앞에서는 무너지고 말았다

인간적인 면에서 본다면 이복동생 방석에게 세자자리를 빼앗겼을 때, 태종은 몹시 상심했다고 보아야 한다. 그 상심은 단순히 권력투쟁에서 졌다는 패배감이나 상실감만은 아니었다. 보다 더 큰 상처는 아버지에게 버림받았다는 생각, 아버지의 신뢰와 애정을 이복동생에게 빼앗겼다는 생각이었다. 아들로서, 인간으로서 이보다 더 큰 상처가 있겠는가?

제2차 왕자의 난 후, 왕위에 오른 태종은 상왕 이성계를 태상왕으로 높이고 예우를 극진히 했다. 물론 태상왕 이성계로부터 신뢰와 애정을 받기 위해서였다. 그래야 제1차 왕자의 난도 정당성을 확보하고 자신의 인생도 가치가 있었다. 만약 끝까지 신뢰와 애정을 받지 못한다면 그의 일생은 불효자의 일생이요, 허망한 일생일 수밖에 없었다. 그가 주장하는 효도라고 하는 것도 혼자만의 항변이자 권력욕의 핑계라는 지탄을 면할 수 없었다.

온갖 우여곡절 끝에 태상왕 이성계가 체념하여 현실을 받아들이기는 했지만, 그렇다고 기쁜 마음으로 태종을 받아들인 것은 아니었다. 태상왕 이성계의 마음속 깊은 곳에는 분노와 체념의 찌꺼기가 여전히 남아 있었다. 태종은 이것이 불만이었다. 진정 태상왕 이성계가 기쁨과 즐거움 속에 자신을 후계자로 받아들이기를 원했다. 그래야 제1차 왕자의 난을 일으킨 자신의 행위를 큰 효도라고 주장할 수 있고, 마음의 상처도 치유될 수 있었다. 하지만 태종은 이 점에서 그리 성공적이지 못했다.

태종은 태상왕 이성계가 세상을 떠난 후 '내가 무인년(1398, 태조 7) 가을에 종묘사직을 위하여 어쩔 수 없이 거사했는데, 그 이후로 부왕께서 늘 불평하는 마음을 품으셨다'라는 말을 한 적이 있었다. 제1차 왕자의 난 이후 태상왕 이성계가 기뻐하는 모습을 본 적이 없었던 것이다. 그런 태상왕 이성계를 보며 태종의 마음에 난 상처도 깊어졌다.

태종은 왕위에 오른 지 6년(1406) 되던 해 8월에 갑자기 세자에게 선위하겠다고 소동을 피운 일이 있었다. 당시에는 태종이 선위해야 할 아무런 이유가 없었다. 태종은 40살로 한창 나이였고, 세자는 13살의 어린아이였다. 국가에 심각한 상황이 발생한 것도 아니었다. 그런데도 태종은 불문곡직 선위하겠다고 나선 것이었다.

태종의 선위파동은 물론 신료들의 충성심을 시험하려는 정치적 계산 속에서 나온 것이지만, 태상왕 이성계의 애정을 확인하려는 마음도 컸다. 태종은 훗날, '몇 년 전에 나는 부왕의 환심을 얻지 못한 것을 스스로 생각하고 세자에게 선위하려고 했다. 선위한 후에는 간소한 차림으로 날마다 부왕의 잠자리와 식사자리를 모시면서 자식의 본분을 다하려 했다.'고 언급했다. 이 말에는 태종의 본심이 어느 정도는 들어가 있다.

태종 6년(1406) 8월 18일에 태종이 선위하겠다고 공표하자, 신료들은 앞 다투어 철회를 요청했다. 태종은 요지부동이었다. 19일에 좌의정 하륜은 백관을 거느리고 태상왕 이성계가 머무는 덕수궁으로 향했다. 자신들의 힘으로는 태종의 선위에 대한 뜻을 바꿀 수 없어 태상왕의 힘을 빌리려는 것이었다. 그러자 태종은 지신사 황희를 시켜 '너무 성급하게 부왕께 고하지 말라. 나도 또한 생각해 보겠다.'고 통보했다. 선위의사를 철회하겠다는 태종의 암시에 백관들은 그대로 되돌아왔다.

하지만 태종은 선위의사를 철회하지 않았다. 뿐만 아니라 공포분위기를 조성하면서까지 신료들이 태상왕 이성계에게 가지도 못하게 했다. 태종의 이런 행동은 부왕 이성계의 속마음을 확인하고 싶어서였다.

신료들은 비밀리에 권근과 유창을 태상왕 이성계에게 보내 태종의 선위의사를 철회시켜 달라고 요청했다. 하지만 태상왕의 반응은 예상 밖이었다. 태상왕은 '이것은 하늘이 그렇게 시키는 것이니 내가 또한 어떻게 막을 수 있단 말인가? 나라에 대신이 있으니 더욱 힘쓰라.'고 했다. 물러나려면 물러나라는 뜻이었다.

태상왕 이성계의 본심을 확인한 태종은 이숙번에게 꿈 이야기를 했다. 밤마다 꿈에 돌아가신 어머니가 나타난다는 것이었다. 꿈에서 어머니가 울며 '너는 나를 굶기려 하느냐?'라고 말씀하신다는 것이었다. 태종은 이 꿈이 무슨 뜻이냐고 물었다. 당연히 이숙번은 '어린 세자에게 선위하면 종묘사직이 보전되지 못해 모후母后께서 굶으실' 뜻이라고 했다. 태상왕 이성계는 몰라도 돌아가신 어머니가 자신의 선위를 반대하니 선위의사를 철회해야겠다는 암시였다. 이숙번은 곧바로 대소신료들에게 태종의 꿈 이야기를 전했다. 즉시 종친과 공신 그리고 문무백관들이 모여 선위철회를 요청하자, 태종은 마지못하는 척 따랐다. 그날이 8월 26일로서 선위의사를 밝힌 지 8일 만이었다.

한바탕 소동을 겪으면서 태상왕 이성계의 본심을 확인한 태종은 직접 확인까지 하고 싶어 했다. 30일에 태종은 태상왕 이성계가 머무는 덕수궁으로 거처를 옮겼다. 아들과 단둘이 있게 되자 태상왕 이성계는 이런 말을 했다.

> "요새 일을 나에게 알려주는 대신이 없었는데, 오직 길창군 권근과 옥천군 유창이 달려와서 울며 알려 주었다. 나는 왕의 충신은 오직 이들 두 명뿐이라고 생각한다. 또한 선위하는 것은 나라의 큰일인데 왕이 나에게 직접 고하지 않는 것이 옳은가? 더구나 왕은 수염과 머리카락이 벌써 희어졌단 말인가? 학문이 아직 통하지 못했단 말인가? 아니면 사리를 알지 못한단 말인가? 갑자기 물러나 편안히 쉬려 하는 것은 또한 무슨 뜻인가? 내가 백살 된 후에는 마음대로 행하게 두겠지만, 아직 죽기 전에는 다시는 이런 말을 듣고 싶지 않다." (『태종실록』 권12, 6년 8월 30일조)

태종이 선위의사를 밝힌 이유는 태상왕 이성계에게 이런 말을 듣고 싶어서였다. 그것도 진정 자신을 염려하며 만류해주시는 말을 듣고 싶어서였다. 하지만 태상왕 이성계는 그러지 않았다. 사실 태상왕 이성계의 말은 태종이 다시 왕이 되어 찾아가자 마지못해 해주는 덕담일 뿐이었다.

처음 태종의 계획은 분명 이랬으리라. 길창군 권근과 옥천군 유창을 통해 태종의 선위의사를 알게 된 태상왕 이성계는 크게 놀라 만류한다. 그러면 자신은 부왕을 모시며 자식의 도리를 다하겠다고 덕수궁으로 옮겨간다. 태상왕 이성계와 신료들은 한마음 한목소리로 자신의 선위의사를 철회시키려 한다. 그러면 적당히 시간을 보내다가 마지못한 듯 선위의사를 철회한다. 그렇게 되면 자신의 왕권은 태상왕 이성계와 신료들의 절대적인 지지 속에서 확고하게 된다. 태상왕 이성계와 신료들의 뜻은 곧 하늘의 뜻이고, 자신과 부왕은 진정으로 화해한다. 그렇게 되면 제1차 왕자의 난은 불효가 아니라 대효가 된다. 부왕의 애정과 신뢰를 세상 사람들과 함께 확인함으로써 태종의 일생은 효자의 일생으로 탈바꿈하고 마음의 상처는 치유될 것이었다.

하지만 태상왕 이성계는 '물러나려면 물러나라'고 했다. 그때까지도 태상왕 이성계의 속마음은 태종을 후계자로 받아들이지 못하고 있었다. 그렇지만 태종은 '덕담'으로 해준 부왕의 그 말만이라도 절실히 필요했다. 태종은 자신이 부왕으로부터 이만큼이라도 인정받고 있다는 사실을 사람들에게 널리 알리고자 했다. 태종은 '신이 혼자 들어와 곁에 모시고 있으니, 부왕의 말씀을 누가 알 수 있겠습니까?'라며 여러 사람이 듣는 데서 다시 한 번 말씀해주실 것을 간청했다. 이렇게 해서 위의 기록이 실록에 실렸는데, 그날 태종은 태상왕 이성계가 주는 술을 잔뜩 마시고 몹시 취했다고 한다. 태종은 실망 반 기쁨 반의 마음이었을 것이다.

이후로도 태종은 태상왕 이성계의 진정어린 애정과 신뢰를 받아내려 했다. 하지만 명백하게 성공하지는 못했다. 그렇게 세월이 흘러 태종 8년(1408)이 되었다. 이 해에 태상왕 이성계는 74세였다. 언제 세상을 떠날지 모르는 나이였다. 그런 태상왕 이성계가 1월에 갑자기 중병이 들자 태종은 필사적이 되었다. 잘못하다가는 부왕의 진정어린 애정과 신뢰를 확인하지 못할 수도 있다는 생각에서인지, 태종은 이전에는 상상하기 어려운 행동을 서슴없이 했다. 실록에 이런 기록이 실려 있다.

> "임금이 두 번이나 덕수궁으로 문병을 갔다. 임금이 승지 황희에게 말하기를, '부왕의 병환이 위독하다. 부처를 섬기는 것이 비록 예가 아니기는 하지만 불인지심不忍之心을 스스로 막지 못하겠다. 승려들을 소집하여 정근기도를 하려는데 어떠한가?' 했다. 황희가 대답하기를, '부모의 병을 치료하고자 하는 것이니 해로울 것이 없을 것 같습니다' 했다. 마침내 예조참의 변계량을 불러 불소佛疏를 짓게 했다. 덕수궁 옆에 장막을 설치하고 승려 100명을 모아 약사정근을 행하게 했다. 임금은 입던 옷을 벗어서 약사여래 앞에 드리고, 몸소 향을 사르며 팔뚝에 심지를 꽂고 불을 사르는 연비燃臂까지도 행했다. 그렇게 하기를 새벽까지 계속했다."(『태종실록』 권15, 8년 1월 28일조)

이것은 냉철한 현실론자로서 또한 주자학자로서 일생을 살아온 태종에게서는 찾아보기 힘든 모습이었다. 자신의 판단과 현실적 감각에 의한 계산된 행동으로 원하는 모든 것을 쟁취해냈던 태종이지만, 끝내 부왕의 진정어린 애정과 신뢰를 확인하지 못하자 마침내 그토록 비판해마지 않던 불교에까지 매달린 것이었다. 이렇게 태종은 현실론자이면서도 완전한 현실론자가 되지 못했다. 부왕의 진정어린 애정과 신뢰를 끝내 확인하지 못했기에 그의 제1차 왕자의 난이 진정한 대효의 행동이었다고 주장하기도 힘들었다. 냉철한 태종도 '운명'과 '아버지'의 위력 앞에 할 말을 잃고 할 바를 잃는 때가 있었던 것이다.

형제인가 경쟁자인가, 세종

'해동의 요순'은 초인적인 노력의 결과였다 ❀ 출생부터 천운을 타고난 것은 운명이었다 ❀ 편애가 운명을 결정하는 것은 아니었다 ❀ 자신의 근본에 충실했던 것은 충녕이었다 ❀ 열등감에 이은 절망감은 또 다른 좌절이었다 ❀ 의심과 미움도 능력과 노력에 굴복했다

'해동의 요순'은 초인적인 노력의 결과였다

세종대왕의 신도비문神道碑文은 정인지가 지었다. 정인지는 비문에서 세종대왕의 공덕을 찬양하여 '진실로 해동의 요순이라 할 만하다'고 썼다. '해동의 요순'이란 당시 사람들에게는 최고의 찬사였다. 유구한 한국의 역사에서 '해동의 요순'이란 찬사를 들은 왕은 세종대왕이 유일무이하다.

조선시대 사람들에게 요임금과 순임금은 완벽한 인간상이자 최고의 정치영웅이었고, 최고의 태평성대를 성취한 이상적인 제왕이었다. 그런데 정인지를 비롯한 당시 사람들은 세종대왕을 요순에 비유하며 태평성대를 성취한 이상적인 제왕으로 추앙했던 것이다.

요임금이 세상을 태평성대로 만든 기초는 자신의 큰 덕을 밝히는〔克明峻德〕것이었다. 그런 기초 위에서 그것을 점차로 친족, 국가, 천하로 확대하여 세상을 태평성대로 만들었다. 이것은 유교의 정치철학에서 강조하는 '수신제가치국평천하'와 다를 것이 없다.

'수신'이란 요즘의 말로 자기관리이며, '제가치국평천하'는 가정관리, 국가경영에 해당한다. 요임금이나 순임금은 자기관리, 가정관리, 국가경영의 모든 부분에서 완벽한 수준에 도달함으로써 개인적으로는 위대한 도덕군자가 되었을 뿐만 아니라 정치적으로도 위대한 통치자가 되었던 것이다.

세종대왕신도비 서울 세종대왕기념관 경내에 있다.

그런데 온갖 세파에 시달리는 세속적인 인간이 자기관리, 가정관리, 국가경영의 모든 부분에서 완벽한 수준에 도달할 수 있기는 한 것인가? 완벽한 자기관리란, 몸 관리는 물론 마음 관리 측면에서도 윤동주 시인이 노래했듯이 '죽는 날까지 하늘을 우러러 한 점 부끄럼이 없는' 정도의 수준이 되어야 한다. 그렇지만 이런 것은 속세의 인간에게는 한낱 이상일 뿐이다. 완벽한 가정관리나 국가경영도 마찬가지다. '가화만사성'이라는 말은 누구나 알지만, 정작 부부간에 또는 부모자식 간에도 시샘과 다툼이 난무하는 것이 현실이다. 또 수많은 사람들이 국태민안이나 세계평화를 꿈꾸지만, 현실의 나라 사정이나 국제 정세는 늘 혼란스럽다. 인간이란 자기관리, 가정관리, 국가경영 중에서 어느 것 하나라도 완벽히 성취하기 어려운 존재이다. 그럼에도 요임금과 순임금은 그 모든 것을 완벽히 성취했다는 것인데, 그것은 어쩌면 철저하게 역사적 인간이라기보다는 다분히 신화적 존재이기에 가능한 일이었다.

하지만 세종대왕은 달랐다. 세종대왕은 철저하게 역사적으로 존재한 인간이었다. 세종대왕은 1397년(태조 6)에 출생하여 22살이 되던 1418년(태종 18)에 왕위에 올라 31년 6개월을 재위하고, 1450년(세종 32)에 54세의 나이로 세상을 떠난 실존 인물이었다. 따라서 어린 시절은 물론 그의 모든 삶을 직접 보고 겪은 수많은 사람들의 증언과 기록이 전해진다. 그렇게 볼 때, 세종대왕이 자기관리, 가정관리, 국가경영의 모든 면에서 완벽했다고 믿기에는 어려운 점이 있다. 그럼에도 불구하고 정인지는 '해동의 요순'이라는 찬사를 올렸다.

정인지는 자신이 세종대왕을 '해동의 요순'이라 평한 이유를, '세종대왕을 옆에서 모신 것이 십년이고 또 의정부와 육조에 출입하며 20여 년을 가까이서 모셨다. 세종대왕은 광대함에 이르면서도 정미精微함을 다했고, 고명함을 극진히 하면서도 중용中庸을 따랐으니 참으로 해동의 요순이라 할 만하다.'고 했다. 이것은 세종의 일생이 비록 자기관리, 가정관리, 국가경영의 모든 면에서 완벽하지는 않았을지 모르지만 완벽에 가까웠다는 평가이다. 정인지의 이런 평가는 세종의 초인적인 노력과 더불어 천운이 함께 어우러짐으로써 나올 수 있었다.

출생부터 천운을 타고난 것은 운명이었다

세종은 태종의 셋째 아들로 태어났다. 그런 세종이 왕이 될 수 있었던 것은 세종의 노력 못지않게 천운이 중요했다. 태조 6년인 1397년 4월

10일에 셋째 아들로 태어났다는 사실 자체가 천운이라면 천운일 수 있었다.

세종 위로는 양녕대군과 효령대군이 있었다. 세종은 큰형인 양녕대군보다는 3살 아래, 둘째 형인 효령대군보다는 1살 아래였다. 그런데 세종의 출생시점을 바로 위의 형인 효령대군과 비교해보면 약간 이상한 부분이 있다.

효령대군은 1396년 9월에 출생했다고 하는데, 그로부터 겨우 7개월 뒤인 1397년 4월 10일에 세종이 출생했던 것이다. 세종이 1396년 10월쯤 임신되었다면 만7개월도 되지 않아서 태어난 셈이 된다. 혹 중간에 윤달이 있지나 않을까 싶었지만 윤달도 없다. 따라서 기록이 잘못되지 않았다면 태어나던 당시 세종은 칠삭둥이로서 심각한 미숙아였을 것임에 틀림없다.

조선시대의 유명한 칠삭둥이인 한명회의 경우, '7개월 만에 태어나자 사체가 처음에 하나도 갖추어지지 않아 가족들이 기르지 않으려 했는데, 늙은 여종이 헌 이불솜에 두고 정성껏 돌보아 몇 달이 지나자 점차 튼실해졌다'고 한다. 오죽했으면 가족들이 기르지 않으려 했을까 싶은데 아마도 그 정도로는 살 가망이 없는 모습이었기 때문이리라. 세종의 경우도 칠삭둥이로 태어났다면 출생 시에 온전한 모습은 아니었으리라.

그럼에도 세종은 가족들이 기르려 하지 않은 것이 아니라 부모 즉 태종과 민씨가 정성을 들여 살려낸 것이 아닐까 한다. 당시 태종과 민씨는 새로 태어난 아기에게 정성을 쏟을 수밖에 없는 상황이었다. 훗날 태종은 세종이 태어났을 때를 이렇게 회상했다.

"병자(丙子, 태조 5, 1396)에 효령대군이 태어났는데 열흘도 되기 전에 병이 들어 홍영리洪永理의 집에 두었다. 정축(丁丑, 태조 6, 1397)에 지금의 주상(主上, 세종)이 태어났다. 그때는 정도전의 무리가 나를 꺼리며 용납하지 않던 형세였다. 나는 정말로 곧 죽음을 당할 것이라 생각하여 늘 심사가 울적하기도 하고, 할 일이 없어 무료하기도 했다. 그래서 나는 대비(大妃, 태종비 민씨)와 번갈아가며 갓난아기를 안기도 하고 업어주기도 하며 무릎에서 떼어놓지 않았다. 이 때문에 그 아이를 다른 아이들과는 달리 끔찍이 사랑하게 되었다."(『세종실록』 권3, 1년 2월 3일조)

세종은 칠삭둥이로 태어났지만 바로 그 때문에 부모의 끔찍한 사랑을 받았다. 특히 태어나던 당시 훗날 태종인 아버지가 할 일이 없어 집에서 소일했기에 지극한 사랑을 받게 되었고 그 사랑이 일생 지속되었다는 사실은 천운이라고 할 수 밖에 없었다. 반면 세종의 두 형인 양녕대군과 효령대군은 태어나면서 아버지의 사랑을 받지 못했다. 그런 점에서 그들은 세종에 비해 몹시 불운했다.

양녕대군은 1394년(태조 3)에 태어났다. 그런데 태종은 양녕대군이 태어나기 전에 아들 셋을 연이어 잃는 비극을 겪었다. 그런 비극을 막고자 태종은 양녕대군이 태어나자마자 처갓집에 맡겨져 일곱 살이 될 때까지 외갓집에서 자라게 하였다. 훗날 태종은 '세자는 본래 장인, 장모님이 안아서 키우셨다'라고 회상했는데, 그동안 태종은 바빴고 연이어서 효령대군과 세종이 태어났기에 양녕대군은 아버지의 정을 받아볼 기회가 거의 없었다. 효령대군도 마찬가지 상황에서 태어나자마자 다른 집으로 옮겨졌고, 곧이어 동생 세종이 태어났기에 아버지의 정을 제대로 받아보지 못했다.

태종은 양녕대군과 효령대군에게는 쏟지 않던 아버지의 정을 세종에게 쏟았다. 그것도 편애라 할 정도로 심하게 쏟았다. 왜 그랬을까? 그 이유에 대하여 태종은, '그때는 정도전의 무리가 나를 꺼리며 용납하지 않던 형세여서, 나는 정말로 곧 죽음을 당할 것이라 생각하여 늘 심사가 울적하기도 하고, 할 일이 없어 무료하기도 하여' '안아 주기도 하고 업어주기도 하며 무릎에서 떼어놓지 않아' '다른 아이들과는 달리 끔찍이 사랑하게 되었다'고 회상했다. 세종이 태어나던 당시, 태종은 정도전의 핍박을 받아 정치적으로 사망선고를 받은 상태였다. 그런 상황에서 태종은 칠삭둥이로 태어난 세종을 보고 자신의 처지를 떠올렸는지도 모른다. 죽음을 달고 태어난 것 같은 세종의 모습이나, 정치적으로 사망선고를 받은 자신의 처지나 다를 것이 없었다. 태종은 세종에게 아버지로서의 측은한 감정 못지않게, 자기 자신을 보는듯한 동질감을 느꼈을 지도 모른다. 태종이 칠삭둥이 세종을 '안아 주기도 하고 업어주기도 하며 무릎에서 떼어놓지 않은' 이유는 어떻게든 아들을 살리겠다는 아버지의 본능과 함께 아들을 살림으로써 자신도 살 수 있다는 동질감의 표현이었다고도 할 수 있다. 그렇게 살아난 세종은 태종에게 그 어느 아들보다도 소중한 분신처럼 느껴졌을 수도 있었던 것이다.

세종이 네 살 되던 해에 태종은 제2차 왕자의 난을 일으켰다. 난에 성공한 태종은 곧바로 왕세자가 되었고 궁궐 안의 동궁으로 옮겨 살았다. 이 때 외가에서 살던 양녕대군도 함께 동궁으로 옮겨 살게 되었다. 이때 양녕대군은 일곱 살, 효령대군은 다섯 살 그리고 세종은 네 살이었다. 태종이 왕세자가 된 이후에도 세종에 대한 편애는 계속되어 구설수에 오를 정도였다. 실록에 이런 기록이 전한다.

"태종이 김과金科에게 말하기를, '경진년(정종 2, 1400)에 효령대군과 충녕대군은 나이가 겨우 4살, 5살이었다. 네가 그들을 지적해 말하기를, 이 어린 왕자들이 또한 쟁장爭長하는 마음이 있다고 했다. 또 병술년(태종 6, 1406)에도 그 두 아이를 가지고 말했는데, 그 말뜻이 매우 불쾌했다. 내가 만약 이 말을 누설한다면 네가 어찌 안전하겠는가? 그러나 네가 만약 숨긴다면 내가 마땅히 말할 것이다.' 했다. 김과가 대답하기를, '정말로 그런 말을 했습니다' 했다."(『태종실록』 권18, 9년 9월 4일 계유조)

김과가 '이 어린 왕자들이 또한 쟁장爭長하는 마음이 있다'고 한 말은 효령대군과 세종이 큰형인 양녕대군을 이겨 먹으려 한다는 뜻이었다. 달리 말하면 효령대군과 세종이 큰형을 우습게 알고 이기려 한다는 것인데, 이런 일이 가능한 이유는 역시 양녕대군에 대한 태종의 사랑이 크지 않았기에 가능했다고 할 수 있다.

일곱 살까지 외갓집에서 자라다가 갑자기 아버지와 함께 살게 된 양녕대군은 아버지가 살갑기보다는 어색하고 어려웠을 것이다. 게다가 아버지는 네 살 된 막냇동생을 예뻐했다. 양녕대군이 아버지의 사랑을 놓고 네 살 된 동생과 경쟁하기에는 여러 면에서 불리했다. 분명 일곱 살의 양녕은 다섯 살 효령 그리고 네 살 세종과 말썽을 빚으며 싸우곤 했을 것이다. 아마도 나이 많고 기운 센 양녕이 일방적으로 효령과 세종을 때리곤 했을 것이다. 그때마다 태종은 양녕 편을 들어주는 대신 '큰 형이 되어가지고 왜 어린 동생들을 때리느냐?'라며 호되게 야단을 쳤으리라 생각된다. 그런저런 이유로 양녕대군도 아버지에게 무뚝뚝하고 거친 모습을 보이지 않았을까?

이런 상황에서 네 살 세종은 일곱 살 큰 형을 이기려 들었다. 그만큼 세종이 부모의 사랑을 많이 받아 자신만만했다는 의미인데, 이런 일은 집안에서 일상적으로 일어날 수 있는 문제였다. 그런데 김과가 굳이 거론한 이유는 후계문제 때문이었다. 장차 후계자가 될 큰 아들은 양녕대군 임에도 불구하고 태종은 세종을 편애했다. 그것도 주변 사람들이 우려할 정도로 편애했던 것이다.

영릉신도비문에는 이런 이야기가 전한다. 세종이 네 살 되던 해에 태종의 왕비인 민씨가 꿈을 꾸었는데 태종이 세종을 안고 태양 가운데 앉아 있었다. 그 꿈 이후로 얼마 되지 않아 태종이 왕위에 올랐고 후에 세종이 왕위를 계승했다. 그러니 이 꿈은 천명이라는 것이었다. 영릉신도비문의 꿈 이야기를 좀 더 깊이 이해하기 위해서는 그보다 몇 달 전쯤에 있었다는 또 다른 에피소드를 기억할 필요가 있다. 이 에피소드는 『태종실록』에 전하는데 이런 내용이다.

> 기묘년(정종 1, 1399) 가을 9월에 태종은 개성에서 살고 있었다. 어느 날 동이 트려는 즈음 아직 별은 드문드문한데, 백룡이 태종의 침실 마루 위에 나타났다. 그 크기는 서까래만하고 비늘이 있어 광채가 찬란했으며 꼬리는 꿈틀꿈틀했다. 그 백룡의 머리는 바로 태종이 잠자고 있는 곳을 향했다. 그것을 처마 밑에 앉아 있던 시녀 김씨가 보았다. 깜짝 놀란 김씨는 얼른 달려가서 요리사 김소근 등 여덟 사람에게 알렸다. 소근 등이 모두 와서 백룡을 보았는데, 조금 있다가 구름과 안개가 자욱하게 끼면서 간 곳을 알지 못했다.

이 에피소드가 말하고자 하는 골자는 하늘이 백룡을 통해 조만간 태종이 왕위에 오르리라는 사실을 계시했다는 것이다. 당시는 제1차 왕자의 난이 성공한 직후로서 태종은 정치판의 실세였다. 그래서 많은 사람들은 조만간 태종이 왕이 될 것이라 생각했다. 백룡의 에피소드는 태종

쪽에서도 그의 즉위를 천명이라 광고하고 다녔음을 알려준다. 그리고 실제 얼마 지나지 않아 태종은 왕위에 올랐다. 그런데 즉위하기 직전 '태종이 세종을 안고 태양 가운데 앉아 있는' 꿈을 왕비 민씨가 꾸었다는 것은 또 다른 면에서 중요한 의미를 갖는다. 그것은 이 소문이 태종의 후계문제와 직결되었기 때문이다. 이 소문이 훗날 영릉신도비문에까지 실린 것을 보면 전혀 허무맹랑한 내용은 아니라고 보인다. 분명 처음에는 이 꿈을 꾼 민씨가 남편 태종에게 이야기했다고 생각되는데, 이 꿈이 어떤 뜻인지 알만한 민씨가 남편 이외의 여러 사람들에게 꿈 이야기를 했을 것 같지는 않다. 아마도 민씨는 큰 아들을 제쳐놓고 4살 된 세종을 편애하는 남편을 억제하기 위해 꿈 이야기를 했는지도 모른다. 민씨는 남편의 편애가 계속되다가는 큰 아들과 돌이킬 수 없는 관계가 될지도 모른다는 의미로 말했을 수도 있다.

그렇다면 이 꿈을 여러 사람들에게 퍼뜨린 사람은 태종 자신 밖에 없다. 당시에 태종은 너무나도 사랑스러운 네 살짜리 세종을 벌써부터 자신의 후계자로 삼고 싶은 잠재의식이 있었는지도 모르겠다. 그런 분위기를 감지한 김과가 '이 어린 왕자들이 또한 쟁장爭長하는 마음이 있다'고 발언했던 것이 아닐까? 결국 김과의 발언은 '후계자는 큰아들 양녕대군이어야 된다'는 원칙론에 다름 아니었다.

앞서 언급했듯이 칠삭둥이로 태어난 세종이 4살까지 아버지의 사랑을 독차지한 것은 의도적인 노력보다는 천운에 따른 것이라 할 만하다. 그렇지만 4살 이후에는 천운보다는 의도적인 노력이 점점 더 중요할 수밖에 없었다. 버릇없는 다섯 살이나 미운 일곱 살이 되지 않으려면 눈치도 있어야 하고 아버지의 기대에도 부응해야 했다.

세종은 네 살 이후에는 열심히 공부하는 모습으로 아버지의 사랑을 독차지했다. 그런데 계속되는 태종의 편애는 당연히 양녕대군 쪽 사람들에게 크나큰 불안이었다. 이런 불안감 속에서 1405년(태종 5)에 큰 사건이 터지고 말았다.

1405년은 세종이 아홉 살 되던 해였다. 이해 11월에 창덕궁이 완성되자 태종은 축하 잔치를 열었다. 그때 태종은 세종이 쓴 글을 참석자들에게 돌렸다. 분명 아홉 살 아이가 쓴 글 치고는 매우 잘 지었기에 자랑삼아 돌렸을 것이다. 그때 술에 취한 신극례가 '예로부터 제왕의 아들 가운데 영특한 사람은 반드시 난을 일으킵니다'라고 말하면서 종이를 찢어버렸다. 왕이 보는 앞에서 왕자가 쓴 글을 찢은 것은 이만저만한 불경이 아니었다.

신극례는 태종의 친인척으로서 제1차 왕자의 난에 참여한 공신이었다. 또한 양녕대군의 외삼촌인 민무구, 민무질 등과도 아주 친한 사람이었다. 당시 신극례로 하여금 종이를 찢게 한 사람은 민무구였다. 결국 신극례의 행동이나 발언은 민무구 등 양녕대군 쪽 사람들의 불안감이었다.

민무구 등 양녕대군 쪽 사람들의 불안은 단순한 편애 때문만은 아니었다. 세종은 끊임없는 노력을 통해 여덟이나 아홉 살 쯤에 이미 뛰어난 재능을 발휘하기 시작했던 것이다. 양녕대군 쪽 사람들에게 세종의 노력과 재능 그리고 성취는 태종의 편애 이상으로 무서웠던 것이다.

그런 불안감은 세자 양녕대군 때문에 더욱 커졌다. 세자 양녕은 걸핏하면 태종으로부터 꾸중을 들었다. 예컨대 태종이 잔치 때 세종의 글을 돌리던 일이 있기 한 달쯤 전이었다. 태종은 모처럼 세자 양녕대군과 함께 식사를 했다. 식사 중에 세자가 뭔가 잘못을 했는지 태종은 몹시 기분이 상했던 모양이다. 태종은 식사하다 말고 '네가 그래도 원자인데 말과 행동이 어찌하여 절도가 없느냐? 서연관들이 일찍이 가르치지 않더냐?'라며 심하게 역정을 냈다. 밥 먹다 말고 이런 꾸중을 들은 세자 양녕은 부끄러워하기도 하고 두려워하기도 했다고 한다.

그때 세자 양녕은 열 두 살이었다. 식사 자리에서 세자 양녕이 어떤 잘못을 했는지는 알 수 없지만 식사예절이 엉망이었던 모양이다. 예컨대 태종이 어떤 음식인가를 먹으려 할 때 세자 양녕이 먼저 집어먹거나 또는 지저분하게 흘리며 먹거나 하지 않았을까 생각된다. 태종은 한두 번 두고 보다가 벌컥 화를 내지 않았을까?

세자 양녕의 그 같은 식사예절은 아마도 외갓집에서 생기지 않았을까 싶다. 외할아버지와 외할머니의 끔찍한 사랑을 받으며 자란 세자 양녕은 밥상에서 누구의 눈치도 보지 않으며 하고 싶은 대로 하고 먹고 싶은 대로 먹었을 것이다. 어쩌면 그의 외할아버지와 외할머니는 귀여운 외손자가 지저분하게 먹으면 닦아주고 또 어떤 음식을 잘 먹으면 더 먹으라며 챙겨주었을 것이다. 그리고 그런 양녕의 버릇이 아버지와 식사하면서 무의식적으로 나왔을 것이고, 태종은 세자가 공부도 제대로 못하면서 식사 예절도 모른다고 역정을 냈을 듯하다.

반면에 아홉 살의 세종은 공부도 잘하고 식사 예절은 물론 언행도 반듯했을 것이다. 세종은 꼭 누구의 가르침을 받아서라기보다는 아버지가 원하는 것이 무엇인지를 눈치 채고 그렇게 되도록 열심히 노력했으리라 생각된다. 그런 세종의 모습 하나하나가 공부보다는 운동이나 무술, 잡기에만 관심을 쏟고 행동도 거친 세자 양녕대군과 곧바로 대비되지 않았겠는가?

편애가 운명을 결정하는 것은 아니었다

형들은 어린 동생이 부모의 사랑과 관심을 독차지하면 당연히 미워하게 된다. 어린 시절의 양녕대군과 효령대군도 다르지 않았을 것이다. 분명 양녕과 효령은 아버지의 애정을 독차지한 세종에게 미움과 질투를 느꼈으리라. 특히 양녕은 단순한 미움을 넘어 심각한 위기의식도 느꼈을 것이다.

태종이 왕위에 오르고 1년 반쯤 후인 1402년 4월에 양녕은 원자에 책봉되었다. 당시 양녕은 아홉 살, 세종은 여섯 살이었다. 양녕은 태종이 세자에 책봉되고 2년이 조금 지난 시점에서 원자가 되었는데, 그동안 양녕과 세종은 궁궐에서 함께 생활했다.

2년 정도 궁궐에서 함께 사는 동안 세종은 큰형 양녕과 좋은 관계를 맺지 못했을 듯하다. 아버지의 편애뿐만이 아니라 둘은 체질적으로도 어울리기 어려웠을 것이라 생각된다. 양녕의 체질은 기본적으로 할아버지 이성계를 닮았다. 당연히 덩치도 좋고 힘도 좋았다. 양녕은 재능까지도 할아버지를 닮아 운동과 무술에 뛰어난 소질을 보였다.

이에 비해 칠삭둥이로 태어난 세종은 몸이 튼튼했다고 보기 어렵다. 부모가 온갖 보약과 좋은 음식으로 신경을 썼겠지만, 세종은 근본적으로 약골이었다고 생각된다. 게다가 세종은 운동과 무술보다는 공부에 소질을 보였다. 이런 면에서 세종은 할아버지 이성계 보다는 아버지 태종을 더 닮았다. 어쩌면 이런 점 때문에 태종이 세종을 더 편애했는지도 모른다.

양녕과 세종은 원자책봉을 계기로 다시 떨어져 살았다. 원자가 되면 원자궁에서 단독으로 살아야 했기 때문이다. 양녕의 입장에서 보면 원자책봉은 장단점을 같이 가지고 있었다. 원자에 책봉됨으로써 양녕은 공식적으로 태종의 후계자가 되었다. 그렇지만 그 후계자 자리는 매우 불안했다. 원자궁에서 살아야 했기에 다시 아버지와 떨어져 살아야 했다. 반면 세종은 계속해서 아버지와 함께 살았다. 원자 양녕이 세종으로부터 아버지의 애정을 빼앗아 오기가 더욱 힘들어졌던 것이다.

문제는 그것이 단순한 애정문제로만 끝나는 것이 아니라 후계문제와 연결된다는 사실이었다. 원자 양녕이 태종에게 후계자로서의 자질과 가능성을 확신시키지 못한다면 그 자리는 언제든지 바뀔 가능성이 있었다. 태종 자신이 '적장자계승원칙'보다는 '능력자우선원칙'으로 왕위에 오른 사람이기에 그럴 가능성은 더더욱 높았다. 더구나 태종은 후계자로서 원자 양녕의 자질과 가능성을 불안해했다. 예컨대 실록에는 이런 이야기가 실려 있다.

양녕이 원자에 책봉되고 1년 반쯤 지났을 때였다. 당시 양녕은 열 살이었는데, 어느 날 태종이 원자에게 묻기를 '내 나이 거의 사십이 되어 귀밑털이 희끗희끗한데도 아침저녁으로 조금도 게을리 하지 않고 부지런히 글을 읽는다. 너는 그 뜻을 알겠느냐?'라고 했다. 아버지의 질문의도를 파악하지 못한 양녕은 제대로 대답하지 못했다. 태종은 왕이 공부해야만 하는 이유와 목표를 듣고 싶었을 것이다. 하지만 그 이유도 목표도 정리되지 않은 원자 양녕이 만족할만한 답을 내놓기는 불가능했다. 몹시 실망한 태종은 '딱한 일이로구나. 저 아이는 내가 말하여도 캄캄하여 알지 못하는구나. 슬프다! 언제나 이치를 알 것인가?'라며 탄식했다고 한다.

원자 양녕은 1404년 8월 6일에 왕세자에 책봉되었다. 당시 양녕의 나이는 열한 살이었고, 왕세자가 된 양녕은 원자궁에서 동궁으로 옮겨 살아야 했다. 태종으로부터 더 멀리 떨어져 사는 만큼 양녕은 태종의 신임과 확신을 받기 위해 더 노력해야 했다.

세종대왕 초상 세종은 태종 이방원의 셋째아들이다.

이에 비해 여덟 살 세종은 여전히 태종과 함께 살았다. 태종의 편애는 계속되었다. 게다가 세종의 학문은 일취월장 성장했다. 앞서 언급했듯이 세종이 아홉 살 때 지은 작문을 태종이 잔치자리에서 신하들에게 돌린 것은 이를 잘 반증한다고 하겠다.

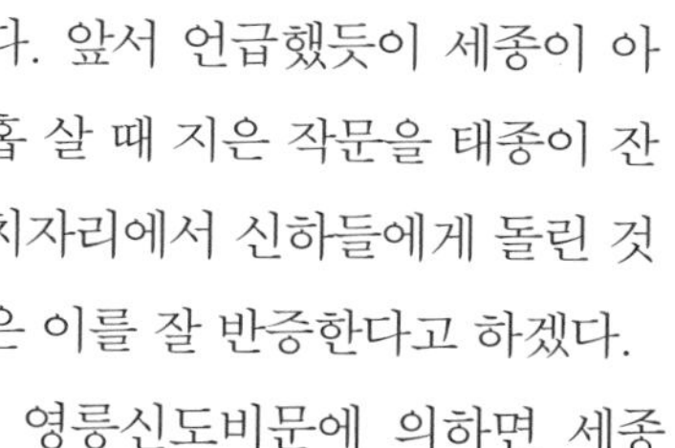

영릉신도비문에 의하면 세종은 '즉위 전부터 천성이 학문을 좋아하여 손에서 책을 놓지 않았다'고 한다. 세종은 스물두 살에 왕이 되었으니 '손에서 책을 놓지 않는' 습관은 그 이전에 든 것이었다. 이런 공부습관은 분명 열 살 이전부터였다. 세종은 선천적인 약골에다가 아버지를 닮아 공부를 좋아했고, 공부를 통해 아버지와 주위 사람들의 관심과 사랑을 받았기에 더더욱 공부에 매진했을 듯하다. 따라서 세종은 열 살 전후쯤에는 학문적으로 상당한 성취를 이루었으리라 짐작된다. 자연히 세종은 뛰어난 자질과 함께 엄청난 노력파라는 소문도 퍼졌을 것이다.

이런 소문은 세자 양녕에게도 들어갔을 것이다. 인간적으로 생각해보면 세자 양녕이 동생의 공부를 능가하려고 꽤 노력했으리라 판단된다. 그러나 자질이나 노력 면에서 세자 양녕은 세종을 넘어서지 못했다. 십대 초반의 세자 양녕은 고민하고 갈등하면서 질투심과 경쟁심을 느끼지 않았을까? 그럴수록 세자 양녕은 자신이 세종보다 훨씬 뛰어난 무술과 운동 쪽에 더 관심을 기울이지 않았을까?

양녕 쪽 사람들의 입장에서 이런 상황은 매우 불안할 수밖에 없었다. 이런 일은 근본적으로 세종의 자질과 노력이 뛰어나기도 했지만, 동시에 세종이 태종과 함께 살면서 애정을 독차지한 결과이기도 했다. 당연히 양녕 측 사람들은 태종으로부터 세종은 물론 세종을 지지하는 사람들도 떼어내고자 했다. 실록에 이런 기록이 전한다.

"어느 날인가 내가(태종이) 민무구에게 말하기를, '내 아들 궁달(宮達, 효령대군)과 아무개(세종) 등은 아직 어려서 혼인할 때가 아니다. 그러나 옛날 당나라의 태종이 둘째 이하의 아들들을 궁중에 두고 의복과 수레 그리고 말을 태자와 같게 하자 위징이 안 된다고 했다. 지금은 이미 세자를 책봉하여 별궁에 두었는데, 둘째 이하의 아들들은 눈앞에 있으니 혹 편애하는 잘못을 할까 두렵다. 이에 장가보내서 다른 집에서 살게 하고자 한다.' 했다. 민무구가 대답하기를, '미리 예방해야 하지만 그보다는 중간에서 난을 선동하는 신하를 막는 것만 못합니다' 했다. 내가 그 말을 듣고 모골이 송연했다." (『태종실록』 권14, 7년 9월 18일조)

태종이 민무구와 이런 대화를 나눈 시점이 정확이 언제인지는 알 수 없다. 다만 양녕이 세자에 책봉된 후 민무구가 숙청되기 전의 어느 때인 것은 분명하다. 양녕대군은 1404년 8월에 세자로 책봉되었고 민무구는 1407년 7월에 숙청되었으니 아마 그 사이일 것이다.

그런데 태종의 증언에 의하면 김과가 1406년에 효령대군과 세종을 가지고 말했는데, '그 말뜻이 매우 불쾌했다'는 기록으로 보면, 이 해였을 가능성이 높다. 왜냐하면 1406년 윤7월에 세자 양녕의 혼인을 위해 길례색吉禮色이 설치되었는데, 이때는 효령과 세종의 혼인문제가 거론될 수 있는 시기였다. 예컨대 김과는 세자가 혼인하는 마당에 태종의 편애를 받는 세종을 궐 안에 계속 머물게 하는 것은 '당나라의 태종이 둘째 이하의 아들들을 궁중에 두고 의복과 수레 그리고 말을 태자와 같게' 한 실수와 같으며 그런 실수가 계속되다가는 크나큰 불행을 초래할 수도 있으리라 충고했을 것이다. 김과는 사사로운 정을 접고 세종을 빨리 혼인시켜 출궁시키라고 조언했을 듯하다. 당시 세종은 열 살이었으므로 심하게 어린 나이는 아니었다.

그런데 민무구는 거기에서 더 나아가 세종의 출궁은 물론 '중간에서 난을 선동하는 신하'까지 금지하라 요구했던 것이다. '중간에서 난을 선동하는 신하'란 세종의 뛰어난 자질과 노력을 소문내고 다니는 사람들을 지칭하는 것이었다. 그런데 당시 세종의 자질과 노력을 소문내고 다니는 대표자는 다름 아닌 태종이었다. 민무구는 '난을 선동하는 신하'라고 했지만 실제는 태종의 편애가 '난을 선동하는 행위'라고 비난했던 셈이다.

태종은 김과의 충고와 민무구의 비난에 꽤나 감정이 상했던 모양이다. '매우 불쾌했다'와 '모골이 송연했다'는 표현이 그런 감정을 잘 나타낸다. 하지만 이성적으로 생각해보면 김과와 민무구의 말이 틀린 것만은 아니었기에, 태종은 얼마 지나지 않아 효령대군과 세종을 혼인시켜 출궁시켰다.

세자 양녕이 혼인한 때가 1407년 7월인데 그 직후인 1407년 겨울에 효령대군이 혼인했다. 몇 달 후인 1408년 2월에는 세종이 혼인했다. 혼인시점이 몇 달씩 차이 나는 이유는 형들부터 먼저 혼인시키려 했기 때문이었다. 혼인 당시 양녕은 열네 살이었으며 효령대군과 세종은 열두 살이었다.

태종은 세종을 혼인시켜 출궁시키면서 세자 양녕을 명실상부한 후계자로 세워주고자 했다. 혼인 직후 세자 양녕을 사신으로 삼아 명나라에 다녀오게 했던 것이다. 조선의 공식적인 후계자는 세자 양녕임을 명나라 황제에게까지 확인시킨 셈이었다. 이와 함께 태종은 세종에게 혹 있을 지도 모를 '후계야망'도 억누르려 했다. 이와 관련하여 실록의 다음 기사는 매우 시사적이다.

> "임금이 일찍이 충녕대군에게 이르기를, '너는 할 일이 없다. 편안히 놀기나 해라' 하고는 글씨, 그림, 꽃, 수석, 비파 등 놀면서 즐길만한 물건들을 모두 마련해 주었다. 이에 충녕대군은 예능에 두루 통달하게 되었다. 세자는 충녕대군에게 비파를 배웠다. 세자는 기뻐하면서 충녕대군과 틈이 없었다. 임금은 그들이 화목한 것을 매우 기뻐했다."(『태종실록』 권26, 13년 12월 30일조)

이는 1413년 12월 30일자의 내용이다. 이때 세자 양녕은 스무 살, 세종은 열일곱 살이었다. 세종이 혼인하고 출궁한 때로부터 5년 여의 세월이 흐른 시점이었다. 그동안 세종은 공부가 아니라 노래나 그림 등 예능에 힘을 쏟았다. 세종은 태종의 당부대로 공부와 후계자에 대한 꿈을 접었는지도 모른다. 공부를 포기해야만 하는 억울함과 보상심리 등으로 세종은 예능에 집중했을 듯하다. 그 결과 세종은 예능 방면에도 상당한 경지에 올랐다.

그렇지만 위의 기록에서 읽히는 가장 중요한 내용은 그 시절 세자 양녕은 세종과 몹시 화목했다는 사실이다. 세자 양녕은 공부를 포기한 세종을 더 이상 라이벌로 생각하지 않았다. 비파를 가르치는 세종은 더 이상 학자의 모습이 아니었다. 비파, 노래, 그림, 수석 등 예능에 몰두하는 동생에게 위기의식을 느낄 이유가 있었겠는가? 아마도 두 형제가 화목했던 때는 그 시절이 처음이었을 듯하다. 그 이전에는 서로 간에 다툼과 경쟁이 적지 않았을 것인데, 세종이 공부를 포기함으로써 그런 경쟁 관계가 해소되고 그 결과 두 형제는 화목해졌다. 태종이 매우 기뻐한 것은 당연한 일이라 하겠다.

동생과 화목하면서 세자 양녕은 공부에도 열심이었다. 그즈음 양녕은 『대학연의』를 전에 없이 열심히 읽었다. 실록에 의하면 '날마다 5장 혹은 7~8장씩 읽으며 부지런히 익히고 게으르지 않았다'고 한다. 이에 세자의 선생님들은 '세자가 뛰어난 자질로 옛날부터 이렇게 열심히 공부했다면 『대학연의』를 어찌 6년이나 걸려서 끝마쳤겠는가?'라며 탄식했다고 한다. 이처럼 세자 양녕이 맘 잡고 공부에 몰두한 것은 자기 자신에 대한 자신감과 자각에서 가능하지 않았을까?

자신의 근본에 충실했던 것은 충녕이었다

훗날 왕위에 오른 세종은 '나는 꽃이나 새를 즐기지 않는다'거나 '나는 서자書字에 대하여 일찍이 유의하지 않았다'는 등의 언급을 했다. 이것은 출궁 후 세종이 예능에 몰두한 것은 자기가 좋아서 그런 것이 아니었음을 보여준다. 세종에게 예능은 그렇게 재미있는 분야도 아니었고 또 그렇게 재능을 발휘할만한 분야도 아니었다. 세종은 부왕 태종의 당부 때문에 마지못해 재미도 없고 취미도 없는 예능에 몰두했을 뿐이었다. 그렇게 몇 년을 보내던 세종은 다시 공부에 집중하기 시작했다. 실록에 이런 내용이 전한다.

> "충녕대군이 의령부원군 남재南在를 위하여 자신의 집에서 잔치를 열었다. 남재가 여러 사람이 있는 자리에서 충녕대군에게 말하기를, '옛날 주상(태종)께서 잠저에 계실 때 제가 학문을 하라고 권했습니다. 그러자 주상께서는, 왕자는 할 일이 없는데 학문을 왜 하느냐고 말씀하셨습니다. 그래서 제가, 임금의 아들로서 누가 임금이 되지 못하겠냐고 말씀드렸습니다. 지금 대군께서 이처럼 학문을 좋아하시니 제 마음이 기쁩니다.' 했다. 나중에 임금이 듣고 크게 웃으며 말하기를, '과감하구나, 이 노인네' 했다." (『태종실록』 권30, 15년 12월 30일조)

이때 세종은 19살이었다. 예능에 몰두하며 세자 양녕과 화목하게 지냈던 때로부터 2년 정도 뒤였다. 당시 세종은 주변 사람들에게 소문이 날 정도로 학문에 열심이었다. 게다가 남재 같은 사람은 '지금 대군께서 이처럼 학문을 좋아하시니 제 마음이 기쁩니다'라고 하면서 세종의 공부를 반기고 부추겼다. 그런 사람은 남재만이 아니었을 것이다. 남재와 함께 잔치에 참여했던 대다수의 사람들이 그랬을 것이다. 후에 태종이 남재의 말을 듣고 크게 웃으며, '과감하구나, 이 노인네'라고 했다는 사실은 태종도 세종의 공부를 크게 말리지 않았음을 의미한다. 실록에는 '바깥사람 중에는 충녕대군을 만나고자 했지만 그러지 못한 사람이 많았다. 한 때에 대군의 덕을 사모하여 사람들이 모두 마음을 돌림이 이와 같았다.'라는 기록도 있다. 모르긴 몰라도 태종 이외에도 무수한 사람들이 세종의 자질과 노력에 기대를 걸었음을 느낄 수 있다.

남재가 세종의 공부를 반기고 부추긴 이유도 태종의 후계라는 기대 때문이었다. 세종의 자질과 노력을 아끼던 남재 등은 세자 양녕보다는 차라리 세종이 후계자가 되었으면 하는 바람이 있었다.

세종도 자신이 다시 공부에 집중하는 것이 어떤 정치적 파장을 몰고 올지 모르지 않았으리라. 그의 공부는 세자 양녕으로 굳어진 현재의 후계 구도를 근본적으로 뒤흔들 수 있는 일이었다. 즉 세자 양녕에게 불만을 가지고 있거나 또는 세종의 자질과 노력을 아끼는 사람들에게 세종의 공부는 새로운 가능성이었다. 하지만 세자 양녕쪽 사람들에게는 무시무시한 도전으로 간주되었을 것이다. 당연히 세종과 세자 양녕과의 관계가 악화될 수밖에 없었다. 세종은 이런 사실들을 충분히 예견하면서도 다시 공부에 집중하기 시작했다. 왜 그랬을까? 이와 관련하여 실록에는 의미심장한 기록이 있다.

> "처음에 좌정승 박은이 심온과 더불어 말하기를, '충녕대군이 현명하여 안팎의 인심이 쏠리고 있습니다. 마땅히 충녕대군에게 아뢰어 스스로 처신할 바를 알게 해야 합니다.' 했다. 심온은 이 말을 듣고 아뢰지 않았다. 이날 임금이 잔치 중에 편전을 비우자 여러 신하들은 편전에서 모두 나와 기둥 밖에 흩어져 앉았다. 이때 박은이 충녕대군과 더불어 말을 하려고 하였는데, 심온이 충녕대군에게 눈짓하여 일어나 피하게 했다."(『태종실록』 권34, 17년 10월 6일조)

위의 일은 세종이 스물한 살 때 일이다. 세종이 남재로부터 열심히 공부하라는 격려를 들은 때로부터 약 2년쯤 지난 시점이었다. 그때에는 이미 '충녕대군이 현명하여 안팎의 인심이 쏠리고' 있었으며, 그것도 좌의정 박은이 우려할 정도로 심각한 수준이었다. 그동안 세종은 열심히 공부하여 인심을 얻었는데, 세자 양녕은 공부는 안하고 비행만 일삼아 날로 인심을 잃던 상황이었다.

이런 상황을 타개하기 위해 박은은 세종의 장인 심온을 이용하려 했다. 심온의 입을 통해 스스로 처신할 바를 깨닫게 하려는 것이었다. '스스로 처신할 바'란 세자 양녕의 입장을 위태롭게 하는 일체의 행동을 삼가 하라는 것으로, 단적으로 말해 '현명한 세종'의 이미지를 버리라는 요구였다. 그렇게 하려면 세종이 스스로 알아서 공부하지 말고 비행을 일삼아야 했다.

박은은 논리적으로나 감정적으로나 그렇게 요구할 수 있었다. 만약 10여 년 이상 세자로 있던 양녕이 갑자기 교체된다면 그 결과 나타날 정치적 혼란을 어쩔 것인가? 또 세종이 우애 있는 동생이라면 형의 자리를 빼앗겠다고 우기지는 않을 것이 아닌가? 박은이 한번만 일러줘도 현명하고 또 우애가 깊은 세종은 알아서 공부도 포기하고 알아서 비행도 저질렀을 것이 아닌가?

처음에 박은은 세종의 장인 심온도 자신의 생각에 동조하리라 믿은 것 같다. 하지만 세종의 장인 심온은 생각이 달랐던 모양이다. 심온은 박은의 말을 전하지 않았던 것이다. 만약 심온이 박은의 말을 전했다면 세종이 알아서 포기했을 가능성이 높다. 심온은 세종이 후계자가 되는 것을 바랐던 것이 분명하다. 그래서 박은이 직접 세종에게 말하려고 하자, 그것도 하지 못하게 하려고 세종에게 눈짓하여 피하게 했던 것이다.

이런 사실로부터 다음과 같은 추론이 가능하다. 먼저, 세종이 다시 공부하기 시작한 배경에는 장인 심온의 격려와 지지가 있었다는 점이다. 세종은 열두 살 때 혼인해 출궁했는데, 당시 태종은 '너는 할 일이 없다. 편안히 놀기나 해라.'며 공부하지 말라고 했다. 그 때문에 세종은 혼인 후 몇 년간을 공부보다는 예능에 몰두했었다. 그런 상황에서 장인 심온까지 '대군은 할 일이 없습니다. 편안히 놀기나 하십시오.'라고 계속해서 설득했다면 세종은 공부할 엄두를 내지 못했을 것이다. 따라서 심온이 세종에게 다시 공부할 수 있도록 음양으로 북돋았을 것이 틀림없다. 이유는 세종의 재능과 노력이 아까웠을 수도 있고 아니면 세자 양녕이 불만스러웠을 수도 있다. 또는 사위를 통해 권력을 잡으려는 야욕이 있었는지도 모른다. 어쨌든 심온이 세종의 공부를 격려하고 후원했던 것은 분명하다고 생각된다. 좌의정 박은이 하필 심온을 통해 세종에게 '스스로 처신할 바'를 전하게 한 이유는 더 이상 사위의 공부를 격려하고 후원하지 말라는 암시였을 것이다.

왕자시절 독서도(세종대왕기념관 소장) 세종과 양녕의 일화를 표현한 일대기화 중 하나.

하지만 세종이 다시 공부하기 시작한 결정적인 원인은 장인 심온보다는 역시 자기 자신이었다고 생각된다. 출궁 후 몇 년간 세종은 아버지가 마련해준 글씨, 그림, 꽃, 수석, 비파 등을 익히며 시간을 보냈다. 하지만 몇 년 지나지 않아 어느 정도 알아버리자 별로 흥미가 없었다. 적성에 맞지 않았기 때문일 것이다. 세종은 천성적으로 타고난 공부꾼이었다. 그 공부를 아버지가 하지 말라고 해서 못하고 있을 뿐이었다. 그때 장인 심온이 공부해도 좋다고 격려하고 후원했는데, 훗날 세자 양녕이 왕이 되었을 때 큰 도움이 될 수 있다고 격려하지 않았을까 싶다. 세종은 자신의 공부가 세자 양녕에게 걸림돌이 되지 않고 도리어 도움이 된다는 말에 크게 고무되지 않았을까? 그렇게 해서 세종은 열아홉 살을 전후하여 다시 공부에 집중하기 시작한 듯하다.

세종은 자신이 다시 공부하는 이유를 자기 자신이 아니라 형 양녕을 위해서라고 생각했음이 분명하다. 세종은 자신이 공부한 것을 그대로 형에게 충고하고 조언하기 시작했다. 스무 살 전후하여 세종은 좋은 왕이 되기 위해 세자 양녕이 어떤 마음가짐을 갖고 어떤 행동을 해야 하는지 잔소리하듯 충고하는 일이 많아졌다. 예컨대 세종이 스무 살이었을 때, 세자 양녕이 멋진 옷을 입고 사람들에게 자랑하자 '먼저 마음을 바로 잡은 후에 용모를 닦으셔야 합니다'라고 충고했다. 또 세자가 아랫사람들과 바둑을 두자 '간사한 소인배와 놀음놀이를 하면 안 됩니다'라고 충고하기도 했다.

문제는 세종의 이런 행동은 틀림없이 세자 양녕에게 몹시 거슬렸을 것이라는 사실이다. 만약 세자 양녕이 공부나 실력이 출중했다면 동생의 충고를 그대로 받아들였을지도 모른다. 하지만 세자 양녕은 그렇지 못했다.

공부를 포기하고 예능에 몰두하던 세종이 갑자기 공부에 집중하며 자신에게 충고를 해대는 것은 나쁘게 생각하면 자신에 대한 도전이라고 볼 수도 있었다. 세자 양녕은 세종을 견제하고 미워하기 시작했다. 세자 양녕은 태종이 세종을 칭찬하자 '충녕은 용맹하지 못합니다'라며 세종의 약점을 드러내기까지 했다. 분명 세자 양녕에 비해 세종은 용맹하지 못했을 것이다. 세자 양녕은 무술과 운동에 뛰어난 소질이 있었을 뿐만 아니라 매우 도전적인 성격이었다. 하고 싶은 것은 과감하게 실행해서 문제를 일으키는 경우도 많았다. 이에 비해 세종은 조심스럽고 신중한 성격이었다. 주변 사람들에게 비난받을 일은 절대 하지 않았다. 이런 세종이 세자 양녕의 눈에는 분명 비겁하고 소심하게 보였을 것이다.

하지만 세자 양녕은 공부로는 세종을 능가할 수가 없었다. 양녕의 학문적 자질도 상당했지만 불운하게도 그 비교대상이 세종이었다. 게다가 사람들은 모두 세종의 뛰어난 학문만 칭찬했다. 아버지 태종은 물론 심지어 세자의 선생님들까지도 그랬다. 실록에 따르면 스무 살의 세종이 열심히 공부하자 세자의 선생님들은 '서연에서 충녕대군을 칭찬하여 세자를 격발하려'고 했다고 한다. 선생님들이 세자를 자극시키기 위해 일부러 충녕대군을 칭찬했다는 것인데, 당하는 세자는 자극이 아니라 굴욕감과 분노를 느낀 듯하다. 그런 상황에서 세종은 틈만 나면 세자 양녕에게 충고와 잔소리를 해댔다. 세종이 스무 살이었을 때 다음의 사건은 당시 세자 양녕과 세종의 관계를 적나라하게 보여준다.

"임금이 상왕 정종의 궁궐인 인덕궁으로 갔다. 상왕 정종이 술자리를 베풀었는데 여러 종친들이 모두 참여했다. 잔치가 끝나자 세자는 부마 이백강이 예전에 데리고 살던 기생 칠점생을 데려가고자 했다. 그때 충녕대군이 만류하며 말하기를, '친척 간에 서로 이렇게 하면 안 됩니다'라고 했다. 충녕대군이 두 번 세 번 같은 말로 만류하자 세자는 마음으로 노했으나 억지로 그 말을 따랐다. 그 후 세자는 충녕대군과 도가 같지 않아 마음으로 매우 꺼렸다. 임금이 이를 염려하여 곧바로 여러 대군의 시종 인원수를 줄였다."
(『태종실록』 권31, 16년 3월 20일조)

위에 등장하는 이백강은 태종의 큰 사위이며 세자 양녕의 자형이었다. 세자 양녕은 자형이 데리고 살던 기생 칠점생을 데려가려 했다. 도덕적으로 지탄받을 만한 일이 아닐 수 없었다. 그래서 세종이 말렸는데 도리어 세자 양녕은 기분이 몹시 상했을 뿐만 아니라 앙심을 품고 그 뒤로 매우 꺼렸다는 것이다. 이즈음 세자 양녕과 세종의 형제간 우애는 완전히 금갔음을 알 수 있다. 그것도 얼마나 사이가 나빴으면 태종이 시종 인원수를 줄여야 했을까. 시종 인원수를 줄였다는 것은 자칫 둘 사이에 폭력사태가 발생할까 우려해서였다. 괄괄한 세자 양녕이 감정을 이기지 못하고 세종을 폭행할 가능성이 그만큼 높았기 때문이었다.

그런데도 세종은 계속해서 공부에 몰두하며 세자 양녕에게 충고하고 조언했다. 자신이 세자 양녕을 위해서 공부한다는 사실을 알리기 위해서였으리라. 그러나 세종이 그럴수록 세자 양녕의 입지는 점점 줄어들었다. 열심히 공부해서 뭔가 보여주어야 하는데 그럴 수가 없었다. 당시 세자 양녕은 세종이 자신의 세자 자리를 노려서 그렇게 한다고 생각했음이 틀림없다. 동생 세종과 관계가 좋았을 때 세자 양녕은 맘 잡고 공부했지만 관계가 깨지면서 갈등하고 방황했다. 무엇보다도 세자 양녕은 뛰어난 동생 때문에 자신감을 잃은 듯하다. 그 결과 세자 양녕은 공부를 포기하다시피 하고 비행에 빠져들기 시작했다.

열등감에 이은 절망감은 또 다른 좌절이었다

앞서 언급했듯 세종이 남재로부터 '지금 대군께서 이처럼 학문을 좋아하시니 내 마음이 기쁩니다'라는 말을 들은 때가 1415년 12월이었다. 세종은 몇 년 동안 멀리하던 공부에 다시 몰두하기 시작했고 그 소문이 점점 퍼지고 있었다. 세자 양녕에게도 그 소문이 들어갔다고 보아야 한다. 소문을 들었을 때 세자 양녕은 몹시 당황했을 듯하다. 양녕은 자문하지 않았겠는가? '충녕대군은 왜 공부에 몰두하는가?' '나는 이제 어떻게 해야 하는가?'

물론 정답은 세자 양녕이 열심히 공부하며 세종을 포용하는 수밖에 달리 방법이 없었다. 하지만 세자 양녕은 오래된 열등감이 다시 도진 듯하다. 공부로는 도저히 세종을 능가할 수 없었기에. 그런 열등감은 세종에 대한 의심과 미움으로 그리고 다시 스스로에 대한 열등감으로 악순환 되었을 것이다. 그런 방황 속에서 세자 양녕은 술과 도박 그리고 노래와 여색에 빠져 스스로를 도피했다.

세자 양녕은 1416년 1월을 전후하여 구종수라는 사람과 어울렸다. 구종수는 몇 년 전에 죄를 짓고 귀양을 갔었던 인물로 자신의 미래를 위해 세자 양녕에게 접근했던 것이다. 구종수는 대나무 사다리를 만들어 밤에 월담해 동궁으로 들어갔다고 한다. 물론 혼자가 아니라 악공樂工 또는 기생과 함께 들어갔다. 세자 양녕은 구종수와 함께 한밤중에 바둑을 두거나 악공들의 거문고 연주를 듣기도 하면서 혼란스럽고 답답한 마음을 풀었음이 분명하다. 만약 세자 양녕의 탈선이 한두 번으로 그쳤거나 동궁 안에서만 탈선했다면 큰 탈이 나지 않을 수도 있었다. 하지만 양녕은 가을이 되도록 여전히 주색잡기에 빠져 있었다. 설상가상 궐 밖으로 월담하여 탈선하기도 했다.

하지만 아버지 태종이 모르게 세자 양녕의 탈선이 계속될 수는 없었다. 밤마다 바둑과 음악 그리고 주색에 빠지다 보니 낮에 제대로 공부할 수가 없었다. 결국 1416년 9월, 한밤중에 월담하던 구종수가 적발되었다. 깜짝 놀란 태종은 구종수를 곤장치고 귀양에 처하는 한편 악공들도 쫓아냈다. 문제가 커지자 세자 양녕은 크게 반성하면서 다시는 이런 실수를 되풀이 않겠다고 맹세했다. 세자는 '옛날부터 부모에게 불효하고 착한 일을 한 사람은 없습니다. 저 또한 글을 읽었으니 어찌 모르겠습니까? 이제부터는 불효하지 않겠습니다. 만약 불효한다면 주상전하께서는 자식이라 하여 사랑하실지 모르지만 어찌 하늘이 아끼겠습니까?'라는 말까지 했다. 태종은 이 말에 감동되어 마음이 풀어졌다.

하지만 세자 양녕의 말은 진정한 맹세라고 보기 어려웠다. 당시 세자 양녕이 진정으로 지난날을 뉘우치고 반성했다면 모든 잘못을 고하고 용서를 빌어야 했다. 하지만 세자 양녕은 가장 중요한 잘못을 숨기고 알리지 않았다. 바로 '어리於里'라고 하는 여자 문제였다.

세자 양녕은 1416년 1월부터 구종수 등과 함께 월담하여 궐 밖으로 나가곤 했다. 나가면 구종수나 악공의 집에서 밤을 보내곤 했는데 기생들을 불러 자기도 했다. 그 당시 이오방이라는 악공이 세자에게 '곽선의 첩 어리는 자색과 재예가 모두 뛰어납니다'라고 칭찬했다. 악공 이오방의 칭찬으로 판단해보건대 어리는 얼굴은 물론 노래와 춤에도 뛰어난 기생이었다고 생각된다. 아마도 어리는 이오방에게 음악을 배우지 않았을까 추측되기도 한다. 어쨌든 이오방은 어리가 세자 양녕의 방황과 고민을 달래줄 수 있으리라 기대했을 것이다. 세자 양녕은 당장 어리를 찾아오라 명령했다.

당시 어리는 이미 곽선이라는 사람의 첩이 되어 있었다. 비록 기생이지만 엄연히 임자 있는 몸이었다. 게다가 어리는 도성이 아니라 파주지역에 머물고 있었다. 그럼에도 세자 양녕은 어리를 찾아오게 했던 것이다.

일이 되려고 했는지 1416년 1월쯤에 어리가 도성으로 들어왔다. 도성에 사는 친척을 만나기 위해서였다. 어리는 남편 곽선의 양자인 이승과 함께 와서 그의 집에 머물렀다. 소식을 접한 이오방은 어리의 친인척을 동원하여 중매를 서고자 했다. 처음에는 '효령대군이 보고자 한다'라며 사기중매를 했는데 어리는 '저는 본래 병이 있고 얼굴도 예쁘지 않습니다. 더구나 지금은 남편이 있는데 그게 무슨 말입니까?'라며 거절했다. 할 수 없이 '세자가 너를 보고자 한다'라고 했지만 어리는 같은 말로 거절했다. 이쯤에서 세자 양녕이 포기했으면 좋았을지도 모른다.

그런데 이오방의 동료인 악공 이법화가 선물을 보내면 어떻겠느냐고 권유했다. 아마도 세자 양녕은 세자의 청을 거절하는 어리의 당돌함에 호승심이 발동된듯하다. 세자 양녕은 어린 환관에게 비단주머니를 주어 어리에게 전하게 했다. 어리가 비단주머니를 받는다면 허락한다는 뜻으로 해석할 수 있었다. 실록에 따르면 어리는 사양했는데 어린 환관이 억지로 두고 왔다고 한다.

그날 저녁 세자 양녕은 휘하의 환관들을 거느리고 어리가 머물고 있는 집으로 달려갔다. '세자께서 납셨다'는 환관의 전갈에 주인 이승이 나타나 엎드렸다. 세자 양녕이 '빨리 어리를 내놓아라'라고 윽박지르자 이승은 마지못해 어리를 내보냈다. 세자 양녕의 회고에 의하면 그때 어리는 '머리에 녹두분이 묻고 세수도 하지 않았다'라고 한다. 일부러 그런 꼴로 나타났을 것이다. 그런데도 세자 양녕은 '한번 봐도 미인임을 알 수 있었다'라고 했다. 첫눈에 반했다는 것인데 어리는 세자 양녕이 좋아하는 스타일의 여성이었던 듯하다.

세자 양녕이 어리를 데려가기 위해 이승에게 말을 대령하라 하자 이승은 머뭇거리기만 했다. 양아버지의 첩인 어리를 보낼 수도 없고 그렇다고 세자의 명을 어길 수도 없었다. 세자 양녕이 '그렇다면 내가 탄 말에 태우고 나는 걸어가겠다'라고 협박하자 마지못해 말을 대령했다. 세자는 손수 어리의 옷소매를 잡고 말에 태우려고 했는데, 어리는 '알아서 타겠다'라고 하면서 말에 올랐다. 그길로 세자 양녕은 어리를 데리고 광통교로 가서 같이 자고 다음날 저녁에 함께 동궁으로 들어왔다. 동궁으로 오던 그 어스름한 밤길에서 세자 양녕은 어리에게 매혹되었다. 세자 양녕은 '어렴풋이 비치는 불빛 아래 그 얼굴을 바라보니, 잊으려 해도 잊을 수 없이 아름다웠다'고 회상했다. 세자 양녕이 어리를 데리고 갈 때 온 마을 사람들이 삼대같이 모여 구경했다고 한다.

이런 소동 끝에 어리는 동궁으로 들어왔다. 하지만 어느 시점에 들어왔는지는 정확하지 않다. 다만 앞뒤 정황으로 볼 때 1416년 1월 말이나 2월 초쯤일 듯하다. 그렇다면 1416년 9월에 구종수가 적발되었을 시점에 이미 어리는 일곱 달이나 여덟 달쯤 동궁에 머물고 있던 셈이 된다.

그런데도 세자 양녕은 부왕 태종에게 하늘에 맹세하는 반성을 하면서도 어리에 대해서는 일언반구 언급하지 않았다. 태종이 어리를 알게 될 경우 더 큰 사단이 생길까 겁이 나서였는지 아니면 어리에 대한 사랑이 너무 깊어서인지는 알 수 없다. 어쨌든 당시 세자 양녕이 진정으로 반성하고 뉘우치지 않았던 것은 분명하다고 하겠다.

그러나 끝까지 어리를 숨길 수는 없었다. 1417년 2월 15일에 태종은 동궁에 어리가 숨어 있다는 사실을 알았다. 그것도 오래 전부터 숨어 있었다는 사실을 알았다. 태종은 세자 양녕에게 배신당했다는 생각에 치가 떨리지 않았을까?

태종은 세자 양녕에게 어리를 소개해준 사람들을 엄벌에 처했다. 구종수와 이오방 등을 참형으로 다스리고 재산을 몰수했다. 물론 어리는 출궁시켰다. 뿐만 아니라 태종은 이때 처음으로 세자 양녕을 쫓아낼 수도 있다고 암시했다. 그때 태종은 '세자의 행실이 이와 같으니 태갑太甲을 내쫓았던 고사를 본받고자 한다'라고 언급했다. '태갑을 내쫓았던 고사'란 중국의 은나라 때 있었던 일로서 왕이 방탕하자 신하들이 왕을 내쫓아 개과천선하게 한 뒤 다시 받아들였다는 고사이다. 세자 양녕을 쫓아냈다가 개과천선 여하에 따라 다시 세자로 삼던지 하겠다는 뜻이었다. 당연히 여러 신하들이 반대했다. 그러자 태종은 세자 양녕을 장인 김한로의 집으로 추방했다. 세자에게 올리는 공상供上도 중지시켰다. 세자로서의 자격을 박탈한다는 상징적 조치였다. 자칫하다가는 정말로 세자 자리에서 쫓겨날 수도 있었다.

그때 세자 양녕은 후회하는 마음과 불안한 마음이 교차되었다. 세자 양녕은 선생님들 앞에 꿇어 엎드려 흐느껴 울며 '다시는 이런 일을 하지 않겠습니다'라고 거듭거듭 맹세했다. 결국 태종에게 반성문을 써서 올리는 것은 물론 종묘의 조상님들 앞에서 반성문을 낭독하기까지 해야 했다.

세자 양녕은 새사람이 되겠다고 조상님들께 맹세하며, 실천하지 않는다면 벌을 내려 달라고도 했다. 그때 마음속으로 진정 새사람이 되겠다고 다짐했을 것이다. 하지만 세자 양녕은 그렇게 하지 못했다. 새사람이 되기에는 어리에 대한 사랑이 너무 깊었다.

태종은 세자 양녕이 종묘에서까지 새사람이 될 것을 맹세하자 다시 동궁으로 들어오게 했다. 지난날의 잘못을 용서했다는 표시였다. 태종은 세자 양녕이 심기일전하여 공부에 매진하기를 기대했을 듯하다. 하지만 세자 양녕은 공부보다는 여전히 어리에게 정신이 빠져 있었다.

의심과 미움도 능력과 노력에 굴복했다

세자 양녕이 장인 김한로의 집에 쫓겨 나가 있었을 때 어리를 돌보고 있던 사람은 묘하게도 김한로였다. 태종은 어리를 출궁시키라고만 하고 어디로 출궁시켰는지는 확인하지 않았는데, 바로 김한로가 돌보고 있었다. 세자 양녕의 요청에 의한 것인지 아니면 김한로의 수단인지는 정확하지 않다. 하지만 다음과 같은 상황으로 미루어 본다면 세자 양녕의 요청이었을 가능성이 높다.

김한로의 증언에 의하면 어리가 출궁당할 때 세자 양녕은 '어리의 인생이 가엾다'라며 제대로 먹지도 않고 자지도 않았다고 한다. 이에 김한로는 '세자의 심정을 가련하게 여겨' 어리를 자신의 집에 살게 했다는 것이다. 어리는 연지동의 김한로 집에서 1개월 정도 머물다가 따로 집을 마련해 나갔는데 그때도 김한로가 먹을 것을 장만해 주었다.

당시 세자 양녕은 헤어날 수 없는 근심과 슬픔에 먹지도 자지도 못해 사람 꼴이 말이 아니었을 것이다. 그런 상태에서도 세자 양녕은 '어리의 인생이 가엾다'라는 말만 되풀이 했다. 분명 세자 양녕은 첫사랑의 열병에 빠졌던 듯하다. 또한 어리가 그해 겨울에 해산했던 사실로 추정해보면 출궁 당시 어리는 임신 중이었을 가능성이 높다. 이런 상황에서 세자 양녕이 직접 부탁을 했는지 아니면 그런 분위기만 풍겼는지는 모르지만 세자의 심정이 오죽 가련했으면 김한로가 어리를 돌보게 되었겠는가?

어쨌든 김한로가 어리를 돌본 덕에 세자 양녕은 동궁에서 쫓겨나갔을 때도 어리를 만날 수 있었다.

세자 양녕이 어리 문제로 곤경에 처해 있었을 때 세종은 어떻게 처신했을까? 기록으로 확인되는 사실은 장인 심온을 변호했다는 내용뿐이다. 왜냐하면 심온이 세자의 어리 사건에 간접적으로 연루되었기 때문이다.

세자 양녕에게 접근했던 구종수에게는 구종지라는 형이 있었다. 구종지는 동생이 세자에게 접근하여 나쁜 길로 인도하자 심온에게 동생을 말려달라고 부탁했다. 심온이 구종지의 친구였기 때문이었다. 그래서 심온이 구종수에게 자중하라 충고했지만 그는 듣지 않았다. 문제는 심온이 이런 사실을 태종에게 보고하지 않았다는 것이다. 심온이 태종에게 불충하다는 비난이 나올만했다. 조정대신들이 심온을 처벌하라 요구하자, 태종은 심온을 의금부에 하옥시켰다.

이때 세종은 장인 심온을 구하기 위해 세자 양녕에게 어리 사건의 자초지종을 확인했다. 세자 양녕은 어리를 만나게 된 내막과 어리에게 매혹되었던 사실 등을 세종에게 자세히 말해주었다. 그러면서 세자 양녕은 '어렴풋이 비치는 불빛 아래 그 얼굴을 바라보니, 잊으려 해도 잊을 수 없이 아름다웠다'고 고백했다. 사랑에 빠진 자신을 동생 세종이 이해해 주었으면 하는 바람, 또는 아버지 태종에게 좋게 이야기 해 주었으면 하는 바람에서 이런 고백을 했을 듯하다.

하지만 세자 양녕은 동생에게서 따뜻한 이해의 말보다는 원론적인 충고만 들었을 뿐이었다. 이유는 다음과 같은 근거에서이다. 어리 사건이 일단락된 후 세자 양녕은 다시 어리를 동궁으로 들였다가 발각된 일이 있었다. 그때 세자 양녕은 태종에게 이 사실을 고해바친 사람은 세종이 분명하다고 의심했다. 평상시 세종이 어리를 깨끗이 정리하라고 충고했기에 이런 의심을 한 것이 아닐까? 그런 면에서 세종은 낭만주의자이기보다는 원칙주의자라고 생각된다. 세종은 큰 형의 열병 같은 사랑을 이해하기 보다는 장인 심온을 구하는데 관심이 있었다. 세종은 태종에게 '제가 들은 바로는 공경과 사대부 그리고 여염집 서민에 이르기까지 모르는 사람이 없을 듯합니다. 지금 심온을 죄주자고 청한 대신도 역시 몰라서 말을 안 한 것이 아닐 것입니다. 그런데도 심온과 그 아내에게만 죄를 주게 되면 옳지 않은 듯합니다.'라고 보고했다. 이렇게 해서 심온은 석방되었다. 이런 사실로 보건대 어리 사건을 거치면서 세자 양녕과 세종의 형제애는 서먹서먹해졌을 것이 분명하다.

하지만 이번보다 훨씬 큰 사건이 기다리고 있었다. 세자 양녕은 1417년 2월 22일에 용서받고 입궁했는데 그로부터 두 달 쯤 지나서 어리를 몰래 입궁시켰다. 동궁에서 약 반년정도 머물던 어리는 겨울에 해산하기 위해 다시 출궁했다. 세자 양녕은 어리가 해산하자 누나에게 유모를 물색해 달라고 부탁했다. 그런데 그 누나가 문안 인사차 궁궐에 들어왔다가 그 사실을 태종에게 알리고 말았던 것이다. 게다가 '김한로의 처가 김한로의 말대로 어리를 여종이라 핑계대고 동궁에 들어가 바쳤습니다'라는 말까지 했다.

태종이 어리의 출산 소식을 들은 때는 1418년 3월 초였다. 세자 양녕이 새사람이 되겠다고 조상님들 앞에서 맹세한지 1년쯤 지난 시점이었다. 그동안 세자 양녕은 새사람이 된 것이 아니라 태종을 속이고 어리를 들였을 뿐만 아니라 애까지 낳았던 것이다. 태종은 배신감과 실망에 크게 충격을 받았음직하다. 태종은 이 사실을 조말생에게 전하면서 눈물을 줄줄 흘렸다고 한다. 그때 태종은 '세자가 불의하여 죄를 받은 자들이 한둘이 아니니 내가 진실로 부끄럽다. 우선 잘 가르쳐서 스스로 새사람이 되기를 기다리고 이 일을 누설하지 말라.'고 했다. 시간을 두고 지켜보겠다는 뜻이었다. 태종은 세자 양녕이 스스로 고백하거나 대오각성하기를 기다렸던 듯하다. 하지만 세자는 예전 그대로일 뿐이었다.

약 두 달 정도 기다리던 1418년 5월 10일, 마침내 태종은 궁궐에서 세자를 쫓아냈다. 어리는 김한로의 연지동 집으로 출궁되었다. 아이를 낳은 지 얼마 되지 않았기에 그랬던 듯하다. 이런 와중에 세자 양녕은 5월 11일에 세종을 만났는데, 그때 세자는 화가 나서 '분명 어리의 일을 네가 밀고했을 것이다'라고 말했다고 한다. 그렇지만 세종은 아무 대답도 하지 않았으니 밀고여부는 알 수 없다. 다만 평상시 세종은 자신이 알게 된 모든 사실들을 태종에게 알렸던 점으로 볼 때 그 가능성이 높다고 생각된다.

상황을 더욱 악화시킨 것은 세자 양녕의 행동이었다. 세자 양녕은 태종의 질책을 받고는 어리가 머무는 연지동으로 가서 공개적으로 만났다. 시종들이 말렸지만 전혀 듣지 않았다. 부왕에게 공개적으로 저항한 셈이었다. 게다가 세자 양녕은 태종에게 이런 항의문을 올리기까지 했다.

"전하의 시녀는 다 궁중에 들이는데 어찌하여 다 소중하게 생각해서 모두 받아들이십니까? (중략) 한나라 고조는 산동에 거처할 때 재물을 탐내고 여색을 좋아하였으나 마침내 천하를 평정했습니다. 하지만 진나라 임금 광이라는 사람은 비록 어질다고 소문났지만 왕위에 올라서는 몸이 위태롭고 나라가 망했습니다. 어찌하여 전하는 신이 끝내 크게 효도하리라는 것을 알지 못하십니까? 저의 첩 어리 하나를 금지하다가는 잃는 것은 많지만 얻는 것은 적을 것입니다.(중략)"(『태종실록』 권35, 18년 5월 30일조)

효령대군 초상 효령대군은 태종 이방원의 둘째 아들이며 세종의 둘째 형이다.

1418년 6월 2일 세자 양녕은 결국 세자 자리에서 쫓겨났다. 그 자리는 세종이 차지했다. 세자 양녕이 이렇게까지 된 원인에는 본인 탓도 있지만 분명 세종의 탓도 있었다. 세종이 알아서 공부를 포기하고 비행을 저질렀다면 세자 양녕의 탈선이 그리 심해지지는 않았을 것이다. 특히 공개적으로 어리를 만나고 태종에게 항의문을 올린 행동은 미친 짓이거나 자포자기처럼 느껴지기도 한다. 세자 양녕은 정말 어리에게 미쳐서 그랬을까? 야사에는 이런 이야기가 전한다.

"처음에 양녕이 미친체하고 방랑하니 효령대군이 장차 그가 폐하게 될 것을 짐작하고 깊이 들어 앉아 삼가며 꿇어앉아 글을 읽었다. 대개 그의 생각에, 양녕이 폐하게 되면 다음 차례로 자기가 세자가 될 것이라 여겼기 때문이었다. 양녕이 지나다가 들어와서 발로 차면서, '어리석구나. 너는 충녕에게 성스런 덕성이 있는 줄 모르느냐?'고 했다. 효령대군이 크게 깨닫고 곧 뒷문으로 나가 절간으로 뛰어가서는 두 손으로 북 하나를 종일 두드리어 북 가죽이 부풀어 늘어났다. 지금도 부드럽게 늘어진 것을 보면 '효령대군의 북 가죽인가'라는 말이 전해온다."(『연려실기술』 태종조고사본말)

세자 양녕이 어느 순간인가 세종의 성스런 덕성에 심복했다는 의미이다. 즉 세자 양녕이 스스로 세자 자리를 포기했다는 뜻이다. 그렇게 되기까지 오랜 세월이 걸렸을 것이다. 처음에는 세종에 대한 의심과 미움으로 방황하다가 결국에는 세종의 능력과 노력 그리고 진정에 감복하지 않았겠는가? 하루 종일 절간에서 북을 두드리던 효령대군도 세종의 능력과 노력 그리고 진정에 승복한 것이 아니겠는가? 그래서 '세종대왕은 광대함에 이르면서도 정미精微함을 다했고, 고명함을 극진히 하면서도 중용中庸을 따랐으니 참으로 해동의 요순이라 할 만하다'라는 찬사가 나온 것이 아닐까?

불교를 향한 염원에 담긴 뜻, 세조

악행의 저주에 대한 구원은 문수보살이었다 ❀ 묘법연화경, 생사를 넘어선 행복의 원천이었다 ❀ 상원사 복원은 자신의 업보를 향한 염원이었다 ❀ 문수보살의 지혜는 번뇌와 망상을 끊는 지혜였다 ❀ 업보 뒤에 새겨진 두 얼굴은 모두 진실이었다

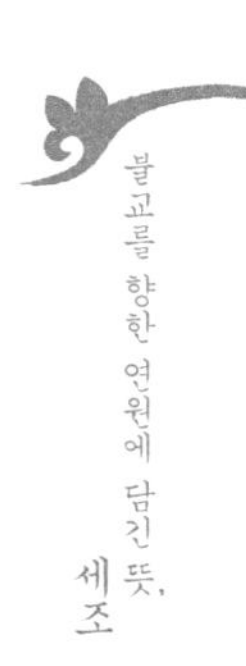

악행의 저주에 대한 구원은 문수보살이었다

강원도 오대산에는 세조와 관련된 전설을 간직한 유물이 몇 개 있다. 상원사로 올라가는 길목에 있는 '관대걸이'라고 하는 돌기둥이 그 중에 하나이다. 관대걸이란 '모자와 띠를 걸었던 곳'으로, 세조가 상원사에 행차했을 때, 이 계곡에서 목욕하기 위해 관대를 벗어 이 돌기둥에 걸었다는 것이다. 그런데 관대걸이 전설에서 정작 핵심은 관대걸이 자체가 아니다. 계곡에서 목욕하던 세조가 '문수보살'을 만났다는 전설이 핵심이다. 전설의 내용은 이렇다.

> 상원사에 오르던 세조는 시종들을 물리치고 혼자 계곡으로 들어가 목욕했다. 목욕 중에 세조는 어린 사미승이 지나가는 것을 보았다. 세조는 사미승을 불러 등을 밀어달라고 했다. 세조는 사미승에게 '어디서든 임금의 등

오대산 상원사 상원사는 세조의 질병을 치료하기 위해 중창되었다.

을 밀어 주었다는 말을 절대 입 밖에 내지 말라'고 당부했다. 그러자 사미승은 '임금께서도 어디서든 문수보살을 직접 보았다고 말하지 마십시오'라고 대꾸하고는 갑자기 자취를 감추었다. 깜짝 놀란 세조가 물 밖으로 나왔지만 사미승을 찾을 길이 없었다. 더더욱 신기한 일은 온 몸에 퍼졌던 부스럼이 씻은 듯이 깨끗해져 있었다.

이 전설의 요지는 문수보살이 세조의 부스럼을 치료해 주었다는 사실이다. 야사에 의하면 세조의 부스럼은 무시무시한 업보이자 저주였다. 세조는 조카 단종의 왕위를 빼앗았을 뿐만 아니라 마침내는 죽이기까지 했다. 그런 세조의 꿈에 단종의 생모인 현덕왕후가 나타나 세조의 악행을 꾸짖고 침을 뱉었는데, 그 후로 세조의 온 몸에 부스럼이 생겼다고 한다. 세조의 부스럼은 단순한 부스럼이 아니라 악행의 업보이자 귀신의 저주였던 셈이다.

관대걸이 전설은 귀신의 저주를 풀어준 문수보살이 사실상 세조의 수호신령이었음을 의미한다. 세조의 수호신령인 문수보살은 다른 곳에서도 나타난다. 상원사의 '고양이' 전설이 그것이다. 상원사에 오른 세조는 예불하기 위해 법당으로 들어가려 했다. 그때 어디선가 나타난 고양이가 세조의 옷을 물어 뒤로 당겼다. 놀란 세조는 고양이를 발로 차 떼어냈다. 그러자 고양이는 법당으로 들어가 탁자 밑으로 기어들었다. 세조가 법당으로 들어가려고 하면 그 고양이가 나타나 옷을 물어 뒤로 당기고, 발로 차면 다시 법당의 탁자 밑으로 기어들어가는 일이 몇 차례 반복되었다. 문득 뭔가를 느낀 세조는 호위무사를 시켜 고양이가 들어간 탁자 밑을 조사하게 했다. 그곳에는 세조를 암살하려는 자객들이 숨어있었다. 고양이 덕에 세조는 목숨을 구할 수 있었다.

세조가 만난 사미승이나 고양이는 사실 문수보살의 화신化身이었다. 사미승은 문수보살의 어린 모습이었고, 고양이는 문수보살이 타고 다니는 사자의 어린 모습이었다. 그러면 사미승과 고양이로 화신한 문수보살은 누구이고 또 어떻게 해서 세조의 수호신령이 되었을까?

문수보살은 석가모니의 제자였다. 문수보살은 사자처럼 용맹하게 수행 정진하여 석가모니의 제자 중에 '지혜 제일'이라는 찬사를 들었다. 그래서 문수보살은 보통 사자를 타고 있는 모습으로 나타난다. 그런 문수보살은 지혜뿐만 아니라 의리의 화신이기도 했다. 세조가 편찬한 『월인석보』에 수록된 문수보살의 전생에 이런 내용이 들어있다.

아득한 옛날 인도에 바라내波羅㮈라고 하는 나라가 있었다. 그 나라의 임금님은 대광명大光明이었는데 널리 보시하기를 좋아했다. 대광명 임금은 한 달에 몇 차례씩 5백 마리의 큰 코끼리에 온갖 금은보화와 옷,

음식 등을 싣고 거리로 나가 보시했다. 대광명 임금은 사람들이 원하는 것은 무엇이든지 보시하겠다고 스스로 다짐했다. 그러자 이런 사실을 적국에서도 알게 되었다. 적국의 왕은 대광명 임금의 목을 베어오는 사람에게 금 1천근을 상으로 주겠다고 공언했다. 그러자 자원자가 나타나 대광명 임금의 목을 베어오기 위해 바라내 나라로 갔다. 그 자원자는 사람들이 원하는 것은 무엇이든지 보시하겠다는 대광명 임금의 다짐을 이용하고자 했다. 대광명 임금을 만난 그는 '제가 임금님의 공덕을 들으니, 남의 뜻을 거스르지 않고 보시하시어 먼 곳의 사람이나 가까운 곳의 사람이나 모두 찬양한다고 합니다. 그래서 제가 멀리서 일부러 왔습니다.' 하고는 '임금님의 머리를 빌리고 싶습니다' 라고 했다. 이 말을 들은 대광명 임금은 '주지 않으면 내 본래의 마음에 그르치리라' 하면서 머리를 주겠다고 약속했다. 이 소식을 들은 신하들은 대광명 임금의 머리 대신 보물을 주겠다고 했지만 거절당했다. 결국 대광명 임금이 죽게 되자 그 신하 중의 한 사람이 '내가 어찌 대왕의 죽음을 보리오?' 하면서 칼로 스스로 목숨을 끊었다. 후에 대광명 임금은 환생하여 석가모니가 되었고 임금을 위해 목숨을 끊었던 신하는 문수보살이 되었다고 한다. 이뿐이 아니라 문수보살은 석가모니가 열반하게 되자 또 목숨을 끊었다. 문수보살은 '내가 무슨 마음으로 여래께서 열반에 드심을 보리오?' 하면서 허공에 올라 몸에서 불을 내어 불타 죽었다고 한다.

『묘법연화경妙法蓮華經』이라는 불경에도 문수보살과 석가모니의 극적인 인연이 소개되어 있다. 『묘법연화경』은 줄여서 『법화경』이라고도 하는데 노년의 석가모니께서 영취산에서 설법한 내용을 싣고 있다. 그래서 『법화경』은 석가모니 사상의 정수를 담고 있다고 하는데, 그 때문에 삼국시대부터 널리 유행되어 심지어 『석보상절』과 『월인석보』에는 전문이 실리기까지 했다. 그 『법화경』에 문수보살과 석가모니의 전생 인연이 이렇게 묘사되어 있다.

"일월등명불日月燈明佛 부처님이 열반에 드신 후에 묘광보살妙光菩薩이 『묘법연화경』을 가지고 80소겁小劫 동안 사람들을 위해 자세히 설명하였는데, 일월등명불 부처님의 여덟 아드님도 모두 묘광보살을 스승으로 삼았다. 묘광보살이 가르쳐 아뇩다라삼막삼보리阿耨多羅三藐三菩提에 굳세게 하여 이 왕자들이 무량 백천만억의 부처님을 공양하고 다 불도를 이루었다. 가장 후에 성불하신 이가 이름이 연등然燈이시었다. 묘광보살의 8백 제자 중에 하나가 이름이 구명求名이었다. 자신의 이익만을 욕심내어 비록 많은 불경을 독송하여도 깨닫지 못하여 많이 잊어버리므로 이름을 구명이라고 했다. 하지만 이 사람도 또한 선근인연을 심은 까닭으로 무량 백천만억의 모든 부처님을 만나 공양 공경하며 존중 찬탄했다. (문수보살이 미륵보살에게 말하기를) 미륵아, 알아라. 묘광보살은 다른 사람이겠는가? 바로 내 몸이 그이고, 구명보살은 그대의 몸이 그것이다." (『월인석보』 권11)

이 장면을 이해하기 위해서는 약간의 배경설명이 필요하다. 석가모니는 72살이었을 때 설법을 하시기 위해 영취산에 갔다. 설법을 듣기 위해 하늘과 땅 그리고 지하에서 헤아릴 수 없이 많은 청중들이 모였다. 그때 석가모니는 무량의無量義라고 하는 대승경전을 설법하셨다. 이어서 석가모니는 양미간의 백호상白毫相 광명을 펴시어 동방의 일만 팔천 세계를 비추어 보여주었다. 그러자 미륵보살은 석가모니가 왜 양미간의 백호상 광명을 폈는지 그 이유를 문수보살에게 물었다. 그때 문수보살은 아득한 과거에 일월등명불이 열반에 들기 직전 『묘법연화경』을 설법하실 때도 이와 같았다고 하면서 석가모니께서 곧 『묘법연화경』을 설법하실 것이라 대답했다.

문수보살의 설명에 따르면 과거에 부처님이 열반에 들어간 후 『묘법연화경』을 선포한 주인공은 문수보살의 전생인 묘광보살이었다. 따라서 석가모니가 열반에 든 후에 또 『묘법연화경』을 선포할 주인공도 역시 문수보살이 된다는 의미였다. 게다가 먼 미래의 부처님인 미륵보살에게 『묘법연화경』을 가르쳐 깨우치게 하는 주인공도 문수보살이었다. 결국 문수보살은 부처님의 수호신이며 『묘법연화경』의 전도자였다. 그런 문수보살의 화신이 세조의 부스럼을 치료해주고 또 목숨까지도 구해주었다는 전설은 세조가 곧 부처님이라는 의미이기도 했다.

『묘법연화경』, 생사를 넘어선 행복의 원천이었다

문수보살은 굳이 출신으로 따지면 인도출신이다. 그런 문수보살이 어떻게 강원도 오대산에서 세조를 만났을까? 혹 시공을 초월하는 신통력으로 잠시 오대산에 나타난 것일까? 아니면 원래부터 오대산에서 쭉 살았던 것일까? 『삼국유사』에는 이런 내용이 있다.

> "자장법사가 중국 오대산의 문수진신文殊眞身을 보고자 선덕여왕 5년(636년)에 당나라로 유학 갔다. 처음에 당나라 오대산의 태화지太和池 가의 돌부처 문수가 있는 곳에 이르러 7일간 경건하게 기도했다. 홀연히 꿈에 노승이 나타나 네 구절의 게偈를 주었다. 꿈에서 깨어보니 기억은 나지만 모두 범어이므로 도무지 뜻을 알 수 없었다. 이튿날 아침에 문득 한 승려가 붉

은 깃에 노란 점이 있는 가사 한 벌과 부처의 바리때 하나 그리고 불두골佛頭骨(부처의 머리뼈) 한 조각을 가지고 자장법사의 곁에 나타나, '어찌하여 근심에 싸여 있습니까?' 하고 물었다. 법사가 '꿈에 네 구절의 게를 받았는데 모두 범어이므로 알 수가 없기 때문입니다' 했다. 그 승려가 번역해 말하기를, '가라파좌낭呵囉婆佐曩은 일체의 법을 다 알았다는 뜻이고, 달예다구야達㘑口多佉嘢는 스스로의 성품은 가진 것이 없다는 뜻이며, 낭가사가낭曩伽口四伽曩은 법의 성품은 이렇게 해석한다는 뜻이고, 달예노사나達隷盧舍那는 진리의 본체를 본다는 뜻입니다.' 했다. 이어서 자기가 가지고 있던 가사 등의 물건을 법사에게 주며 부탁하기를, '이것은 원래 석가모니 부처의 것입니다. 당신이 잘 보호해 가지십시오.' 했다. 또 말하기를, '당신 본국의 동북방 명주溟州 지역에 오대산이 있는데 1만의 문수보살이 그곳에 상주하고 있으니 당신은 가서 뵈시오' 하고는 사라졌다."(『삼국유사』 권3, 오대산만진신五臺山萬眞身)

강원도 오대산에는 적어도 선덕여왕 5년 당시에 1만의 문수보살이 상주하고 있었다는 말이다. 무슨 인연으로 또 무슨 까닭으로 문수보살이 그곳에 상주하게 되었는지는 알 수 없지만 어쨌든 1만 문수보살이 강원도 오대산에 상주한다는 믿음은 아주 오래부터였다. 부처님의 수호신이며 『묘법연화경』의 전도자인 문수보살은 어마어마한 위력을 지닌 보살이었다. 특히 문수보살의 『묘법연화경』은 단순히 듣기만 해도 큰 복을 받는 것은 물론 전도를 하면 더더욱 큰 복을 받는다고 했다.

"미륵보살이 부처께 여쭙기를, '세존이시여, 만약 선남자 선여인이 이 법화경을 듣고 기뻐 따를 사람은 얼마만큼의 복을 얻겠습니까?' 하니 그때 부처께서 미륵보살에게 말씀하시기를, '(중략) 만약에 사람이 이 경전을 위하여 승방에 가서 앉거나 서거나 잠깐 들어 받으면 이 공덕 때문에 내생에서는 훌륭한 코끼리와 말이 끄는 수레를 타고 진귀한 보물로 장식된 가마를 얻으며 하늘의 집을 얻을 것이다. 만약 또 사람이 법을 강론하는 자리에 땅에 앉아서 또 사람이 오면 권하여 앉아서 듣게 하되 자리를 나누어 앉게 하면 이 사람의 공덕이 내생에서는 제석이 앉는 자리이거나 법왕이 앉는 자리이거나 전륜성왕이 앉는 자리를 얻을 것이다. 미륵아, 만약 또 한 사람이 다른 사람더러 말하기를, 경전이 있는데 그 이름이 법화이니 같이 가서 듣자고 하여 잠깐만 들어도 이 사람의 공덕은 내생에 다라니보살과 한 곳에 날 것이니, 근성이 예리하고 지혜로워 백천만세에 끝내 벙어리가 되지 않으며, 입에서 나는 냄새가 더럽지 않으며, 혀가 늘 병이 없으며, 입이 또 병이 없으며, 이가 때 묻어 검지 않으며 누르지 않으며 성기지 않으며, 또 깨져 떨어지지 않으며 어긋나지 않으며 굽지 않으며, 입술이 아래로 처지지 않으며 또 위로 걷어지지 않으며 찌들어 거칠고 껄껄하지 않으며 헐지 않으며 또 해어지지 않으며 또 기울지 않으며 두껍지 않으며 크지 않으며 또 검지 않아서 여러 가지의 추함이 없으며, 코가 편편하고 엷지 않으며 또 굽으며 삐뚤어지지 않으며, 낯빛이 검지 않으며 또 좁으며 길지 않으며 또 꺼지거나 굽지 않아서 일체 기쁘지 않은 모습이 없고, 입술과 혀와 어금니와 이가 다 장엄하게 좋으며, 코가 길고 높고 곧으며, 얼굴 모습이 원만하며 눈썹이 높고 길며 이마가 넓고 평정하여 사람의 모습이 갖추어져 세세에 난 곳에 부처를 보아 법을 들어 가르침을 받을 것이다.(중략)' 하셨다."(『월인석보』 권17)

『묘법연화경』은 한번만 들어도 내생에서 귀하게 태어나고 만약 다른 사람에게 전도하면 멋지고 건강한 몸으로 태어난다는 것이다. 이것은 살아있는 사람에게만 해당하는 것이 아니라 죽은 사람에게도 해당된다. 그래서 조선시대 왕실에서는 비명횡사한 왕족들의 명복을 빌기 위해 주로 『묘법연화경』을 이용했다. 특히 부스럼 같은 피부병을 앓다가 일찍 죽거나 비통한 상황에서 비극적으로 죽는 경우에 더욱 그랬다. 이승의 흉악한 몰골이나 비참한 상황이 내생에서는 반복되지 않도록 하기 위해서였다. 『묘법연화경』을 이용해 명복을 비는 방법은 독송讀誦, 법회 또는 사경寫經이었다. 독송은 혼령에게 『묘법연화경』을 들려주는 것이고, 법회나 사경은 많은 사람들에게 『묘법연화경』을 전도하는 것이었다.

그런 사례는 성녕대군에게서 찾아볼 수 있다. 성녕대군은 조선이 건국된 후 어린 나이에 부스럼 병으로 죽은 첫 번째 왕자였다. 성녕대군은 태종과 원경왕후 민씨의 막내아들로 태종 5년(1405) 7월에 태어났다. 그때 태종은 39살, 원경왕후 민씨는 41살이었다. 성녕대군은 태종과 원경왕후 민씨의 지극한 사랑을 받았지만 14살 되던 해 가을에 부스럼 병을 앓다가 갑자기 죽었다. 상심한 태종과 원경왕후 민씨는 성녕대군의 명복을 빌기 위해 대자암大慈庵을 지었다. 더욱 상심이 컸던 원경왕후 민씨는 『묘법연화경』을 황금으로 사경하고 37명의 고승을 모아 대자암에서 『묘법연화경』 법회를 열었다. 그 법회에 참여했던 변계량은 '삼가 바라건대 영혼이 밝아지고 근원이 맑아져서 크나큰 깨달음을 얻어 큰 보리를 이루고, 법보화에 참여하여 쾌락을 누리게 해 주소서'라고 기원했다. 훗날 태조 이성계가 세상을 떠났을 때나 원경왕후 민씨가 세상을 떠났을 때도 『묘법연화경』을 사경했던 것에서 알 수 있듯이 『묘법연화경』을 이용해 죽은 자의 명복을 비는 것은 조선왕실의 전통이다시피 했다.

물론 살아있는 사람들의 행복을 위해 『묘법연화경』을 이용하는 것도 조선왕실의 전통이었다. 그것은 『묘법연화경』에 기록된 예언 때문이었다. 부처님은 선남자 선여인이 『묘법연화경』을 읽거나 외우거나 해설하거나 베껴 쓸 경우에 받게 될 수많은 복에 대하여 예언했다. 그 예언들은 대체로 눈, 귀, 코, 혀, 몸, 마음 등 심신의 건강과 관련되었다. 예컨대 『묘법연화경』을 읽거나 외우거나 해설하거나 베껴 쓰는 공덕을 닦은 선남자와 선여인은 삼천대천세계의 온갖 좋은 것들을 보고 듣고 또 냄새 맡고 맛볼 수도 있는 눈, 귀, 코, 혀를 갖는다고 예언했다. 특히 부처님은 몸에 관해 '맑고 깨끗한 몸이 깨끗한 유리와 같아서 중생이 기뻐하여 볼 것'이라고 예언했다. 백옥같이 깨끗한 피부를 갖는다는 예언이라 하겠다.

그런데 조선왕실 사람들은 마치 유전병처럼 부스럼 같은 피부병을 많이 앓았다. 그런 피부병은 목숨을 앗아가기도 했지만 부스럼이 얼굴로 번질 경우에는 사람들을 만나는 것도 어렵게 했다. 게다가 이런 병을 왕이 앓게 되면 그것은 개인 문제가 아니라 국가 문제가 되었다. 왕이 사람을 만나지 못하면 나라가 제대로 돌아가지 않았기 때문이다. 당연히 왕을 비롯하여 왕족들은 『묘법연화경』을 읽거나 외우거나 해설하거나 베껴 씀으로써 부스럼 병을 치료하고, 더 나아가 백옥같이 깨끗한 피부를 갖고자 열망했던 것이다.

상원사 복원은 자신의 업보를 향한 염원이었다

성현의 『용재총화』에 의하면 세조는 말년에 몸이 편찮아 잠을 자지 못할 정도였다고 한다. 실록에는 세조가 10년(1464) 7월경부터 우스갯소리를 잘하는 최호원, 안효례 등을 불러 이야기를 들으며 괴로움을 잊곤 했다는 내용이 있다. 예컨대 7월 2일조에는 '정침, 최호원 등을 시켜 번갈아 서로 논란하면서 농담을 하게 했다'는 기록이 있으며, 8월 1일조에는 '안효례는 말에 농담을 섞어 하므로 임금이 매양 한가할 때 안효례를 시켜 남과 더불어 논란하게 했는데 자기 소견을 고집하여 큰 소리를 치고 굽히지 않으며, 억지로 말을 끌어다가 자기주장을 내세웠다.'는 기록이 있다. 이들이 세조 앞에서 큰 소리로 자기주장을 폈다는 것은 진지하게 토론한 것이 아니라 재미있게 농담을 했다는 뜻이다. 실제 그들은 학자가 아니라 배우였다고 하는데 이런 식이었다.

세조 10년(1464) 8월 25일에 왕은 양심당에 나가 신하들과 학문을 토론했다. 그때 안효례는 자기가 모르는 것을 안다고 우기기 시작했다. 세조는 자리에 있던 대학자들을 시켜 안효례가 틀렸다는 것을 증명하게 했다. 그때 안효례는 비록 자기가 틀린 것을 알면서도 오히려 우격다짐으로 떠들기를 그치지 않았는데 그 말이 배우와 같아서 좌중이 모두 웃었고 세조도 즐거워했다고 한다. 실록에는 이런 이야기도 전한다.

"임금은 몸에 병이 든 후 최호원과 안효례를 늘 입시케 하여 우스갯소리를 하게 했다. 이때에 안효례가 스스로 말하기를, '나는 마음과 뜻이 굳건해서 귀신도 두려워하지 않는다' 했다. 그러자 최호원이 말하기를, '네가 겁내지 않는데 내가 겁내겠느냐?' 했다. 이날 밤에 임금이 몰래 사람들로 하여금 옷을 벗고 머리를 풀에 헤친 후 흰 것을 머리에 이어 귀신의 모양을 한 채 막대기를 잡고 후원 숲속에 숨어 있다가 안효례와 최호원이 나타나면 일시에 뛰어나가 공격하게 했다. 그리고는 안효례에게 묻기를, '너는 천하에 겁나는 물건이 없다고 한 적이 있다. 지금 후원에 귀신이 있는데 그곳에 갈 수 있겠느냐?' 했다. 안효례가 '신은 능히 갈 수 있습니다' 대답하자 표를 주면서 '이 표를 아무 아무 곳에 꽂아 두고 오너라' 했다. 안효례가 후원에 이르자 숨어있던 자들이 귀신의 모습을 하고 갑자기 나타나니 그는 놀라고 두려워 크게 부르짖고 소리소리 지르며 돌아왔다."(『세조실록』 권47, 14년 8월 18일조)

그런데 당시 세조를 괴롭힌 병이 정확히 무엇인지는 알 수 없다. 또 어느 시점부터 병이 악화되었는지도 정확하지 않다. 다만 『용재총화』와 실록의 기록으로 판단하면 세조의 병은 아프고 괴롭기는 해도 몸을 움직이고 말을 하는 데는 지장이 없는 병이었으며, 그 병이 10년경부터 악화되었을 것으로 판단된다. 다른 기록에서도 세조가 10년경에 큰 병에 걸렸던 사실이 확인된다.

세조는 동왕 10년(1464) 2월 18일에 궁을 떠나 온양온천으로 향했다. 3월 1일에 도착한 후 과거시험 등을 보며 며칠을 보내다가 약 10일 정도 온천욕을 하고 3월 18일에 귀경길에 올라 3월 21일에 환궁했다. 당시 세조는 멀리 온양의 온천에 다녀와야 할 정도로 무슨 병인가에 걸렸던 것이다. 온천욕을 다녀온 후에는 잠깐 차도가 있었지만 다시 악화되었다. 당시 세조의 온양온천 행에 동행했던 김수온은 '세조 10년(1464) 4월에 임금께서 열흘이 넘도록 몸이 아팠다'라고 증언했는데, 세조 10년 4월이면 온양온천에 다녀온 직후였다.

세조가 앓던 병은 몹시 심각했다고 생각된다. 김수온의 증언에 따르면 그때 정희왕후 윤씨는 세조의 병 때문에 근심하고 두려워하다가 신미라고 하는 고승에게 환관을 보내 어떻게 하면 좋을지 자문하기까지 했다고 한다. 정희왕후는 '한양과 지방의 사사寺社에서 불공을 드리고 주상을 위해 축원했지만 효과가 없습니다'라고 했는데, 이런 사실로 본다면 신미 스님에게 자문하기 전에 상당한 기간 불공을 드렸다는 얘기가 된다. 신미 스님은 정희왕후에게 '오대산은 우리나라의 명산입니다. 그 중에 중대中臺 상원上元은 지덕이 더욱 기이합니다. 승도가 모이면 분명 놀라운 기적이 있을 것입니다.'라고 회답했다. 폐허화된 상원사를 복원하면 세조의 질병이 치료될 것이라는 뜻이었다. 이렇게 해서 세조 11년(1465) 3월부터 상원사 복원공사가 시작되었다.

그러면 신미 스님은 무슨 근거에서 상원사 복원이 세조의 질병을 치료할 수 있다고 했을까? 이와 관련해 신미 스님은 '오대산상원사중창권선문五臺山上元寺重創勸善文'이라는 글에서 이런 언급을 했다.

> "강릉 오대산은 천하의 명산으로서 문수보살이 거주하는 곳이고, 신령한 기적이 나타나는 곳입니다. 상원사는 그 중에서도 더더욱 명승지입니다. 아무개某 등은 가지고 있는 재물을 모두 팔아 상원사를 중창하여 복을 비는 장소로 하고자 합니다(하략)." (천순天順 8년〔1464〕 10월 18일조)

신미 스님은 오대산을 '문수보살이 거주하는 곳이고 신령한 기적이 나타나는 곳'이라고 했다. 요컨대 세조가 문수보살에게 큰 공덕을 베풀면 질병에서 회복될 수 있다는 뜻이었다. 신미 스님은 세조 10년 4월에 정희왕후의 전갈을 받은 후 몸소 한양으로 와서 모금활동을 벌였는데 그때 '오대산상원사중창권선문'을 지었다. 세조는 어의御衣를 비롯하여 쌀과 포, 철 등 엄청난 물품을 시주했다. 그때 세조는 자신과 신미 스님과의 인연을 '오대산상원사중창권선문'에서 이렇게 회상했다.

> "세상에는 일곱 가지 귀중한 것이 있습니다. 삼보三寶와 부모, 임금 그리고 선지식善知識이 그것입니다. 삼보는 속세를 떠나는 근본입니다. 부모는

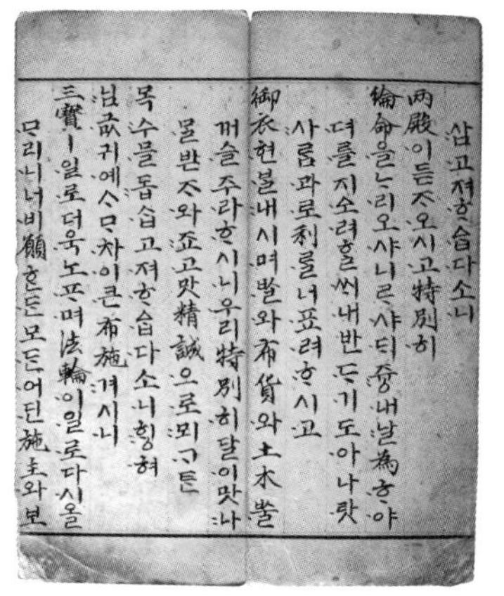

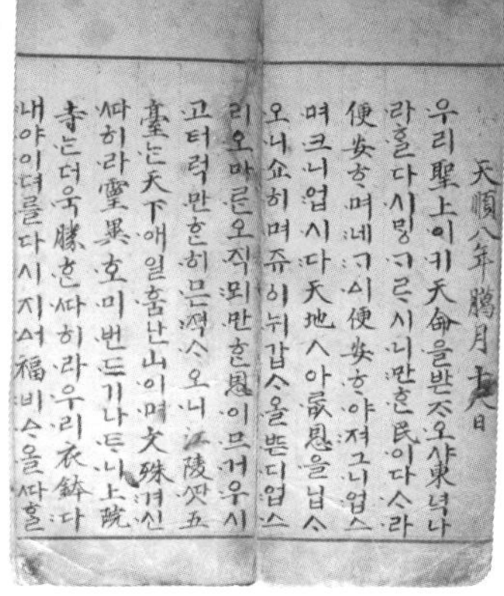

상원사중창권선문 상원사 중창에 필요한 물자를 시주할 것을 권장하는 글. 우리나라 최초의 한글 필사본으로도 유명하다.

생명을 기르는 근본입니다. 임금은 몸을 보호하는 근본입니다. 선지식은 미혹을 바로잡는 근본입니다. 나는 잠저 이래로 혜각존자慧覺尊者(신미스님)와 일찍부터 서로 알아 왔습니다. 나와 혜각존자는 도의가 합하고 마음이 맞아 매번 티끌의 길에서 잡아주어 나로 하여금 늘 맑은 마음을 품고 욕심의 구덩이에 빠지지 않게 하여 오늘이 있게까지 했습니다. 법사의 공덕이 아니고 헤아릴 수 없이 오래된 인연이 아니라면 어찌 이렇게 딱 맞을 수가 있겠습니까? 법사께서는 내가 아프다는 소식을 듣자 병을 무릅쓰고 하산하여 주야로 수백리길을 달려왔다고 하니 임금의 신하도 아닌 고승으로서 중생을 제도하려는 큰 자비심이 어떻다 하겠습니까? 나는 듣고서 놀라고 감동하여 한량없이 눈물이 났습니다. 또 들으니 법사가 학열學悅 법사, 학조學祚 법사와 더불어 나를 위해 옷가지를 모두 팔아 상원사를 중창하려 한다고 했습니다. 법사가 나 때문에 마음 쓰는 것과 내가 법사 때문에 은혜에 감격하는 것은 사람에게 말할 바가 아닙니다. 그러므로 나는 법사 등을 위하여 기쁘게 비용을 보태 궁극의 바른 인연을 삼고자 합니다(중략).

불제자佛弟子
승천체도열문영무조선국왕承天體道烈文英武朝鮮國王 이 (도장)
자성왕비慈聖王妃 윤씨 (도장)

(시주물품)
채색彩色
미米 5백석
면포綿布 5백필
정포正布 5백필
정철正鐵 1만 5천근

위에서는 세조가 자신을 '불제자佛弟子'로 칭한 것이 눈에 띈다. 세조는 부처의 제자인 자기에게 문수보살의 가호가 임하기를 간구했던 것이다. 세조가 상원사 중창을 위해 거액을 시주하자 왕족과 고관대작들도 앞 다투어 시주했다. 실록에는 세조 10년(1464) 12월 22일에 신미 스님에게 정철 5만 5천 근과 쌀 5백 석 그리고 면포와 정포 각 5백 필을 내려주었다고 하는데, 이것은 세조가 약속한 시주보다 많은 양이었다. 게다가 세조 11년(1465) 2월 20일에 또 정철 1만 5천 근과 쌀 5백 석 그리고 면포와 정포 각 5백 필을 시주했다. 김수온이 '세조의 병환이 그 사이에 점점 평복'되었다고 한 사실로 미루어보면 12월에 시주한 후 병세에 차도가 있자 다음해 2월에 또다시 시주했다고 생각된다. 이런 준비를 거쳐 세조 11년 3월부터 상원사 복원공사에 착수할 수 있었다.

문수보살의 지혜는 번뇌와 망상을 끊는 지혜였다

세조의 질병은 10년(1464) 4월에 몹시 악화되었다가 가을쯤에 상당한 차도를 보였다. 실록을 살펴보면 그 기간 세조는 이전과 다름없이 신료들과 외국 사신들을 만나고 국정도 처리했으며 10월에는 사냥을 나가기도 했다. 따라서 당시 세조가 앓던 병은 자리에 누워 움직이지 못하는 병은 아니었다. 그럼에도 세조의 병은 정희왕후 윤씨가 근심하고 두려워할 뿐만 아니라 신미 스님까지도 하산해야 할 정도로 심각한 수준이었다. 앞뒤 정황으로 보건대 세조는 극심한 부스럼 병으로 고통 받지 않았을까 짐작되는데, 아마도 그 즈음에 세조는 꿈에 현덕왕후가 뱉은 침을 맡고 부스럼이 생겼다는 야사가 등장한 듯하다.

또 하나 특이한 사실은 세조 10년 4월을 기점으로 왕족들이 불교 기적을 자주 체험했다는 점이다. 그 대표자는 세조의 삼촌인 효령대군이었다. 효령대군은 4월 28일에 회암사에서 수만 명의 승려와 함께 사리를 석종石鐘에 봉안하는 원각법회圓覺法會를 거행했다. 그때 석종 위에 빛이 발하고 기이한 향기가 나며 감로甘露가 내리더니 탁자 위의 사리가 850개로 분신하는 기적이 일어났다. 29일 저녁에는 석종에서 서기가 일어나 서남향으로 뻗쳤는데 그 위에 석가모니 부처가 나타났다. 효령은 곧바로 세조에게 달려가 이 사실을 알리고 분신사리 몇 개를 증거물로 제시했다.

당시 회암사에서 거행된 원각법회는 분명 세조의 질병을 치료하기 위한 법회였다고 생각된다. 수만 명의 승려가 모였다는 사실이 그 증거일 것이다. 그 법회에서 갖가지 기적이 일어났다는 사실은 곧 세조의 정성에 부처님이 감응했다는 의미로 질병이 치료된다는 예언이었다. 이런 예언에 세조가 몹시 고무되었을 것은 당연한 일이라 하겠다.

세조는 정희왕후 윤씨와 함께 강령전에서 효령대군을 만났다. 분신사리를 싸가지고 온 보자기를 풀자 찬란한 빛이 쏟아져 나오는 것이 마치 석가모니 부처가 옆에 나타난 듯 했다. 게다가 세조와 정희왕후 윤씨가 수량을 확인해보는 도중에 몇 개이던 분신사리가 수백 개로 늘어나는 기적까지 일어났다고 한다. 세조는 크게 놀라고 기뻐 분신사리를 궁궐 안에 보관하도록 하는 한편 죄인들을 사면하라는 문서를 직접 작성해 내렸다. 아울러 원각사를 세우기로 결정했는데 그때가 5월 2일이었다. 이후 세조의 병세는 점차 호전되기 시작하여 가을에는 사냥을 갈 수 있을 정도로 좋아졌던 것이다.

세조는 왕이 되기 전부터 불심이 깊었지만 이런 일을 겪으면서 더더욱 불심이 깊어졌다. 그럴수록 불교 기적도 늘어났다. 세조 10년 4월 이후 다음해까지 원각사, 궁궐 등에서 무수한 불교 기적이 일어났다. 그때마다 세조는 사면령을 내렸다. 이런 일들은 근본적으로 질병에서 완치되고자 하는 세조의 간구와 그런 세조의 간구가 이루어지길 소망하는 왕족과 신료들의 마음이 빚어낸 사건들이었다. 이 결과 세조 10년과 11년의 2년간 조선은 겉으로만 보면 명실상부 불국토라 할 만 했다.

하지만 그 같은 사실은 당시 세조의 질병이 완치되지 않았음을 반증한다. 세조의 질병이 잠시 차도가 있다가 다시 악화될 때마다 완치의 예언으로 불교 기적이 등장하고 또 사면령이 수반되었던 것이다. 그런 상황은 세조 12년(1466)에도 계속되었다. 마침내 세조는 직접 강원도 오대산으로 가서 문수보살의 가호를 빌고자 했다.

세조 11년 3월부터 복원공사에 착수한 상원사는 1년 만인 12년 윤3월에 낙성식을 거행할 예정이었다. 상원사 복원에는 세조뿐만 아니라 왕족들, 특히 정희왕후 윤씨의 외동딸인 의숙공주의 시주가 많았다. 의숙공주는 세조와 정희왕후의 만수무강과 자신의 득남을 기원하기 위해 석가여래, 약사보살, 아미타불, 문수보살, 보현보살, 미륵보살, 관음보살, 지장보살 등 수많은 불상을 조성해 상원사에 모셨다. 하지만 그 많은 불상 중에서도 가장 중요한 불상은 역시 문수보살이었다. 의숙공주의 발원문은 물론 세조가 하사한 어의御衣도 문수보살에 복장腹藏되었다. 의숙공주의 발원문은 상원사 낙성에 맞추어 2월에 작성되었다. 윤3월의 낙성 이전에 미리 복장도 해야 하고 또 문수보살도 미리 모셔야 했기 때문이었다.

세조 또한 윤3월의 낙성식에 맞추고자 일찌감치 행차에 나섰다. 세조는 3월 15일에 궁궐을 떠나 강원도로 향했다. 하지만 곧바로 오대산 상원사로 가지 않고 먼저 금강산으로 갔다. 금강산 역시 부처님이 상주하는 영험한 산으로 알려졌을 뿐만 아니라 고성 온천에서 목욕을 하기 위해서였다. 3월 20일 금강산에 도착한 세조는 장안사, 정양사, 표훈사 등을 둘러보았다. 이때도 무수한 불교 기적이 일어났다. 세조의 금강산 행차를 부처님이 환영하며 질병도 치료해주겠다는 징표들이었다. 이런 분위기 속에서 세조는 3월 25일 고성 온천에 다다랐다. 세조는 다음날부터 약 보름 정도 온천욕을 했는데 목욕 도중에 특별히 유점사를 다녀오기도 했다. 유점사는 문수보살이 보낸 53구의 불상을 모신 절로 유명했다.

세조는 윤3월 11일에 고성온천을 떠나 오대산으로 향했다. 도중에 낙산사 등을 거쳐 16일에는 오대산 입구에 도착했다. 김수온에 의하면 당시 세조는 성오省烏라는 들판에서 머물렀다고 한다. 17일 세조는 정희왕후 윤씨, 왕세자, 문무관료 등과 함께 상원사로 올라갔다. 그날이 바로 낙성식이 거행되는 날이었다. 세조는 몸소 불전에 나가 세 번 향을 사르고 예불도 했다. 세조가 어느 불전에서 예불을 했는지는 알 수 없지만 아마도 문수보살에게 예불했을 것으로 생각된다. 예불 후에 세조는 신미 스님을 만나 오랫동안 담소를 나누었다. 김수온은 신미 스님의 말이 모두 뜻에 맞으니 세조는 몹시 기뻐하며 즉시 재물을 하사해 낙성회를 아름답게 했다고 증언했다. 실록에서는 이날 상원사에서 사리분신의 기적이 있었다고도 한다.

공식기록에 나타나는 세조의 상원사 행차는 이것이 전부이다. 상원사로 올라가는 길에 목욕을 했는지 불전에 들어가기 전에 고양이가 나타났는지는 확인되지 않는다. 다만 공식기록을 통해 다음과 같은 사실들을 추측할 수 있다.

첫째는 세조가 상원사에서 문수보살에게 예불했으리라는 사실이다. 상원사를 중창한 근본이유는 그곳이 '문수보살이 거주하는 곳이고 신령한 기적이 나타나는 곳'이기 때문이었다. 그래서 의숙공주가 문수보살상을 조성했으며 의숙공주의 발원문과 세조의 어의도 그곳에 복장되었던 것이다. 세조는 분명 의숙공주가 조성한 문수보살 상을 상대로 예불하며 질병에서 완치되기를 기원했을 것이다. 당시 세조는 고성온천에서 보름정도 온천욕을 하고 온 뒤라 병세가 매우 호전되었을 것으로 생각된다. 그렇다면 내용이야 어떻든 세조가 오대산에서 문수보살을 만났고 병도 치료되었다는 것은 사실이라고 하겠다.

둘째는 고양이와 관련된 전설인데 이것은 아마도 세조와 신미 스님과의 대화가 아니었을까 추측된다. 만약 정말로 불전 안에 자객이 숨어 있었다면 상원사 낙성회는 참혹한 비극으로 끝났을 것이다. 세조의 경호 책임자는 물론 신미 스님도 결코 살아남지 못했을 것이다. 낙성회에 참여했던 무수한 승려들도 체포, 조사받았을 것이다. 그럼에도 예불 후에 세조가 신미 스님과 장시간 담소를 나누었다는 사실은 그런 일이 없었다는 뜻이다.

김수온은 신미 스님이 세조에게 오대산의 유적, 상원사의 역사 그리고 부처님이 설법하신 심법心法의 핵심 등을 이야기했다고 증언했다. 신미 스님이 이야기한 '심법의 핵심'은 아마도 문수보살의 지혜 즉 번뇌와 망상을 끊는 지혜였을 것이다. 당시 세조의 몸을 괴롭히는 것이 질병이었다면 마음을 괴롭히는 것은 조카의 왕위를 찬탈하고 수많은 사람을 죽였다는 번뇌였을 것이다. 현덕왕후가 뱉은 침을 맞고 세조의 몸에 부스럼이 생겼다는 야사는 왕위찬탈에 대한 당시 사람들의 비난뿐만 아니라 세조 자신의 번뇌를 상징한다. 신미 스님의 이야기를 듣고 '말이 모두 뜻에 맞으니 세조가 몹시 기뻐했다'라는 것은 세조가 잠시나마 번뇌에서 해방되는 기쁨을 맛보았다는 뜻이 아니겠는가? 다시 말해 세조에게 번뇌로부터의 해방을 안겨준 것은 문수보살의 지혜였다고 하겠다. 그런 의미에서 자객을 물리치게 한 고양이는 바로 세조의 번뇌를 물리친 문수보살의 지혜에 다름 아니었다.

세조는 궁궐을 떠난 지 40여 일 만인 윤3월 24일에 서울로 돌아왔다. 세조가 남대문에 들어서자 성균관 학생들은, '명산을 두루 순례하시니 이르는 곳마다 신령이 감응하여 예사롭지 않았습니다.(하략)'라며 금강산과 오대산에서 있었던 불교 기적들을 찬양했다. 신료들 또한 세조의 성덕에 감응하여 부처님의 기적이 나타났다며 축하문을 올렸다. 이에 세조는 대대적인 사면령을 내리는 것으로 화답했다. 세조 10년에는 궁궐과 한양을 중심으로 불교 기적이 나타났는데, 12년에는 전국적으로 불교 기적이 나타났으니 그만큼 세조의 공덕이 왕성해졌다는 의미였다.

오대산 행차 후 세조는 불교대왕을 자처하며 더욱 불교에 경도되었다. 세조는 국내뿐만 아니라 해외에도 자신의 불교공덕을 과시하고자 했다. 윤3월 28일에 세조는 일본 국왕에게 이런 국서를 보냈다.

"(중략) 우리나라에 명산이 있는데 금강산이라고 합니다. 동쪽으로 큰 바다에 임하였는데 우뚝우뚝 희게 깎은 듯, 구름위로 해처럼 솟는 듯합니다. 높이와 넓이가 얼마나 되는지 알 수 없으니 화엄경에서 말하는 바 '담무갈 보살曇無竭菩薩이 그 1만 2천 권속과 더불어 상주하며 설법한다'라는 곳이 바로 이 산입니다. 요즘 내가 지방을 순행하는 길에 금강산에 가서 삼보에 예를 올렸습니다. 산기슭에 도착하기도 전에 땅이 진동했고 산기슭에 들어서서는 상서로운 기운과 구름이 나타났습니다. 하늘에서는 오동잎만한 네 가지 꽃이 내리고 감로가 뿌려 초목은 마치 목욕한 듯하며 햇살까지 엷게 비추니 보이는 곳 모두가 황금빛이었습니다. 신기한 향기와 찬란한 광채가 널리널리 퍼져 산골짜기를 밝게 비추며 학들이 쌍으로 날아올라 구름 가를 맴돌았습니다. 산중의 여러 절에서는 사리가 분신하여 오색이 찬란했습니다. 법회를 열자 위와 같은 여러 가지 신기한 상서가 거듭 나타났으며 담무갈 보살이 무수한 작은 부처의 모습을 보이고 이어서 큰 부처의 모습을 보였는데 그 크기가 하늘에 닿을 듯 했습니다. 돌아올 때는 낙산사와 오대산의 상원사, 월정사, 서수정사 그리고 미지산의 용문사를 거쳤는데, 상원사에서는 사리가 분신하고 꽃이 쏟아지고 감로가 내리며 신기한 향내가 나는 기적도 있었습니다. 서울에 도착하자 또다시 사리, 감로 등의 기적이 일어났습니다. 아! 우리 부처님의 변화무쌍한 신통력을 이처럼 직접 눈으로 보고 더더욱 감동하여 여러 신하들과 기뻐 뛰며 크게 사면령을 내림으로써 부처님의 자비를 널리 펴고자 했습니다.(중략) 귀국은 자고이래로 불교를 존숭했으니 생각건대 즐겁게 듣고 기뻐할 것입니다. 이제 배가 돌아간다고 해서 나의 서원誓願을 고하니 내가 재물로 시주함을 구하는 것이 아니라 국왕과 더불어 좋은 인연을 맺어 좋은 결과를 얻음으로써 이웃 간의 우호를 더욱 굳건히 하고 양국 백성으로 하여금 함께 행복한 경지에 오르기를 원하는 것입니다.(하략)"(『세조실록』 권38, 12년 윤3월 28일조)

업보 뒤에 새겨진 두 얼굴은 모두 진실이었다

세조의 상원산 행차에는 정희왕후 윤씨가 동행했다. 사실상 상원사 복원공사는 정희왕후 윤씨 덕에 가능했기에 왕후가 동행한 것은 당연하게 보일 수도 있다. 하지만 정희왕후 윤씨는 이번뿐만 아니라 세조의 명산대찰 행차에 의례 동행하곤 했다. 그 정도로 정희왕후 윤씨와 세조는 부부사이가 좋았을 뿐만 아니라 불교신앙을 공유하기도 했다.

정희왕후 윤씨의 극진한 신임을 받는 궁녀 중에 두대豆大라고 하는 여성이 있었다. 두대는 본래 광평대군의 가비家婢였다고 하는데 어려서 정희왕후 윤씨의 여종이 되었다고 한다. 아마도 광평대군 쪽에서 선물로 주지 않았나 싶은데, 어쨌든 정희왕후 윤씨는 두대가 총명하고 슬기로워 몹시 총애했다. 게다가 두대가 문자까지도 깨쳤다는 사실로 미루어 본다면 일을 시키기 위해 어려서 문자교육도 시켰다고 생각된다. 이렇게 총명하고 슬기로우며 문자까지도 깨친 두대는 사실상 정희왕후 윤씨의 분신이었다. 정희왕후 윤씨가 왕비 자리에 오른 후 두대가 왕비의 최

측근 궁녀가 된 것은 당연한 일이었다. 이후 정희왕후 윤씨의 배후에는 늘 두대가 있었다. 훗날 두대는 정희왕후 윤씨가 수렴청정을 할 때, 문서번역뿐만 아니라 자문역할까지도 맡아 정치적으로 크나큰 영향력을 행사했다. 인수대비 한씨의 『내훈』에 발문跋文을 쓰기도 했으며 연산군의 생모 윤씨를 폐비할 때도 깊이 관여했다. 그 결과 연산군에게 부관참시 당하는 보복을 당하기도 했다.

세조가 상원사에서 신미 스님과 담소할 때에 정희왕후 윤씨는 물론 측근 궁녀와 내시들도 참여했다. 당연히 두대도 그 자리에 참여했다. 당시 신미 스님은 '오대산의 유적'에 대하여 설명하다가 영감암靈鑑菴에 관한 이야기도 했다. 영감암은 고려 말에 나옹대사가 머물던 암자였다. 공민왕은 나옹대사가 이곳에 머문다는 소식을 듣고 대사를 왕사에 책봉하고 직접 이곳까지 와서 맞이했다고 한다. 그렇게 유서 깊은 영감암이었지만 당시에는 폐허화되어 있었다.

두대는 그 유명한 나옹대사가 머물던 영감암을 중창하기로 결심했다. 정희왕후 윤씨가 상원사를 중창함으로써 세조의 질병을 치료하고 만수무강을 기원하려는 것과 같은 목적이었다. 궁궐로 돌아온 두대는 자신의 옷과 곡식을 먼저 시주하고 뜻을 같이하는 사람들을 물색했다. 이렇게 해서 김보배金寶背, 조석을금趙石乙今이 동참하여 영감암을 중창하게 되었다. 영감암은 세조 13년(1467) 3월부터 복원공사에 들어가 약 1년 반 만에 준공되었다. 김수온의 '영감암중창기'에 의하면 영감암은 '전후퇴 4칸에 가운데를 불전佛殿으로 하여 지장보살을 모셨고 서쪽은 조실로 하여 나옹대사의 영정을 모셨으며 동쪽은 정주正廚로 했다'고 한다. 영감암에는 여자 승려인 비구니들이 거주하며 세조의 만수무강 그리고 두대 부모의 극락왕생을 빌었다.

유교윤리로 평가할 때 세조는 악행의 업보와 귀신의 저주를 받아 마땅한 왕이었다. 그런 세조에게 보호와 위로를 베풀어 준 것은 불교와 왕실 여성들이었던 것이다. 문수보살의 보호를 받고 왕실 여성들의 위로를 받는 세조는 유교윤리의 잣대로 심판받는 세조와는 전혀 다른 이미지를 갖게 된다.

합천 해인사에는 세조의 어진으로 알려진 그림이 하나 있다. 그림 속의 세조 모습은 넉넉하면서도 자비스럽게 보인다. 전체적으로 둥글면서 풍만한 얼굴에 은은한 미소까지 머금고 있어 마치 부처님처럼 보이기도 한다. 그런 세조를 두 명의 동자와 두 명의 신하가 옆에서 모시고 있다. 앞쪽의 두 동자는 세조의 머리 위로 일월선을 들어 올리고 있다. 반면 뒤쪽의 두 신하는 단지 홀을 들고 있을 뿐이다. 이런 구도라면 세조를 보호하는 주역은 신하가 아니라 동자라고 할 수 있다.

그런데 이 두 명의 동자를 가만히 보면 상원사의 문수보살과 비슷한 면을 발견할 수 있다. 의숙공주가 조성한 상원사의 문수보살은 어른이 아니라 아이라서 일명 문수동자라고도 하는데, 그림 속의 두 동자와 여러 면에서 상통한다. 가장 큰 공통점은 문수동자나 그림의 동자나 모두 어린아이라는 점이다. 생긴 모습도 비슷하다. 동글동글 복스럽게 생긴 얼굴하며 머리 위로 쌍상투를 틀어 올린 모습이 매우 흡사하게 느껴진다.

보통의 경우라면 왕 옆에서 일월선을 들고 있는 사람은 내시나 궁녀라야 한다. 하지만 그림 속의 동자는 내시라고 하기에는 뭔가 어울리지 않는다. 만약 그림 속의 주인공이 세조가 분명하다면 두 명의 동자는 내시 보다는 문수동자에 가까울 것이다.

이 그림은 세조 4년(1458)에 윤사로와 조석문이 해인사에 봉안했다고 한다. 실록에 따르면 세조 4년 7월 28일에 조석문이 해인사 행향사行香

세조 영정(해인사) 세조의 영정으로 전해진다.

使로서 하직인사를 했다는 기록이 나온다. 원래는 윤사로와 함께 해인사에 가서 불사佛事를 하려 했는데 흉년 때문에 조석문만 갔다고 한다. 이어서 약 한달 후에 조석문과 판내시부사 전균이 해인사에서 돌아와 복명했다는 기록에서 해인사 불사를 위해 조석문과 전균이 동행했음을 알 수 있다.

당시 조석문과 전균이 해인사에서 어떤 불사를 거행했는지는 알 수 없다. 다만 조석문과 전균이 도승지와 판내시부사였다는 사실에서 그 불사는 세조의 개인적인 일과 관련되었을 가능성이 높다. 기록대로라면 세조는 부처님의 가호를 빌기 위해 자신의 어진을 해인사에 봉안했다고 보아야 한다. 나아가 이미 자신은 문수동자의 가호를 받고 있다는 사실을 알리고 싶었을 수도 있다. 그런 면에서 해인사의 세조 어진은 있는 모습 그대로를 그렸다기보다는 다분히 희망적인 모습을 그렸다고 생각된다. 그것은 세조의 어진으로 알려진 다른 그림과 대조해보면 더욱 분명해진다.

광덕사에 소장된 또 하나의 세조 어진은 해인사의 어진과는 완전히 다른 모습이다. 광덕사의 어진에 묘사된 세조는 억세고 모난 인상이다. 미소도 없다. 세조는 체격이 장대하고 무술을 좋아했다는 사실에 비추어 본다면 실제 모습은 광덕사의 어진에 가까웠을 것이다. 또한 유교국가 조선에서 세조가 보여준 모습들도 대부분 억세고 모난 것으로 조카의 왕위를 찬탈했으며 사육신들을 죽였다. 자신에게 저항하는 반대파들을 냉혹하게 죽여 없앤 사람이 세조였다. 그렇게 억세고 모난 세조의 얼굴에 만약 은은한 미소가 어려 있다면 그것은 살인을 즐기는 살인마의 모습과 무엇이 다르겠는가?

그렇지만 억세고 모난 세조의 또 다른 면에는 둥글면서 풍만한 모습도 있었던 것이다. 다만 그런 모습은 오직 불교와의 관계에서만 나타났다는 단서가 필요하다. 그렇게 된 이유는 무엇보다도 세조가 불교에 호의적이었다는 사실에 있었다.

그렇다고 세조가 태어나면서부터 불교에 호의적이었던 것은 아니었다. 유교의 대왕으로 알려진 세종대왕의 둘째 아들로 태어난 세조의 어린 시절은 불교보다는 유교에 편중되었다. 세조는 다섯 살에 이미 효경을 외웠으며 14살부터는 종학에 입학하여 유학을 공부했다. 20대 때에는 부왕 세종 그리고 집현전 학사들로부터 유학을 공부했다. 당대 최고의 유학자들로부터 공부한 세조가 유학에 편중된 것은 당연한 일이었다. 이처럼 조선왕실의 남성들은 외형적으로는 유교국가의 왕족답게 모두가 유학자였다.

하지만 왕실 여성들까지 그런 것은 아니었다. 예컨대 세종대왕의 왕비 소헌왕후 심씨는 원통암이라는 절을 중창하고 남들 몰래 불사를 하곤 했다. 김수온에 의하면 소헌왕후 심씨가 원통암을 중창한 때는 세종 10년(1428)이었다고 한다. 이후로 소헌왕후 심씨는 세종의 무병장수를 위해 원통암에서 매달 불사를 벌였다고 한다.

외형상 유교에 편중되었던 세조가 갑자기 불교에 경도되기 시작한 것은 동생 광평대군과 평원대군 그리고 생모 소헌왕후 심씨가 연이어 죽

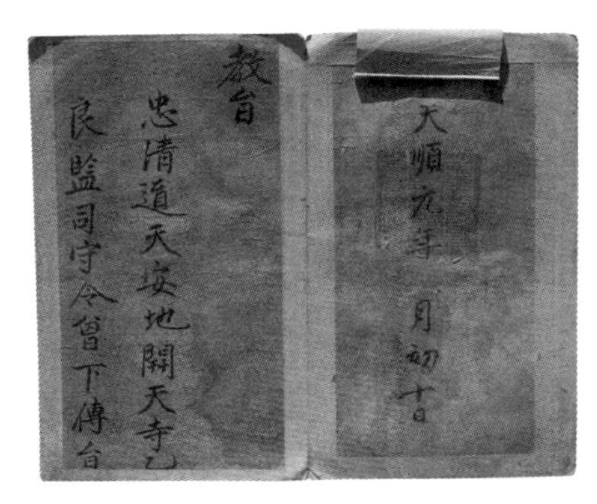

教旨

광덕사 세조 교지

으면서부터였다. 광평대군은 세종 26년(1444) 12월에 부스럼을 앓다가 갑자기 세상을 떠났는데 당시 세조는 28살이었다. 딱한 일은 광평대군이 죽었을 때 생후 5개월 된 아들이 있었다는 사실이다. 핏덩이 아들과 함께 갑자기 혼자가 된 광평대군의 부인은 절망적으로 불교에 의지했다. 광평대군 부인은 남편 무덤 옆에 견성암이라는 절을 세우고 고인의 명복을 빌었다.

세종과 소헌왕후 심씨는 물론 세조도 참혹한 심정이었다. 엎친대 덮친 격으로 광평대군이 죽고 한 달 만에 또 19살의 평원대군이 세상을 떠났다. 그 충격으로 1년 후에는 소헌왕후 심씨마저 세상을 떠나고 말았다.

연속되는 비극에 세종은 어쩔 줄 몰랐다. 세조도 마찬가지였다. 헤어날 수 없는 비통함 속에서 세종과 세조는 소헌왕후 심씨의 명복을 빌기 위해 불경을 간행하기로 했다. 물론 그 불경은 지난날 성녕대군과 원경왕후 민씨의 명복을 빌었을 때와 마찬가지로 『묘법연화경』이었다. 유교 국가의 대표자인 세종이 공식적으로 불경을 간행했을 때의 비판을 우려하며 주저하자 세조가 강력하게 주장하여 간행하게 되었다. 이렇게 세조는 생모의 명복을 빌기 위해 본격적으로 불교에 경도되기 시작했는데 그때가 30살이었다.

한창 나이의 세조는 노년의 부왕을 대신하여 불경간행을 주도했다.

세조는 당시 살아있는 부처님으로 명성이 자자했던 신미 스님의 도움을 받았다. 그렇게 세조와 신미 스님의 인연이 시작되었던 것이다. 그 인연으로 세조는 동생 안평대군과 함께 신미 스님을 깊이 존경하게 되었다. 실록에는 '수양대군과 안평대군이 신미 스님을 몹시 믿고 좋아하여 높은 자리에 앉게 하고 무릎 꿇어 앞에서 절하며 예절을 다하여 공경했다'는 기록이 있다.

세조가 그토록 신미 스님을 존경하게 된 것은 그의 가르침에 감복했기 때문이다. 신미 스님은 삶과 죽음 그리고 윤회에 대한 불교이론을 설파했을 것이다. 아마도 신미 스님은 주로 문수보살의 지혜를 전해주었을 듯하다. 죽은 자와 산 자의 번뇌와 망상을 끊고 해탈로 인도하는 문수보살의 지혜는 세조에게 수호신령이나 마찬가지였을 것이다. 그렇게 세조는 그런 수호신령의 보호 속에 있을 때 부드럽고 온화한 사람이 될 수 있지 않았을까? 문수보살을 찾아 멀리 강원도의 상원사에까지 행차하는 세조의 모습은 해인사의 어진에서 문수동자의 가호를 받는 세조의 모습과 같은 모습이 아니었을까?

한 세상 내 마음대로 원을 풀리라,
연산군

황음무도한 쾌락은 윤리를 떠나 있었다 ❀ 빙의는 통한과 서러움의 광적인 표현이었다 ❀ 일만 흥청은 태평성대의 또 다른 염원이었다 ❀ 모성을 위해서라면 희학과 희욕이라도 상관없었다 ❀ 폭식과 폭음은 환락, 그 자체의 몸부림이었다 ❀ 살육과 황음무도는 무절제한 감정과 무능이었다

황음무도한 쾌락은 윤리를 떠나 있었다

중종반정으로 왕위에서 쫓겨난 연산군은 강화도 교동으로 압송되었다. 연산군은 붉은 옷에 갓을 쓰고 띠도 매지 못한 몰골로 평교자平轎子에 실려 압송되었다. 평교자에는 지붕이나 벽면이 없었기에 타고 있던 연산군은 그대로 노출되었다.

처량하기 그지없는 연산군은 갓을 앞쪽으로 눌러 써 얼굴이 보이지 않게 했는데 그나마 머리마저도 푹 수그렸다. 수치스러워 사람들에게 얼굴이 보일까 두려웠던 것이다. 연산군이 이런 꼴로 창덕궁의 정문인 돈의문을 나와 동대문 쪽으로 가는 동안에 수많은 도성주민들이 몰려들어 야유를 보냈다. 그들은 약속이나 한 듯이 유행가 가락에 이런 가사를 얹어 노래했다고 한다.

충성시사모 忠誠是詐謀 거동즉교동 擧動卽喬桐

충성은 거짓이요 거동은 교동일세

일만홍청하처치 一萬興淸何處置 석양천말거수종 夕陽天末去誰從

일만 홍청 어디 두고 석양 하늘에 뉘 따라 가는고?

이재차역낭부가 已哉此亦娘婦家 무방달서차종용 無妨達曙且從容

두어라, 교동 또한 가시집이니 날 새기 무방하고 조용도 하네.

(『연산군일기』 권63, 12년 9월 2일조)

이 가사에는 연산군의 폭정에 대한 도성주민들의 야유가 절묘하게 압축되어 있다. 연산군은 백관들이 쓰는 사모紗帽의 앞뒤에 '충성'이라 새기게 했는데, 그런 사모를 쓴 백관들이 반정을 일으켜 왕을 쫓아냈으니 가히 충성의 사모가 아니라 거짓의 사모詐謀라는 야유였다. 또 연산군은 궁궐 주변의 민가들을 철거하고 마음 내키는 대로 거동하였는데 결국 그 거동이 교동으로 귀결되었다는 비웃음이었다. '일만 홍청'은 연산군이 음주가무하기 위해 모아들인 기생들이었는데 그 많은 기생들을 어디 두고 석양에 외로이 가느냐는 야유였다. 그리고 '교동 또한 가시집'이란 가시덤불로 둘러싸인 교동 집이 발음상으로는 기생들의 가시

연산군 부부상 강화 교동 적거지 마을사람들이 연산군을 기려서 만든 사당에 모셔져 있다.

집과 같으니 그곳에 조용히 있으라는 비웃음이었다.

도성주민들의 야유에 등장하는 일만 홍청은 실로 연산군의 '황음무도荒淫無道'를 상징했다. 연산군은 일만 홍청을 상대로 때와 장소를 가리지 않고 성에 탐닉했다. 홍청과 즐기기 위해 궁궐 안에 무수한 밀실들을 만들었기에, 당시 궁궐은 궁궐이라기보다는 오히려 러브호텔이라 할 만했다.

심지어 연산군은 이동식 러브호텔을 만들어 이용하기도 했다. 실록에 따르면 연산군은 '거사擧舍'라고 하는 가마형의 작은 밀실을 만들어 궐 밖으로 행차할 때 사람들로 하여금 메고 가게 하다가 문득 욕정이 솟구치면 길가에다 거사를 세워놓고 홍청과 함께 들어가 즐겼다고 한다. 지금도 주변의 시선을 아랑곳하지 않고 마구 놀거나 낭비하는 것을 '홍청망청 논다' 또는 '홍청망청 쓴다'고 하는데 바로 연산군이 홍청과 함께 마구 놀며 쓰던 것에서 유래한 말이다.

연산군은 한 번에 수백 명 또는 수천 명의 홍청들과 함께 음주가무를 즐기다가 술이 거나하게 오르면 질탕하게 육체의 향연을 벌이곤 했다. 연산군은 발가벗고 하는 성행위를 즐겼다. 그것도 여러 사람들이 보는 데서 공개적으로 하는 것을 즐겼다. 이런 사실들로 미루어 보면 연산군은 어느 정도 노출증이 있지 않았을까 싶다.

이처럼 노골적인 연산군의 성적 탐닉은 보수적인 성윤리가 팽배한 유교사회에서 비난 받을 만했다. 나라의 모범이 되어야 할 연산군의 성생활은 누가 보기에도 지나치게 문란했다. 하지만 연산군의 성 탐닉이 이 정도에서 그쳤다면 오히려 좋게 볼 수 있는 여지도 있었다. 연산군은 국왕이었고 그가 관계한 홍청은 공식적으로 기생이었다. 조선시대 국왕이 수많은 기생과 관계했다는 사실 자체만으로 그것을 곧 '비윤리적' 또는

'비도덕적'이라고 할 수는 없기 때문이다.

조선시대 왕이나 양반들은 거의 예외 없이 부인 이외에 첩을 거느리고 있었다. 보통의 경우 왕은 10명 내외의 후궁과 100명 정도의 궁녀를 거느렸다. 왕이 이들과 은밀하게 벌이는 성생활은 전혀 비난의 대상이 되지 않았다. 오히려 많은 자손을 두어야 한다는 의미에서 권장되기도 했다. 따라서 연산군이 '흥청 일만'을 거느렸다는 사실은 너무 문란했다는 비난은 가능해도 그것을 '비윤리적' 또는 '비도덕적'이라고까지는 할 수 없었다. 도리어 긍정적으로 생각한다면 연산군은 당시 사회에서는 보기 드문 호색한 또는 성 중독자 정도로 이해할 수도 있었다.

그러나 연산군의 성생활은 일만 흥청만으로 끝나지 않았다. 그는 선왕의 후궁들, 친인척의 여성들, 양반의 부인들 그리고 비구니 등등 상대를 가리지 않고 관계했다. 그런 행동은 유교사회의 가정윤리와 사회윤리 자체를 파괴하는 행동이었다. 연산군이 황음무도한 왕으로 비판받는 이유가 여기에 있다.

연산군이 황음무도한 행동을 하기 시작한 때는 정업원의 비구니들과 관계하기 시작하면서부터였다. 연산군 9년(1503) 6월 어느 날인가 왕은 환관 대여섯 명에게 몽둥이를 들려 정업원으로 달려가 늙고 못생긴 비구니는 내쫓고 젊고 예쁜 비구니 7~8명만 남겨 간음했는데, 이때부터 왕이 색욕을 마음대로 했다고 한다. 그런데 이때 연산군이 간음했다고 하는 정업원의 비구니들은 사실상 선왕의 후궁 또는 왕족 여성들이었을 가능성이 매우 높다. 왜냐하면 정업원은 태조 이성계 이래로 왕의 후궁들이나 왕족 여성들이 출가하여 여생을 보내던 절이었기 때문이다.

예컨대 조선건국 이후 정업원의 초대 주지가 된 혜빈 이씨는 공민왕의 후궁이었다. 또한 1차 왕자의 난에서 남편을 잃은 여성들 즉 세자 방석의 부인 심씨, 태조 이성계의 딸 경순공주 등도 정업원의 비구니가 되었다. 이후에도 수많은 후궁과 왕족 여성들이 정업원의 비구니가 되었다. 정업원은 창덕궁과 경복궁의 중간쯤에 위치하여 궁궐과도 가까웠고 왕실로부터의 지원도 많았기에 후궁 또는 왕족 여성들이 출가하기에 유리했다. 이런 정업원의 비구니들을 간음했으니 연산군은 가정윤리는 물론 종교윤리도 파괴한 왕이라 할 만 했다.

연산군의 황음무도는 동왕 10년(1504)의 갑자사화를 겪으면서 걷잡을 수 없이 악화되었다. 그런데 특이한 사실은 연산군의 황음무도는 단순한 여색이 아니라 시와 노래와 같은 예술과 연결되었다는 점이다. 연산군의 황음무도를 상징하는 일만 흥청은 모두 여악女樂 즉 여성 음악인이었다. 즉 연산군은 단순하게 후궁이나 궁녀를 늘린 것이 아니라 대규모 여성 예술단을 조직해서 수백 명 또는 수천 명 단위로 궁궐로 들였던 것이다.

연산군은 갑자년 가을에 장악원의 기생을 기왕의 150명에서 300명으로 확대시켰다가 12월 22일에 그들을 흥청興淸과 운평運平의 두 예술단으로 나누었다. 연산군은 이 흥청과 운평을 폭발적으로 확대시켰을 뿐만 아니라 다른 예술단도 계속해서 만들었다. 연산군일기에 등장하는 예술단에는 기왕의 흥청과 운평을 비롯해서 속홍續紅, 채홍採紅, 계평繼平, 흡려洽黎 등이 있었다. 이 예술단들은 각각 1천명 내외의 여악을 보유했으며 흥청을 정점으로 흡려, 계평, 채홍, 속홍, 운평으로 엄격하게 서열화 되어 있었다.

예술단의 여악들은 얼굴과 재능에 따라 처음 운평으로 시작해서 점점 올라가 흥청까지 될 수 있었다. 연산군은 이 흥청을 단체로 입궁시켜 후궁으로 만들었던 것이다. 연산군은 궁중 잔치 또는 궐 밖 행차 때 흥청을 동원하여 풍악을 즐기다가 육체의 향연을 벌였는데, 때로는 궁중잔치에 참석한 친인척 여성들이나 양반 부녀자들을 간음하기도 했다.

한국사 5천년 중에 연산군처럼 방자하게 예술과 쾌락에 탐닉한 왕은 없었다. 도덕적 판단을 중지하고 생각해보면 연산군은 노래와 춤 그리고 여인을 사랑한 왕은 아니었을까 하는 생각이 들기도 한다. 그런 생각은 중세 유럽의 기독교 윤리에 저항하여 예술과 쾌락에 온 인생을 내던졌던 카사노바처럼 연산군도 유교윤리에 저항하여 예술과 쾌락에 온 인생을 내던졌던 것은 아닐까 하는 연상으로 이어지기도 한다. 그렇다면 과연 연산군은 진실로 예술과 쾌락을 사랑했고 또 그것으로 인해 행복했을까?

빙의는 통한과 서러움의 광적인 표현이었다

연산군은 예술에 탐닉한 왕답게 감각이 매우 발달했다. 시각이나 청각 모두 예민했던 연산군은 흥청의 머리모양, 화장, 복장 등은 물론 냄새에도 민감하게 반응했다. 연산군은 어렵게 흥청이 된 기생을 액취腋臭가 난다고 퇴출시킨 일이 있었는가하면, 흥청이 노래하고 춤출 때 음률에 맞지 않거나 율동이 틀리면 곧바로 퇴출시키기도 했다. 그런 연산군이라 악기 소리에 대해서도 나름대로의 품평과 호오가 분명했다. 연산군 11년(1505) 1월 15일자의 실록에는 이런 기록이 실려 있다.

"수많은 악기 중에서 당비파唐琵琶와 현금玄琴이 듣기 좋다. 가야금은 처음에는 듣기 좋은데 끝에는 처음 같지 않다. 호가胡笳는 멀리서나 가까이서

나 다 듣기 좋다. 지금 광희악廣熙樂(남성 예술단) 중에서 호가를 잘 부는 자는 철근, 귀손 등 몇 사람뿐이다. 그렇지만 철근이 귀손만 못하다. 대저 적笛(대피리)과 필률觱篥(피리)은 곡조로 가르치면 쉽게 배울 수 있다. 그러나 호가는 혀로만 소리를 내는 까닭에 배우기 어려우니 많은 사람들에게 가르쳐 익히도록 하라."(『연산군일기』 권57, 11년 1월 15일조)

위의 기록으로 보면 연산군은 당비파와 현금 못지않게 호가를 좋아했다. 호가는 북방 유목민으로부터 전래된 악기로서 일종의 관악기였다. 호가와 같은 관악기 소리는 마치 휘파람처럼 단순하면서도 구슬픈 특징이 있다. 그런 감상을 잘 드러낸 작품이 아마도 이순신 장군의 '한산섬 달 밝은 밤에'라는 작품일 것이다.

한산섬 달 밝은 밤에 수루戍樓에 홀로 앉아
큰 칼 옆에 차고 깊은 시름 하던 차에
어디서 일성호가一聲胡笳는 남의 애를 끊나니

임진왜란이 한창이던 때 한산섬의 어느 날 밤, 근심으로 잠을 이루지 못한 이순신 장군은 홀로 망루에 오른다. 저 멀리 바다와 그 위에 휘영한 달이 그림 같다. 그러나 낭만을 즐기기에는 조국의 현실이 너무도 암담하다. 왜적의 침략으로부터 이 아름다운 강산을 어떻게 지켜낼 것인가? 아무리 생각해도 답은 나오지 않고 시름만 깊어간다. 그때 어디선가 들려오는 일성호가는 장군의 애간장을 끊을 듯하다. 아마도 그 호가를 부르는 누군가도 암담한 조국의 현실을 애끊는 호가소리에 실어 보내며 시름을 달랬을 것이다.

연산군은 단순히 악기소리를 듣기만 좋아한 것이 아니라 직접 연주하기도 했다. 그런 때는 영락없이 깊은 비감과 시름에 빠졌다. 연산군 12년(1506) 8월 23일, 왕은 사랑하는 후궁 장녹수와 전전비 등을 거느리고 후원에서 잔치를 열었다. 분위기가 무르익자 연산군은 풀피리로 두어 곡조를 불었다. 아마도 그 곡조는 애간장을 끊을 듯이 슬펐던 모양이다. 풀피리를 다 분 연산군은 깊은 비감에 빠져, '인생은 풀잎의 이슬과 같아 만날 때가 많지 않은 것'이라 말하며 눈물을 흘렸다. 장녹수와 전전비도 슬피 울며 눈물을 머금었다. 분명 연산군의 풀피리 곡조가 비감한 분위기를 자아냈기 때문일 것이다.

연산군이 좋아한 악기 소리가 구슬픈 분위기의 호가 또는 풀피리였다는 사실은 어쩌면 그의 예술적 탐닉이 행복과는 거리가 멀었음을 의미한다. 그런 사실은 연산군이 좋아했다고 하는 처용무에서도 확인할 수 있다. 처용무는 처용탈을 쓰고 하는 가면극인데 근본적으로 악귀를 쫓는 놀이였다. 연산군은 그런 처용무를 광적으로 좋아했고 직접 처용탈을 쓰고 춤을 추기도 했다.

연산군이 썼던 처용탈의 모습은 『악학궤범』이라는 책에 잘 나타나 있다. 『악학궤범』은 연산군의 아버지인 성종 대에 완성된 책이다. 따라서 그 책에 그려진 처용탈의 모습은 연산군이 썼던 처용탈과 같다고 봐도 무방하다.

처용탈은 단순히 얼굴만 가리는 가면이 아니라 사모紗帽까지 달린 가면이었다. 또 사모에는 모란꽃, 복숭아, 복숭아가지까지 꽂았기에 처용탈은 매우 컸다. 이런 처용탈에다 연산군은 또다시 금, 은, 주옥같은 보석들을 장식하여 더더욱 화려하고 풍성하게 만들었다. 그래서 연산군은 처용탈을 '풍두豊頭'라고 불렀는데, 풍두란 말 그대로 '풍성한 머리'란

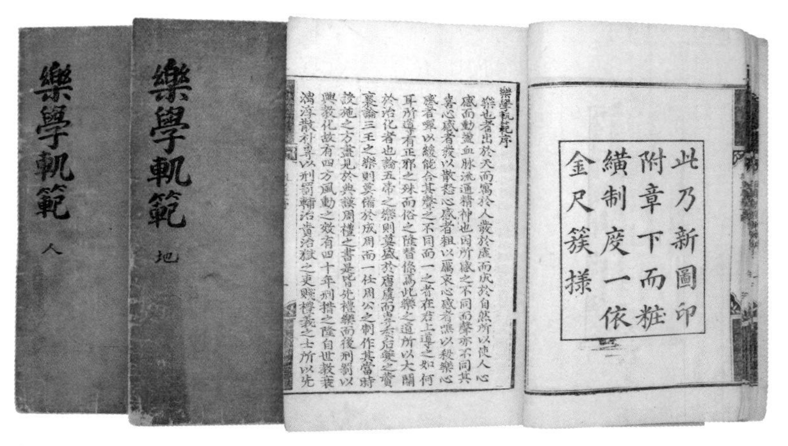

『악학궤범』 성종대에 성현이 편찬하었으며 궁중음악을 집대성했다.

뜻이었다.

처용탈의 인상은 그렇게 무섭게 보이지는 않는다. 두터운 눈썹과 큼직한 코 그리고 헤 벌어진 입과 툭 튀어나온 턱은 오히려 해학적인 느낌으로 다가온다. 처용탈의 인상은 귀신 쫓는 무서운 귀신이라기보다는 마치 모든 것을 체념하고 달관한 인상으로, 유래는 신라 때의 처용전설이다.

아득한 옛날, 신라의 처용은 자신의 부인과 역신疫神이 함께 있는 간통현장을 보고도 칼부림을 하는 대신 춤을 추며 노래를 불렀다고 한다. 아마도 그때 처용의 얼굴표정이 이러지 않았을까 싶다. 역신은 그런 처용에게 감복하여 다시는 처용 앞에 나타나지 않겠다고 맹세했다고 한다. 그래서 신라시대 이래로 궁중에서는 악귀를 쫓기 위해 처용무를 공연하곤 했다. 연산군은 처용무를 거창하게 공연하기 위해 여성예술단 이외에도 광희廣熙라고 하는 1천 명의 남성예술단을 조직했다. 이렇게 조직된 여성예술단과 남성예술단들이 공식적인 궁중 잔치에서 노래, 춤, 연주를 담당했다.

그러나 연산군은 홍청을 후궁으로 만들면서 처용무도 홍청만 가지고 공연하곤 했다. 처용무 중에서 남성예술단원이 맡아야 할 역할은 홍청에게 남장을 시켜 맡게 하거나 자신이 직접 처용탈을 쓰고 공연에 참여해 춤을 추기도 했다.

처용탈 처용무를 공연할 때 쓰는 처용탈.

원래 처용무는 연말에 악귀를 물리치거나 연초에 만복을 기원하기 위해 궁중에서 공연한 매우 흥겨운 축제 마당이었다. 특히 마지막 마당에서 처용들이 너울너울 어지럽게 춤출 때는 빠른 곡조와 격렬한 율동이 어우러져 분위기가 한껏 고조되었다. 그렇게 고조된 분위기는 '나무아무타불'과 '관음찬' 합창으로 차분하게 가라앉는데, 그때 관람객들은 종교적 카타르시스를 맛볼 수 있었다.

그런데 연산군이 직접 참여하는 처용무에서는 종교적 카타르시스가 느껴지지 않았다. 불교를 혐오한 연산군은 궁중 음악에서 불교와 관련된 가사는 쓰지 못하도록 했다. 당연히 기왕의 처용무에서 합창되던 '영산회상불보살', '나무아미타불' 등의 가사도 개작되었다. 연산군은 '영산회상불보살'을 '군수신복계방밀君綏臣福繫邦謐(임금의 편안과 신하의 복락은 나라의 평화에 관련되네)'이라고 직접 개작하기도 했다. 이렇게 처용무에서 불교적 색채를 빼고 나면 무속적 분위기가 강화될 수밖에 없다.

실제 연산군 때 공연한 처용무는 굿판 같은 무속적 성격이 짙었기에 그 끝이 울음바다로 끝나는 경우도 많았다. 실록에 이런 내용이 있다.

> "왕이 처용무를 잘 추었다. 매번 궁중에서 스스로 처용탈을 쓰고 희롱하며 춤추기를 좋아했다. 총애하는 여인들 또한 남자 무당놀이를 잘했다. 왕은 총애하는 모든 여인과 흥청 등을 거느리고 빈터에서 야제野祭를 베풀었다. 왕이 몸소 죽은 자의 말을 하며 죽은 자의 모습을 표현하자 총애를 받는 여인들은 손을 모은 채 보고 들었다. 왕이 죽은 자의 우는 모습을 짓자 여러 흥청들도 또한 곡하다가 마침내는 비감하여 통곡하며 끝났다."(『연산군일기』 권61, 12년 1월 2일조)

위는 연산군이 총애하는 여인들, 흥청과 함께 처용무를 공연하며 야제野祭를 지내는 장면이다. 당시의 야제란 원통하게 죽어 구천을 떠도는 원혼을 위로하기 위해 지내는 제사였다. 야제를 지낼 때는 무당이 원혼을 불러내 그 사연을 들었는데, 연산군 스스로 무당이 되어 죽은 자의 원혼을 불러낸 것이었다.

『연산군일기』 11년(1505) 9월 15일자 기록에 의하면, 연산군은 무당굿을 좋아하여 스스로 무당이 되어 노래하고 춤추었는데 그런 때는 '어머니 폐비 윤씨가 빙의되는 형상'이 되었다고 한다. 그래서 궁중에서는 연산군에게 폐비 윤씨의 원혼이 빙의되었다는 소문이 퍼졌다고 한다.

위의 야제에서 연산군이 처용무를 추며 불러낸 원혼도 분명 폐비 윤씨였다. 야제 중에 폐비 윤씨의 원혼이 연산군에게 빙의되어 원통한 사연을 하소연했다고 보아야 한다. 그렇기에 총애하는 여인들은 공손하게 손을 모으고 경청했다고 생각된다. 또 폐비 윤씨의 원혼이 억울함을 하소연하다가 사무친 감정에 통곡하자 홍청들까지 비감하여 통곡했을 것이다.

따라서 이런 사실에서 확인할 수 있는 것은 연산군에게 처용무는 흥겹고 즐거운 예술이 아니라 귀신이 빙의되는 무당굿이었다는 점이다. 그것도 어머니 폐비 윤씨의 원혼이 빙의되는 원한의 굿판이었다는 점이다. 연산군이 처용무를 광적으로 좋아했다는 사실은 연산군에게 폐비 윤씨의 원혼이 자주 빙의되었음을 반증한다고 하겠다.

하지만 언제부터 연산군에게 폐비 윤씨의 원혼이 빙의되기 시작했는지는 알 수 없다. 다만 『연산군일기』 11년 9월 15일자의 기록을 보면, 연산군이 '두어해 전부터 광질狂疾을 얻어 때로 한밤에 부르짖으며 일어나 후원을 달렸다'는 내용이 있는데, 아마도 그때부터 폐비 윤씨의 원혼이 빙의되지 않았을까 판단된다. 그런 면에서 연산군은 무병巫病을 앓다가 신이 내린 것은 아닐까 하는 생각도 든다.

연산군이 무병巫病을 앓기 시작한 때는 실록의 기록대로 연산군 11년에서 두어해 전인 연산군 9년(1503)부터인 듯하다. 실제 연산군에게 9년(1503)은 매우 수상한 한 해였다. 그해 6월에 연산군은 정업원의 비구니들을 간음했다. 9월에는 예조판서 이세좌가 양로연 중에 왕의 옷에 술을 쏟았다는 사소하다면 사소한 사건을 빌미로 이세좌를 유배에 처했다. 아울러 사헌부와 사간원 관리들은 이세좌의 처벌을 요청하지 않았다 하여 강등시켜버렸으니, 이것이 갑자사화의 시작이었다. 11월 20일에는 신료들과 술을 마시다가 심하게 술주정을 했는데 다음날 전혀 기억하지도 못했다. 당시 연산군은 자신의 주사에 대하여 몹시 자책하며 반성했지만 고치지 못했다. 도리어 시간이 흐를수록 술주정은 악화되었고, 취중에 한 일을 기억하지 못하는 경우가 많았다. 더구나 '한밤에 부르짖으며 일어나 후원을 달리는' 이상한 증상을 보였던 것이다.

그런데 이런 일들이 모두 연산군의 정치적 계산과 의도로 이루어졌다고 보기에는 실로 어렵다 하겠다. 아마도 '한밤에 부르짖으며 일어나 후원을 달리게' 하는 알 수 없는 힘에 끌려 그렇게 되지 않았을까 싶다. 그것은 또 폐비 윤씨의 원혼이 연산군에게 빙의되면서 악화되지 않았을까 추측된다. 그런 상황은 연산군 10년(1504) 3월 20일의 한 사건을 계기로 더더욱 악화되었다.

그날 저녁 연산군은 임숭재의 집에 행차했다. 임숭재는 성종의 사위로 연산군에게는 매부였다. 임숭재는 연산군에게 술대접을 하던 중 자신의 아버지 임사홍을 소개했다. 연산군을 만난 임사홍의 얼굴에는 근심이 가득했다. 연산군이 까닭을 묻자 임사홍은 '폐비한 일이 애통하고 애통합니다. 이는 실로 엄 숙의淑儀와 정 소용昭容이 모함하고 이세좌와 윤필상 등이 성사시킨 것입니다.' 라고 말했다.

이 말을 들은 연산군은 술이 잔뜩 취한 상태로 궁궐로 돌아왔다. 연산군은 곧바로 엄 숙의와 정 소용 그리고 그녀들의 아들들을 불러들였다. 연산군은 엄 숙의와 정 소용을 아들들이 보는 앞에서 때려죽이는 만행을 저질렀다. 그리고 인수대비에게 달려가 '대비는 어찌하여 우리 어머니를 죽였습니까?' 라고 따지며 불손한 말을 수없이 했다. 그때는 밤 3경이 넘은 한밤중이었다. 그 밤에 연산군의 행동은 정상인의 행동이 아니라 미친 사람의 행동이었다. 따라서 연산군의 미친 행동은 그의 의지라기보다는 술기운과 폐비 윤씨의 원귀가 빚어낸 것이었다고 보아야 하지 않을까?

그날 이후 연산군은 폐비와 관련된 수많은 사람들을 불공대천의 원수로 여기며 대대적인 살육을 벌였다. 그것이 조선시대 5백년에 걸쳐 가장 참혹한 사화인 갑자사화였다. 이 갑자사화를 거치면서 연산군은 황음무도의 길로 빠져들며 처용무에도 광적으로 몰두했다. 연산군은 술이 취하면 처용가면을 쓰고 대비전으로 달려가 행패를 부리기도 하고 스스로 무당이 되어 폐비 윤씨의 원혼을 불러내기도 했던 것이다. 그런 점에서 연산군에게 흥청과 처용무는 즐거운 예술이 아니라 원귀의 굿판이었다. 모든 것을 체념하고 달관한 듯한 처용탈에 숨겨진 연산군의 본얼굴은 아마 '통한'과 '서러움'으로 찌들어 있었을 것이다.

일만 흥청은 태평성대의 또 다른 염원이었다

연산군이 '일만 흥청'을 거느렸다는 내용은 사실 엄격하게 말하면 틀린 내용이다. 연산군이 실제로 거느린 흥청은 많아야 2~3천 명 정도였다. 그럼에도 언필칭 일만 흥청이라 부르는 이유는 연산군 스스로가 흥청을 일만까지 늘리려 계획했기 때문이다. 비록 성공하지는 못했지만 일만 흥청은 계획 자체만으로도 경악하기에 충분하다.

한국사 5천년을 통틀어 꿈에서라면 모를까 실제 일만 명의 후궁을 두려했던 왕은 없었다. 3천 궁녀로 악명 높은 의자왕의 경우에도 실제 궁녀 수는 몇 백에 그쳤다고 보아야 한다. 그 몇 백 명의 궁녀로도 의자왕은 여색 때문에 나라를 잃은 왕으로 기억되는 것이다.

그런데 연산군은 일만 흥청을 두려했다. 조선시대 대체로 10명 내외였던 다른 왕들보다 천배나 많은 후궁을 거느리려 했던 셈이다. 그 많은 흥청을 어떻게 감당했을지도 의문이지만 그 많은 흥청을 어떻게 충당했을지도 큰 의문이 아닐 수 없다.

본래 홍청의 뿌리는 장악원 소속의 기생이었다. 장악원은 『경국대전』에 '성률聲律의 교육과 교열에 관한 일을 맡는다'고 했는데, 궁중잔치나 국가제사에 필요로 하는 연주와 노래 그리고 춤 등을 담당할 예술가들을 양성한다는 의미였다. 장악원에서는 주로 연주를 담당하는 남성 예술가 그리고 춤과 노래를 담당하는 여성 예술가를 양성했다. 남성 예술가는 297명의 악생과 518명의 악공이, 여성 예술가는 150명의 기생이 중심이었다.

장악원에 소속된 150명의 기생은 기본적으로 관비官婢였다. 한양과 지방의 관비 중에서 음악적 재능이 있는 관비들을 3년에 한 번씩 선발하여 충원했던 것이다. 이렇게 선발된 장악원의 기생 150명은 궁궐 밖에서 거주하며 궁중 잔치가 있을 때나 입궁했다. 그들은 궁중 잔치에만 참여한 것이 아니라 고관대작이나 양반들의 잔치에서도 공연했다. 또한 굿판 같은 데도 많이 참여했다. 장악원 기생들은 이처럼 활동이 자유로웠을 뿐만 아니라 생활도 자유로웠다. 신분상 기생이었기에 일부일처제의 가족윤리에 얽매이지 않고 수많은 남성들과 관계를 맺을 수 있었던 것이다. 운이 좋으면 고관대작의 첩으로 들어앉을 수도 있었다. 장악원의 기생은 근본적으로 공공재公共財와 같은 존재였다.

그런데 연산군은 이 같은 장악원 기생들을 확대 조직하여 자신이 독점하고자 했다. 연산군은 갑자년 10월에 장악원 기생을 기왕의 150명에서 300명으로, 또 12월에는 1천 명으로 증원했다. 연산군은 장악원 기생들에게 특별히 처용무를 가르치도록 했으며, 그들을 위해 '홍청興淸'과 '운평運平'이라는 이름을 작명하기도 했다. 홍청이란 '사예邪穢를 깨끗이 씻는다'는 뜻이고 운평이란 '태평한 운수를 만났다'는 뜻이라고 했다. 다시 말해 홍청이란 부정한 것을 씻고 청정한 것을 부흥시키겠다는 의도이고, 운평은 그렇게 해서 태평성대를 이루겠다는 의도라고 하겠다. 처음에 홍청은 3백 명, 운평은 7백 명이 정원이었다.

연산군은 홍청을 입궁시켜 궁궐에서 생활하도록 했다. 홍청 2명에게 방자房子 1명을 주고 또 솥단지, 식기, 밥상, 요강, 거울, 옷가지 등등 살림살이도 마련해 주었다. 사실상 홍청은 궁중에서 생활하는 후궁 또는 궁녀나 마찬가지였다. 연산군 스스로 '홍청이 이미 궁궐에 들어왔으니 곧 이는 나인이다. 앞으로 홍청의 이름을 부르는 자는 엄히 논죄하라.'며 홍청을 나인으로 간주했다. 홍청은 가무는 물론 얼굴과 몸매도 뛰어나야 했다. 연산군이 '음악이란 나쁘고 더러운 것을 씻어 버리며 또한 시름을 풀기 위한 것인데, 가무만 잘하고 얼굴이 못생기면 시름을 풀 수 없을 뿐만 아니라 도리어 시름을 일으킨다'며 실력과 미모를 모두 요구했기 때문이다. 홍청은 장악원에서 1차 심사를 받은 후 입궁하여 다시 연산군의 심사를 받았다. 연산군은 홍청의 진면목을 알아보기 위해 홍청이 심사받을 때에는 화장을 지운 맨얼굴로 받도록 했다.

이렇게 입궁한 홍청은 최초 3백 명에서 시작하였지만 시간이 흐르면서 5백여 명으로 늘었고 다시 1천여 명, 2천여 명으로 폭증했다. 연산군 12년 3월 27일자 기사에는 '홍청 일만 명에게 지급할 잡물과 그릇 등을 미리 마련하라'는 내용이 있는데, 이로 보면 연산군은 홍청을 일만 명까지 확대할 계획이 있었다고 생각된다. 하지만 연산군의 계획은 9월 2일에 중종반정이 발발함으로써 성공하지 못했다.

연산군은 입궁한 홍청을 다시 천과홍청天科興淸, 반천과홍청半天科興淸, 지과홍청地科興淸의 세 과로 나누었다. 천과홍청은 연산군과 잠자리를 함께 한 홍청이고 반천과홍청은 잠자리를 함께 했지만 흡족하지 못한 홍청이며 지과홍청은 아직 잠자리를 함께하지 않은 홍청이었다. 이로 보면 홍청은 사실상의 후궁 또는 예비 후궁이었다. 실제 연산군은 홍청을 후궁으로 인정하여 두탕호청사杜蕩護淸司라는 관청을 만들어 관리하기도 했다. 두탕호청사의 의미는 '방탕을 막고 홍청을 보호하는 관청'이란 뜻이었다.

수천 명의 홍청이 갑자기 연산군의 후궁이 되면서 무수한 문제가 발생했다. 무엇보다도 대부분의 홍청이 처녀가 아니었다는 데 문제가 있었다. 홍청에 뽑힌 기생들은 가무는 물론 얼굴과 몸매 모두 뛰어난 여인들이었다. 출신으로 치면 지방의 관기 또는 한양의 관기인데, 홍청으로 뽑힐 정도의 실력과 미모를 갖췄다면 처녀로 혼자 산다는 것은 현실적으로 불가능했다. 그래서 대부분의 홍청은 이미 남편 또는 아이가 있었다.

그런데 연산군은 홍청을 후궁화하면서 기왕의 남편 또는 애인과 더 이상 만나지 못하게 했다. 아이들과도 떼어놓았다. 홍청은 근본적으로 관기이고 관기는 왕이 최종 임자라는 이유에서였다. 연산군은 홍청이 궐 밖의 옛 애인을 생각하거나 또는 몰래 출궁하여 임신하는 일을 엄금했다. 홍청이 옛 애인을 그리워하면 잔인무도한 벌을 내리곤 했다. 야사에는 이런 내용이 전한다.

> "연산군의 총애를 받는 기생이 한명 있었다. 어느 날 그 기생이 친구에게 '지난 밤 꿈에 예전 주인을 보았으니 매우 괴상한 일이구나' 했다. 그 이야기를 들은 연산군은 즉시 작은 쪽지에 무엇을 써서 밖에 내 보냈다. 조금 뒤에 궁녀가 은쟁반 하나를 받들어 오자 그 기생에게 열어보게 했다. 그것은 곧 그 남편의 머리였다. 그 기생까지 아울러 죽였다."(『연려실기술』 연산조고사본말)

연산군은 홍청뿐만 아니라 입궁하지 않은 장악원 기생들까지도 독점

하려고 했다. 홍청 이외에 장악원에서 관리한 운평, 속홍, 채홍, 계평, 흡려 등에도 각각 천명 내외의 기생이 소속되어 있었다. 이들은 홍청과 달리 입궁하지 않고 궐 밖에서 생활했다.

그런데도 연산군은 이들마저도 남편이나 아이들을 만나지 못하도록 명했다. 결국 운평, 속홍 등이 궁녀가 되었던 것이다. 연산군이 이들을 궁녀에 속하게 한 이유는 간단했다. 장차 홍청으로 진급해야 했기 때문이다. 즉 운평, 속홍 등은 후궁이 될 후보자들이었던 셈이다.

또 하나의 이유를 찾자면 연산군은 워낙 비밀을 좋아했기에 자신의 사생활과 관련된 그 어떤 내용도 외부로 노출되는 것을 혐오했다. 운평, 속홍 등은 아직 입궁하여 후궁이 된 것은 아니지만 가끔씩 궁중잔치에 참여했다. 또 홍청 등으로부터 연산군의 사생활에 대한 이야기를 들을 수도 있었다. 그러므로 운평, 속홍 등은 연산군의 사생활에 대해 이것저것 알고 있을 가능성이 높았다. 운평, 속홍 등이 자유로이 생활한다면 보고들은 이야기들을 남편이나 친인척 또는 친구들에게 발설할 수도 있었다. 따라서 연산군은 그렇게 못하도록 운평, 속홍 등이 홍청과 만나는 것을 엄금했고, 나아가 남편들과도 만나지 못하게 했던 것이다. 혹 운평이나 속홍 등이 부모형제에게 연산군의 사생활에 관한 이야기를 했다가 적발되면 처참하게 죽였다. 말한 사람은 물론 들은 사람도 그렇게 죽였다. 연산군은 자신의 비밀을 지키기 위해 환관은 물론 문무백관들에게도 다음 글귀가 새겨진 패를 차게 했다.

구시화지문 口是禍之門 설시참신도 舌是斬身刀

입은 화의 문이요 혀는 몸을 베는 칼이다.

폐구심장설 閉口深藏舌 안신처처뢰 安身處處牢

입을 닫고 혀를 깊이 간직하면 몸이 편안하여 어디서나 굳건하리라.

보고도 못 본 듯, 들어도 못 들은 듯 그렇게 처신하라는 뜻이었다. 연산군은 자신의 비밀을 지키기 위해 수단방법을 가리지 않았던 것이다.

하지만 이것은 운평, 속홍 등의 입장에서 보면 어느 날 갑자기 수절을 강요당하는 셈이었다. 그렇다고 왕의 후궁이 된다는 보장도 없었고, 기왕의 남편이나 아이들과도 금세 정을 뗄 수도 없는 노릇이었다. 당연히 몰래 남편이나 아이들을 만나는 일이 많았다. 예컨대 연산군 12년(1506) 5월 17일의 실록 기사에 의하면 운평 소진주笑眞珠가 담을 넘어 남편과 사통했다는 혐의로 체포되자 연산군은 소진주를 의금부에 내려 국문하고, 그녀의 부모형제에게 곤장 1백을 친 후 전가사변全家徙邊시키는 엄벌해 처했다.

일이 이렇게 진행되자 당시 후궁으로 만든 흥청이 2～3천 명에, 궁녀로 만든 운평, 속홍 등이 5～6천 명에 이르렀다. 이들을 모두 합하면 근 1만을 헤아렸다. 그런데도 연산군은 여기에 만족하지 않고 흥청 자체를 일만으로 확대시키려 했던 것이다.

이렇게 많은 기생들을 후궁과 궁녀로 만들다 보니 기존의 관기만 가지고는 부족했다. 연산군은 이른바 채홍사採紅使, 채청사採青使 등을 전국에 파견해 출신에 관계없이 젊고 예쁜 여성들은 모조리 한양으로 데려와 기생으로 만들었다. 이대로 가면 조선팔도의 젊고 예쁜 여인들은 모두 기생이 되어 연산군의 궁녀나 후궁이 될 판이었다. 연산군은 왕이 모든 백성과 국토의 주인이라는 논리를 내세워 젊은 여인들을 긁어모았다. 만약 연산군이 온전한 정신으로 이런 일을 추구했다면 그는 명실상부 5천년 역사에서 유일무이하게 절대왕권을 실현한 왕이라고 평가할 만하다.

연산군이 처녀가 아닌 기생들을 후궁이나 궁녀로 만들었다는 사실은 매우 특이한 현상이었다. 조선시대에 후궁이나 궁녀는 처녀가 원칙으로, 그래야 복잡한 문제가 발생하지 않았다. 유부녀를 후궁이나 궁녀로 들이면 남의 부인을 빼앗았다는 비난과 어머니와 아이들을 생이별시켰다는 비난이 제기될 수밖에 없었다. 그러므로 왕이 어떤 유부녀에게 푹 빠져 무리를 해가며 들이려 했다면 모를까 원칙적으로는 처녀라야 후궁이나 궁녀로 입궁할 수 있었다. 여색 자체를 즐기는 왕이라면 처녀 후궁과 궁녀를 늘림으로써 문제를 해결할 수 있었다.

그러나 연산군은 가무 실력과 미모가 뛰어난 기생들을 후궁이나 궁녀로 만들었다. 그런 면에서 연산군은 단지 여색만을 밝힌 왕은 아니었다. 연산군은 가무실력이 없는 처녀들에게는 관심이 없었다. 기왕의 방식으로 입궁한 후궁이나 궁녀들은 처녀이기는 했지만 가무를 몰랐다. 그래서 연산군은 처녀보다는 가무를 배운 기생들에게 관심을 기울였다. 연산군에게 절실했던 것은 여색보다는 가무였던 것이다. 연산군은 어여쁜 기생들의 가무를 통해 '나쁘고 더러운 것을 씻어 버리며 또한 시름을 풀기'를 원했던 것이다.

모성을 위해서라면 희학과 희욕이라도 상관없었다

연산군이 거느렸던 수천의 흥청이 모두 왕의 총애를 받았던 것은 아니었다. 흥청 중에는 연산군과 잠자리 한번 해보지 못한 기생도 있었고, 한두 번의 잠자리로 끝난 기생도 있었다. 반면 연산군으로부터 지극한 사랑을 받은 기생도 있었다. 원주 출신의 흥청이었던 월하매가 그런 경우였다. 연산군은 월하매를 너무나 총애한 나머지 그녀가 죽었을 때 이런 애도시를 지었다.

도극난수루 悼極難收淚 비심수불성 悲深睡不成

지극한 슬픔에 눈물 그치지 않고 깊은 비통으로 잠 못 이루누나

심분장사단 心紛腸似斷 종차각상생 從此覺傷生

어지러운 마음에 애끊는 듯하니 이제 깨어나면 어찌 살아가려나?

(『연산군일기』 권59, 11년 9월 16일조)

이 시에서는 월하매를 잃은 연산군의 비통이 절절이 묻어난다. 마치 어미 잃은 갓난아이 같은 푸념이 느껴지기도 한다. 연산군은 그칠 새 없이 눈물을 흘리며 잠도 자지 못한다. 월하매와의 추억으로 가득 찬 마음은 애간장을 끊는 듯하다. 연산군은 그 추억에서 깨어나기가 두렵다. 월하매가 없는 참혹한 현실에 살아갈 자신이 없었기 때문이다. 역설적으로 연산군은 참혹한 현실을 살아가기 위해 비통한 추억에 매달린다.

이런 시로 본다면 연산군은 폭군이라는 이미지와는 다르게 여리고 예민한 감성의 소유자였다고 생각된다. 그 여리고 예민한 감성이 상처 받을 때 연산군은 자신도 어쩌지 못하는 아픔으로 몸부림쳤다. 그러다가 돌연 잔인하기 짝이 없는 모습을 보이기도 했다.

그런데 연산군은 월하매의 죽음에 왜 이토록 상심했을까? 실록에 의하면 월하매는 음악을 이해하고 희학戱謔을 잘했는데 그것이 왕의 뜻에 꼭 맞았다고 한다. 그래서 연산군은 늘 호방豪放하다고 칭찬하며 총애했다고 한다.

여기서 유의할 점이 한 가지 있다. 월하매가 희학을 잘했다는 사실이다. 희학이란 '희롱과 해학'의 합성어이다. 즉 월하매는 단순하게 가무만 잘한 것이 아니라 희롱과 해학도 잘했다는 뜻이다. 실록에 의하면 연산군이 총애한 여인들은 남자무당놀이를 잘했다고 한다. 월하매 역시 연산군의 총애를 받는 여인이었다. 그래서 그녀도 남자무당놀이를 잘했을 것이라는 추측이 가능하다. 남자무당놀이를 염두에 둘 때, 월하매가 잘했다는 희롱과 해학이 보다 쉽게 이해될 수 있다.

월하매가 남자무당이 되어 놀이할 때는 월하매가 신탁을 받아 전하는 역할을 하게 된다. 당연히 월하매는 신과 같은 권위를 가지고 어떤 말도 할 수가 있다. 심지어 연산군을 희롱하거나 놀릴 수도 있다. 그런데 이런 일은 보통 배짱을 가진 사람이라면 감히 꿈도 꾸기 어려운 일이다.

그렇지만 월하매는 연산군을 희롱하기도 하고 놀리기도 했던 것이다. 다만 월하매는 연산군이 원하는 것이 무엇인지 알고 그것에 맞게 희롱과 해학을 했다고 보아야 한다. 따라서 월하매는 분명 배짱도 두둑하고 머리도 영리한 기생이었을 것이다. 그런 월하매에게서 연산군은 상쾌함과 통쾌함을 느껴 '호방'하다는 칭찬을 아끼지 않았던 것이다. 연산군이 '나쁘고 더러운 것을 씻어 버리며 또한 시름을 풀기 위해서' 기생을 들였다고 한 것이 바로 이런 것을 위해서였다.

이런 월하매의 모습은 연산군이 총애한 장녹수의 모습과 매우 유사하다. 장녹수 역시 가무 이외에 다른 재능이 있었다. 실록에 따르면 장녹수는 '입술을 움직이지 않고도' 노래를 부를 수 있었으며 '왕을 갓난아이처럼 조롱하고 노예처럼 희욕戱辱했다'고 한다. 희욕이란 '희롱과 욕보임'의 합성어이니 '희학'과 비슷한 의미라고 할 수 있다. 월하매가 연산군을 희학했듯이 장녹수 역시 연산군을 희욕했던 것이다. 이런 여인들이 연산군의 총애를 받았다는 사실은 분명 특이하다고 하겠다.

장녹수가 입술을 움직이지 않고도 노래를 불렀다는 사실은 그녀에게 범상치 않은 재능이 있었음을 암시한다. 입술을 움직이지 않고 소리를 내는 것은 일종의 '복화술腹話術'이라고 할 수 있다. 그런데 조선시대에 복화술은 주로 무당들이 사용한 술법이었다. 예컨대 세종 대에 무당 7명이 '귀신을 공중으로 불러서 사람이 말하는 것처럼 해서 사람들을 현혹'시키는 일이 발생했는데, 이것이 바로 복화술이었다. 사실은 무당들이 말하는 것이지만, 전혀 입술을 움직이지 않으니 귀신이 와서 말하는 것으로 오해하는 것이었다. 이 같은 '무당의 복화술'을 염두에 둘 때, 장녹수가 '왕을 갓난아이처럼 조롱하고 노예처럼 희욕했다'는 것이 어떤 상황인지를 보다 분명하게 이해할 수 있다.

장녹수가 아무리 연산군의 총애를 받았다고 해도 멀쩡한 상황에서 왕을 갓난아이처럼 조롱하고 노예처럼 희욕했다고는 생각되지 않는다. 장녹수가 연산군을 조롱하고 희욕할 때는 분명 무당놀이를 할 때였을 것이다. 장녹수 역시 연산군의 총애를 받는 여인이었으니 남자무당놀이를 잘했다고 보아야 한다.

장녹수가 연산군과 무당놀이를 할 때 왕을 갓난아이처럼 조롱하고 노예처럼 희욕했다는 사실은 다름이 아니라 장녹수가 무당이 되어 폐비 윤씨의 원혼을 불러냈을 때 그렇게 했다는 의미이다. 폐비 윤씨의 원혼이 빙의된 순간에 장녹수는 연산군의 후궁이 아니라 연산군의 생모나 마찬가지였다. 그런 상황에서 장녹수는 복화술을 이용해 자신이 폐비 윤씨인 양 연산군을 갓난아이처럼 다루기도 하고 꾸짖기도 했을 것이다.

이렇게 보면 연산군에게 장녹수 그리고 월하매는 단순한 후궁이 아니라 생모인 폐비 윤씨이기도 했던 것이다. 실제 장녹수는 연산군보다 연상이었다. 둘이 처음 만난 때가 연산군 8년(1502) 쯤 되는데 당시 연산군은 27살이었던데 비해 장녹수는 30살이 넘었다. 그렇다고 장녹수가 빼어난 미인도 아니었다. 실록에 따르면 장녹수의 얼굴은 겨우 중간쯤 되는 수준이었다고 한다. 나이도 많고 뛰어난 미인도 아닌 장녹수에게 연산군이 그토록 매혹된 이유는 바로 뛰어난 가무실력 그리고 복화술을 이용한 무당놀이였던 것이다. 원주기생 월하매와 장녹수, 연산군은 이들과의 무당놀이를 통해 나쁘고 더러운 것을 씻어 버리며 또한 시름을 풀었다고 추측할 수 있다.

그런 월하매가 죽자 연산군은 마치 어머니를 잃은 갓난아이처럼 상심했던 것이다. 월하매가 중병에 들었을 때, 연산군은 매일 문병을 갔다. 죽은 후에는 봉상시奉常寺로 하여금 장례를 주관하게 하고 지제교知製教로 하여금 제문을 짓게 했다. 봉상시는 왕족들의 장례와 제사를 담당하고 지제교는 왕의 글을 담당하던 곳이었다. 이들이 월하매의 장례와 제문을 맡은 것은 곧 월하매가 왕족으로 예우되었음을 의미한다.

연산군은 월하매의 부모형제를 불러 만나기도 하고 후원에서 야제野祭를 지내기도 했다. 야제 때, 무당이 하는 말을 들으며 연산군은 더욱 비통해 했다고 한다. 아마도 무당은 월하매의 혼령을 빌어 공수하면서, 지금도 구천을 떠돌고 있는 폐비 윤씨의 소식을 전했는지도 모른다.

폭식과 폭음은 환락, 그 자체의 몸부림이었다

연산군은 수천 명의 홍청 모두와 관계를 맺지는 않았지만 어쨌든 적지 않은 홍청과 관계했다. 홍청 이외에도 수많은 여성들을 섭렵했다. 당시 연산군은 20대의 창창한 나이였다. 하지만 아무리 무쇠 같은 나이라 해도 그 많은 여성들을 섭렵하려면 보양이 필요했다.

사랑의 화신 카사노바의 경우, 자신의 정력을 위해 음식에 크나큰 관심을 기울였다. 카사노바는 정력에 좋은 음식을 스스로 연구해 요리해 먹기도 했는데 절대 과음이나 과식을 하지 않았다. 그 결과 카사노바는 6~7시간이라고 하는 경이적인 시간동안 계속해서 사랑을 나눌 수 있었다. 그런 카사노바가 긴긴 사랑의 향연을 앞두고 애용한 음식은 굴, 숭어 알 그리고 계란 흰자로 만든 샐러드였다고 한다.

연산군 역시 보양에 큰 관심을 기울였다. 하지만 연산군은 자기 자신이 정력식품을 연구하거나 식생활을 절제하지는 않았다. 연산군은 어의들이 추천한 정력식품을 마구잡이로 먹었다. 그런데 어의들이 추천한 정력식품은 즉효를 보기 위한 최음성 식품이 많았는데, 연산군은 폭음과 폭식을 자주 했기에 건강에는 좋지 않았다고 생각된다.

동양의학에서 남자의 정력과 직결되는 음식 중에는 힘센 짐승이나 사나운 맹수의 고기 또는 음경이 많았다. 예컨대 백마, 개, 물개, 소, 호랑이, 곰, 표범 따위의 고기나 음경 등이 그것이었다. 이것은 실제 의학적인 효과 못지않게 '비슷한 것은 비슷한 결과를 낳는다'는 동종주술의 결과였다. 힘세고 사나운 짐승이나 맹수의 고기 또는 음경을 먹음으로써 그것들의 힘이나 정력을 얻을 수 있다는 믿음이 동종주술이라 할 것이다.

그런데 조선시대 궁중의 일상 음식에서는 이런 음식재료를 이용하지 않았다. 진상 또는 공상供上을 통해 공급되는 궁중의 음식재료에는 비록 산해진미가 두루 포함되기는 했지만 짐승이나 맹수의 고기 또는 음경이 들어있지는 않았다. 진상이나 공상을 통해 궁중으로 들어오는 음식재료 중에서 육류는 꿩, 노루, 돼지, 소 내장 등이 전부였다. 짐승이나 맹수의 고기는 궁중 잔치나 제사 또는 병중일 때나 사용되는 예외적인 음식재료였던 것이다.

이런 상황에서 연산군은 짐승이나 맹수의 고기 또는 음경을 일상적으로 섭취하기 위해 특별한 방법을 동원했다. 창덕궁의 후원에 거대한 동물원과 마구간을 설치했던 것이다. 실록에는 이런 기록이 있다.

> "왕의 미치광이 같은 황음무도가 이미 극도에 달하여 무릇 진기한 새와 기이한 짐승을 사방에서 잡아 바치도록 독촉했으며 심지어는 사신을 보내 바치게 하기도 했다. 이에 산이나 바다의 기괴한 짐승들을 새장이나 우리에 넣어 메고 오는 것이 길에 연이었다. 무사들을 전국에 나누어 보내 호랑이, 표범, 곰 등을 생포하여 후원에 가두어 놓고, 혹은 고기를 먹이며 구경하기도 하고 혹은 직접 쏘아 죽이는 것을 낙으로 삼았다. 산돼지, 노루 같은 종류는 산 속에 풀어놓고 준마를 타고 달리며 뒤쫓아 비탈과 골짜기의 밀림 속을 드나들기를 조금도 차질 없이 하니 비록 수렵으로 늙은 자라 할지라도 그보다 더 나을 수가 없었다. 매일 공적으로 또는 사적으로 필요한 준마를 징발하여 궁중 안의 마구간에 모으니 민간이나 역로에 이름난 말이 하나도 없게 되었다."(『연산군일기』 권56, 10년 11월 11일조)

후원에 동물원과 마구간을 둠으로써 연산군은 적어도 일석삼조의 효과를 누렸다. 간편하게 맹수들을 구경도 하고 사냥도 할 수 있다는 점이 두 가지였다. 세 번째는 물론 그렇게 사냥한 맹수들을 정력식품으로 쓸 수 있다는 점이었다. 실록의 내용 그대로 동물원에는 조선팔도에서 생포한 수많은 맹수들이 있었다. 그 맹수들을 생포해 오기 위해서 민폐를 끼쳤으며 또 기르기 위해서 민폐를 끼쳤다. 그런데 실록에서 집중적으로 지탄한 짐승은 호랑이, 표범, 곰 같은 맹수가 아니라 백마, 소 같은 순한 짐승이었다.

조선시대에 국왕이 맹수를 정력식품으로 이용했다는 사실도 지탄받을 만하지만 그보다는 백마와 소를 정력식품으로 이용했다는 사실이 훨씬 더 지탄받는 일이었다. 왜냐하면 조선은 농업 국가였고 백마와 소는 국방력 및 농업생산력과 직결되었기 때문이다. 조선시대에는 국방력을 강화하기 위해 국가차원에서 말을 길렀으며 농업생산력을 높이기 위해 소 도살을 엄금했다. 그런 상황에서 국왕이 자신의 정력을 기르기 위해 백마나 소를 잡아먹는 것은 나라의 근간을 허무는 일이나 마찬가지였다. 그럼에도 불구하고 연산군은 그렇게 했다. 물론 어의들이 백마와 소가 정력에 좋다고 추천했기 때문이다.

『동의보감』에 의하면 백마의 음경은 발기부전에 효과가 크고 백마의 고기는 허리힘을 강하게 해준다고 한다. 요컨대 백마의 음경이나 고기를 먹으면 정력이 강해진다는 뜻이다.

백마의 음경은 병이 없고 은처럼 빛나는 말을 골라 봄에 채취하는 것이 가장 좋다고 했다. 이것을 그늘에 백일 동안 말려 약으로 쓰는데, 구리칼로 일곱 조각을 낸 후 양의 피를 섞어 반나절 찐 다음 말려서 잘게 썰어 복용한다고 했다. 백마의 고기는 물에다가 15번을 씻어 핏기를 싹 없앤 후 푹 삶아서 먹는다고 했다.

실록에 의하면 연산군 3년(1497) 1월 4일에 백마를 내수사로 보내게 했다는 기록이 있고, 연산군 8년(1502) 1월 11일에는 늙고 병이 없는 백마를 내수사로 보내게 했다는 기록이 있는데 정력용인지 아닌지는 확인되지 않는다. 실록에 연산군이 백마를 정력용으로 썼다는 분명한 기록은 9년(1503) 2월 7일자에 있다. 그날 기록에 '백마 중에 늙고 병들지 않은 것을 찾아 내수사로 보내라'는 명령이 있는데 이에 대하여 '백마 고기는 양기를 돕기 때문이었다'는 해설이 붙어있다. 위의 세 건 모두 봄에 내수사로 보냈다는 점에서 백마의 음경을 채취하고 고기를 정력용으로 쓰려 했다고 생각된다. 이후 연산군은 백마를 포함하여 수천 필의 말을 궁궐 마구간에 모아 들였다. 조선시대 5백년 아니 한국사 5천년 중에 이렇게 공식적으로 백마를 정력용으로 쓴 왕은 연산군이 유일무이하다.

조선시대 왕들이나 어의들 중에 백마가 정력에 좋다는 사실을 모르는 사람은 없었다고 생각된다. 그럼에도 그 누구도 백마를 정력용으로 이용하지는 않았다. 물론 그럴만한 이유가 있었다. 첫 번째 이유는 물론 국방력과의 연관성 때문이었다. 하지만 그 못지않게 백마 자체의 상징성이 중요했다. 백마는 국가 또는 왕실을 지키는 신성한 수호신령으로 간주되었기 때문이다.

예컨대 당나라 소정방이 백제를 멸망시키기에 앞서 백마를 미끼로 백마강의 용을 낚았다는 전설이 그렇다. 백제의 용이 백마에게 걸려든 이유는 용과 백마가 짝이 되는 존재였기 때문이다. 용은 백마를 타거나 또는 함께 하늘을 날며 백제를 수호하는 존재였다.

그러므로 백마를 잡아먹거나 사악하게 이용하는 사람은 파괴자나 요괴로 간주되었다. 그런 이미지는 고려 말 신돈에게서 적나라하게 드러난다. 신돈을 늙은 여우의 환생이라 주장하는 사람들은, 신돈이 정력을 보강하기 위해 백마와 오골계를 잡아먹었다고 증언한다. 신돈이라는 요괴가 고려의 수호신령인 백마를 잡아먹었다는 이야기나 마찬가지이다. 또한 조선시대 왕은 공신들과 하늘에 맹세를 할 때 백마의 피를 마신다고 했다. 따라서 왕이 백마를 잡아먹는 행위는 스스로 왕조를 멸망시키겠다는 만행이나 마찬가지였다.

조선시대에는 국왕이 소를 잡아먹는 행위도 몹시 비난받았다. 조선시대에 소는 사람 100명의 노동력에 해당한다. 소는 이처럼 중요한 노동력이기에 법적으로 또 제도적으로 보호받았다. 국가에서는 소의 도살을 금지하기 위해 수시로 금령을 반포하곤 했다. 그래서 국왕이라고 해도 제사 또는 큰 잔치 때가 아니면 소고기를 먹을 수 없었다.

그럼에도 연산군은 자신의 정력을 위해 수없이 많은 소를 잡았다. 보통 하루에 두 마리 정도를 잡았는데 흥청의 수가 늘면서 열 마리를 잡는 날도 있었다. 연산군은 소의 부위 중에서 주로 콩팥, 태胎, 비장脾臟을 좋아했으며 고기는 육회를 즐겼다.

『동의보감』에 의하면 소고기는 '사람의 근골을 강하게 하고 허리와 다리를 보하며', 소의 오장은 '사람의 오장에 주효하다'고 했다. 따라서 연산군이 소의 부위 중에서 콩팥, 비장을 먹은 이유는 바로 이런 부위를 강하게 하기 위해서였다. 콩팥 즉 신장은 의심의 여지없이 남자의 정력과 직결되었으며, 비장은 오장의 중심이 된다는 면에서 신장을 튼튼히 하는 기능이 있었다고 할 수 있다. 태는 아직 태어나기 전의 송아지인데 소와 관련해서 특히 문제가 된 것이 바로 이 태였다. 즉 태를 얻으려면 새끼를 가진 암소가 있어야 하는데 그 수가 많지 않았던 것이다. 실록에는 '왕이 소의 태를 즐겨 먹어 배부른 암소는 비록 태가 없어도 모조리 도살되었다'라는 기록이 있다. 암소의 배가 부르면 일단 새끼를 가졌다고 보고 모두 잡았다는 뜻이다. 연산군은 소를 넉넉하게 확보하기 위해 전국에서 소를 징발했다. 그 결과 길에서 수레를 끄는 소를 빼앗아 도살하는 민폐까지도 발생했다. 소를 빼앗긴 백성들은 통곡하며 원망했다. 자신의 정력을 위해 이렇게 민폐를 끼쳤으니 연산군은 가히 폭군 중의 폭군이라 할 만하다.

연산군은 무수한 짐승과 맹수를 잡아먹고 키운 정력으로 무수한 여인들을 섭렵했다. 게다가 술을 폭음하는 일도 많았다. 이렇게 폭식과 폭음을 일삼다 보니 숙취가 만성화되고 말았다. 이에 연산군은 숙취를 해소하기 위해 특별한 처방을 이용했는데, 얼어〔於乙於〕 열매를 이용한 밀장蜜醬이 그것이었다. 연산군은 얼어 밀장의 맛과 효능에 감탄해서 밀장을 승지들에게 하사하고 이런 시를 남기기도 했다.

얼어 밀장〔於乙於蜜醬〕을 승정원에 하사하고 어제시를 내렸다.

색승단사점갈폐 色勝丹砂霑渴肺

색은 단사보다 붉어 갈증 나는 허파를 적시며

미감앵실개쇠용 味堪櫻實改衰容

맛은 앵두보다 좋아 쇠잔한 얼굴을 새롭게 하네

수지산중최천과 誰知山中最賤菓

누가 알았으랴 산중에서 가장 천하던 과실이

가직천금헌구중 價直千金獻九重

천금의 가치가 되어 구중궁궐에 바쳐질 줄을

(『연산군일기』 권61, 12년 3월 23일조)

얼어는 『동의보감』에 '으흐름 너출'로 표현되는데 현대어로는 '으름 넝쿨'이다. 조선전기의 '얼어'가 조선후기에 '으흐름'으로 그리고 현재 '으름'으로 된 것인데, '얼음'이라는 뜻으로 생각된다. 한문으로는 '통초通草'라고 한다. 줄기의 가운데가 비어서 통초라고 불린다. 얼어는 산에서 자라는 넝쿨식물로 손가락 굵기의 줄기에 매 마디마다 두세 가지가 생기고 가지 끝에서 다섯 잎과 열매가 생긴다. 열매는 작은 모과같이 생겼는데 그 안에 팥 같은 씨앗이 들어있다. 얼어 밀장은 바로 팥 같은 씨앗으로 만든 것이었다. 얼어 밀장의 제조방법 및 효능에 대하여 실록에 이런 내용이 있다.

> "각 도에 명하여 얼어 실[於乙於實]을 따 바치게 했다. 그 열매의 씨앗은 팥과 비슷한데 약간 크며 맛은 달고 시다. 즙을 내 꿀에 타서 장을 만들면 그 맛이 매우 시원하고 상쾌했다. 왕이 주색에 빠져 속에서 번열증煩熱症이 나므로 늘 이 장을 즐겨 마셨다. 그 나무가 산에 있으므로 일반인은 그 이름을 알지 못하고 또 먹을 줄도 몰랐다. 이때에 누군가가 왕에게 아뢰어 이런 명을 한 것이었다. 얼어 실을 따오느라 백성이 매우 고통을 겪었다."(『연산군일기』 권60, 11년 10월 29일조)

연산군은 마치 밑 빠진 독처럼 폭음하고 폭식했다. 그 부작용으로 나타나는 숙취는 얼어 밀장으로 달랬다. 그래서 조금 나아지면 또 폭음하고 폭식했다. 연산군은 왜 이 같은 악순환의 나락에 빠져 헤어나지 못했는지 궁금하지 않을 수 없다.

살육과 황음무도는 무절제한 감정과 무능이었다

갑자사화를 전후한 연산군의 행태는 어딘가 비정상적인 곳이 많다. 그가 왕이었기에 분명 정치적 고려를 한 흔적도 없지 않지만 그것만 가지고는 이해되지 않는 부분이 너무 많다. 비구니들을 강간하거나 절제

없이 폭음할 때는 정말 제정신이 맞나 하는 생각이 든다.

연산군은 8살 때 세자에 책봉되어 19살에 왕위에 올랐다. 세자로 있던 11년 동안에 연산군이 황음무도한 행태를 보였다면 아버지 성종 그리고 할머니 인수대비에게 일찌감치 쫓겨났을 것이다. 연산군이 무사히 왕위에 올랐다는 사실은 그가 세자 때는 황음무도하지 않았다는 뜻이 된다. 또 즉위 직후부터 그렇게 황음무도하게 행동했다면 진즉에 반정을 맞았을 것이다. 연산군이 12년이라는 길다면 긴 세월동안 왕 노릇을 했던 것은 초반부터 황음무도하지는 않았다는 반증이다. 그러므로 세자 시절 그리고 즉위 초반에는 나름대로 무난하게 지내던 연산군이 무엇인가 극적인 사연으로 말미암아 돌변했다고 보아야 한다. 『연려실기술』에 이런 기록이 있다.

> "성종의 왕비 윤씨가 폐비되고 연산군이 동궁에 있었다. 어느 날인가 연산군은 부왕 성종에게 밖에 나가 놀고 오겠다고 했다. 성종이 허락하자 놀다가 저녁에 돌아왔다. 성종이 묻기를, '오늘 나가 놀 때 뭔가 신기한 구경거리가 있었느냐?' 했다. 연산군이 대답하기를, '별로 신기한 구경거리는 없었습니다. 다만 송아지 한 마리가 어미 소를 따라 가고 있었는데, 어미 소가 음매하고 울면 뒤따르던 송아지가 곧바로 따라 울었습니다. 어미 소와 송아지가 생전生全하니 그것이 가장 부러웠습니다.' 했다. 성종은 이 말을 듣고 슬퍼했다. 대개 연산군이 실성한 이유는 생모 윤씨를 폐위했기 때문이다. 하지만 처음 왕위에 올랐을 때에는 자못 영명하다고 칭송했다." (『연산군일기』 연산조고사본말, 폐비윤씨복립廢妃尹氏復立)

위의 내용으로 본다면 연산군은 즉위 초에는 '영명한 왕'으로 칭송까

회묘 연산군의 생모 폐비 윤씨의 무덤.

지 받은 사람이었다. 물론 세자 때도 영명했다고 보아야 한다. 그러던 연산군이 '폐비 윤씨' 때문에 '실성'했다는 것이다.

그런데 위의 내용 중에서 크게 오해를 일으키는 부분이 있다. 연산군이 '어미 소와 송아지가 생전生全하니 그것이 가장 부러웠습니다'라고 했던 부분이다. 기왕의 번역에서는 '생전生全'을 '함께 살아 있으니'라고 하여 '어미 소와 송아지가 함께 살아 있으니 이것이 가장 부러운 일이었습니다'라고 해석했다. 그런데 이렇게 해석하면 큰 오해가 발생하게 된다.

만약에 연산군이 '어미 소와 송아지가 함께 살아 있는' 것을 가장 부러워했다면 그것은 곧 생모 없이 외로운 자신의 처지를 슬퍼했다는 의미가 될 수 있다. 즉 그때 이미 연산군은 생모의 폐비 및 사사 사실을 알고 있었다는 뜻이 된다. 그렇게 되면 연산군은 세자 때부터 생모가 없다는 사실 때문에 시름하고 상심하다가 결국 실성하게 됐다는 해석이 나온다. 하지만 이것은 역사적 사실로 보기 어렵다. 왜냐하면 연산군이 생모의 폐비 및 사사 사실을 알게 된 것은 세자 때가 아니라 왕위에 오르고 난 이후이기 때문이다.

실록에 의하면 연산군 1년(1495) 3월 16일에 왕은 부왕 성종의 묘지문을 보다가 '판봉상시사 윤기견이라는 사람은 어떤 사람인가? 혹 영돈녕 윤호를 기견이라 잘못 쓴 것이 아닌가?' 라고 승지들에게 물었다. 성종은 그보다 4개월 전에 세상을 떠났기에 조만간 국장을 치러야 했다. 그래서 신료들이 성종의 묘지문을 지어 연산군에게 올렸던 것이다. 성종의 묘지문 중에서 연산군이 의문을 제기한 부분은 '숙의 윤씨를 올려서 왕비로 삼았으니 바로 판봉상시사 윤기견의 따님인데 금상 전하를 탄생하셨다. 또 숙의 윤씨를 올려 비로 삼았으니 영돈녕부사 윤호의 따님이다.' 라는 부분이었다.

사실 연산군은 윤기견의 따님인 숙의 윤씨의 아들이었다. 그렇지만 연산군은 그때까지도 그 사실을 모르고 있었다. 모든 사람들이 쉬쉬했기 때문이다. 당연히 연산군은 자신이 윤호의 따님인 숙의 윤씨 즉 정현왕후의 아들인 줄로 알고 있었다. 그래서 연산군은 성종의 묘지문에 느닷없이 등장한 윤기견을 윤호가 아닌지 의심했던 것이다.

연산군이 이런 오해를 하게 된 배경에는 큰 비밀이 숨어 있었다. 연산군은 태어난 지 만 1년 만인 두 살 때에 궁궐 밖으로 옮겨져 3년간 궐 밖에서 살았다. 그동안 생모 윤씨는 폐비되어 사가로 쫓겨났고 그 대신 윤호의 따님인 숙의 윤씨가 왕비가 되었으니 바로 정현왕후이다. 연산군은 다섯 살이 되던 해에 궁궐로 되돌아 왔다. 당연히 연산군은 당시 왕비로 있던 정현왕후 윤씨를 생모로 알고 자랐다. 연산군이 8살이 되어 세자에 책봉될 때, 폐비 윤씨는 사사되었다. 하지만 연산군은 그런 사실을 전혀 몰랐다. 여전히 연산군은 정현왕후 윤씨를 생모로 알았다. 성종의 묘지문을 볼 때까지 15년간을 연산군은 그렇게 알고 있었던 것이다. 그 15년간은 연산군에게 청소년기였다.

이런 사실을 염두에 두고 '어미 소와 송아지가 생전生全하니 그것이 가장 부러웠습니다'라고 했던 연산군의 발언을 생각해보면 다른 의미가 도출된다. 자신이 어머니로 알고 있던 정현왕후 윤씨에게서 살뜰한 모정을 느끼지 못했다는 사실이다. 당연히 '생전生全'도 '함께 살아 있으니' 말고 다른 해석이 필요하다. 그 의미는 아마도 '생생하게 온전하니' 정도의 뜻이 아닐까 싶다.

연산군이 궐 밖에 나갔을 때 본 것은 어미 소와 송아지의 정다운 모습이었다. 앞서 가는 어미 소는 행여 송아지가 길을 잃을까 '음매 음매' 확인하고, 뒤따르는 송아지는 걱정 말라고 '음매 음매' 화답했던 것이다. 서로서로 생각해주고 아껴주는 어미 소와 송아지의 모습에서 연산군은 '살아있음'과 '온전함'을 느끼지 않았을까? 분명 연산군은 정현왕후 윤씨의 냉정한 모습을 떠올리며 송아지를 부러워했으리라.

연산군은 정현왕후 윤씨는 물론 부왕 성종과 할머니 인수대비 한씨에게서도 따뜻한 정을 느끼지 못했다. 성종은 어미 소를 뒤따르는 송아지가 가장 부럽다던 연산군의 말을 듣고 슬퍼했다고 한다. 연산군이 왜 그런 마음인지 잘 알았기 때문이다.

만약 정현왕후 윤씨가 연산군을 진정 따뜻하게 대해주었다면 또는 부왕 성종이나 할머니 인수대비가 진정 푸근하게 대해주었다면 어미 소를 따르는 송아지를 보는 연산군의 반응은 전혀 달랐을 것이다. 송아지를 부러워하는 대신, 다정한 정현왕후의 얼굴을 떠올리거나 푸근한 아버지 또는 할머니의 모습을 연상했을 것이다. 하지만 연산군은 그렇지 않았다. 공식적으로는 아버지, 어머니 그리고 할머니까지 있었지만 그분들은 모두 형식적이고 냉정할 뿐이었다. 진정으로 연산군을 생각해주고 아껴주지 않았던 것이다. 송아지가 너무 부럽기까지 했던 연산군의 청소년기는 어찌 보면 측은한 면이 있기도 하다.

연산군은 폐비 윤씨가 자신의 생모였다는 사실을 알고 크게 충격을 받아 며칠 동안 밥도 먹지 못했다고 한다. 폐비 윤씨의 사연을 알게 된 연산군은 왜 가족들이 자신에게 냉정했는지 깨달았을 것이다. 자신은 못된 아내, 못된 며느리의 아들이었던 것이다. 20살의 연산군은 고민하고 방황했을 듯하다. 자신의 생모는 남들에게 언급되는 것조차도 꺼려지는 못된 여인이라고들 했다. 하지만 아무리 못된 여인일망정 그녀는 자신의 어머니였다. 연산군은 자식으로서 최소한의 도리를 하기 위해 폐비 윤씨의 무덤을 수리하고, 외갓집 식구들을 찾아 예우했다.

이 당시만 해도 연산군은 가족이나 주변 사람들에게 적대감보다는 자책감이 더 크지 않았나 생각된다. 생모가 폐비되고 사사된 것은 생모의 잘못 때문이라 듣고 또 그렇게 믿었던 것이다. 그래서 연산군은 생모를 위해 또 자신을 위해 더 노력하고 조심했다. 자신이 잘못하면 어미가 못되어 자식까지 그렇다는 비난이 쏟아질 것이 분명했기 때문이다. 생모의 잘못을 용서받고 자신도 온전하기 위해서는 스스로 노력하고 조심하는 수밖에 없었다. 그 결과로 연산군은 처음 왕위에 올랐을 때에는 자못 영명하다는 칭송까지 받았다고 짐작된다.

하지만 시간이 흐르면서 연산군의 마음속에는 불만과 의심이 쌓여갔다. 적대감이나 자책감은 동전의 양면과도 같다. 현상에 대한 책임을 누구에게 돌리느냐에 따라 적대감이 들기도 하고 자책감이 들기도 한다. 연산군은 '오죽 했으면 생모가 그랬을까?'라는 생각이 들었을 것이다.

또 설사 생모가 잘못했다고 해도 같은 식구로서 감싸주지도 않고 용서해주지도 않은 인수대비 한씨, 정현왕후 윤씨에게 불만을 품었을 수도 있다. 설상가상 연산군에게 전달된 폐비 윤씨의 '피 묻은 금삼'은 그런 불만과 의심을 더욱 부채질했다.

'피 묻은 금삼'이란 폐비 윤씨가 사약을 마시고 죽을 때 흘린 피가 묻은 '비단'이다. 『연려실기술』은 그 '피 묻은 금삼'을 연산군이 전달받게 된 사연을 두 가지로 소개하고 있다. 하나는 『기묘록』을 인용한 것인데 이런 내용이다. 폐비 윤씨는 사약을 마실 때 피눈물을 흘렸다. 폐비 윤씨는 비단 수건으로 피눈물을 닦아 친정어머니 신씨에게 주면서, '내 아들이 요행이 살아남거든 이것으로써 나의 원통함을 전해주세요'라고 유언했다. 신씨는 인수대비 한씨가 세상을 떠난 후 나인들을 통해 비단을 전했다. 그때까지 정현왕후 윤씨를 생모로 알고 있던 연산군은 깜짝 놀라 몹시 슬퍼했으며 폐비 윤씨의 원수를 갚고자 했다. 하지만 이 기록은 신뢰하기 어렵다. 왜냐하면 연산군이 폐비 윤씨 사건을 안 때는 1495년이고 인수대비 한씨가 세상을 떠난 때는 1504년이기 때문이다.

또 하나는 『파수편』을 인용한 것이다. 폐비 윤씨는 사약을 마시고 피를 토하며 죽었는데, 그 피가 흰색 금삼에 뿌려졌다. 그 금삼은 윤씨의 친정어머니 신씨에게 전해졌고, 다시 신씨가 연산군에게 전했다. 연산군은 밤낮으로 피 묻은 금삼을 끌어안고 울었다. 성장하여서는 마음의 병을 얻어 마침내 나라를 잃게까지 되었다. 하지만 이 기록 역시 신뢰하기 어렵다. 왜냐하면 이 기록대로라면 연산군은 왕이 되기 전에 금삼을 받은 것으로 되는데 그것은 사실이 아니다.

실록을 통해 볼 때, 연산군에게 '피 묻은 금삼'이 전달된 시점은 동왕 8년(1502) 7월쯤이 아닐까 생각된다. 그해 7월 14일에 연산군은 폐비 윤씨의 생모인 신씨에게 쌀 20석과 콩 10석을 하사했다. 그 전에는 이런 일이 전혀 없다가 갑자기 곡식을 하사한 것은 무언가 내막이 있었다는 뜻이다. 그 내막을 확인할 수는 없지만 앞뒤 정황으로 보건대 '피 묻은 금삼'을 전달한 결과일 가능성이 높다. 그 이후로 연산군은 신씨에게 곡식을 자주 하사할 뿐만 아니라 점차 이상행동을 보였다. 정업원의 비구니들을 강간하고 술주정을 부리는 한편 광질狂疾을 얻어 때로 한밤중에 부르짖으며 일어나 후원을 달렸던 것이다. 폐비 윤씨에 대한 그리움과 자책감 그리고 적대감이 뒤얽혀 이러지도 저러지도 못하는 상황에서 나온 행동임이 분명하다. 하지만 연산군 10년(1504) 3월 20일 이후로는 오직 적대감만 남게 되었다.

그날 밤 연산군은 임사홍으로부터 윤씨가 폐비된 것은 전적으로 모함 때문이었다는 말을 들었다. 모함을 주도한 사람은 엄 숙의와 정 소용 그리고 이세좌와 윤필상 등이라고 했다. 그러나 윤씨를 죽인 당사자는 부왕 성종, 할머니 인수대비 한씨, 계모 정현왕후 윤씨 및 그들의 측근이었다. 결국 가족들과 궁중신료들이 합세하여 음모를 꾸며 윤씨를 죽이고는 그것도 모자라 어마어마한 누명까지 씌웠다는 이야기가 된다.

유교의 교주 공자님께서는 부모를 죽인 원수를 '불공대천不共戴天' 하라고 가르치셨다. 함께 하늘을 이고 살지 말라는 뜻이었다. 죽이든가 죽든가 둘 중의 하나를 선택하라는 말이었다. 폐비 윤씨가 억울하게 누명을 쓰고 죽었다는 생각이 든 이후로, 연산군은 그에 관련된 수많은 사람들을 불공대천의 원수로 여겼다. 연산군은 그들을 잔인하게 죽여 없앴다. 할머니와 계모에게도 함부로 했다. 그것이 갑자사화였다. 그러면서 연산군은 황음무도에 빠졌던 것이다.

그때 연산군의 마음은 자신의 확신보다는 '폐비 윤씨의 마음'으로만 가득 차 있었다. 폐비 윤씨의 입장에서 보면 억울하게 누명을 쓰고 처절하게 죽었다고 항변할 수 있다. 그 항변만 일방적으로 듣게 되면 폐비 윤씨 주변은 모두가 나쁜 사람들이 된다. 성종도, 인수대비 한씨도 또 그들의 측근들도 모두가 나쁜 사람들이 되는 것이다. 그런데 그들 중에는 연산군의 아버지와 할머니도 있었다. 그들에게도 윤씨를 폐비하고 또 사사해야만 했던 이유가 있었다.

그런데도 연산군은 그런저런 사정은 고려하지 않고 오로지 폐비 윤씨의 입장에서만 생각하고 행동했다. 어머니에게 효도하기 위해 복수한다고 하지만 그 효도가 아버지와 할머니에게는 불효라는 사실을 깨닫지 못했다. 연산군은 효도를 위해 효도를 어기는 역설 속에서 빠져나오지 못했던 것이다.

연산군은 완전히 폐비 윤씨의 원혼에 쓰였기에 그랬을까? 그렇다면 연산군의 살육과 황음무도는 그의 책임이 아니라 폐비 윤씨의 원혼 또는 폐비 윤씨를 죽인 사람들의 책임이 되는가? 물론 그럴 수도 있다. 원혼에 쓰이지 않았다면 연산군은 계속 영명한 왕으로 남았을 수도 있었다. 또 윤씨가 억울하게 쫓겨나 죽지 않았다면 연산군은 훌륭한 왕으로 성장했을지도 모른다. 그러나 그럼에도 불구하고 연산군의 살육과 황음무도는 궁극적으로는 본인 책임이었다. 연산군은 어른이었고 왕이었다. 비록 답답하고 힘들겠지만 그는 상황을 균형적으로 파악하고 감정을 절제해야 했다. 그러지 못한 것은 결국 본인의 무능이며 허물이라고 할 수밖에 없다.

연산군은 강화도로 압송되기 직전 '내가 큰 죄가 있는데 특별히 주상의 덕을 입어 무사하게 간다'라고 하며 평교자에 올랐다고 한다. 만약 연산군이 자신의 살육과 황음무도에 확신과 자신이 있었다면 반정군에

강화 교동 적거지

게 당당하게 큰 소리쳤을 것이다. 하지만 연산군은 그러지 못했다. 왕으로서 또 어른으로서 무능했던 자신을 알았기에 연산군은 갓을 앞쪽으로 눌러 쓰고 머리마저 푹 수그린 몰골로 압송되었던 것이다.

극도의 공포심이 빚어낸 이중성, 중종

속마음을 드러내지 않은 절제는 공포였다 ❀ 공포를 이겨내지 못한 이유는 천성과 환경이었다 ❀ 반역자와 공신은 치욕과 원수 사이에 있었다 ❀ 숨죽이고 지낸 것은 벗어나기 위한 몸부림이었다 ❀ 이중성은 또 다른 공포심의 표현이었다 ❀ 비극은 절제를 뛰어넘는 공포심의 자극이었다

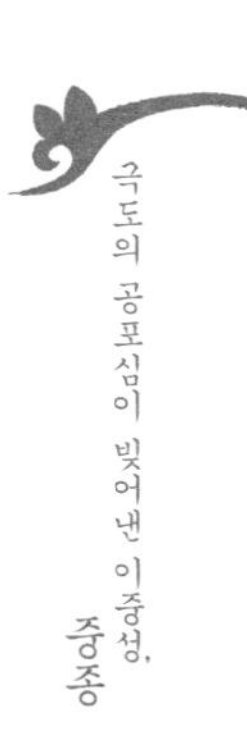

극도의 공포심이 빚어낸 이중성, 중종

속마음을 드러내지 않은 절제는 공포였다

중종 11년(1516) 3월 28일 오후, 왕은 석강夕講에 참여했다. 교재는 『고려사』였다. 이날 중종은『고려사』의 열전 중에서 최충헌, 최충수 형제가 쿠데타를 일으켜 이의민 등을 살해하고 권력을 잡은 후 명종明宗을 폐위하고 신종神宗을 옹립하는 부분을 공부했다. 이 부분은 다분히 박원종, 성희안 등이 신수근 등을 살해한 후 연산군을 폐위하고 중종을 옹립한 중종반정과 정치적 상황이 유사했다. 뿐만 아니라 새로운 왕을 옹립한 이후의 전개상황도 유사했다.

최충헌의 동생인 최충수는 성품이 사납고 용맹한 사람이었다. 그런 최충수가 당대의 실력자인 이의민의 아들에게 집비둘기를 빼앗기는 굴욕을 당했다. 고려시대 무장들에게 집비둘기는 소식을 전하는 전서구傳書鳩로 이용되었기에 매우 소중했다. 최충수는 그 집으로 쫓아가 집비둘기를 되돌려 달라 요청했다. 사납고 용맹한 최충수의 말투는 거칠었다. 격노한 이의민의 아들은 사람들을 시켜 최충수를 결박하려 했다. 그러나 '누가 감히 나를 결박하겠느냐?'라며 날뛰는 최충수의 기세에 이의민의 아들은 질려버렸다. 이의민의 아들은 자기 집에까지 찾아와서 행패를 부린 최충수를 그냥 돌려보냈다. 물론 집비둘기는 되돌려주지 않았다.

분기탱천한 최충수는 그길로 형 최충헌에게 갔다. 최충수는 형에게 '이의민과 그의 아들들은 진실로 나라의 역적입니다. 제가 이들을 베고자 하는데 어떻게 생각하십니까?'라고 물었다. 주저하는 형을 설득한 최충수는 이의민이 머물고 있던 미타산彌陀山의 별장으로 달려갔다. 최충수는 이의민이 별장 밖으로 나와 말을 타기를 기다렸다가 갑자기 달려들어 칼을 휘둘렀지만 맞히지 못했다. 그러자 최충헌이 뒤따라 달려들어 이의민의 목을 베어버렸다. 최충헌, 최충수 형제는 이렇게 기습적으로 쿠데타에 성공하여 권력을 장악했다. 그리고 두 형제는 명종을 폐위하고 신종을 옹립하기까지 했다. 당연히 최충헌, 최충수 형제에게 옹립된 신종의 아들은 태자가 되었고 이들의 부인은 왕후와 태자비가 되었다.

그런데 최충수는 욕심이 여기서 끝나지 않고 자신의 딸을 태자비로 들이고자 했다. 당시의 태자에게 이미 배필이 있었음에도 불구하고 그런 욕심을 부렸다. 국왕도 마음대로 바꾸는 자신의 권력에 누가 저항하겠느냐는 오만한 마음이었다.

최충수는 기왕의 태자비를 폐출시키라고 신종을 윽박질렀다. 그러나 비록 허수아비 같은 왕이었지만 신종은 완강하게 거부했다. 그러자 최충수는 다른 방법을 썼다. 궁녀들에게 '주상이 이미 태자비를 출궁시키지 않았는가?' 라며 묻고 다녔다. 최충수는 자기 멋대로 태자비의 폐출을 기정사실화 하고 속히 출궁시킬 것을 강요한 것이었다. 최충수가 궁녀들에게 '주상이 이미 태자비를 출궁시키지 않았는가?' 라고 묻고 다닌 것은 신종이 계속 거부한다면 가만 두지 않겠다는 강한 암시였다. 공포에 질린 신종은 마지못해 태자비를 폐출시켰다. 태자비는 오열했다. 신종은 물론 왕후와 태자를 비롯한 모든 궁중사람들도 눈물을 흘렸다. 폐출이 결정된 태자비는 미복 차림으로 출궁했다.

중종은 이 같은 내용의 『고려사』를 읽으면서 연이어 처량한 한숨을 내쉬었다. 특히 최충수의 강압에 의해 폐출된 태자비가 오열했고, 신종은 물론 왕후와 태자를 비롯한 모든 궁중사람들도 눈물을 흘렸다는 부분에서는 복받치듯 울먹거리기까지 했다. 속울음을 삼키느라 중종은 책을 제대로 읽지도 못했다.

이날의 기록을 제외한다면 처량한 한숨을 내쉬며 울먹이는 중종의 모습은 『중종실록』 어디에서도 찾아볼 수 없다. 중종은 오랫동안 가슴속 깊이 숨겼던 본심을 자신도 모르게 드러낸 것이었다. 최충수의 강압에 의해 태자비를 폐출해야 했던 신종은 사실상 중종 자신의 모습이었다.

박원종, 성희안, 유순정 등 이른바 반정 3대장은 1506년(연산군 12) 9월 1일 한밤중에 군사를 일으켰다. 이들은 신수근, 임사홍 등을 척살하고 연산군을 폐위했다. 반정 3대장에게 추대된 중종은 9월 2일에 경복궁 근정전에서 갑자기 왕위에 즉위했다. 중종의 부인 신씨愼氏도 남편을 따라 입궁했다. 비록 공식적으로 왕비책봉을 받지는 않았지만 신씨는 남편이 왕이 되었으니 당연히 왕비가 될 상황이었다. 9월 2일부터 신씨는 사실상 왕비로 행세했고 또 그렇게 대접받았다.

9월 3일, 대신들은 중종에게 왕비책봉을 어떻게 할지를 물었다. 중종은 '속히 마련해 보고하라'고 명했는데, 물론 부인 신씨를 왕비로 책봉할 준비를 하라는 뜻이었다. 이에 따라 신료들은 신씨를 왕비로 책봉하기 위한 준비에 착수했다.

그런데 반정 3대장이 제동을 걸고 나왔다. 그들은 신씨가 신수근의 딸이라는 점을 우려했다. 신수근은 연산군의 처남이자 측근이었기에 반정 당일 척살되었던 것이다. 반정 3대장은 신씨가 왕비에 책봉되면 후에 친정아버지의 원수를 갚겠다고 나설까 두려워했다. 9월 9일, 반정 3대장을 위시한 조정 중신들은 신씨를 출궁시킬 것을 중종에게 요구했다. 그들의 강압에 의해 중종은 그날 밤으로 신씨를 출궁시켰다. 이때의 상황을 실록은 이렇게 전하고 있다.

> "박원종, 유순정, 성희안 (중략) 등이 아뢰기를, '거사할 때 먼저 신수근을 제거한 것은 대사를 성공시키기 위해서였습니다. 지금 신수근의 친딸이 대궐 안에 있습니다. 만약 신수근의 친딸이 정식으로 왕비가 된다면 인심이 위태롭고 의혹될 것이고, 인심이 위태롭고 의혹되면 종묘사직에 관계가 있을 것입니다. 청하건대 사사로운 은정을 끊고 궐 밖으로 내치소서.' 했다. 중종이 전교하기를, '아뢴 것은 매우 합당하다. 그렇지만 조강지처인데 어떻게 해야 하는가?' 했다. 모두들 아뢰기를, '신들도 이미 생각해보았습니다. 그렇지만 종묘사직을 위한 대계이니 어찌겠습니까? 청하건대 속히 결단하소서.' 했다. 전교하기를 '종묘사직이 지극히 중하니 어찌 사사로운 은정을 생각하겠는가? 마땅히 여러 사람들의 논의를 따라 궐 밖으로 내치겠다.' 했다. 잠시 있다가 전교하기를, '하성위 정현조의 집을 속히 수리하고 청소하라. 오늘 저녁에 옮겨 나갈 것이다.' 했다." (『중종실록』 권1, 1년〔1506〕 9월 9일조)

부인 신씨를 출궁시키라는 반정 3대장의 강압에 중종이 보인 저항은 '조강지처'라는 한마디 말뿐이었다. 그것도 한차례뿐이었다. 공포에 질린 중종은 자기 입으로 '조강지처'라고 했던 부인 신씨를 곧바로 출궁시켰다. 겉으로는 '종묘사직'이라는 대의명분을 내세웠지만 실제는 공포와 두려움에 굴복했던 것이다. 중종은 명색이 왕이었지만 제 부인 하나도 지키지 못하는 신세였던 셈이다.

중종 11년(1516) 3월 28일 오후의 석강에서 중종은 『고려사』를 읽어 나가던 도중, 십여 년 전 공포와 두려움에 굴복했던 자신의 모습을 떠올리며 울먹였을 것이다. 그렇다면 중종을 울먹이게 만든 원흉은 누구일까? 신종을 울게 만든 원흉이 최충수라면, 중종을 울먹이게 만든 원흉은 반정 3대장일까? 왕을 울리고 또 울먹이게 만든 최충수와 반정 3대장은 흉악한 신하인가?

당시의 사관史官은 그렇다는 의미에서 '최충수가 한 짓은 박원종이 임금을 협박하여 신씨를 폐출한 것과 대개 비슷하다'는 사론史論을 달아놓았다. 이 사론에 의한다면 중종반정 당시 왕을 협박하여 신씨를 폐출시킨 주역은 반정 3대장 중에서도 박원종이었다. 최충수는 『고려사』 열전 중에서 '반역叛逆' 전에 실려 있는데, 사관의 논평은 곧 박원종이 최충수와 마찬가지로 반역자라는 뜻이었다.

신하임에도 불구하고 왕을 협박하여 자기 마음대로 했으니 최충수와 박원종은 흉악한 신하임에 틀림없다. 사관은 이 점을 드러내기 위해 그날의 기사에 특별히 이런 사론을 첨부했을 것이다. 하지만 그날의 기사를 중종 본인과 관련해 생각해보면 또 다른 사실이 드러난다. 무엇보다도 중종에게 공포심이 많았다는 사실이다.

최충수에게 협박받던 신종이나 박원종에게 협박받던 중종이나 상황

중종(정릉) 서울 강남구 삼성동에 있다.

으로 보면 비슷하다고 할 수 있다. 하지만 그들이 받았던 협박은 동일한 강도가 아니었다. 처지도 같지 않았다. 최충헌, 최충수 형제에게 옹립된 신종은 수많은 종친 중의 한 명이었기에 언제든지 교체될 수 있었다. 이에 비해 박원종 등 반정 3공신에 의해 왕으로 옹립된 중종은 성종의 유일한 적자였기에 교체되기 어려웠다. 그러므로 신종의 처지가 중종보다 훨씬 더 위험했다고 볼 수 있다. 그럼에도 불구하고 신종은 최충수에게 강압되면서도 명백하게 반대의사를 표시했다. 마지못해 태자비를 폐출하고는 드러내놓고 눈물을 흘렸다. 이에 비해 중종은 명백하게 반대의사를 표시하지도 않았으며 드러내놓고 눈물을 흘리지도 않았다. 이것은 중종의 절제력이 신종보다 훨씬 강해서 가능한 일이었을까?

물론 그런 측면이 없었다고는 할 수 없다. 중종은 웬만해서는 자신의 속마음을 드러내지 않았다는 점에서 자기 절제력이 강했다고 할 수 있다.

하지만 중종은 두려운 순간에 자신의 속마음을 드러내지 않을 때가 많았다. 그것은 절제력 때문이기도 했지만 또한 공포심 때문이기도 했다.

공포를 이겨내지 못한 이유는 천성과 환경이었다

중종은 1488년(성종 19) 3월 5일, 성종의 둘째 아들로 태어났다. 이복형인 연산군보다는 12살 아래였다. 중종은 7살 되던 해의 초여름에 진성대군晉城大君에 책봉되었는데 그해 연말에 부왕 성종이 승하했다. 이후 5년 동안 이복형 연산군과 함께 같은 궁궐에서 살다가 12살 때 한살 연상의 신씨와 혼인하여 출궁했다. 출궁한 지 7년 만인 19살 때 반정이 발생하여 왕위에 오르게 되었다. 따라서 왕위에 오르기 전 19년 동안 중종에 관련된 수많은 이야기들이 전해져야 정상이다. 창업 또는 반정으로 왕위에 오른 왕들은 보통 즉위 이전의 이런저런 에피소드의 주인공으로 회자되기 때문이다.

그런데 특이하게도 중종은 즉위하기 이전의 이야기가 거의 없다. 야사에 전하는 이야기도 겨우 두 가지 정도이다. 그런데 이 두 가지 모두가 중종의 공포심을 보여주는 이야기라는 점에서 특이한 일이라 할 수 있다.

첫 번째는 김시양의 『부계기문涪溪記聞』이라는 책에 전하는 이야기이다. 어느 때인가 연산군은 이복동생인 진성대군을 데리고 사냥을 갔다. 사냥이 끝나자 연산군이 진성대군에게 말달리기 시합을 제안했다. 사냥터에서부터 궁궐까지 누가 먼저 가느냐는 시합이었다. 하지만 불공정한 시합이었다. 연산군은 준마를 타고 있었다. 게다가 연산군은 무시무시한 협박까지 했다. 만약 진성대군이 자신보다 늦으면 군법으로 다스리겠다고 했다. 살아남으려면 무조건 이겨야 한다는 협박이었다. 정확한 이유는 알 수 없지만 연산군은 진성대군을 죽일 작정이었던 듯하다.

그때 진성대군은 '크게 두려워(大懼)' 했다. 어느 정도나 두려워했는지는 모르지만 주변에 있던 사람들이 보기 딱할 정도였다. 아마도 어쩔 줄 모르며 식은땀을 흘렸을 것이다. 보다 못한 영산군이 몰래 진성대군에게 '걱정하지 마십시오. 제 말이 주상의 말보다 훨씬 빠릅니다.' 라고 말하고는 진성대군을 태우고 달렸다. 결국 진성대군은 연산군보다 먼저 궁궐에 도착하여 죽음을 모면할 수 있었다. 사람들은 '영산군과 그의 말은 모두가 진성대군을 위해 때를 맞추어 났다' 고들 했다. 이 에피소드는 겉으로만 보면 진성대군이 하늘의 천명을 타고 나서 죽음을 모면할 수 있었다는 사실을 전해준다. 물론 진성대군에게는 그런 면이 있었다. 하지만 조금 더 생각해보면 진성대군은 절박한 위기상황에서 냉정하게 대처하지 못했다는 사실도 알려준다. 생사를 가르는 위기 상황에서 진성대군은 크게 두려워만 할 뿐, 어떻게 그 상황을 헤쳐 나갈지 주체적으로 판단하고 행동하지 못했던 것이다. 그렇게 된 이유는 역시 진성대군에게 공포심이 많아서였다. 심하게 이야기하면 두려움에 질리게 될 때 진성대군은 정상적인 판단력도 발휘하지 못했다고 할 수 있다.

이런 사실은 두 번째 야사 기록에서도 마찬가지이다. 이 야사는 첫 번째 야사보다도 더 생생하고 적나라하게 중종의 인간됨을 보여준다. '국조기사' 를 인용한 『연려실기술』은 그 이야기를 다음과 같이 전하고 있다.

"반정하던 날 먼저 군사를 보내 임금(중종)이 살던 궁을 에워쌌다. 이것은 혹 해칠 자가 있을까 염려해서 호위하기 위해서였다. 그런 줄도 모르고 임금은 놀라 자결하려고 했다. 그러자 부인 신씨가 말하기를, '군사의 말머리가 이 궁으로 향하고 있으면 우리 부부가 죽지 않고 무엇을 기다리겠습니까? 그러나 만약 말꼬리가 궁으로 향하고, 말머리가 밖을 향해 섰다면 분명 공자를 호위하려는 뜻일 것입니다. 알고 난 후에 죽어도 늦지 않을 것입니다.'라며 소매를 잡고 굳이 말리면서 사람을 내보내 살펴보고 오게 했다. 과연 말머리는 밖을 향하고 있었다. 임금과 부인 신씨는 일찍부터 부부간의 애정이 매우 두터웠다. 이때에 이르러 반정공신들이 의논하기를, '이미 부인의 아버지 신수근을 죽였는데, 딸을 왕비로 놓아두면 우리에게 무슨 보복이 올는지 모른다.'라고 하면서 마침내 폐비廢妃를 청했다. 임금이 하는 수 없이 내보내기는 했지만, 별궁에 두고 매양 모화관으로 명나라 사신을 맞으러 거둥할 때는 꼭 말을 모화관에서 멀지 않은 그 별궁에 보내어 먹이게 했다. 그러면 신씨 부인은 흰죽을 쑤어 손수 들어서 말을 먹여 보냈다고 한다."(『연려실기술』 중종조고사본말, 왕비신씨손위복위본말王妃愼氏遜位復位本末)

반정 군사들이 집을 포위하자 진성대군은 연산군이 보낸 군사들이라 지레 짐작하고 자결하려고 했는데 그것을 부인 신씨가 막았다는 이야기이다. 이 이야기에 따르면 진성대군은 절박한 위기상황에서 판단력을 상실한 반면 부인 신씨는 침착하게 상황을 파악하고 대처한 것이 된다. 특히 진성대군의 판단력 상실은 사소한 정도가 아니라 자살까지도 생각하는 극단적인 정도였다는 점에서 그 증상이 아주 심각하다고 하겠다. 그렇다면 진성대군은 왜 자결하려고 했을까? 그것도 역시 공포심 때문이었다.

연산군은 사람들을 죽일 때 그냥 죽이는 것이 아니라 잔인한 고문을 가한 후에 죽였다. 실록에는 그 이름만으로도 모골이 송연해지는 '손바

닥 뚫기〔착장搾掌〕', '벌겋게 달군 인두로 지지기〔낙신烙訊〕', '가슴살 도려내기〔착흉斮胸〕', '마디마디 자르기〔촌참寸斬〕', '뱃살 도려내기〔고복刳腹〕', '빼갈아 바람에 날리기〔쇄골표풍碎骨飄風〕' 등등의 이름들이 전한다. 이런 고문은 상상하는 것만으로도 사람을 쭈뼛하게 만드는데, 연산군 대에는 이런 고문들이 실제로 행해지고 있었다.

집을 포위한 군사들을 본 진성대군은 죽음에 더하여 이처럼 무시무시한 고문들을 떠올렸을 것이다. 고문을 받는다면 어차피 죽을 수밖에 없다. 이왕 죽을 목숨인데 끔찍한 고문까지 받아야 한다면 차라리 자결하는 편이 훨씬 낫기에 분명 공포에 질린 진성대군은 차라리 자결하겠다고 했던 것이다.

위의 두 가지 야사에서 드러나는 중종의 특징은 절박한 상황에서 냉정하고 과감하게 맞서기 보다는 공포에 질려 도피하기에 급급했다는 점이다. 이런 점은 그의 천성이기도 하고 19년간의 인생경험에서 양성되기도 했다.

중종의 생모는 성종의 세 번째 왕비인 정현왕후 윤씨였다. 정현왕후는 연산군의 생모인 폐비 윤씨가 사사된 이후에 왕비가 되었다. 당연히 거의 모든 면에서 정현왕후 윤씨와 폐비 윤씨는 대조적이었다. 폐비 윤씨가 억세고 자기주장이 강한 반면 정현왕후 윤씨는 부드럽고 순종적이었다. 정현왕후 윤씨는 시할머니 정희왕후 윤씨와 시어머니 인수대비 한씨가 부녀자의 도리를 가르치면 그대로 받들어 순종하고 어기지 않았다. 자기주장을 강하게 내세우거나 저항하는 일이 없었던 것이다. 바로 이런 점 때문에 정현왕후 윤씨는 정희왕후 윤씨와 인수대비 한씨의 눈에 들어 왕비가 될 수 있었다. 그래 그런지 정현왕후 윤씨와 마찬가지로 그의 아들 중종도 부드럽고 순종적인 면이 강했다. 이런 점은 천성적이라 할 것이다.

이에 비해 중종의 이복형 연산군은 폐비 윤씨를 닮아 억세고 자기주장이 강했다. 연산군은 왕위에 오른 후 자신을 제외한 성종의 유일한 적자인 진성대군을 경계했다. 그런 경계심은 연산군이 점점 인심을 잃어가고 진성대군이 더욱 장성해지면서 커져갔다. 10대 후반 쯤 되면서 진성대군은 늘 이복형 연산군에게 죽임을 당할지도 모른다는 공포 속에서 살았다고 보아야 한다. 그렇게 몇 년을 살아 온 결과, 천성적으로 부드럽고 순종적인 중종은 공포심을 극복하지 못하고 도리어 공포심에 짓눌리게 되었다. 그래서 중종은 극도의 공포에 질렸을 때 정상적인 판단을 하지 못하는 일종의 '공황장애'에 빠지곤 했다. 만약 정치적 야심가나 음모가가 의도적으로 공포분위기를 조성하게 되면 중종은 공황장애에 빠질 가능성이 높았다. 기묘사화를 비롯하여 중종 대에 발생했던 수많은 사건은 정치적 요인뿐만 아니라 중종의 정신적 공황장애에 의해서 유발되기도 하고 악화되기도 했다.

반역자와 공신은 치욕과 원수 사이에 있었다

자신의 딸을 태자비로 들이려 신종을 강압하던 최충수는 결과적으로 성공하지 못했다. 생각지도 않게 형인 최충헌이 반대했기 때문이었다. 최충헌은 '지금 우리 형제의 권세가 비록 일국을 기울인다고 해도 원래 우리 가문은 한미하다. 만약 딸을 태자비로 들인다면 조롱이 없겠는가? 게다가 부부 사이에는 본래 은의가 있다. 태자가 수년 동안 배필로 있던 사람과 하루아침에 이별하게 되면 인정상 어떻겠는가?' 라는 말로 동생을 저지하려고 했다. 인정으로 보나 현실로 보나 욕심을 과하게 부리다가 오히려 화를 당할지도 모른다는 충고였다. 그러나 욕심에 눈이 먼 최충수는 형의 충고를 듣지 않았다. 결국 이 문제로 충돌한 최충수, 최충헌 형제는 서로 군사를 일으켜 개경 시내에서 전쟁을 일으키기까지 했다. 전쟁에서 패한 최충수는 죽음을 당하고, 최후 승자가 된 최충헌이 60년 최씨 무신정권을 확립하게 되었다.

박원종에게는 다행인지 불행인지 딸이 없었다. 딸을 중종의 왕비로 들이고 싶어도 그럴 딸이 없었다. 만약 박원종에게 딸이 있었다면 그의 딸이 왕비가 되었을지도 모른다. 최충수를 막았던 최충헌과 같은 사람이 중종반정 당시에는 없었기 때문이다.

그러나 박원종은 비록 자기의 친딸은 아니지만 딸이나 마찬가지인 여자들을 중종의 왕비와 후궁으로 들였다. 신씨 부인 대신 왕비가 된 장경왕후 윤씨와 중종의 애첩이 된 경빈 박씨가 그들이었다. 특히 장경왕후 윤씨는 사실상 박원종의 친딸이라 해도 과언이 아닐만한 사이였다.

박원종은 박중선이라는 사람의 외아들이었다. 박중선은 무과에 장원급제할 정도로 무술이 뛰어난 사람이었다. 박중선은 세조 대에 이시애의 난을 진압하여 적개공신 1등이 된 이후로 남이장군의 옥사 이후 책봉된 익대공신 3등과 성종의 즉위를 찬조하고 책봉된 좌리공신 3등에도 연이어 책봉됨으로써 세조 대에 형성된 훈구공신의 일원이 되었다. 게다가 그의 두 딸이 월산대군과 제안대군의 부인이 됨으로써 왕실과 가까운 인척이 되기도 했다. 그런 박중선의 외아들인 박원종은 아버지의 기질과 유산을 모두 물려받았다.

세조 13년인 1467년에 태어난 박원종은 연산군보다는 9살 위였고 중종보다는 21살 위였다. 박원종은 9척 장신의 거구에 뛰어난 외모를 가

월산대군 신도비 경기도 고양시 덕양구 신원동에 있다.

진 사나이였다. 실록에서는 박원종을 '풍자風姿가 아름다웠다'고 했는데 '모습과 자태가 멋있었다'는 뜻이다. 박원종은 훤칠한 키에 잘생긴 얼굴까지 겸비한 몸짱, 얼짱이었음에 틀림없다. 그런 박원종은 아버지를 닮아 무술에도 재능을 보여 무과에 합격하기까지 했다. 가문, 인물, 무술실력 모든 면에서 탁월한 박원종은 성종과 연산군 대에 승승장구했다. 박원종이 연산군 대에도 승승장구할 수 있었던 배경에는 본인의 실력 이외에 누나인 월산대군 부인 박씨의 존재가 또 있었다.

박중선에게는 아들이 박원종 한명 뿐이었지만 딸들은 일곱 명이나 있었다. 일곱 명의 딸들 중에서 첫째 딸이 월산대군에게 시집갔고 막내딸이 제안대군에게 시집갔다. 혼처로만 보면 이 두 딸이 시집을 제일 잘 간 것 같지만 실제 이 두 딸의 시집살이는 그야말로 파란만장했다. 월산대군과 제안대군의 처지가 워낙 아슬아슬했기 때문이다.

박원종의 자형姊兄이 되는 월산대군은 인수대비 한씨의 큰아들로서 성종의 형이다. 예종이 승하한 후 월산대군과 성종 중에서 서열대로 후계자를 골랐다면 왕이 될 사람은 월산대군이었다. 월산대군이 왕이 되었다면 부인 박씨는 왕비가 되었을 것이다. 하지만 월산대군은 동생 성종에게 밀려 왕이 되지 못했으니, 부인 박씨도 왕비가 되지 못했다. 왕이 되지 못한 월산대군은 부인과 함께 조심조심 여생을 보내다가 1485년(성종 20) 35살의 젊은 나이에 동생 성종보다 먼저 세상을 떠났다. 박씨 부인은 젊은 나이에 청상이 되고 말았다. 게다가 박씨 부인에게는 직접 낳은 자식이 한 명도 없었다. 박씨 부인은 남편의 무덤 옆에 흥복사라는 절을 짓고 가끔 절에 들러 명복을 비는 것으로 소일했다. 어찌 보면 박씨 부인의 인생은 딱하기 그지없다고도 할 수 있다.

이런 박씨 부인의 인생이 1497년(연산군 3)을 기점으로 크게 변했다. 왕이 된 지 3년 만에 큰아들을 본 연산군은 자신의 큰 어머니가 되는 박씨 부인에게 아들의 양육을 부탁했던 것이다. 그런데 연산군의 아들을 기르던 박씨 부인에게 또 한 번의 큰 일이 닥쳤다. 1498년(연산군 4)에 박씨 부인의 넷째 여동생이 8살 된 딸을 남겨놓고 갑자기 세상을 떠난 것이었다. 박씨 부인은 그 여동생의 딸을 데려다가 자기가 기르기 시작했다. 물론 이것은 그 여동생의 남편인 윤여필이 동의했기에 가능한 일이었다. 비록 친자식은 아니라 해도 어린아이 두 명을 키우면서 박씨 부인은 나름대로 행복했을지도 모른다. 그러나 이런 행복도 오래가지 못했다. 1503년(연산군 9)부터 연산군이 박씨 부인을 궁궐로 불러들이기 시작한 것이었다. 연산군은 입궁한 박씨 부인을 자주 찾았다. 어떤 때는 박씨 부인과 함께 밤을 지내는 일도 있었다. 당연히 연산군과 박씨 부인을 두고 온갖 추문이 난무했다. 그런 와중에 박원종은 승승장구했다. 이것은 박씨 부인의 보이지 않는 후원으로 가능한 일이었다.

박원종은 40살이던 1506년(연산 12) 6월에 종1품의 숭정대부崇政大夫에 올랐다. 종1품의 숭정대부는 정승이 받는 정1품의 숭록대부崇祿大夫 바로 아래 품계로서 거의 정승 급이라 할 수 있었다. 무과출신의 박원종이 겨우 40살의 젊은 나이에 정승 급의 품계를 받을 수 있었던 것은 물론 누나 박씨의 도움 때문이었다. 이와 관련해서 실록에서는 '박원종의 누이는 월산대군의 아내로서 연산군이 간통하여 늘 궁중에 있었는데, 연산군이 특별히 박원종에게 숭정대부의 품계를 주었다'는 기록이 있다. 숭정대부를 받은 직후 박원종은 함경도 관찰사가 되어 떠났다. 박원종의 묘지명墓誌銘에 따르면 이때 박원종이 연산군에게 직언을 하다가 화를 당할까 두려워 급하게 도모해 함경도 관찰사가 되었다는 것이다. 박원종은 속히 연산군과 한양으로부터 벗어나고 싶었던 것이다.

그런데 그로부터 한 달쯤 지난 7월 3일에 연산군은 박씨 부인의 병세가 매우 위중하므로 박원종에게 간병하게 하라는 명령을 내렸다. 간신히 연산군과 한양으로부터 벗어났던 박원종은 마지못해 다시 한양으로 불려오게 되었다. 그리고 17일 후인 20일에 박씨 부인이 세상을 떠났다. 이 기록만 보면 박씨 부인은 병을 앓다가 죽은 듯 보이지만, 사실은 달랐다. 박씨 부인의 죽음과 관련해서 실록에는 '박원종이 분하게 여겨 그 누이에게 말하기를, '왜 참고 삽니까? 약이나 먹고 죽으세요'라고 했다는 기록이 있다. 박원종은 왜 연산군과 한양으로부터 벗어나려고 했으며 또 왜 중병이 든 누나에게 약이나 먹고 죽으라는 악담을 했을까?

그것은 박씨 부인이 실제는 중병이 아니라 임신했기 때문이었다. 바로 연산군의 아이를 밴 것이었다. '사람들은 박씨 부인이 왕에게 총애를 받아 잉태하자 약을 먹고 죽었다고 말했다'는 실록의 기록은 임신한 박씨 부인이 동생 박원종의 눈총을 받아 결국 약을 먹고 자살했음을 알려준다. 연산군이 박원종에게 숭정대부의 품계를 준 것은 박씨 부인의 임신을 기념하기 위해서였을 가능성이 높다. 그것이 치욕스러웠던 박원종은 멀리 떠나고 싶어 함경도로 갔다. 하지만 연산군의 명령에 의해 다시 한양으로 돌아온 박원종은 만삭이 되어 누워있는 누이를 보며 참을 수 없는 모욕과 분노를 느꼈음에 틀림없다. 박원종이 누이에게 '약이나 먹고 죽으세요'라는 극단적인 악담을 한 이유도 여기에 있을 것이다. 박씨 부인이 죽은 직후 박원종은 연산군 축출에 몰두하여 채 2개월도 되지 않은 9월 1일 한밤중에 거병하여 성공했던 것이다.

월산대군의 부인 박씨 이상으로 제안대군의 부인 박씨도 파란만장한 삶을 살았다. 제안대군은 예종의 큰아들이었다. 따라서 제안대군도 부왕 예종이 오래 살았다면 당연이 왕이 될 사람이었다. 하지만 불운하게도 제안대군이 4살 되던 해에 부왕 예종이 갑자기 세상을 떠나는 바람에 사촌형 성종이 대신 왕위에 올랐다. 제안대군은 12살 되던 1477년(성종 8)에 김씨라고 하는 여성과 혼인하여 출궁했다. 하지만 2년 후에 제안대군은 김씨가 병들었다는 이유로 이혼하고 박중선의 막내 딸 박씨와 재혼했다. 그러나 제안대군은 박씨 부인과 7년을 살다가 다시 이혼하고 첫 번째 부인 김씨와 재결합했다. 박씨 부인이 제안대군과 이혼하게 된 사정을 알고 보면 부인의 처지가 딱하게 느껴지기도 한다.

성현의 『용재총화』에는 그 당대의 유명 인사 중에 겉으로 드러난 성불능자 3명이 기록되어 있다. 그에 따르면 제안대군, 한명회의 손자 한경기, 김자고의 아들이 그 주인공이었다. 이들 중에서 제안대군은 늘 '부인은 더러워서 가까이 할 수 없다' 고 말하면서 관계하는 일이 없었다고 한다. 그런 제안대군에게 시집간 박씨 부인이니 매일 밤 독수공방 처지였다. 결국에 박씨 부인은 자신의 여종과 동성애를 벌이다가 발각되어 쫓겨났다. 이혼 후 박씨 부인이 어찌 살았는지는 모르지만 죽은 듯이 숨어 살지 않았을까 싶다.

박원종이 연산군을 축출하기 위해 거병하게 된 결정적인 동기는 왕실에 시집간 큰 누이 때문이었다. 박원종은 사적으로는 큰 누이의 원수와 치욕을 갚기 위해, 또 공적으로는 폭군 연산군을 몰아내기 위해 반정에 뛰어들었다. 그 반정이 성공 한 후 박원종은 큰 누이가 8살 때부터 데려다 키운 조카딸을 주목했다. 그 조카딸은 어느덧 16살의 어엿한 처녀로 자라나 있었다. 이 조카딸이 중종의 첫 번째 부인인 신씨를 대신하여 왕비가 되었으니 바로 장경왕후 윤씨였다.

숨죽이며 지낸 것은 벗어나기 위한 몸부림이었다

신씨가 출궁한 바로 다음날인 중종 1년(1506) 9월 10일, 예조에서는 왕비를 간택하여 책봉하자고 요청했다. 중종은 그대로 시행하라고 했다. 그런데 9월 17일에 대비 정현왕후 윤씨가 정승들에게 '왕비의 덕은 얌전하고 착한 것이 제일이다. 지금 왕비를 간택하는 때에 한갓 얼굴만 보아서는 안 된다. 내가 먼저 두세 처녀를 간택하여 후궁에 들여 서서히 그 행실을 보아 결정하는 것이 어떻겠는가?'라는 제안을 했다. 대비는 당시 왕비 간택이 박원종의 강압으로 진행되는 상황이라 혹 드센 며느리가 들어오지 않을까 걱정했다. 대비는 우선 왕비 후보자 몇 명을 선정하여 시간을 두고 살펴보자는 절충안을 제시한 것이었다.

이 절충안이 받아들여짐으로써 중종의 왕비 간택은 일반적인 왕비 간택과는 다르게 진행되었다. 조선시대 왕비는 3간택을 거쳐 최종적으로 한 명이 선발되었다. 이렇게 간택된 후보자는 몇 달 정도의 예비 교육을 받은 후 왕비에 책봉되는 것이 관행이었다. 그런데 이번에는 초간택에서 선정된 두세 명의 후보자가 일시에 입궁하여 몇 달 동안 대비의 관찰

심사를 거친 후 그 중에서 한 명이 왕비에 책봉될 수 있었다. 입궁하는 두세 명의 후보자는 자동으로 후궁이 되었으니, 왕비에서 탈락한 후보자들은 그대로 후궁으로 지내야 했다.

중종 1년(1506) 12월 27일에 금혼령이 공포되었다. 금혼 대상은 한양에 거주하는 14세부터 22세까지의 처녀였다. 당시 중종의 나이가 19세였으니 이 연령대의 처녀들 중에서 왕비 후보자를 고르겠다는 의미였다. 당시 간택단자를 낸 처녀가 얼마나 되는지는 알 수 없다. 다만 한양에 거주하는 처녀들만이 대상이 되었기에 그 수가 그렇게 많지는 않았을 것이었다.

간택에 참여한 처녀들 중에서 중종 2년(1507) 3월 초에 4명의 후보자가 선발되었다. 윤여필의 딸, 홍경주의 딸, 박수림의 딸, 나숙담의 딸이었다. 이들 중에서 윤여필은 반정공신 4등이었고 홍경주는 1등이었다. 반면 박수림이나 나숙담은 그 존재조차도 잘 알 수 없는 한미한 사람이었다. 그러니까 왕비 후보자 4명 중에서 두 명은 공신의 딸이었고 나머지 두 명은 별 볼일 없는 사람의 딸이었다. 공신의 딸들은 인물보다는 가문 배경에 의해, 별 볼일 없는 사람의 딸들은 가문 배경보다는 인물에 의해 선정되었다. 당연히 인물로는 박수림의 딸과 나숙담의 딸이 뛰어났는데, 이 중에서도 박수림의 딸이 더 좋았다.

4명의 왕비 후보자들은 처음에 숙의淑儀의 신분으로 입궁했다. 대비 정현왕후 윤씨는 이들 4명의 후보자를 놓고 관찰하기 시작했다. 관찰이라고 했지만 사실 판단은 가문이냐 인물이냐 둘 중의 하나였다. 가문이라면 윤여필의 딸이나 홍경주의 딸 중에서 골라야 했고, 인물이라면 박수림의 딸이나 나숙담의 딸 중에서 골라야 했다. 만약 가문으로 본다면 당시의 상황에서 홍경주보다는 윤여필의 딸이 우선순위에 들었다. 박원종을 외삼촌으로 두고 있는 윤여필의 딸이 아무래도 유리했기 때문이다. 반면 인물로 본다면 박수림의 딸이 최고였다. 결국 윤여필의 딸 아니면 박수림의 딸 중에서 골라야 했는데, 이것이 쉽지 않았다. 당시의 정치적 상황, 중종의 생각 등등이 복잡하게 얽혀 있었기 때문이다.

실록에 의하면 박수림의 딸은 연산군 11년(1505)에 채홍사가 전국의 미녀들을 조사할 때 그 미모로 알려졌다고 한다. 박수림은 대대로 경상도 상주에 살던 사람이었다. 그런데 중종의 왕비 후보자를 고를 때 대상자는 원칙적으로 한양에 거주하는 처녀라야 했다. 따라서 반정을 전후한 시점에 박수림의 딸은 상주를 떠나 한양에 있었다고 보아야 한다. 박수림의 딸은 반정 직전에 채홍사에게 이끌려 한양에 올라왔을 가능성이 높다. 그때 박원종은 한양에 머물던 박수림의 딸을 눈여겨보았다가 간택단자를 올리게 했음에 틀림없다. 다시 말해서 박원종이 박수림 딸의 후원자였던 것이다. 일설에는 박원종이 박수림의 딸을 수양딸로 삼았다고도 했다. 박수림의 딸이 왕비 후보자로 되자 당시 검상으로 있던 정붕鄭鵬이 '이것은 화란의 씨앗이다'라고 탄식했는데, 이것은 인물이 뛰어난 박수림의 딸이 큰 사건을 야기하고야 말 것이라는 예언이었다.

이에 비해 윤여필의 딸은 박원종의 넷째 여동생에게서 태어나 8살 때부터는 박원종의 큰 누이인 월산대군 부인에게서 양육된 처녀였다. 이런 면에서 윤여필의 딸은 박원종에게 각별한 존재일 수밖에 없었다. 박원종은 중종의 왕비 후보자로 가문을 대표하는 조카딸과 인물을 대표하는 수양딸을 함께 들였던 것이다. 누가 되든 자신의 영향력 아래에 있는 처녀를 중종의 왕비로 만들겠다는 속셈이었다.

이런 상황에서 대비 정현왕후는 결단을 내리기가 어려웠다. 윤여필의 딸이나 박수림의 딸이나 어차피 박원종의 영향력 아래에 있는 처녀였기에 일장일단을 가지고 있었다. 윤여필의 딸은 좋은 가문에 좋은 교육을 받았다는 장점이 있었지만 너무 좋은 가문과 그다지 좋지 않은 인물이 문제였다. 반면 박수림의 딸은 인물은 좋았지만 좋지 않은 가문과 제대로 교육받지 못했다는 큰 단점이 있었다. 대비 정현왕후는 이러지도 못하고 저러지도 못하고 자꾸 결정을 미뤘다. 박원종을 비롯한 신료들로부터는 속히 결정하라는 압력이 이어졌다. 결국 중종 2년(1507) 6월 17일에 윤여필의 딸이 왕비로 결정되었다. 관찰심사가 시작된 지 약 3개월 만이었다. 이후 중종 2년 8월 4일에 가례가 거행됨으로써 윤여필의 딸이 정식 왕비가 되었다. 이 분이 훗날의 장경왕후 윤씨이다. 대비 정현왕후 윤씨가 윤여필의 딸을 왕비로 결정한 것은 결국 가문을 우선시한 셈이었다. 아울러 윤여필이 대비 정현왕후 윤씨의 친척이라는 점도 작용했다. 윤여필은 박원종의 매형이기도 했지만 동시에 대비 정현왕후 윤씨와 10촌 남매간이기도 했다.

박원종의 강압에 의해 강제이혼하고 또 강제혼인까지 했던 중종은 처음에 왕비 윤씨와 별로 정이 없었다. 억지로 맺어진 부부간이라 애틋한 정이 있을 리 없었다. 게다가 왕비 윤씨는 뛰어난 미녀도 아니었다. 중종은 왕비 윤씨보다는 후궁이 된 박수림의 딸 박씨에게 관심을 기울였다. 실제로 첫째아들도 박씨에게서 보았다. 중종 4년(1509) 9월 15일에 박씨가 출생한 복성군이 중종의 첫째 아들이었다. 이에 비해 왕비 윤씨는 중종 10년(1515) 2월 25일에야 아들을 낳을 수 있었다. 그 아들이 훗날의 인종이었다. 왕비 윤씨는 아들을 늦게 낳았을 뿐만 아니라 해산 직후 세상을 떠남으로써 수많은 파란을 몰고 왔다.

여기서 문제는 중종이 즉위, 이혼, 재혼하는 과정에서 늘 공포심에 휩싸여 있었다는 점이었다. 중종은 자칫하다가는 반정공신들에게 쫓겨나거나 죽임을 당할지도 모른다는 두려움에 떨었다. 그 두려움 때문에 중종은 본인의 속마음과는 관계없이 늘 그들이 하자는 대로 따랐다. 그 당시 공포심에 휩싸인 중종의 모습은 다음과 같은 사실에서 적나라하게 드러난다.

> "박원종, 성희안, 유순정 등이 반정한 후에 서로 이어 정승이 되었다. 세상에서는 이들을 일러 삼대신이라고 했다. 중종은 이들을 매우 특별하게 예우하여 조회 후에 삼대신이 물러갈 때에는 옥좌에서 일어났다가 그들이 문을 나간 뒤에야 다시 자리에 돌아와 앉았다. 삼대신은 이런 사실을 알지 못했다. 성희안이 늙고 병이 들었는데, 어느 날인가 궁에서 물러나올 때 태연한 표정으로 느긋하게 걸어 중문에 도착했다. 그러자 문을 지키는 사람이 말하기를, '상공께서는 주상께서 일어나 계신 것을 알지 못하십니까? 어찌하여 이렇게 천천히 걸으십니까?' 했다. 성희안이 얼굴 가득 식은땀을 흘리면서 말하기를, '노부가 죽을 곳을 알지 못하겠구나' 했다. 옛날 중국의 곽씨가 멸문되는 화를 입은 것은 참승驂乘에서 비롯되었다. 신하가 임금을 압도하는 위엄을 가지고도 능히 처음과 끝을 보존한 자가 없었다. 삼대신이 모두 무사히 죽었으니 우리의 중종은 지극히 덕스런 왕이라 할 만하다."(김시양, 『부계기문』)

참승驂乘이란 천자의 수레에 신하가 함께 타는 것을 말하는데, 중국 한나라 때 곽광이라는 사람과 관련된 이야기이다. 곽광은 한나라 무제武帝 때의 사람이었다. 무제의 뒤를 이어 소제昭帝가 황제에 올랐다가 죽자 곽광은 창읍왕昌邑王을 옹립하여 황제로 삼았다. 그러나 창읍왕이 황음무도한 생활을 하자 27일 만에 창읍왕을 폐위하고 선제宣帝를 옹립했다. 곽광은 황후를 독살하고 자신의 딸을 황후로 만드는 등 황제이상의 권력을 누렸다. 선제는 이런 곽광과 함께 수레에 탈 때 마치 바늘방석에 앉은 것처럼 조심하며 두려워했다. 이렇게 두려움에 떨던 선제는 곽광이 죽자 그 일족을 반역죄로 몰아 멸문시켜 버렸다.

곽광을 무서워하던 선제처럼 중종도 반정공신들을 무서워했다. 그들이 하자는 대로 하고, 또 그들이 퇴궐할 때 일어서기까지 했던 것은 무섭기 때문이었다. 그러나 박원종이나 성희안은 중종이 그렇게까지 자신들을 무서워하는지 몰랐다. 정확히 말한다면 중종의 무서움증이 그렇게 심한지 몰랐던 것이다. 그런 사실을 알았을 때 성희안은 식은땀을 흘렸다. 왕에게 두려움의 대상이 되는 자신의 말로가 온전하기는 어렵다고 생각했기 때문이다.

반정 3대장 중에서도 중종이 가장 두려워한 사람은 박원종이었다. 박원종의 권세는 사실상 중종 이상이었다. 권세뿐만 아니라 호강과 사치도 박원종이 중종보다 훨씬 더했다. 하지만 박원종은 의외로 권력에 집착하지 않았다. 이 점이 중종에게 다행이라면 다행이었다. 게다가 호강에 겨워하던 박원종은 오래 살지 못했다. 중종 5년(1510) 3월에 중병에 들었던 박원종은 4월에 44세의 젊은 나이로 세상을 떠났다. 반정에 성공한 지 3년 반 후였다. 그 뒤를 이어 2년 후에는 유순정이, 그 1년 후에는 또 성희안이 세상을 떠났다. 결과적으로 반정 3대장인 박원종, 성희안, 유순정은 모두들 정승으로 있다가 온전하게 죽었다. 이런 사실을 두고 김시양은 중종이 '지극히 덕스런 왕'이기 때문이라고 했지만, 실제는 반정 3대장이 오래 살지 못했고 또한 그들 사후에도 반정공신들이 건재했기에 온전할 수 있었다.

반정 3대장의 죽음 이후에도 반정공신들이 건재했다고는 하지만 구심점이 사라진 공신들의 영향력은 급속히 줄어들었다. 중종은 그들의 빈자리를 공신의 후손이 아니라 사림으로 채웠다. 그것도 빠른 속도로 그렇게 했다. 중종의 본심은 무서운 공신들에게서 하루라도 빨리 벗어나려는 것이었다.

이중성은 또 다른 공포심의 표현이었다

조광조는 성종 13년(1482) 생으로서 중종보다 6살 위였다. 조광조는 17살 때 황해도 희천에서 근무하던 아버지와 함께 살았는데, 당시 그곳에서 귀양살이하던 김굉필에게서 공부했다. 조광조는 상대가 누구이든 할 말은 하고야 마는 직설적인 성품이었다. 이런 점은 선생님인 김굉필에게도 마찬가지였다. 언젠가 김굉필이 어머니에게 보내 드리려고 꿩 한 마리를 햇볕에 말리고 있었다. 그런데 지키던 사람이 부주의하여 고양이가 물고 갔다. 화가 난 김굉필은 흥분한 목소리로 꾸짖었다. 그러자 조광조는, '봉양하는 정성은 비록 간절하오나, 군자는 말과 기색을 잘 살펴하지 않을 수 없사옵니다. 소자가 적이 의혹되기에 말씀드립니다.' 라고 했다. 김굉필은 몹시 부끄러워하며 '네가 내 스승이로다'라고 했다. 조광조는 아무리 선생님이라고 해도 원리원칙 또는 대의명분에 어긋나는 행동에는 참지 못한 것이었다. 이 같이 직설적인 조광조의 성품은 장점이자 단점이기도 했다.

조광조는 34살이던 중종 10년(1515) 8월에 문과 시험에 합격함으로써 중앙정계에 본격적으로 입문했다. 그때는 반정 3대장이 세상을 떠난 지 얼마 되지 않는 시점이었다. 조광조는 성균관에 있을 때부터 유명한 학생이었다. 원리원칙과 대의명분에 용감무쌍한 조광조는 동료 학생들에게 영웅이었다. 이런 조광조가 과거 시험에 합격하자 그는 여러 사람들의 주목을 받았다. 조광조는 과거에 합격한 지 3개월 만에 사간원 정원이 되었고 다시 4개월 만에 홍문관 부수찬이 되었다. 홍문관 관리들은 경연과 국왕자문을 담당했으므로 조광조는 중종을 직접 대면하는 기회가 많았다. 경연에서 그 누구의 눈치도 보지 않고 자신만만하게 원리원칙과 대의명분을 설파하는 조광조는 중종에게 크나큰 인상을 심어주었다. 조광조가 부수찬이 된 지 3개월 정도 지났을 때의 경연에서 조광조는 이런 발언을 했다.

조광조 반정공신들의 위훈삭제를 추진하다 역모로 몰려 죽음을 당했다.

"중종이 야대夜對에서 고려사를 강독했다. 검토관 조광조가 아뢰기를, '이규보는 문장에 능하기는 하나 최충헌에게 빌붙었습니다. 당시 최충헌이 제멋대로 권력을 휘둘러 국가의 위망이 조석에 달려 있는데도 이규보는 한마디 말도 언급하지 않고 도리어 붙좇기에 겨를이 없었으니, 그 사람됨을 알 만합니다. 이것으로 또한 당시 선비들의 사기士氣가 매우 퇴락했었다는 것을 알 수 있습니다. 중국 한나라 말에 조조가 권력을 마음대로 하여 그 기세가 못할 짓이 없다고 할 만했습니다. 그러나 당시 공융孔融이라는 한 서생이 있었기에 조조는 종신토록 함부로 하지 못했습니다. 그러므로 사기는 국가에 관계되는 바가 큰 것입니다. 폐조(廢朝, 연산군) 때에 선비들이 거의

다 죽임을 당한 일을 겪고부터는 사기가 꺾였습니다. 만약에 진작할 방법을 생각하지 않는다면 국가의 위란을 당하더라도 누가 감히 특별히 일어서서 부지하겠습니까?" (『중종실록』 권25, 11년 6월 2일조)

조광조는 고려 말의 대문장가 이규보를 대의명분으로 혹평해 마지않았다. 이규보가 진정한 선비였다면 당대의 권세가 최충헌에게 충고했어야 하는데 그러지 못하고 아부만 했으니 소인배라는 뜻이었다. 그러나 이런 일이 말은 쉽지만 어디 행동으로 쉬운 일인가? 이규보가 최충헌에게 충고를 하려면 목숨을 걸어야 가능한 일이었다. 조광조는 모름지기 진정한 선비란 그래야 한다는 주장이었다. 이것은 곧 중종 당시의 상황으로 볼 때 반정공신들의 위세에 눌려있는 나약한 선비들을 질타하는 말이기도 했다. 그것은 또한 중종의 두려움을 질타하는 말이기도 했다. 조광조는 반정공신들의 위세에 아랑곳없이 할 말을 과감하게 했던 것이다. 이런 조광조에 대하여 사관은 '매양 경연에 들어가면 세밀하게 강론했으며 주상의 학문이 성취되는 것을 자기의 임무로 삼았다. 벗들과 유자광의 일을 이야기할 때마다 문득 분한 낯빛을 나타내고 나라를 그르친 정상을 극진하게 말하니 조정이 공경하고 두려워했다.'고 했다. 바로 조광조의 이런 모습에 중종은 매혹되었다.

조광조의 성품은 여러 면에서 중종과 대조적이었다. 중종은 소극적이고 순종적인데 비해 조광조는 적극적이고 주도적이었다. 하지만 이보다 더 중요한 점은 중종이 두려움이 많은 데 비해 조광조는 두려움이 적었다는 사실이다. 조광조는 원리원칙과 대의명분을 위해서는 기꺼이 자기 목숨도 내놓을 사람이었다. 죽음을 넘어서는 자기 확신과 배짱이 있었던 것이다. 이런 조광조에게 중종은 인간적인 매혹을 느끼지 않을 수 없었다. 게다가 조광조는 중종이 두려워하는 반정공신들을 두려워하지 않았다. 중종은 마치 구세주라도 만난 듯이 조광조를 믿고 의지했다. 조광조는 파격적인 승진을 거듭했다.

조광조는 중종 13년(1518) 3월에 홍문관 부제학에 임명되었었다가 그 해 11월에 대사헌이 되었다. 대사헌은 사헌부의 수장으로서 관료들의 기강과 여론을 좌우할 수 있는 자리였다. 조광조는 당시 37살로 과거에 합격한지 겨우 3년이 갓 지났을 뿐인데 이런 중책을 맡은 것이었다. 이에 조광조는 '신이 과거에 합격한지 40개월도 되지 않았는데 대사헌이 되었으니 외람됩니다. 하물며 대사헌은 일국의 풍속과 법도를 바로 잡는 소임으로 지극히 중요합니다. 또 신은 과거에 합격한 후 홍문관에만 있었고 다른 임무를 맡지 않아 공문서나 세칙 등의 형식도 잘 모릅니다.' 하며 사직을 요청했다. 아직 행정경험이나 인생경험이 부족한 조광조의 사직요청은 형식적인 것이 아니라 진심이었다. 그러나 중종은 '비록 공문서의 일을 모른다 해도 이런 것은 지엽말단의 일이니 어찌 경력이 있어야 할 수 있겠는가?' 하며 그대로 임명했다. 그 정도로 중종이 조광조를 믿고 의지했다는 뜻이었다.

대사헌이 된 조광조는 자신이 믿는 원리원칙과 대의명분을 현실 속에 실현하고자 했다. 그것은 우선 현량과賢良科 실시로 나타났다. 현량과란 전국에서 인재를 추천받아 등용하자는 것이었다. 현량과는 조광조가 홍문관 부제학으로 있을 때 제안한 것이었지만 찬반이 엇갈리고 있었다. 대사헌이 된 조광조는 현량과 실시를 강력하게 주장했다. 마침내 중종 14년(1519) 4월 13일에 28명의 현량과 출신이 탄생했다. 현량과 출신들은 사헌부, 사간원, 홍문관 등 주로 언론을 담당하는 삼사의 관료 또는 성균관의 교육을 담당하는 선생님으로 배치되었다. 자연히 삼사의 언론과 성균관의 교육은 이들에게 장악되었다. 이들은 삼사의 언론권을 이용하여 반정공신들을 탄핵하고 견제했다. 성균관 유생들의 여론도 이들 편이었다.

사헌부 대사헌인 조광조가 이들의 중심인물이었다. 조광조에 대한 중종의 신임이 깊은 만큼, 현량과 출신들의 진출이 강화되는 만큼, 반정공신들의 위세는 위축되었다. 이런 상황에서는 반정공신이나 신진세력 양쪽 모두가 중종에게 위협적인 존재가 될 수 없었다. 조광조를 파격 승진시키고 현량과를 실시한 중종의 정치적 목표가 바로 여기에 있었다. 반정공신과 신진세력의 대립과 견제 속에서 중종의 왕권은 강화되었다. 중종의 자신감도 커져갔다. 그러나 이런 구도도 오래 가지 못했다. 조광조의 원리원칙과 대의명분이 그런 구도를 용납하지 못했다.

중종 14년(1519) 10월 25일, 대사헌 조광조와 대사간 이성동은 가짜 공신을 삭제해야 한다는 상소문을 올렸다. 원리원칙이나 대의명분으로 본다면 가짜 공신이란 있을 수 없는 일이었다. 조광조는 마치 '껍데기는 가라'고 절규하듯이 '위훈삭제僞勳削除'를 요청했다.

"정국공신(靖國功臣, 반정공신)은 세월이 오래 지나기는 했으나 이 공신에 참여한 자들 중에는 폐주(廢主, 연산군)의 총애를 받던 신하가 많습니다. 그들의 죄를 논하자면 워낙 용서받을 수 없습니다. 폐주의 총애를 받던 신하라도 반정 때 공이 있었다면 기록해야 하겠지만, 이들은 또 그다지 공도 없었습니다. 대저 공신을 중히 여기면 공을 탐내고 이익을 탐내게 됩니다. 임금을 죽이고 나라를 빼앗는 일이 다 공을 탐내고 이익을 탐내는 것에서 비롯됩니다. 그러므로 임금이 나라를 잘 다스리려면 먼저 이익의 근원을 막아야 합니다.(하략)"(『중종실록』 권37, 14년 10월 25일조)

상소문에서 조광조는 위훈삭제를 요청했을 뿐만 아니라 그 대상자까지도 명시했다. 조광조는 삭제해야 할 공신 대상자로 2등 공신 7명, 3등 공신 9명, 4등 공신 53명을 거론했다. 원래 반정공신에 책봉된 사람들은 1등 8명, 2등 13명, 3등 30명, 4등 53명 등 총 104명이었는데, 이들 중에서 69명의 공신을 삭제하라고 요청한 것이었다. 조광조는 개국공신의 경우에도 50여 명에 불과했는데 반정공신이 100명이 넘게 된 것은 가짜 공신이 많아서였다고 주장하며 그 수를 개국공신 이하인 30여 명 수준으로 줄이려고 했다.

반정공신이 책봉된 지 10여 년이 흐른 당시 이미 많은 공신들이 세상을 떠난 상태였다. 예컨대 1등 공신에 책봉되었던 8명 중에서 반정 3대장을 비롯한 7명이 이미 세상을 떠나고 없었다. 따라서 조광조의 주장대로 69명의 공신들을 삭제하게 되면 반정공신들은 와해되고 말 상황이었다. 반정공신들의 입장에서는 조광조가 또다시 무슨 대의명분을 내걸고 추가삭제나 사후처벌을 요청할지 알 수 없었다. 당연히 살아있는 반정공신들은 극도로 불안해질 수밖에 없었다.

그런데 더 큰 문제는 반정공신들의 불안이 아니라 중종의 왕권이었다. 사실 조광조가 위훈삭제 명단을 중종과 상의 없이 일방적으로 결정한 것은 지나치다면 지나친 일이라 할 수 있었다. 조선은 왕조국가였지만 관료들의 여론을 중시했다. 그래서 비록 왕이라고 해도 중요관리를 임명할 때는 관료들의 여론을 물어 임명하는 것이 관례였다. 왕도 그러한데 하물며 신하인 조광조가 위훈삭제 명단을 중종과 상의 없이 결정했다는 사실은 조광조의 확신이 그만큼 크기도 했지만 그만큼 중종의 왕권을 무시한 처사라고도 할 수 있었다.

만약 조광조의 확신이 조금만 더 약했다면 또 조광조가 조금만 더 신중한 사람이었다면 그는 상소문에서 위훈삭제의 필요성만 역설하고 그쳤을 것이다. 그리고 위훈삭제의 결행이나 대상자 결정은 중종의 처분에 맡겼을 것이다. 그러나 조광조는 그렇게 하지 않았다. 대상자 명단까지 자신이 결정하고 상소함으로써 조광조는 종종의 의지와 관계없이 사생결단식으로 위훈삭제를 결행하겠다고 공포한 셈이었다.

조광조가 상소문을 올리던 당일, 중종은 사정전으로 사헌부와 사간원 관리들 모두를 불러 면담했다. 이 자리에서 중종과 조광조는 한 치의 양보 없는 논란을 벌였다. 조광조는 '사람은 모두 부귀를 꾀하는 마음이 있는데 이익의 근원이 크게 열렸으니 지금 그 근원을 분명히 끊지 않으면 누구인들 부귀를 꾀하려는 마음이 생기지 않겠습니까?' 하면서 위훈삭제의 정당성을 역설했다. 하지만 중종은 '이익의 근원을 막아야 한다는 논의는 번번이 경연에서 말했는데 그 뜻은 비록 좋으나 이익의 근원은 서서히 막아야지 어떻게 갑자기 이것으로써 막을 수 있는가?' 라며 부정적인 입장을 드러냈다. 그러자 사헌부와 사간원의 관리들은 이구동성으로 조광조의 입장을 두둔하고 나섰다. 마침내 중종은 입을 닫고 아무 말도 하지 않았다. 중종의 성격으로 보면 여러 사람들의 집중 공격에 침묵으로 저항한 것이었다. 이날의 면담은 그렇게 끝이 났다.

그렇다고 중간에 포기할 조광조가 아니었다. 조광조는 집요하게 위훈삭제를 주장했다. 하루에도 여러 차례 글을 올려 중종을 다그쳤다. 하지만 중종은 허락하지 않았다. 그러자 조광조는 사헌부와 사간원 관리들과 함께 집단 사직으로 대항했다. 중종이 사직을 받아들이지 않자 조광조는 새벽 한시가 넘도록 퇴근하지도 않고 위훈삭제를 요구했다. 조광조 때문에 중종은 잠을 잘 수도 없었다.

11월 1일, 중종은 마침내 대신들과 함께 조광조를 면담했다. 중종은 대신들의 주선을 기대한 것이었다. 조광조는 이 자리에서도 위훈삭제를 강력하게 주장했다. 중간에 낀 대신들은 입장이 난처하여 적극적으로 나서지 않았다. 그러자 조광조는 우의정 안당에게 '안당은 사림 중의 한 사람인데 어찌하여 바른 대로 아뢰지 않습니까?'라며 윽박지르듯 말했다. 이런 지적을 받자 우의정 안당은 '빨리 결단해야 합니다'라며 조광조의 입장을 두둔했다. 원리원칙과 대의명분을 내세운 조광조의 기세에 대신들도 반론을 펴지 못했다. 조광조는 심지어 '신은 귀양 가거나 죽더라도 참으로 마음에 달게 여기겠습니다. 빨리 들어주소서.'라며 중종을 압박했다. 그러나 중종은 '개정할 수 없다'며 거듭 거절했다. 조광조는 동료들과 함께 또다시 집단으로 사직했다.

중종과 조광조 사이에 양보 없는 힘겨루기가 계속되자 의정부 대신들이 11월 2일에 중재안을 제시했다. 4등 공신 중에서 문제가 심각한 사람만 삭제하자는 것이었다. 69명의 공신을 삭제하자는 조광조와 한 명도 안 된다는 중종 사이에서 일종의 타협책을 내놓은 셈이었다. 11월 8일, 중종은 대신들과 만난 자리에서 '70여 명을 어찌 다 개정할 수 있는가? 그 중에서 공의가 시끄러운 자라면 개정해도 되겠다.'라며 타협책을 받아들일 뜻을 내비쳤다. 이제 위훈삭제는 기정사실화 되었고 쟁점은 '공의가 시끄러운 자가 누구인가?'라는 문제로 옮겨졌다.

그러나 이 쟁점에서도 중종과 조광조는 첨예하게 부딪쳤다. 중종은 위훈삭제를 최소화하고자 했지만 조광조는 처음 지명했던 사람들을 모두 삭제하고자 했다. 둘 사이의 입장차는 전혀 좁혀지지 않았다. 대신들은 '1등 공신 홍경주와 2등 공신 최한홍이 아직 살아있으니 불러서 함께 의논시키자'라는 타협안을 제시했다. 반정 당시 누구에게 실제 공훈이 있는지 없는지 이들이 가장 잘 안다고 생각했기 때문이었다. 그러나 중종은 홍경주가 당시의 일을 잘 알지 못할 것이라며 타협안을 받아들이지 않았다. 그러자 조광조는 중종의 동의도 없이 대신들과 논의하여 위훈삭제자 명단을 다시 결정해 올렸다. 그날이 11월 9일이었는데, 이번의 위훈삭제자는 73명으로서 지난번보다 오히려 4명이 늘었다. 당시 위훈삭제를 주도하던 조광조는 명분상 대신들과 논의한다고 했지만 실제는 자기 뜻대로 결정한 셈이었다. 이렇게 되자 중종은 자신이 무시되었다고 생각할 만했다. 중종은 '모두 개정해야 한다면 어찌하여 대신들이 처음부터 모두 개정하기를 청하지 않았는가? 대신들이 어려워한다면 내가 짐작해서 결정하겠다.'며 불편한 심사를 드러냈다. 조광조가 대신들을 통해 '공의가 시끄러운 자'만 삭제하자고 타협안을 내놓았다가 자신을 속였다는 말이었다. 그날의 실록에 의하면 중종은 얼굴에 노한 빛까지 나타냈다고 한다. 웬만하면 속마음을 내색하지 않는 중종이 노한 빛을 나타낼 정도로 마음이 상했던 것이다.

11월 10일, 조광조와 대신들을 면담한 중종은 홍경주, 최한홍 등과 논의한 후 위훈삭제자 명단을 확정하라 명했다. 대신들의 중재가 실패했다고 판단한 중종은 공신들의 힘으로 위훈삭제를 최소화하려 한 것이었다. 그러나 홍경주, 최한홍의 논의를 거쳤다고 하는 위훈삭제자의 명단은 77명이었다. 대신들이 개입했을 때보다 또 4명이 늘어난 것이었다. 이것은 위훈삭제를 주도한 조광조의 원리원칙과 대의명분에 대신들은 물론 공신들도 공개적으로 저항하지 못했음을 의미한다. 조광조의 원리원칙과 대의명분은 삼사의 여론과 성균관 유생들의 여론으로 지지되었다.

11월 11일, 중종은 삼사, 대신, 공신들 모두의 여론이라는 조광조의 압박에 마침내 77명의 위훈삭제자를 공포했다. 겉으로 보면 원리원칙과 대의명분을 내세운 조광조의 완벽한 성공이었다. 그러나 바로 4일 후인 11월 15일 한밤중에 중종은 조광조 등 위훈삭제를 주도한 사림들을 역적으로 몰아 일망타진했다. 그때가 기묘년이라 이것을 '기묘사화'라고 한다. 조광조를 그토록 신임하며 중용하던 중종이 어찌 이렇게 갑자기 표변하여 죽이기까지 했을까?

비극은 절제를 뛰어넘는 공포심의 자극이었다

중종 14년(1519)에 있었던 기묘사화에서 조광조를 위시한 기묘사림과 반정공신들의 대결은 단기적으로 보면 반정공신이 승리했다. 사화를 통해 기묘사림을 일망타진했기 때문이다. 그러나 장기적으로 보면 조광조를 위시한 기묘사림의 승리였다. 선조 대에 이르러 사림파가 중앙권력을 장악한 후 조선왕조가 멸망할 때까지 사림의 시대가 지속되었기 때문이다. 따라서 기묘사화에 관한 많은 기록들은 공적 기록이든 사적 기록이든 거의가 사림의 입장에서 기술되었다. 예컨대 『선조실록』에 이런 내용이 실려 있다.

"처음에 남곤이 조광조 등에게 교류를 청했으나 조광조 등이 허락하지 않았다. 그러자 남곤은 유감을 품고서 조광조 등을 죽이려 했다. 그래서 나뭇잎의 감즙甘汁을 갉아 먹는 벌레를 잡아 모으고 꿀로 나뭇잎에다 '주초위왕走肖爲王' 네 글자를 많이 쓰고서 벌레를 놓아 갉아먹게 하기를 마치 중국 한나라의 병기病己 때 일처럼 자연적으로 생긴 것같이 했다. 남곤의 집이 백악산 아래 경복궁 뒤에 있었는데 자기 집에서 벌레가 갉아먹은 나뭇잎을

물에 띄워 대궐안의 어구御溝에 흘려보내어 중종이 보고 매우 놀라게 하고서 고변하여 화를 조성했다. 이 일은 중종실록에 누락되었기에 여기에 대략 기록했다."(『선조실록』 권2, 1년 9월 21일조)

위의 기록으로 본다면 기묘사화의 주동자는 남곤이었다. 평소 조광조에게 불만을 품고 있던 남곤은 나뭇잎으로 '주초위왕走肖爲王'이라는 참서讖書를 만들어 중종이 보고 놀라게 한 다음 그 틈을 이용해 중종에게 고변함으로써 기묘사화를 일으켰다는 것이다. '주초위왕'이란 '조씨가 왕이 된다'는 뜻인데 이런 소문은 중종, 명종, 선조 당시의 사림들 사이에 널리 퍼져있었다. 그럼에도 중종실록에 이 내용이 수록되지 않아 선조실록에 실리게 된 것이었다. 현재에도 기묘사화의 원인으로서 주초위왕이라는 참서가 곧잘 언급되곤 한다.

그런데 기묘사화의 원인이 정말 주초위왕이라는 참서인지, 또 그 참서를 만든 사람이 남곤인지, 그리고 중종이 그런 참서를 보고 크게 놀랐는지는 검증된 사실이라고 할 수 없다. 이런 주장을 한 사람들은 모두 사림들이었다. 반면 실록에 의하면 중종은 주초위왕이라는 참서를 본 적이 없다고 증언했다. 따라서 주초위왕이라는 참서는 피해자인 사림들에게서 떠돌던 소문이 훗날 실록이나 야사에 실린 셈이었다. 실제로 주초위왕이라는 내용이 실록에 수록된 선조 1년은 1568년으로서 기묘사화가 발생한 지 49년이나 지난 시점이었다. 이때에야 주초위왕이란 참서가 실록에 실린 이유는 그동안 기묘사화의 원인을 놓고 사림들 내부에서도 온갖 추측이 난무할 뿐 정설이 없다가 그때쯤 이 설이 정설로 자리 잡았음을 알려준다.

조광조, 김식, 김정 등 기묘사림들은 중종 14년(1519) 11월 15일 한밤중에 이유도 모른 체 체포되었다. 그날 밤 그들은 제대로 조사받지도 못하고 유죄가 결정되어 귀양에 처해졌다. 그래서 동료들이 이유나 알려주자고 하여 귀양길에 오른 조광조에게 '남곤, 홍경주, 심정 등이 남곤의 집에서 회의하여 먼저 참설讖說로 임금의 마음을 요동하고 (하략)' 라며 설명해주었다. 그런데 여기에서 언급된 참설이란 '주초위왕' 이 아니라 '주초대부필走肖大夫筆' 이라는 내용이었다. 또한 그런 참설을 만든 사람은 남곤이 아니라 심정으로 지목되었다. 그래서 심정이 억울하다며 중종에게 직접 사실 확인을 하는 일까지 있었다.

"심정이 아뢰기를, '김식이 신을 미워하는 이유는 주초대부필走肖大夫筆이라는 참서를 제가 궐 안에 떨어뜨렸다는 것 때문입니다. 이는 바로 최운이라는 사람이 이신이라는 사람에게 한 말이니 최운을 잡아다가 조사하소서. 신이 만약에 하지 않았다면 최운은 어디에서 그런 것을 알게 되었을까요? 이 말이 역사에 기록되어 후세에 전해지게 되면, 신이 어떻게 천지 사이에 용납되겠습니까? 또 어떤 미친 사람이 만에 하나 궐 안에 이런 것을 떨어뜨렸는데, 주상께서 이런 말을 들으신다면 분명히 신이 한 것이라 의심하실 것입니다. 정말로 이런 일이 있었는지 모르겠습니다.' 했다. 주상이 말하기를, '주초走肖라는 말은 오늘 처음 들었다' 했다. 남곤이 말하기를, '비의군자지非衣君子智 주초대부필走肖大夫筆이라는 말은 국조보감에 보입니다. 비의非衣는 배극렴裵克廉을 지칭하고 주초走肖는 조준趙浚을 지칭합니다. 어리석은 사람들이 망령되이 이것으로 말하는 것을 어찌 족히 따지겠습니까? 그렇기는 하지만 최운은 잡아다가 조사해야 합니다.' 했다." (『중종실록』 권39, 15년 4월 16일조)

이렇게 해서 최운 등을 체포하여 조사했는데, 그들은 모두 심정이 '주초대부필'이라는 참서를 만들어 중종을 경동시켰다는 말을 들었다고 증언했다. 이는 당시 사림들 사이에 이런 소문이 널리 퍼져 있었다는 증거이다. 이에 대하여 심정은 '신이 살든 죽든 여한이 없으나 후세와 지금의 선비들이 어찌 신의 실정을 모두 알 수 있겠습니까?'라며 억울함을 하소연했고 중종은 '대부大夫니 주초走肖니 하는 말은 다 근거 없는 말이다'라며 그것이 유언비어임을 확인해 주었다. 만약 심정이 실제로 '주초대부필'이라는 참서를 만들었다고 해도 이런 내용을 보고 중종이 경동했다고 보기 어렵다. '주초대부필'이란 아무리 심각하게 해석해도 '조씨 대부'인데 여기에서 역모를 유추하기는 어렵다. 억지로 유추한다면 '조씨 대부가 누군가를 추대하려 했다'는 해석도 가능하지만 당시 중종의 의심이 이런데 있었다고 믿기도 힘들다.

이에 따라 기왕의 유언비어가 약간 변형되어 유포되었다. 즉 참서의 주인공은 '심정'에서 '남곤'으로, 참서를 떨어뜨린 장소는 '궁궐 안'에서 '남곤의 집'으로, 또 참서의 내용은 '주초대부필'에서 '주초위왕'으로 바뀐 것이었다. 이것은 당시 남곤의 거주지가 백악산 아래 경복궁 뒤에 있었다는 사실 그리고 홍경주와 심정이 남곤의 집에 모여 밀의했다는 사실, 아울러 '주초위왕' 정도면 중종이 경동했으리라는 추정 등에 의해 그럴 듯하게 여겨졌다. 이에 대하여 남곤은 일언반구 변명을 하지 않아 수많은 역사기록물에 이런 이야기들이 실리게 되었던 것이다.

하지만 당시의 정황으로 볼 때 남곤이 나뭇잎으로 '주초위왕'이라는 참서를 만들었을 가능성은 거의 없다. 그럼에도 불구하고 이런 이야기들이 사림 사이에 사실인 양 회자된 이유는 나뭇잎 참서라는 형식만 제외한다면 핵심 내용은 틀리지 않았기 때문이다. 실제로 남곤은 '조광조가 왕이 된다'는 참설로 중종을 경동시켜 기묘사화를 일으켰다.

실록에 의하면 남곤은 늘 '조광조 등이 총애를 받기는 하지만 임금의 마음을 쉽게 바꿀 수 있다'고 호언장담했다 한다. 조광조가 대사헌으로 있던 당시 겉으로 드러난 중종의 신임은 말할 수 없이 깊었다. 당시 사람들은 누구도 그것을 의심하지 않았다. 다시 말해서 대부분의 사람들은 조광조에 대한 중종의 신임을 꺾을 방법이 없다고 생각했다. 하지만 남곤은 그 신임이 어떤 기반 위에 세워져 있는지를 정확하게 꿰뚫어 보았다. 조광조에 대한 중종의 신임은 근본적으로 반정공신들에 대한 공포심에서 비롯되었다. 중종은 조광조가 반정공신들의 위협으로부터 자신을 안전하게 지켜주기를 바랐다. 중종은 조광조에게서 안전과 평화를 갈구했던 셈이다.

이런 상황에서 중종이 조광조에게서 안전이나 평화가 아닌 위협이나 공포심을 느낀다면 그의 신임은 한순간에 날아갈 수 있었다. 남곤이 '임금의 마음을 쉽게 바꿀 수 있다'고 호언장담한 것은 이런 중종의 마음을 꿰뚫어 보았기에 가능했다.

조광조가 위훈삭제를 주장하며 중종을 압박할 때, 남곤은 홍경주와 심정을 이용해 중종에게 공포심을 불어 넣었다. 반정 1등 공신인 홍경주나 반정 3등 공신인 심정은 당연히 조광조의 위훈삭제에 반발했다. 그러나 그들에게는 스스로 대책을 세울만한 두뇌가 없었다. 그래서 홍경주와 심정은 틈이 날 때마다 남곤의 집을 찾아 대책을 물었다. 남곤이 제시한 대책이란 중종의 공포심을 자극하는 것이었다. 그 일은 중종의 후궁으로 있는 홍경주의 딸 희빈 홍씨와 박수림의 딸 경빈 박씨가 맡아서 했다. 남곤은 홍경주의 딸 희빈 홍씨로 하여금 '온 나라의 인심이 모두 조씨에게 돌아갔다'고 밤낮으로 중종에게 말하게 했다. 또한 심정은 경빈 박씨의 여종을 포섭해 '조씨가 나라를 마음대로 하는데 사람들이 모두 칭찬한다'는 말을 궁중에 퍼뜨리게 했다. 비록 남곤은 나뭇잎에 '주초위왕'이라는 참서를 쓰지는 않았지만 '조씨에게 인심이 모두 돌아갔다'는 소문을 궁중 가득 퍼뜨린 것이었다. '조씨에게 인심이 모두 돌아갔다'는 말은 곧 '조씨가 왕이 된다'는 것과 같은 뜻이었다. 조광조에 대한 중종의 불안감이 높아지지 않을 수 없었다.

그러던 중 11월 11일에 중종은 위훈삭제 명단을 논의하기 위해 홍경주를 입궐하라 명했다. 이날 중종은 홍경주와 면담했다. 그 자리에서 홍경주는 '조광조는 인망이 한 때에 매우 중하여 사람들이 모두 돌아가 붙으니 비상한 일이 있을지 모릅니다'라고 했다. '비상한 일'이란 곧 조광조가 왕이 될 수도 있다는 암시였다. 이 말에 중종은 왈칵 공포심을 느꼈다고 생각된다. 당시 위훈삭제를 주장하는 조광조에게 삼사, 대신 등 거의 모든 관료들이 동조하는 상황이었으며 중종의 마음도 상해있었다. 궁중에서는 '조씨에게 인심이 모두 돌아갔다'는 소문이 흉흉했다. 이런 상황에 '비상한 일'이 있을지도 모른다는 홍경주의 말은 중종에게 공포심을 불러일으키기에 충분했다. 그날 중종이 느낀 공포심은 홍경주에게 주었다는 밀지에 잘 나타난다.

"반정공신은 모두 공훈이 있는데 지금 4등을 공이 없다고 하며 삭제하기를 청하니, 이는 반드시 그 사람들을 구별하려는 것이다. 그런 뒤에 실제 공훈이 있는 사람을 뽑아서, 연산군을 마음대로 폐출한 죄로 논한다면 경 등이 어육이 되고 그 다음에는 나에게 미칠 것이다."(『중종실록』 권39, 15년 4월 13일조)

조광조적려유허비 전남 화순군 능주면에 있다.

중종의 공포는 위훈삭제를 주장하는 조광조의 최종목표가 혹 자신이 아닐까하는 의심에 있었다. 원리원칙과 대의명분으로만 생각하면 신하가 왕을 폐출하는 일은 대역무도였다. 조광조가 처음에는 '가짜 공신'을 삭제하자고 했지만, 그 다음에는 원리원칙과 대의명분을 내세워 '진짜 공신'을 대역무도로 몰아갈 수도 있다고 의심한 것이었다. 그렇게 된다면 반정공신들에게 추대된 자신은 결국 대역무도한 사람들에게 추대된 '가짜 왕'에 지나지 않았다. 조광조에게 그런 마음이 없다고 해도, 사람들의 압도적인 지지에 의해 그렇게 될 가능성이 있고 그렇게 되면 조광조의 본심과 관계없이 그가 왕이 되는 것도 불가능한 일은 아니었다. 이런 의심까지 하게 된 중종은 '공황장애' 같은 상태에 빠졌던 것이다. 공포에 질린 중종은 앞뒤 상황을 헤아리지도 않고 곧바로 홍경주에게 밀지를 주어 조광조를 제거하라고 했다. 국왕의 밀지는 비상사태에서나 내리는 것인데, 중종은 그때 밀지를 내렸던 것이다. 그 정도로 중종의 공포심이 컸다고 하겠다.

중종의 밀지를 받은 홍경주는 은밀하게 사람들을 모았다. 그리고 11월 15일 밤에 남곤, 심정, 홍경주 등이 주동이 되어 조정 중신들과 함께 신무문 안으로 들어갔다. 남곤은 중종의 밀지를 내세워 조정중신들에게 '조광조의 처벌'을 요청하게 했다. 이렇게 되어 조광조는 이유도 모른 채 체포되어 숙청된 것이었다. 조광조가 체포되던 날, 대소 관료들이 모두 상소하여 조광조의 무죄를 주장했고 성균관 유생 1백 50여 명은 대궐문을 밀치고 난입하여 통곡하니 곡성이 궐 안에 가득했다. 조광조를 살리려는 이들의 집단행동은 '조씨에게 인심이 모두 돌아갔다'는 참설을 실증시킨 결과가 되었다. 결국 조광조는 귀양에 처해졌다가 사사되기에 이르렀다.

죽음에 임한 조광조는 '임금 사랑하기를 아비 사랑하듯 했으니 하늘의 해가 붉은 충정을 비추리'라고 읊었다고 한다. 조광조가 읊은 대로 그의 마음은 붉은 충정이었을 것이다. 그 붉은 충정으로 중종을 훌륭한 임금으로 만들려 했을 것이다. 그러나 조광조는 중종의 마음속에 깃들어 있는 공포심과 공황장애를 제대로 보지 못했다. 조광조는 중종이 명실상부한 태양이 되기를 소원했고, 그래서 중종의 마음도 하늘의 태양 같을 것이라 기대했을까? 그러나 중종의 마음이 태양 같이 되기에는 공포심이 너무 컸다. 그런 면에서 기묘사화의 비극은 그런 중종의 마음을 제대로 헤아리지 못한 조광조, 그리고 그런 마음을 스스로 극복하지 못한 중종에게서 비롯되었다고 하겠다.

저주를 혹신한 극단의 심리, 광해군

저주와 원한, 그 원인을 살피자면 끝이 없다 ❀ 유릉저주사건은 파국의 시작이었다 ❀ 신뢰를 떠난 사건의 진실은 저주의 시작이었다 ❀ 저주의 혹신은 결과를 예고하는 것이었다 ❀ 저주에 대한 공포는 자기 확신을 부정한 패륜이었다

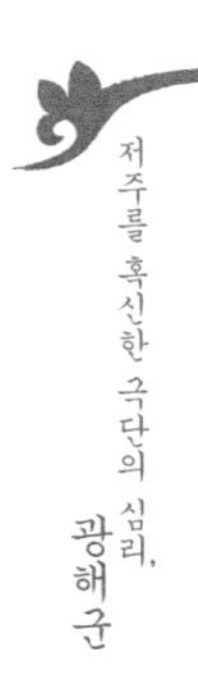

저주를 혹신한 극단의 심리, 광해군

저주와 원한, 그 원인을 살피자면 끝이 없다

광해군은 선조 8년(1575)에 태어났다. 그해가 을해년이라 광해군은 돼지띠였다. 광해군이 태어나고 2년 후에 생모 공빈 김씨가 27살의 나이로 세상을 떠났다. 실록에 의하면 공빈 김씨는 산후병 때문에 세상을 떠났다고 하는데 광해군을 낳은 후유증이었다. 그런데 공빈 김씨는 누군가가 자신을 저주하여 죽게 되었다고 생각했다. 실록에 이런 내용이 있다.

> "공빈 김씨는 사포 김희철의 따님이었다. 임해군, 광해군 두 왕자를 출생했는데, 이에 이르러 산후병으로 세상을 떠났다. 평상시 왕의 총애를 받아 다른 후궁들이 사랑에 끼어들지 못했다. 병이 위독해지자 주상에게 하소연하기를, '저를 원수로 여기는 자가 궁중에 있는데, 그가 제 신발을 가져다가

저주하여 저를 병들게 했습니다. 그런데도 주상께서는 조사하여 밝히지 않으셨습니다. 오늘 제가 죽게 된 것은 주상께서 그렇게 하신 것입니다. 그러니 죽어도 원망하거나 미워하지 않겠습니다.' 했다. 주상께서 몹시 애도하여 후궁을 만나면 사납게 구는 일이 많았다." (『선조수정실록』 권11, 10년 5월 1일조)

공빈 김씨는 자기가 27살 밖에 되지 않았는데도 산후병이 깊어지자 저주 때문이라 의심했다. '신발을 가져다가 저주' 했다는 하소연으로 보면 누가 저주했는지 또 어떻게 저주했는지 심증이 있었다고 여겨진다. 물론 혐의자는 공빈 김씨를 질투하는 어떤 후궁이었을 것이다.

조선시대 왕의 후궁들은 왕의 총애를 차지하기 위해 경쟁자의 신발을 악용하는 사례가 꽤 있었다. 왕의 총애를 차지한 후궁의 신발을 이용해 저주를 하거나 또는 그 후궁에게 간 총애를 자신에게 오게 하려는 시도들이 그것이었다. 그런 사례가 발생하면 어느 경우든 저주 또는 요술로 간주되어 엄벌을 받았다. 예컨대 세종의 큰며느리였던 휘빈 김씨의 경우가 그렇다.

휘빈 김씨는 세종 9년(1427)에 당시의 왕세자였던 문종의 세자빈이 되었다. 문종은 병약할 뿐만 아니라 공부에만 취미가 있고 여색에는 관심이 없었다. 휘빈 김씨는 무관심한 남편의 사랑을 받기 위해 몸부림쳤다. 그런 와중에 문종은 효동孝童, 덕금德金이라는 시녀에게 관심을 보였다. 외로움과 질투심에 휩싸인 휘빈 김씨는 남편의 사랑을 되찾아 올 비법을 찾았다. 휘빈 김씨는 자신이 신임하는 시녀 호초胡椒에게 비법을 알아오게 했다. 호초는 중가이重加伊라는 여인에게서 비법을 알아내어 전했다. 그 비법은 '남자가 좋아하는 여인의 신을 가져다가 자기 손으로 베어 불에 태워 가루를 만들어 술에 타서 남자에게 마시게 하는' 것이었다. 휘빈 김씨는 배운 대로 효동, 덕금의 신발을 훔쳐오게 한 후, 자신이 직접 베어냈다. 이렇게 세 번을 훔쳐와 넉넉하게 준비해 두었다. 휘빈 김씨는 문종을 만나는 기회에 그것들을 불에 태워 술에 타 마시게 하려 했던 것이다. 하지만 문종이 찾아오지 않는 바람에 실행하지는 못하고 있었다.

그런 와중에 효동과 덕금은 자신들의 신발이 자꾸 없어지자 수상하게 생각했다. 아마도 효동과 덕금은 누군가가 신발을 이용해 저주한다고 생각해 감찰 상궁에게 알렸던 듯하다. 결국 그 사건은 세종에게까지 보고되어 세종이 직접 조사하게 되었다. 먼저 효동과 덕금의 신발을 누가 훔쳤는지 조사했는데, 휘빈 김씨가 배후조종자라는 사실이 밝혀졌다. 휘빈 김씨가 몰래 가지고 있던 증거물도 압수되었고 자백도 받았다.

이 사건은 사소하다면 사소할 수도 있었다. 누군가를 재앙에 빠뜨리려는 저주사건이 아니라 단지 남편의 사랑을 얻기 위한 치정사건이라 이해할 수도 있기 때문이다. 하지만 세종은 관련자들을 엄하게 처벌했다. 사건이 저주는 아니었지만 어쨌든 요술이었기 때문이다. 세종은 휘빈 김씨를 내쫓았을 뿐만 아니라 그 술법을 알려준 호초는 참형에 처했다.

이 사건이 알려지자 신료들은 더욱 엄한 처벌을 요청했다. 호초 뿐만 아니라 호초에게 술법을 가르쳐준 중가이 그리고 호초와 중가이의 친인척들도 처벌해야 한다고 했다. 하지만 세종은 호초를 참형하는 선에서 그쳤다. 만약 신료들의 요청대로 하자면 그것은 중가이에서 그치는 것이 아니라 한없이 확장되기 때문이었다. 중가이를 처벌하면 당연히 중가이에게 술법을 전한 사람을 찾아야 하고 그를 찾아 본인과 친인척을 처벌하면 또 그에게 술법을 전한 사람을 찾아 처벌해야 했다. 그렇게 하다보면 끝이 없게 된다. 세종은 최소한의 선에서 사건을 마무리하기 위해 휘빈 김씨를 내쫓고 호초만 참형에 처했던 것이다.

그런데 광해군의 생모 공빈 김씨의 경우는 휘빈 김씨의 경우보다 훨씬 심각한 사건이었다. 공빈 김씨는 누군가의 저주 때문에 자신이 죽게 되었다고 주장했다. 따라서 그 사건은 요술이 아니라 저주사건이었다. 만약 조사하게 되면 공빈 김씨를 저주할 만한 혐의를 받는 사람들은 누구도 벗어날 수 없었다. 그래서 선조는 공빈 김씨의 하소연을 무시했던 것이다.

조선시대 사람들은 원인을 알 수 없는 재앙은 귀신이나 저주 때문이라고 생각했다. 이유도 없이 몸이 아프거나 사고가 발생하면 곧 누군가 저주했기 때문이라 간주했다. 바로 이런 이유 때문에 저주는 악용될 소지가 다분했다. 아프지도 않은데 아픈 척 꾀병을 피울 수도 있고, 자기 스스로 저주사건을 조작해서 상대방에게 덮어씌울 수도 있었다.

그러므로 저주사건이 발생하면 그 사실여부를 명확하게 파악해야 함은 물론 그런 사건이 왜 일어났는지 배경을 파악하는 일이 매우 중요했다. 자칫 어설프게 저주사건을 파고들다가는 인간 사이의 온갖 원한관계만 들추다 마는 경우가 많았다. 인간 사이의 원한관계는 눈에 보이거나 실물로 증명되는 것이 아니다. 원한관계는 궁극적으로 미워하는 인간의 마음 그리고 그런 마음을 가진 인간과 인간 사이의 관계일 뿐이다.

조선시대 궁중의 저주사건을 조사하는 경우, 대부분은 수많은 인간들의 원한관계 속에 휘말려들기만 할뿐 분명한 결말을 내지 못하는 경우가 많았다. 예컨대 혐의자 한 사람을 조사하면 그와 원한관계에 있는 수많은 사람들이 드러나고, 다시 그들을 조사하면 훨씬 더 많은 원한관계가 드러난다. 이렇게 확대되기 시작하면, 원한관계는 점차 친구, 친인척, 지인 등등 한정 없이 커진다. 나중에는 조사하는 자나 조사받는 자나 이런저런 원한관계에 휘말려 조사 자체가 불가능하게 되는 것이다.

성묘成墓 광해군의 생모 공빈 김씨의 묘로서 경기도 남양주시 진건읍에 있다.

선조가 공빈 김씨의 하소연을 무시한 이유가 앞서 언급했듯이 바로 여기에 있었다. 선조가 저주사건을 조사한다면 공빈 김씨와 원한관계에 있는 후궁들이 1차 대상이 되어야 한다. 당연히 그 대상자들은 공빈 김씨가 지목하게 된다. 공빈 김씨는 과거에 자기에게 적대적인 말이나 행동을 했던 후궁들을 지목할 것이고, 혐의자들은 자신들의 결백을 증명하기 위해 다른 사람들을 끌어들이게 된다. 이렇게 되면 궁중 안의 모든 후궁과 궁녀가 연루될 것이 명약관화했다. 선조는 그런 사태를 우려했던 것이다. 하지만 공빈 김씨가 죽은 후 선조는 혹시 저주 때문에 그렇게 되었을지도 모른다는 자책에서 벗어나지는 못했다. '후궁을 만나면 사납게 구는 일이 많았다'라는 기록은 혹시 그 후궁이 저주를 한 것은 아니었을까 하는 의심, 그리고 공빈 김씨를 위해 조사를 했어야 했다는 회한 등으로 선조가 괴로워했음을 보여준다.

이런 사실은 당시 사람들이 저주를 두려워하기도 하고 믿기도 했음을 알려준다. 실제 조선시대 사람들은 상상 이상으로 저주를 두려워하고 믿었다. 그런 만큼 저주에 대한 처벌도 엄격했고 저주 술법도 다양했다.

조선시대 저주는 '10악 대죄'라는 어마어마한 죄악으로 간주되었다. 10악 대죄란 과거 동양사회에서 가장 극악한 죄악으로 간주했던 10가지의 큰 범죄란 뜻인데, 주로 불충 죄와 불효 죄였다. 불충은 국가를 위험에 빠뜨리는 죄악이고, 불효는 가정을 위험에 빠뜨리는 죄악이었다. 10악 대죄를 범한 죄인은 무조건 사형되었으며, 친인척들은 연좌되어 처벌되었다.

조선시대 저주는 10악 대죄 중에서도 부도不道에 해당하는 죄악이었다. 부도는 일가족을 몰살시키거나 사람을 찢어 죽이는 등의 흉악한 범죄를 지칭했다. 조선시대에는 저주를 해서 사람을 죽이는 행위를 흉악한 살인행위로 간주했던 것이다.

저주는 근본적으로 타인을 재앙에 빠뜨리기 위한 사악한 술법이었다. 그런 술법들 중에서 법으로 금지된 대표적인 술법이 '압승술壓勝術', '귀매鬼魅', '고독蠱毒'의 세 가지였다. 이 세 가지의 저주 술법은 각각의 방법이 달랐다.

'압승술'은 '저주물'이라고 부르는 매개체를 통해 상대방을 재앙에 빠뜨리는 술법이었다. 예컨대 허수아비를 만들어 칼로 찌르거나, 초상화를 그려 활로 쏘는 따위, 또는 개나 고양이 같은 짐승을 잔인하게 죽임으로써 상대방에게 재앙이 전가되게 하는 술법이 그것이었다. 여기서 사용된 허수아비, 초상화, 개, 고양이 등은 저주물이었다. 눈에 보이는 물건만이 저주물은 아니었다. 욕이나 주문처럼 눈에 보이지 않는 것도 저주물로 이용되었다. 특정 인간을 죽거나 병이 들라고 저주하는 욕이나 주문 자체가 무시무시한 저주물이었던 것이다.

'귀매'는 귀신을 이용하는 술법이었다. 저주물은 저주받을 대상자를 상징하는 물건 또는 관념이지만 귀매는 원한어린 귀신이라는 점에서 달랐다. 귀매의 원한이 클수록 저주의 효과가 크다고 생각했기에 귀매를 만들기 위해 잔인한 방법이 사용되었다. 귀매와 관련해서 『성호사설』이라는 책에는 이런 내용이 소개되어 있다.

"우리나라에는 염매魘魅라는 괴이한 것이 있다. 염매는 다음과 같이 만든다. 우선 나쁜 행동을 하는 자가 남의 집 어린애를 유괴하여 고의적으로 굶기면서 겨우 죽지 않을 정도로 먹이는데 때때로 맛있는 음식을 조금만 주고 먹게 한다. 그러면 아이는 살이 쏙 빠지고 바짝 말라서 거의 죽게 될 정도에 이른다. 그러므로 아이는 먹을 것만 보면 얼른 끌어당겨 먹으려 한다. 이렇게 한 다음, 대나무 통 안에 맛있는 음식을 넣어 놓고 아이를 꾀어 들어가게 한다. 아이는 온힘을 다해 통 안으로 들어가려 한다. 이때 날카로운 칼로 번개같이 아이를 찔러 죽인다. 아이의 정혼精魂이 통 안으로 뛰어 들어간 후에 입구를 막아 나오지 못하게 한다. 부유한 집을 지나게 되면 맛있는 음식으로 아이의 정혼을 꿰어내 아이의 원귀로 하여금 재앙의 빌미가 되게 한다. 아이의 원귀를 꿰어 사람들의 머리를 아프게 하기도 하고 배가 아프게 하기도 한다. 재앙을 당한 사람들이 절박하게 되어 치료해 달라고 한 다음에는 아이 귀신을 꿰어 그치게 하여 자신의 이익을 삼는다. 세속에서는 그것을 염매라고 한다. 국가에서 엄히 징벌할 뿐만 아니라 고독蠱毒의 죄보다 더 엄하게 하여 사면도 받지 못하게 한다. 요사이는 또한 이런 일이 있다는 것을 듣지 못했다. 이는 법이 준엄하기 때문이다."(『성호사설』 권5, 만물문萬物門 염매고독魘魅蠱毒)

조선시대의 귀매에 관해서는 남이장군의 전설이 꽤 널리 퍼져 있다. 남이 장군이 젊었을 때 길거리에서 노는데 종이 보자기에 작은 상자를 싸가지고 가는 것을 보았다. 그런데 보자기 위에는 분 바른 여자 귀신이 앉아 있었다. 그 귀신을 다른 사람들은 보지 못했지만 남이 장군은 보았던 것이다. 남이 장군은 괴이한 생각이 들어 종의 뒤를 따라 갔다. 그 종은 어떤 재상의 집으로 들어갔는데 조금 있다가 그 집에서 곡하는 소리가 들렸다. 남이 장군이 까닭을 묻자, '주인 집 작은 아가씨가 갑자기 죽었다'고 했다. 남이 장군은 '내가 들어가서 살려 낼 수 있다'고 하자, 그 집에서는 처음에 믿지 않다가 한참 후에 허락했다. 남이 장군이 들어가 보니 분 바른 여자 귀신이 아가씨의 가슴을 타고 앉아 있었다. 그 여자 귀신은 남이 장군을 보자 얼른 달아났고 아가씨는 되살아났다. 이 아가씨가 바로 당시 좌의정 권람의 넷째 딸이었다. 권람은 고마운 마음에 남이 장군을 사위로 맞았다.

이 전설에서는 남이 장군이 귀신도 쫓아내는 신통력을 가진 것으로 묘사되고 있는데, 여기에서 분 바른 여자 귀신이 바로 귀매라고 할 수 있다. 누군가가 권람을 저주하여 그 딸을 죽이려 귀매를 들여보냈던 것이다. 분 바른 여자 귀신이 보자기 위에 앉았다는 사실로 미루어본다면 그 귀매는 여자아이의 원혼으로 된 귀매라고 하겠다. 조선시대 사람들은 이런 전설을 단순한 전설이 아니라 실제 사실로 받아들이고 믿었던 것이다.

'고독'은 저주에 이용하는 독벌레라는 뜻이다. 고독은 다음과 같이 만든다고 한다. 먼저 그릇 안에 독충, 파충류 등 끔찍한 벌레들을 넣어서 서로 잡아먹게 한다. 최후로 한 마리만 살아남는데 그 벌레가 바로 고독이다. 고독은 종류에 따라 뱀은 사고蛇蠱, 고양이는 묘고猫蠱, 개는 견고

犬蠱, 누에는 금잠고金蠶蠱, 사마귀는 당랑고螳螂蠱 등으로 불렀다. 고독은 태워서 분말을 만들고 이것을 술이나 음식에 넣어 저주받을 사람으로 하여금 먹거나 마시게 한다. 고독을 마신 사람은 질병이나 정신착란 같은 재앙을 당한다고 믿었다.

압승술, 귀매, 고독 같은 저주는 '타인에 대한 증오심' 그리고 '이유를 알 수 없는 재앙에 대한 두려움'에 근거한다. 타인에 대한 증오심이 없다면 저주를 할 이유가 없다. 또 이유가 분명한 재앙이라면 누군가의 저주를 의심할 이유가 없다. 그러므로 저주사건을 처리하는 조선시대 왕들의 모습은 그들의 증오심과 두려움이 어느 정도인가에 따라 서로 다른 형태로 나타나게 된다. 예컨대 세종처럼 증거가 분명한 사건의 핵심자만 골라 처벌하는 경우도 있고, 선조처럼 아예 조사를 하지 않는 경우도 있었다. 반대로 저주사건에 한정 없이 빠져 들어가는 경우도 있었다.

유릉저주사건은 파국의 시작이었다

공빈 김씨가 세상을 떠났을 때 광해군은 세 살, 임해군은 네 살이었다. 자신들의 생모가 누군가의 저주로 죽었다는 생각을 하기에는 두 형제의 나이가 너무 어렸다. 공빈 김씨가 살아 있었을 때, 광해군과 임해군은 선조의 사랑을 받았다. 물론 공빈 김씨가 선조의 사랑을 받았기에 당연한 일이었다. 하지만 공빈 김씨가 세상을 떠난 후로 광해군과 임해군에 대한 선조의 사랑은 예전 같지 않았다. 선조는 공빈 김씨 대신 인빈 김씨를 총애하였고, 인빈 김씨가 출산한 아이들을 사랑했다. 공빈 김씨가 세상을 떠난 지 1년 만인 선조 11년(1578)부터 인빈 김씨는 아이들을 낳기 시작해 선조 13년에는 아들을 세 명이나 낳았다. 이 아이들이 광해군과 임해군을 대신해서 선조의 사랑을 받았던 것이다.

당시 광해군과 임해군은 왕비인 의인왕후 박씨가 맡아서 길렀다. 의인왕후 박씨는 비록 아이는 없었지만 왕비였기에 광해군과 임해군의 공식적인 어머니였다. 세월이 흐르면서 광해군과 임해군은 왜 선조의 사랑이 식었는지, 생모가 어쩌다가 세상을 떠났는지 알았을 것이다. 그랬다면 광해군이나 임해군은 어려서부터 저주를 몹시 혐오하거나 두려워했을 가능성이 크다. 실록에 의하면 광해군과 임해군은 어렸을 때 인빈 김씨를 몹시 미워했다고 하는데, 분명 두 형제는 인빈 김씨가 자신들의 생모를 저주해 죽이고 또 선조의 사랑까지도 빼앗아 갔다고 생각했을 것이다.

저주에 대한 임해군의 반응은 이른바 유릉저주사건을 통해 살펴볼 수 있다. 유릉저주사건은 선조 40년(1607) 10월에 유릉에서 있었던 저주사건을 지칭하는데 유릉은 의인왕후 박씨의 능이었다. 의인왕후 박씨는 선조 33년(1600) 6월에 세상을 떠났는데, 선조 40년 10월에 그곳에서 저주사건이 발생한 이유는 선조의 중병 때문이었다.

선조 40년 10월 9일 새벽, 잠자리에서 일어난 선조는 방 밖으로 나가려다 기절해 넘어졌다. 선조는 혼수상태에 빠져들었다. 어의 허준, 조홍남 등이 처방한 청심원 등을 복용한 후에야 선조는 겨우 정신을 차릴 수 있었다. 하지만 오후가 되자 선조는 다시 혼수상태에 빠져 들었다. 약을 먹고 깨어났던 선조는 한 밤중에 또 혼수상태에 빠졌다가 약을 먹고 깨어났다. 이렇게 하루에도 몇 번이나 혼수상태에 빠졌다가 깨어나자 대부분의 사람들은 선조가 더 이상 살지 못할 것으로 예상했다. 선조 스스로도 회복되지 못할 것으로 생각하고 세자 광해군에게 왕위를 물려주려고 했다.

그런데 금방 세상을 떠날 것 같았던 선조는 이튿날부터 조금씩 병세가 호전되었다. 그렇다고 병세가 완연하게 좋아지지는 않았다. 이런 상황에서 귀신 때문에 선조가 중병에 든 것이라는 소문이 궁중에 돌기 시작했다. 그렇다면 선조를 해코지할 귀신은 어떤 귀신일까?

그럴만한 귀신은 많겠지만 우선적으로 의인왕후 박씨와 공빈 김씨의 원혼이 거론될 수 있었다. 의인왕후 박씨는 수십 년을 왕비로 있었지만 선조의 따뜻한 사랑한번 받지 못하고 아이도 낳지 못한 채 세상을 떠났다. 또한 공빈 김씨는 자신이 저주에 걸려 죽게 되었다고 하소연했는데도 선조가 들어주지 않았다. 이들이 이승의 선조에게 원한을 품으려면 충분히 품을 수도 있는 상황이었다. 하지만 의인왕후 박씨와 공빈 김씨의 원혼이라면 선조에게 원한을 품은 지가 짧게는 7년 길게는 30년이나 되는데 왜 하필 그 시점에서 선조를 중병에 들게 했을까?

많은 사람들은 바로 인목왕후 김씨와 영창대군 때문이라고 생각했다. 의인왕후 박씨가 세상을 떠난 후 선조는 인목왕후 김씨를 왕비로 맞이해 아들 영창대군을 낳았다. 여기에서 나아가 세자 광해군을 영창대군으로 바꾸려고까지 했다. 만약 의인왕후 박씨와 공빈 김씨의 원혼이 있다면 그것을 막고 싶어 한다는 추론이 가능했다. 당연히 두 원혼이 세자 교체를 저지하기 위해 선조를 죽이려 했다는 의심이 나올 수 있었다. 당시 영창대군이 두 살밖에 되지 않았기에, 그 때에 선조가 죽는다면 세자 광해군이 자연스럽게 왕위를 계승할 수 있었기 때문이다.

이런 의심은 누구보다도 인목왕후 김씨와 영창대군이 제기했을 가능성이 높다. 만약 그런 의심이 제기되었다면 영창대군은 두 살에 불과하니 실제로는 인목왕후 김씨가 했다고 보아야 한다. 하지만 인목왕후 김

목릉 선조와 의인왕후 박씨의 능으로, 경기도 구리시 인창동에 있다.

씨가 그런 의심을 노골적으로 드러냈는지는 알 수 없다.

그러나 영창대군을 모시는 종들 사이에서는 그런 의심이 노골적으로 돌았다. 그들은 은밀하게 무당을 불러 점을 쳤다. 무당은 선조의 중병을 의인왕후 박씨와 공빈 김씨의 원혼 때문이라고 했다. 의심 그대로였다. 영창대군을 모시는 종들은 의인왕후 박씨와 공빈 김씨의 원혼을 몰아내기 위해 굿을 하기로 했다. 굿은 원혼이 잠들어 있는 곳, 즉 의인왕후 박씨의 능인 유릉과 공빈 김씨의 무덤에서 해야 했다. 이때 영창대군을 모시는 종들이 인목왕후 김씨에게 보고를 했는지 또는 의논을 했는지는 알 수 없다. 인목왕후 김씨가 이 문제를 선조와 의논했는지도 알 수 없다.

그런데 영창대군 쪽에서 이런 일들이 진행되자 여기에 불만을 품은 사람들이 나타났다. 그들은 의인왕후 박씨 밑에서 일하던 궁녀들이었다. 특히 의인왕후 박씨가 친정에서 데리고 들어왔던 궁녀가 불만을 품었는데, 경춘景春이라고 하는 궁녀였다. 경춘은 11살 때 의인왕후 박씨를 따라 입궁한 후 30여 년 동안 의인왕후 박씨를 모셨다. 궁중의 관습대로 했다면 경춘은 의인왕후 박씨가 세상을 떠난 후 출궁했어야 했다. 하지만 경춘은 출궁하지 않고 계속 궁궐에서 일했는데, 『계축일기』에 그 사연이 소개되어 있다.

경춘은 매우 과묵한 여성이었다. 경춘은 자기보다 손위 상궁을 보면 꿇어 엎드려 인사만 할 뿐 다른 말은 전혀 하지 않았다. 이처럼 입이 무거운 것이 궁녀에게는 큰 장점이었다. 그래서 의인왕후 박씨가 세상을 떠난 후, 인목왕후 김씨는 경춘을 자신의 지밀상궁으로 들였다. 그때 늙은 상궁들은 경춘이 혹 배신하고 비밀을 누설할지도 모른다며 반대했다고 한다. 하지만 인목왕후 김씨는 '돌아가신 의인왕후의 본가 사람들이 본래 다들 뛰어나셨고, 또 의인왕후께서도 어지셨다 들었다. 주인이 훌륭하면 종조차 훌륭한 법이니라.'고 썼다고 한다.

경춘은 영창대군이 태어난 후 인목왕후의 지밀에서 밀려나 영창대군을 돌보게 되었다. 경춘은 자신을 의심하는 상궁들이 모함해서 쫓아낸 것이라 생각했을 듯하다. 경춘을 인목왕후의 지밀로 들이는 것을 반대했던 상궁들은 계속해서 경춘을 따돌렸으리라 짐작된다. 당연히 경춘은 인목왕후 김씨의 상궁들에게 이런저런 불만을 품었다고 생각된다. 그러던 중에 경춘은 유릉에서 굿판이 벌어진다는 소문을 들었다. 그 굿은 의인왕후 박씨의 원혼을 쫓아내기 위한 저주의 굿판이었던 것이다. 당시 궁중에는 이와 관련된 온갖 소문이 돌았다. 유릉에서의 저주는 물론 누군가가 의인왕후 박씨의 초상화를 그려놓고 활을 쏘았다는 소문까지도 돌았다.

이런 소문을 들은 경춘은 몹시 갈등했다. 자신이 30여 년이나 모시던

상전을 향해 온갖 저주가 벌어진다는데 속이 편할 리 없었다. 게다가 그 저주를 주동하는 사람들은 자신을 따돌리는 인목왕후 김씨의 상궁들이 분명했다. 경춘은 그 저주를 막고자 자신이 들었던 이런저런 소문을 의인왕후 박씨의 올케에게 모두 이야기했다. 이렇게 해서 유릉의 저주 그리고 의인왕후 박씨의 초상화에 활을 쏘았다는 소문이 왕후 박씨의 문중에 널러 퍼졌다. 그 소문은 박씨 문중에만 머물지 않고 임해군에게도 들어갔다. 물론 공빈 김씨의 무덤에서도 저주의 굿판이 벌어진다는 소문이었다.

당시 임해군은 이미 혼인해서 궁 밖에서 살고 있었다. 공빈 김씨의 무덤에서 저주의 굿판이 벌어진다는 소문을 들은 임해군은 자신의 노비들을 동원해 생모의 무덤을 지켰다. 임해군은 2천명에 이르는 수많은 노비를 거느리고 있었다. 당시 임해군이 얼마 정도의 노비들을 동원해 무덤을 지켰는지는 알 수 없지만 상당히 많은 수의 노비들을 동원했으리라는 추측은 가능하다. 그 덕분에 공빈 김씨의 무덤에서는 굿이 벌어지지 않았다.

궁궐 밖에서 이런 일이 벌어지고 있을 때, 광해군이 관련 소문을 들었는지는 알 수 없다. 그때 광해군은 선조의 병석을 지키고 있어서 듣지 못했을 가능성이 높다. 어쨌든 임해군은 생모 공빈 김씨의 무덤에서 저주의 굿판이 벌어질 것이라는 소문에 노비들을 동원할 정도로 예민하게 반응했던 것만은 사실이다.

유릉에서 저주의 굿판이 벌어진다는 소문에 의인왕후 박씨의 문중에서도 민감하게 반응했다. 그때 의인왕후 박씨의 사촌동생이었던 박동량은 형조에 재직하고 있었다. 박동량은 당시 한양에서 이름 높던 무당 수련개를 체포하여 조사했다. 수련개는 의인왕후 박씨 가문의 여종이었지만 신통하다는 소문이 자자해 궁중에서도 자주 부르곤 했다. 궁중에서는 수련개에게 왕실의 은밀한 점이나 굿을 의뢰했다. 이런 무당을 나라무당 즉 국무당이라 했다. 수련개는 의인왕후 박씨의 친정집 여종이었기에 왕실의 신뢰도 받을 수 있었다. 수련개는 의인왕후 박씨가 세상을 떠난 후에도 계속 궁중에 드나들었다. 그래서 박동량은 수련개를 의심해서 체포하여 조사했던 것이다.

수련개는 혐의를 완강히 부인했기에 자백을 받아내려면 고문을 해야 했다. 하지만 수련개를 고문하는 일은 매우 위험했다. 수련개와 거래하는 고객 중에는 선조, 인목왕후 김씨 등이 있었기 때문이다. 자칫하다가는 고문을 이기지 못한 수련개가 왕과 왕비의 사생활을 폭로할 수도 있었다. 게다가 관련자들을 조사하려면 왕과 왕비의 궁녀, 환관들을 소환해야만 했다. 왕의 명령도 없이 그렇게 하는 것은 곧 대역무도였다. 박동량은 더 이상의 조사를 포기하고 수련개를 석방했다. 이렇게 해서 이른바 유릉저주사건에 대한 조사는 소문만 무성한 채 아무런 결말도 보지 못하고 끝났다. 경춘이 들었다는 소문이 사실인지 또는 그냥 헛소문인지, 사실이라면 누가 굿을 했으며 의뢰인은 누구인지에 관해 아무런 결론도 나지 않았던 것이다.

신뢰를 떠난 사건의 진실은 저주의 시작이었다

광해군 5년(1613) 3월에 조령에서 살인강도가 행상인을 죽이고 은자 수백 냥을 탈취한 사건이 발생했다. 강도들은 행상인을 모두 죽여 증거를 없앴다고 생각했지만 실수였다. 행상인의 종이었던 춘상春祥이라는 자가 살아남았던 것이다. 춘상은 몰래 살인강도들의 뒤를 밟았고, 살인강도들은 여주 지역의 어느 마을로 들어갔다.

위치를 확인한 춘상은 포도청에 신고했다. 포졸들은 현장을 기습하여 혐의자 몇 명을 체포했는데, 그 중에 덕남德男이라는 노비가 있었다. 고문이 두려웠던 덕남은 매를 맞기 전에 모든 사실을 자백했다. 살인강도는 박응서, 서양갑, 심우영, 허홍인 등이라고 했다. 이들은 모두 명문대가의 서자들이었다. 예컨대 박응서의 아버지는 선조 때에 영의정을 지낸 박순이었고, 서양갑의 아버지도 선조 때에 의주목사를 지낸 서익이었다.

살인강도 중에서 제일 먼저 체포된 박응서는 사건과 공범 등을 곧바로 자백했다. 박응서는 살인강도였으니 당연히 사형이었지만 비록 살인강도에 서자라고는 해도 영의정 박순의 아들이었다. 그와 직간접으로 연결되는 사람들은 박응서를 구명하고자 했다. 포도대장 한희길은 난처한 입장이었다. 사건을 본격적으로 수사하면 무수한 고관대작들이 연루될 것이 뻔했다. 그렇다고 명백한 살인강도사건을 무시할 수도 없었다. 이럴까 저럴까 망설이던 한희길은 단순 살인강도사건으로 마무리 짓고자 했다.

그런데 당대의 실력자 이이첨도 이 사건에 대한 소문을 들었다. 이이첨은 박응서를 이용해 뭔가 음모를 꾸미고자 했다. 음모가 성사되려면 포도대장 한희길의 도움이 필요했다. 이이첨은 한희길을 불러 관련사실을 확인했다. 이와 관련해서 야사에는 이런 이야기도 전한다. 박응서 사건을 들은 이이첨은 몸소 한희길의 집에 찾아가 공손하게 절을 올렸다. 놀란 한희길이 '어째서 저에게 절을 하십니까?' 라고 묻자, 이이첨은 '공의 얼굴을 보니 복스럽게 생긴 관상입니다. 머지않아 큰 공을 세울 것이니 축하하는 것입니다.'라고 했다. 이이첨이 한희길을 포섭했다는 이야기다.

만약 한희길이 박응서 사건을 단순 살인강도로 처리해 버리면 일이 싱겁게 끝날 수도 있었다. 단순 살인강도는 형조에서 처형하면 그만이었다. 한희길이 박응서를 단순 살인강도자로 확정하여 왕에게 보고한 후 형조로 넘겨 사형을 집행하면 끝나는 일이었다.

그러나 한희길이 박응서 사건을 모반대역으로 처리한다면 사정은 달라진다. 모반대역은 미리 왕에게 보고해야 했다. 수사 주체도 포도청이 아니라 의금부로 바뀐다. 그러려면 우선 박응서 스스로가 자신은 모반대역 죄인이라 자백해야 했다.

이이첨은 한희길의 묵인 하에 사람을 보내 박응서를 회유했다. 만약 모반대역으로 고변하면 사형을 면해주고 공신이 될 수 있게 해주겠다고 했다. 실제 조선시대에는 모반대역을 고변한 사람을 공신으로 책봉한 경우도 있었기에, 죽음을 각오하고 있던 박응서가 마다할 까닭이 없었다. 광해군 5년(1613) 4월 15일 오후 4시쯤, 박응서는 '저희들은 천한 도적이 아니라 은화를 모아 무사들과 결탁한 다음 반역하려 했습니다'라는 취지의 고변서를 광해군에게 올렸다.

역모사건이 고발되면 왕은 만약의 사태에 대비해야 했다. 병력을 늘려 궁궐과 수도를 경비하는 한편 신속하고 정확하게 역모사건을 조사해야 했다. 조사 과정에서 중요한 것은 왕이 균형감각을 잃지 말아야 한다는 점이었다. 혹시나 하는 의심에 휩싸여 애매한 사람들을 역적으로 몰아 죽여서도 안 되지만, 만에 하나라도 있을 역모의 가능성은 철저하게 파헤쳐야 했다.

고변서를 접한 광해군은 곧바로 대신과 의금부 당상관들을 소집했다.

영의정 이덕형, 좌의정 이항복, 판의금부사 박승종 등이 입시했다. 광해군은 이들에게 고변서를 보여주었다. 신료들은 '즉시 국문하여 그 정상을 알아내는 한편, 고변서에 등장한 사람들을 은밀히 체포하여 국문하는 것이 마땅합니다'라고 건의했다. 광해군은 '아뢴 대로 하라'고 하면서 박응서를 의금부로 옮겨 특별 감옥에 단단히 수금하게 했다. 이렇게 해서 박응서는 단순 살인강도에서 갑자기 모반대역 죄인으로 돌변하게 되었다.

광해군은 당일 저녁부터 직접 박응서를 조사하기 시작했다. 조사는 한밤중까지 계속되었다. 이 조사에서 무시무시한 이야기들이 튀어나왔다.

박응서는 자신을 비롯하여 서양갑, 심우영, 허홍인 등은 서자차별에 불만을 품어 역모를 꾸몄다고 하면서 우두머리는 '서양갑'이라고 했다. 역모를 꾸민 지는 7년쯤 되었으며, 작년에는 격문까지 작성했다고도 했다. 7년 전이라면 영창대군이 태어났을 때부터 역모를 꾸몄다는 의미였다. 박응서는 또 장차 군사 300여 명을 모아 '대궐을 습격해 옥새를 탈취'한 후 곧바로 '대비전에 나가 수렴청정을 요청'하고 '영창대군을 왕으로 옹립하려'했다고 주장했다. 조령에서 행상인을 죽이고 은자를 탈취한 이유는 역모에 필요한 자금을 확보하기 위해서라고 했다. 결국 영창대군을 왕으로 옹립하기 위해 지난 7년 동안 계속해서 준비했다는 의미였다.

이런 주장은 사실일 수도 있었고 아닐 수도 있었다. 만약 사실이라면 어마어마한 파장이 예견되었다. 박응서의 주장대로라면 역모의 수괴는 영창대군과 인목대비 김씨였다. 역모의 수괴가 되고도 살아남을 수는 없었다. 당시 영창대군은 8살이었기에 어린 영창대군이 역모를 구상하고 지휘했다고 믿을 수는 없었다. 역모의 총책임자는 인목대비 김씨이고 그 일을 추진한 주동세력은 김씨의 친정아버지 김제남이라는 결론이었다.

여기서 박응서의 주장은 여러 면에서 광해군을 시험한다. 무엇보다도 영창대군과 인목대비 김씨에 대한 광해군의 속마음이 시험된다. 광해군이 진정 영창대군과 인목대비 김씨를 신뢰하고 있었다면 박응서의 주장에 별로 개의치 않았을 것이다. 광해군은 역모의 사실여부보다 먼저 박응서가 왜 이런 주장을 하는지, 혹 누군가의 사주를 받고 그러는 것인지를 조사했을 것이다. 그러나 광해군이 영창대군과 인목대비 김씨를 신뢰하지 않았다면 정반대로 행동했을 것이다.

그런데 불행하게도 광해군은 영창대군과 인목대비 김씨를 신뢰하지 않았다. 실제로 영창대군이 태어난 후 선조는 세자자리를 영창대군에게 주고 싶어 했다. 그런 분위기 속에서 영창대군이 출생한 후 인목대비 김씨 또는 대비의 친정 쪽에서 광해군을 몰아내려 공작했을 수도 있었던 것이다. 또한 당시에는 서자차별에 불만을 품은 서자들도 많이 있었다. 따라서 박응서의 고변이 사실일 가능성은 충분히 있었다.

그러나 문제는 사실이라 해도 그 처리가 쉽지 않다는 점이었다. 인목대비 김씨가 광해군의 적모였기 때문이다. 고변자의 말 몇 마디만 가지고 인목대비 김씨를 역적으로 몰아 처벌하면 그 후유증이 더 클 수 있었다. 자식의 효 윤리를 중시하던 조선시대였기에 부모의 잘못을 자식이 처벌한다는 사실 자체가 용납되기 어려웠다. 설사 인목대비 김씨가 그렇게 했더라도 아들 입장인 광해군은 당연히 용서하고 더욱 더 효성에 힘써야 한다는 여론이 나올 수 있었다.

당시 광해군은 박응서의 고변을 거의 기정사실로 믿었다. 연루자는 계속 늘어났으며 체포되어 조사받는 사람들도 계속해서 늘어났다. 일단 조사는 인목왕후 김씨의 친정아버지인 김제남의 혐의를 찾는데 집중되었다.

그런데 박응서가 자신들의 우두머리라고 주장했던 서양갑은 고변 당시 체포되지 않았다. 조령에서 살인강도 행각을 벌인 후 어딘가에 은신해 있었던 것이다. 하지만 고변 후 3일째인 4월 28일에 마침내 체포되어 의금부에 수금되었다. 그날로 광해군은 서양갑을 직접 신문했다. 하지만 서양갑은 혐의를 완강하게 부인했다. 다음날 박응서와의 대질신문에서도 그랬다.

그러자 광해군은 서양갑의 생모를 체포하여 아들 앞에서 고문했다. 실록에 의하면 이때 광해군은 서양갑에게 '만약 바른 대로 진술하면 어미는 죽이지 않을 것이다'라고 회유, 협박했다고 한다. 또한 고문을 받던 서양갑의 생모는 '네가 역모를 꾀하지 않았더라도 인정하기만 하면 너는 죽더라도 나는 살 수 있을 텐데 어찌하여 인정하지 않느냐?'며 원망했다고 한다. 그럼에도 불구하고 서양갑은 역모 사실을 인정하지 않았다. 결국 서양갑의 생모는 모진 고문을 이기지 못하고 죽고 말았다.

그러자 서양갑은 갑자기 모든 것을 포기한 듯 역모혐의를 인정했다. 뿐만 아니라 인목대비 김씨와 영창대군은 물론 대비의 친정아버지 김제남까지 역모 혐의에 연루시켰다. 영창대군을 왕으로 만들기 위해 김제남이 배후에서 역모를 조종했다고 주장한 것이었다. 그의 주장은 대략 다음과 같은 내용이었다.

서양갑의 친척인 오윤남吳允男은 김제남의 집사하인이었다. 그래서 서양갑과 김제남은 오윤남을 통해 소식을 주고받았다. 조령에서 행상인을 죽이고 은자를 탈취한 이유는 역모에 필요한 자금을 확보하기 위해서였는데, 김제남은 그 자금으로 유력인사들을 포섭하려고 했다. 부족한 자금은 인목대비 김씨로부터 도움받기로 했으며 선조가 영창대군을 부탁했다는 7명의 대신 즉 허성, 신흠, 박동량, 한준겸, 서성 등에게도 도움을 요청하려고 했다. 서양갑은 또 영창대군의 팔자가 좋다는 말을 들었다고도 했다.

서양갑은 인목대비 김씨, 영창대군, 김제남을 비롯해 이른바 선조의 부탁을 받았다는 7명의 대신 등 수많은 사람들을 역모 혐의로 얽어 넣었다. 서양갑이 그렇게 한 이유는 광해군으로 하여금 인목대비 김씨를 죽이게 하여 자신의 원수를 갚기 위해서였다고 한다. 광해군이 자신의 어머니를 죽였으니 자신도 광해군의 어머니를 죽이겠다는 뜻이었다. 그것이 성공한다면 단순히 원수를 갚는 것에서 나아가 광해군을 극악무도한 패륜아로까지 만들 수 있으니 서양갑의 입장에서는 일석이조라고도 할 수 있었다.

어쨌든 서양갑의 주장은 박응서의 고변보다도 훨씬 큰 파장을 불러왔다. 김제남을 비롯해서 유교 7신이 모두 체포되어 조사받았다. 이런 와중에 유릉저주사건이 발설되었는데, 5월 16일에 전 우의정 박동량을 조사하던 중이었다. 박동량이 발설한 내용은 다음과 같았다.

> "정미년(선조 40, 1607) 10월에 선왕의 병환이 위독해졌습니다. 그때 신의 숙부인 반성부원군 박응순 집안의 여종 경춘景春이 의인왕후 박씨를 모시다가 왕후가 돌아가신 경자년(선조 33, 1600) 이후로는 영창대군의 궁방으로 옮겨가 있었습니다. 하루는 경춘이 신의 사촌형 박동언의 처에게 와서 말하기를, '대군 궁방의 사람들은 왕께서 중병에 걸리게 된 이유를 의인왕후에게 돌리고 있습니다. 그래서 수십여 명이 요망한 무당들과 함께 잇따라 유릉에 가서 크게 저주의 굿을 벌였습니다. 또 의인왕후의 형상을 만들고 대

군 궁방의 하인 거마송巨亇松과 순창順昌 등을 시켜 왕후의 이름을 쓰게 했습니다. 그러자 거마송은 비록 왕후의 은덕을 입은 적이 전혀 없는 사람인데도 죽음을 무릅쓰고 도망했습니다. 그런데 순창은 박응인의 집 여종의 남편으로서 임진왜란 때 함께 고생한 공로가 있다고 하여 집사하인으로 특별히 차출된 망극한 은덕을 입었는데도 도리어 팔뚝을 걷어붙이고 왕후의 이름을 쓴 후에 끝내는 활과 화살을 가지고 차마 말하지도 듣지도 못할 흉악한 짓을 했습니다.'라고 했습니다. 신의 문중 전체가 이 말을 듣고 절치부심하여 불공대천의 원수를 갚고자 하지 않은 것이 아니지만 이 일이 감히 말할 수 없는 곳과 관련되었기에 감히 김제남과 드러내놓고 말하지는 못했습니다. 그러나 순창에 대하여는 하루도 잊은 적이 없으니 어찌 김제남과 조금이라도 더불어 말할 이치가 있겠습니까?(하략)"(『광해군일기』 권66, 5년 5월 16일조

박동량은 선조 41년(1608) 초에 이른바 유릉저주사건을 조사하다가 일이 궁중에 관련되었기에 중도 포기한 적이 있었다. 그런 유릉저주사건을 박동량이 새삼스레 거론한 이유는 자신의 문중이 김제남과 원수지간이라는 사실을 강조하기 위해서였다. 그래야 서양갑이 주장한 역모혐의에서 자유로울 수 있었다.

그러나 박동량의 발설은 전혀 다른 방향으로 폭발되었다. 박동량이 김제남과 원수지간이라는 사실보다는 인목대비 김씨가 유릉에서 저주했다는 사실이 부각되었다. 만약 유릉저주사건이 사실이라면 인목대비 김씨는 광해군의 죄인이 아니라 선조와 의인왕후 박씨의 죄인이었다. 계비로 들어온 인목왕후 김씨가 전 왕비 의인왕후 박씨를 저주했다면 그것은 용서받을 수 없는 범죄였다.

저주의 혹신은 결과를 예고하는 것이었다

박동량이 발설한 유릉저주사건이란 사실여부가 불분명했다. 따라서 광해군이 냉정하게 사건을 처리하려면 우선 박동량의 주장에 등장했던 경춘, 거마송, 순창부터 조사해야 했다. 특히 저주사건을 처음 발설했다는 경춘에 대하여 엄밀한 조사가 필요함은 물론 박동량이 예전에 조사했다는 내용부터 재검토하는 것이 순서였다.

하지만 광해군은 그렇게 하지 않았다. 먼저 대비전의 수내관首內官을 체포하고, 저주사건이 일어나던 해에 유릉의 참봉으로 있었던 사람들까지 모두 체포하여 수금했다. 일단 저주 사건을 기정사실화하는 조치들이었다.

광해군은 여기에서 더 나아가 대비전의 고참 궁녀들을 체포, 조사했다. 광해군은 조사받아야 할 대비전의 고참 궁녀들을 직접 거명했다. 광해군이 처음에 지목한 궁녀들은 '응희, 정이, 귀복, 향이, 환이' 등 5명이었는데, 응희는 인목대비 김씨가 가장 신임하는 김 상궁이었으며 정이와 향이는 영창대군의 보모, 환이는 영창대군의 유모였다. 인목대비전과 영창대군방의 핵심 궁녀가 바로 이들이었다. 광해군은 이 궁녀들이 유릉의 저주를 주동했으리라고 판단한 것이었다. 광해군은 '유릉에서 저주하는 흉악한 계책을 같이 모의한 자, 몇 월 며칠에 어떤 사람을 보내 흉악한 일을 저지르게 했는지' 등을 심문하게 했다. 하지만 이들은 하나같이 혐의를 부인했다. 고문을 가해도 역시 부인했다.

이쯤에서 광해군이 유릉저주사건에 대해 다시 생각할 수도 있었다. 혹 유릉저주사건이 날조되거나 와전된 것은 아닐까 되돌아 볼 수도 있었다. 또 유릉저주사건이 사실이라도 계속해서 확대, 조사하는 것이 바람직한 일인지에 대해서도 자문해볼 수 있었다. 하지만 광해군은 그러지 않았다. 계속 확대, 조사하기만 했다. 광해군은 유릉저주사건을 확신했거나 아니면 사실이 아니더라도 기정사실화시키려는 의도가 분명했다.

광해군은 유릉저주사건을 조사하던 중에 특이한 명령을 하나 내렸다. 태종이 제1차 왕자의 난 이후 신덕왕후 강씨를 어떻게 처리했는지 조사해 보고하라는 명령이었다. 인목왕후 김씨를 폐비시키기 위한 사전조사였다.

태종은 제1차 왕자의 난을 일으키면서 신덕왕후 강씨는 첩이고 그 아들 방석은 서자이기에 세자가 될 수 없다고 주장했다. 하지만 제1차 왕자의 난 이전까지 신덕왕후 강씨는 명실상부한 왕비였다. 광해군은 기왕의 왕비였던 신덕왕후 강씨를 첩이라 주장하며 제1차 왕자의 난을 일으킨 태종이 사후에 신덕왕후 강씨를 어떻게 처리했는지가 궁금했던 것이다. 그 전례를 안다면 유릉저주사건에 대한 조사가 일단락된 후 인목왕후 김씨를 처리할 때 참조할 수 있었다. 광해군의 속셈은 유릉저주사건을 이용해 인목왕후 김씨를 폐비하려는 것이었다. 그러기 위해서는 어떻게 해서든 유릉저주사건을 증명해야 했다.

앞서 언급했듯 서양갑이 역모 혐의로 끌어들인 사람 중에 한사람이 김제남의 집사하인으로 연락을 맡았다던 오윤남이었다. 만약 서양갑의 주장이 사실이라면 오윤남은 역모의 내막을 세밀하게 알만 한 사람이었다. 광해군은 오윤남과 그의 부인, 친인척 그리고 어린 아들까지도 체포하여 조사했다. 하지만 오윤남은 완강하게 혐의를 부인했다. 가혹한 고문을 가해도 마찬가지였다. 결국은 고문을 견디지 못하고 죽기에 이르렀다. 부인과 친인척들도 모두 혐의를 부인했다. 그러자 광해군은 오윤남의 어린 아들을 이용했다.

오윤남의 아들은 오강吳講이라고 했는데 나이가 열 서너 살쯤 되었다. 오강은 아직 미성년의 나이였다. 미성년자에게는 고문을 가하지 않는 것이 조선시대의 법이었다. 고문 없이 조사를 받을 때 오강은 아버지와 마찬가지로 모든 혐의를 부인했다. 오강은 '나이 어린 아이라서 밖에 나가 놀기만 했을 뿐이니 어찌 집안일을 알겠습니까? 서양갑에 대하여는 외가로 친척이 된다는 것만 들었을 뿐 얼굴이 어떻게 생겼는지도 모릅니다.'라고 할 뿐이었다.

오윤남은 죽고 대비전의 고참 궁녀들을 포함한 모든 사람들이 혐의를 부인하니 유릉저주사건에 대한 조사는 막다른 상황이었다. 답답해진 광해군은 오강이 '역적의 아들이므로 어쩔 수 없이 조사해야 하겠으니 어떻게 해야 하는지 의논해 아뢰라'는 명령을 내렸다. 미성년자에 대한 고문이 법으로 금지되어 있지만 그래도 고문하려면 어떤 방법이 있는지 강구해 보라는 뜻이었다. 광해군의 속마음을 간파한 신료들은 미성년이라도 역적의 아들이니 고문할 수 있다고 보고했다. 그러자 광해군은 오강에게 압슬壓膝이라고 하는 무시무시한 고문을 가하라 명령했다. 압슬이란 무릎 위에 무거운 돌이나 모래 자루를 올려놓고 고문하는 형벌이었다. 자백을 하지 않으면 돌이나 모래 자루를 더 많이 올려놓았다. 무릎은 어느 정도까지는 버티지만 한계를 넘으면 살이 터지고 뼈가 바스러지게 된다. 그런 고통은 상상을 초월하기에 압슬은 대역죄의 주동자에게나 사용되었다. 그럼에도 광해군은 미성년자 오강에게 압슬을 가하라 명령했던 것이다.

오강은 압슬을 받자마자 묻는 말에 곧바로 대답하기 시작했다. 광해군이 오강에게 묻게 한 말은 '서양갑이 영창대군의 팔자가 좋다고 했는데 그런 말을 한 사람은 누구인가?'라는 것이었다. 고통과 두려움에 빠진 오강은 '여자 점쟁이에게서 들었습니다'라고 대답했다. 광해군이 여자 점쟁이의 이름을 묻게 하자 오강은 '장통방에 삽니다'라고 하고 이름은 고성高成이라고 했다. 광해군이 '영창대군의 팔자가 좋다고 하니 또 무슨 좋은 일이 있다고 했는가?'라고 묻게 하자, 오강은 '저의 아비가 일찍이 점쟁이에게 물으니 대군의 팔자가 좋아 혼인한 후에는 더없는 부귀를 누릴 것이라 했습니다'라고 대답했다. 놀란 광해군이 '부귀가 대군으로만 그치지 않을 것이라고 한 것은 나라를 전해 받는다는 말인가?'라며 묻게 하자 오강은 '그렇습니다'라고 대답했다. 이런 오강의 대답은 참혹한 결과를 예고하는 것이었다.

무엇보다도 영창대군이 혼인한 뒤에 더없는 부귀를 누릴 것이라는 대답이 광해군을 불안하게 만들었다. 당시 영창대군은 8살이었지만 왕실의 풍습으로는 조만간 혼인할 수 있는 나이였다. 오강의 대답은 영창대군이 혼인한 후에는 왕위에 오른다는 말이었다. 광해군은 당일로 고성을 체포해 오게 했는데 고성은 18살의 눈먼 여자 점쟁이였다. 고성은 배천 사람으로서 영험하다는 소문이 자자해 수많은 단골을 두고 있었다. 단골 중에는 왕족과 외척들뿐만 아니라 고관대작들도 있었다. 오윤남이나 김제남도 고성에게 점을 친 일이 있었다. 고성이 워낙 유명한 점쟁이라서 오강까지도 알고 있었던 것이다.

광해군은 고성을 체포한 즉시 심문했다. 광해군은 우선 오윤남이 점을 친 일이 있는지를 묻게 했다. 하지만 고성은 수많은 사람들의 점을 쳤지만 오윤남이라는 사람의 점을 친 기억은 없다고 대답했다. 광해군은 고성이 맹인임에도 불구하고 곧바로 곤장을 치게 했다. 고통을 이기지 못한 고성은 '결박을 풀어주면 이실직고 하겠습니다'라고 했는데 이렇게 진술했다.

"고성이 결박에서 풀려난 뒤 곧바로 진술하기를, '오 별좌가 처음에는 병오생의 남자 운명을 묻고 다음에는 계묘생 여자의 운명과 무술생 남자의 운명을 물었습니다. 이어서 또 병오생과 무술생 중에 누가 나으냐고 묻기에 제가 대답하기를, 병오생은 팔자가 비록 좋지만 13세가 지나야 오래 살 수 있고 무술생은 높은 벼슬을 할 것이니 더욱 좋다고 말했습니다.' 했다. 왕이 말하기를, '어찌 이 세 사람의 운명만 점쳤겠는가? 분명 다른 일도 물어 보았을 것이다. 이에 대해 다시 묻도록 하라.' 했다. 고성의 진술 가운데 을해생과 병자생까지도 물어 보았다는 등의 말이 있었는데 차마 듣지 못할 단서가 많았다." (『광해군일기』 권67, 5년 6월 9일조

오 별좌가 물었다는 병오생의 남자는 '영창대군'이고 계묘생의 여자는 '정명공주'였으며 무술생은 '광해군의 세자'였다. 오윤남은 처음에 영창대군과 정명공주의 팔자를 물은 후에 영창대군과 광해군의 세자 중에서 누구의 팔자가 좋은지 물었던 것이다. 고성의 점괘로는 영창대군의 팔자가 좋지만 13세가 지나야 오래 살 수 있고, 광해군의 세자는 높은 벼슬만 한다고 했는데, 그 의미는 영창대군은 13세가 지나면 왕이 될 수 있고 광해군의 세자는 단지 높은 벼슬만 할 뿐 왕이 되지는 못한다는 뜻이었다.

이런 점괘를 들은 광해군은 몹시 충격을 받았다. 자신의 세자가 왕이 되지 못한다는 점괘는 곧 자신이 비명횡사하거나 쫓겨난다는 뜻이나 마찬가지였다. 광해군은 오윤남이 자신과 자신의 왕비 팔자도 물었으리라 생각했다. 그래서 '분명 다른 일도 물어 보았을 것이다. 이에 대해 다시 묻도록 하라'고 명했던 것이다. 고성이 대답한 을해생은 광해군이고 병자생은 광해군의 왕비였다. 이들의 점괘에 대하여 '차마 듣지 못할 단서

가 많았다'는 실록의 기록으로 보건대 광해군과 그의 왕비에 대한 사주팔자는 매우 흉악하게 나왔을 것이 틀림없다.

오윤남이 고성에게 가서 영창대군, 정명공주, 광해군, 광해군 왕비 등의 팔자를 점친 것은 스스로 한 것이 아니라 김제남이나 인목대비 김씨의 심부름이었을 것이다. 그렇다면 고성은 김제남이나 인목대비 김씨의 단골무당임이 분명하다. 단골도 아닌 무당에게 광해군과 광해군 왕비의 사주팔자를 점친다는 것은 상상하기 힘들기 때문이다. 조선시대에 일반인이 왕이나 왕비의 사주팔자를 점치는 행위 자체가 대역무도였다. 역심이 없는 사람이라면 그런 일을 할 이유가 없었기 때문이다.

광해군은 당시에 김제남과 인목대비 김씨가 역모를 도모한다고 확신했던 듯하다. 그들이 역모를 도모했다면 단순히 팔자만 점치지는 않았을 것이다. 광해군은 김제남이나 인목대비 김씨가 고성을 통해 저주도 했는지 캐물었다. 몇 차례 부인하던 고성은 '저주한 내막은 유모에게 들었습니다'라고 말한 후 '쥐, 강아지, 두꺼비, 비둘기 등을 통째로 찍어 갈기갈기 찢기도 하고, 눈알을 빼고 다리를 자르기도 하여 기도하고 저주하는 데 사용했다고 합니다.'라고 진술했다. 자신은 저주를 하지는 않았지만 소문은 들었다는 진술이었다.

고성의 진술을 들은 광해군은 인목대비 김씨의 저주를 확신했다. 광해군은 고성에게 저주의 내막을 이야기했다는 '유모'가 누구였는지, 누가 함께 있었는지, 시킨 사람은 누구였는지 조목조목 캐물었다. 고성은 '갑진생 여인이 을해생과 갑자생 사람과 함께 모의 했습니다'라고 한 후 '갑자생과 을해생은 지금 대비전에 있습니다'라고 했다.

고성이 말한 갑진생 여인은 당시 국무당으로 유명한 수련개가 분명했다. 갑진년은 1544년(중종 39)이고 광해군 5년은 1613년이므로 갑진년생은 당시 70살이 되는데 실록에 의하면 그때 수련개가 70살이었다. 반면 을해생과 갑자생은 대비전에 있다고 했으므로 을해생과 갑자생은 인목왕후 김씨의 궁녀라는 뜻이 된다. 결국 고성은 인목대비 김씨가 을해생과 갑자생 궁녀를 시켜 국무당 수련개에게 저주를 하도록 했다고 주장한 것이었다. 이런 주장은 박동량의 주장과 대동소이한 것이었다.

광해군은 수련개를 체포, 조사하는 한편 인목대비전에서 을해생과 갑자생 궁녀들도 체포, 조사하고자 했다. 혐의가 있는 궁녀들 20여 명이 체포되었다. 마침 인목대비전의 지밀상궁이었던 변 상궁과 문 상궁이 갑자생이라 이 두 명도 잡아내려 했다. 인목대비는 지난 번 김 상궁이 나간 후로 변 상궁과 문 상궁에게 의지하고 있었다. 인목대비는 다른 사람은 몰라도 변 상궁과 문 상궁은 절대 내줄 수 없다며 저항했다. 『계축일기』에 당시의 상황이 이렇게 묘사되어 있다.

> "한편 내전에서는 계속하여 날마다 글월을 보내 위협하고 재촉했다. '이번 일에 대해서는 그쪽 나인들이 모두 알 것이로되 변 상궁, 문 상궁이 분명 알고 있을 것입니다. 두 년들이 모두 갑자생이니 둘 중 하나를 속히 내어 주십시오.' 그러나 아무 죄가 없이 반듯하다 하여도 일의 형편상 그 끝을 감당하기 어렵다 보니, 다짜고짜 그 나인들 중 하나를 달라고 한들 믿고 내어 줄 수가 없었다. 그래서 대비마마는 이렇게 대답하셨다. '사람으로 살면서 어진 일을 하여도 복을 못 얻을까 두려워하는 것이거늘, 하물며 간악한 일을 하면서 어찌 복이 올까 장담하리오. 모든 일이 하늘이 정한 이치이니 내 서러움이 태산 같으나 죽지 못함을 한탄하고 있소. 밤낮으로 내 앞을 떠나지 않던 나인들을 잡아가더니, 이제는 행여 남아 있는 종들까지 마저 내놓으라 하오? 갑자생 중 하나를 내주면 문초하고 죽일 것이 불을 보듯 뻔한데 (중

략) 나는 아무 잘못한 일이 없으니, 어찌 구차하게 목숨을 얻으려고 내 사람들을 내어 놓겠소? 궁중의 여편네들은 그저 조신하게 앉아 있을 일이요, 더 이상 왕의 얼굴에 똥칠하는 짓은 하지 마시오.' 이후로 왕비전에서는 감히 갑자생을 내어 달라는 말을 하지 못했다."(『계축일기』)

박동량이나 고성의 진술이 사실이라면 유릉저주사건의 핵심은 수련개와 인목대비였다. 따라서 수련개에 대한 조사가 중요했다. 그런데 그 수련개는 '박동량이 그 전에 제가 유릉을 저주한 것으로 의심하고 체포하여 관청에 가두었는데 그런 사실이 없으므로 방면되었습니다. 궁중의 저주에 대한 일은 전혀 모릅니다.'라고 진술했다.

특이한 일은 광해군이 수련개를 끝까지 처형하지 않았다는 사실이다. 수련개는 약 3개월 정도 수금되어 조사를 받았지만 무죄로 판명되어 석방되었다. 실록에 의하면 광해군이 수련개를 총애하여 그랬다고 한다. 사실은 수련개가 광해군의 단골무당이었다.

광해군은 수련개가 아닌 다른 무당이 유릉에서 저주했다고 믿었다. 이런 사실은 또 다른 핵심 증언자 경춘에 대한 조사에서도 드러난다. 선조 말에 유릉저주사건이 발설된 이유가 경춘 때문이었는데, 정작 광해군이 경춘을 조사하기 시작한 것은 박동량의 진술이 있고 거의 두 달이 지나서였다. 조사라야 다른 것이 아니라 유릉에서 저주한 무당의 이름이 무엇인가였는데 경춘은 '모릅니다'라고 했다. 그럼에도 추가 조사 없이 그대로 석방조치했다. 실록에서는 '경춘은 저주를 처음 고해준 자라 하여 수갑이나 칼도 씌우지 않고 하옥시키지도 않았다'고 했다. 또한 박동량이 유릉저주사건의 공범이라 주장했던 순창은 이미 죽은 후라 조사하지도 못했다.

광해군은 유릉저주사건에서 가장 중요한 증인인 수련개와 경춘으로부터 결정적인 증언을 얻어내지 못했다. 그럼에도 불구하고 광해군은 유릉저주사건을 기정사실화 했다. 그것은 광해군이 증거를 떠나 유릉저주사건 자체를 확신했다는 의미이다. 그런 확신 속에서 광해군은 인목대비전의 궁녀들 30여 명 그리고 오강과 고성 등을 잔혹하게 고문하여 강제자백을 받아냈다. 비록 강제자백이었다고 해도 그 자백을 통해 광해군은 자신의 확신을 더욱 믿게 되었다. 광해군 7년(1615) 2월 18일에 유릉저주사건을 일단락 짓는 교서가 발표되었다. 그 교서에서 광해군은 유릉저주사건의 증거로서 이런 내용들을 제시했다.

"(전략) 나인 예이禮伊는 자백하기를, '유릉 저주의 일은 영창대군의 보모인 덕복德福이 주모자였으며 예환禮環과 신옥信玉은 그의 말대로 따랐습니다. 선조대왕의 대전에서 일하던 윤 상궁의 여종 춘금春今은 뇌물을 받고 내응하여 저주에 필요한 물건을 남몰래 전해주었습니다.' 했다. 저주에 필요한 물건을 포장한 형태가 두斗보다 작은 것을 예이가 두 번이나 보았으며 저주하는 방법은 모두 여자 소경에게서 배워서 실행했다고 했다. 예컨대 매화나무 위에 찢어진 쥐를 걸어놓거나, 대궐 안 서쪽 담장 아래에 흰 수캐를 놓아두거나, 서쪽 담장 안에 개를 그린 흰 종이를 땅에 깔거나, 계단 아래에 죽은 쥐를 버리거나, 남쪽 창문 아래에 청색 신발이나 쥐 가죽을 버리거나, 남쪽 계단 아래에 죽은 고양이를 버려두거나, 오미자 떨기 아래에 큰 자라를 놓아두거나, 우물 속에 마른 대구를 놓아두거나, 동궁의 남쪽 담장 안에 죽은 까치와 죽은 쥐를 던지거나, 동궁의 담장에 돼지와 우립인羽笠人을 그려 붙이거나, 대전의 마루 밑에 자라를 묻거나, 측간 밑에 두 발과 두 날개를 자른 까마귀를 버려둔 것 등이었다. 이 같은 저주에 쓰인 각종 물건들은 영창대군의 종 순창이 궐 밖에서 구해 들였다. 예이는 영창대군의 방에 갈 때마다 덕복, 환이, 향이 등이 흰 개 한 마리를 잡아 눈알을 빼내고 주홍으로 채우는 광경을 목격했다. 무릇 저주는 16가지로서 전후 16번을 했다. 그 날자는 선조 41년(1608) 1월부터 4월까지인데 혹 10일 간격으로 혹 5일 간격으로 했다. 또 유릉에서의 저주는 학천鶴千과 환이가 무당 어연於延과 함께 했으며 아울러 굿도 했다.

박동량과 박동열이 또한 말하기를, '영창대군 방의 사람들이 요망한 무당과 함께 연이어 유릉에 가서 의인왕후 박씨의 형상을 만들고 활과 칼로 흉악한 짓을 했다는 이야기를 경춘에게서 들었습니다' 했다.

여자 소경 고성이 자백하기를, '작년 12월에 오윤남의 집에 가니 병오생(영창대군)의 팔자가 어떤지 묻기에, 좋다고 대답했습니다. 또 묻기를 병오생과 무술생(광해군의 세자) 두 사람, 을해생(광해군)과 병자생(광해군의 왕비) 두 사람 중에서 누구의 팔자가 좋으냐고 묻고 또 이 아기씨가 능히 자립하겠느냐 묻기에, 13살이 지나면 좋다고 대답하였습니다. 또 제가 아기씨의 외갓집에 가니 묻기를, 이런 저주를 하면 병오생에게는 유리하고 해코지하고자 하는 곳에는 재액이 있겠는가 했으며, 3-4월 안에 마땅히 이에 대한 응답이 있겠는가 했습니다. 또한 차마 들을 수도 없고 말할 수도 없는 말로 병자생과 을해생에게 흉악한 앙화가 생기게 할 저주를 할 수 있겠는가 물었습니다. 옆에 있던 두 명의 여인이 말하기를, 개는 꼬리와 머리를 자르고, 쥐는 사지를 지지며 또 비둘기와 개구리도 그렇게 하여 병자생과 을해생의 액월厄月마다 해코지하고자 한다고 했습니다. 아기의 유모가 또 말하기를, 병자생과 을해생의 집에는 남자는 들어갈 수 없으며, 오래된 무당이 있는데 한명은 이비李非이고 또 한명은 황금黃金인데 저주의 일을 전에도 했었다고 했습니다.' 라며 운운 했다.

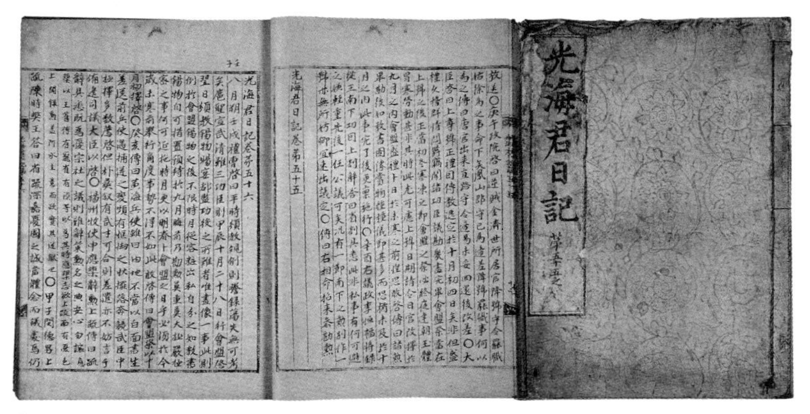

『광해군일기』 광해군 재위 15년 간의 기록으로서, 폐위되었기에 '실록'이라 하지 않고 '일기'라고 했다.

오윤남의 아들 오강의 자백에서도 또한 말하기를, '그의 아버지가 고성을 불러 영창대군의 팔자가 아주 좋으냐?'고 묻자, 대답하기를 '혼인 후에 몹시 귀해져서 대군보다 더 귀해진다'고 대답했다고 했다.(중략)"(『광해군일기』 권87, 7년 2월 을미조)

저주에 대한 공포는 자기 확신을 부정한 패륜이었다

결국 유릉저주사건을 조사하면서 광해군은 강제 자백 이외에는 결정적인 증언이나 증거물을 찾아내지 못했다. 그럼에도 광해군은 유릉저주사건을 기정사실화하여 관련자들을 사형에 처하고 교서도 반포했다. 광해군 나름대로 유릉저주사건에 대한 확신이 있었기에 이런 일이 가능했다. 그렇다면 광해군의 확신은 어디에서 온 것일까? 혹 영창대군과 인목대비 김씨를 숙청하기 위해 정략적으로 그렇게 한 것은 아니었을까?

아니면 다른 내막이 있었을까? 이와 관련해서 『계축일기』에는 이런 내용이 있다.

"임자년(1612, 광해군 4) 겨울, 유자신의 아내 정씨가 대궐 안에 들어왔다. 그리고 자신의 딸과 사위를 불러 사흘 동안 자정이 넘도록 함께 머리를 맞대고 무엇인가 의논했다. 그러더니 계축년(1613, 광해군 5) 정월 초사흘부터 저주를 시작했다. 털이 하얀 강아지의 배를 갈라 대궐로 들여오기도 하고, 화상을 그려 활로 쏘는 시늉을 해 놓고는 그것을 인적이 드문 곳과 왕이 주무시는 곳에 몰래 놓아두었다. 나중에는 담 너머와 왕의 책상 아래며, 베개 밑에까지도 갖다 놓았다. 이렇게 하기를 4월까지 하며 한편으로는, '이번 저주는 임해군과 유영경의 부인이 행했다더라' 며 거짓 소문을 퍼뜨렸다. 그리고 '나라의 큰 무당 수련개가 그렇게 말하더라' 며 갖가지로 사람들을 현혹시켰다.

이는 모두 우리의 의심을 피하기 위해서였다. 그곳은 우리들이 다니는 곳이 아니었기 때문에 우리를 향하여 그런 의심들이 있을 줄은 생각조차 하지 않았다. 비록 그러한 의심을 살까 염려한들 사실 어찌할 도리가 있는 것도 아니었다. 그들은 자신들이 퍼뜨리고 다닌다는 말이 새어 나가면 그르칠까 조심했다." (『계축일기』)

위에 나오는 유자신의 아내 정씨는 광해군의 장모였다. 이 정씨가 임자년 겨울에 입궐하여 사위 광해군, 딸 왕비 등과 함께 저주사건을 모의한 후 계축년 1월부터 자작극을 벌였다는 의미이다. 위의 기록대로라면 계축년에 불거졌던 유릉저주사건은 결국 광해군의 자작극이었다는 결론이 된다. 그런데 『광해군일기』에 실린 내용은 이와는 약간 다르다.

"임자년 겨울에 왕비의 어머니 정씨가 궁궐에 들어가 사람들을 물리치고 은밀히 모의했는데 나인들이 헤아리지 못한 지 한 달이나 되었다. 정씨가 나간 후 대궐 안에서 강아지와 쥐를 지지거나 찢는 변이 일어났다. 그러자 이것은 인목대비 김씨의 소행이라는 소문이 떠들썩하게 돌았다. 인목대비 김씨가 스스로 변명하지 못했는데 박동량이 선조의 중병 때 유릉에서 있었던 저주사건을 망령되이 끌어들였다. 고성이 연이어서 운명을 점친 일을 말했다. 이런 것은 모두 죽음을 면하기 위해 왕의 뜻에 아부한 말들이었다. 그 후에 국문을 받고 죽음을 당한 궁녀가 30여명이나 되었지만 한명도 승복한 사람이 없었다. 유혹에 넘어가 어지러이 말한 사람은 오직 예이 한명 뿐이었으니 억울하고도 잔혹했음을 알 수 있다. 또 왕의 침실은 문과 벽이 높고 깊어서 부녀자들이 뛰어넘을 수 없었으며 일없이 마음대로 들어갈 수 있는 곳도 아니었다. 예로부터 저주의 요술이란 반드시 은밀한 곳에 저주물을 묻어 침실에서 사는 사람이 오래도록 알지 못하게 하여 그가 서서히 재앙에 물들도록 하는 것이다. 그런데 지금은 왕의 눈과 귀가 보고 들을 수 있는 곳에다가 드러내서, 혹은 섬돌 앞에 늘어놓기도 하고, 혹은 나무에 걸어 놓기도 하며, 베개와 병풍 사이에도 또한 마구 늘어놓았다. 이렇게 하여 왕으로 하여금 반드시 놀라서 조사하게 했으니 그것은 내간에서 자작하여 인목대비 김씨를 함정에 빠뜨리려는 모략임이 분명했다."(『광해군일기』 권67, 5년 6월 20일조)

여기에서도 광해군의 장모 정씨가 입궐하여 음모를 꾸몄다는 내용은 동일하다. 다만 그 음모에 광해군이 참여하지 않았다는 사실이 다르다. 이런 차이는 사소할 수도 있지만 아주 중요할 수도 있다. 앞뒤 문맥으로 보면 임자년 겨울에 입궐했던 정씨는 자신의 딸인 광해군 왕비와 음모를 꾸몄음이 분명하다. 물론 영창대군과 인목대비 김씨를 숙청하기 위한 음모였다. 그 방법이 바로 저주였던 것이다.

이들이 애초에 꾸몄던 음모가 유릉저주사건이었던 것은 아니었다. 이들은 인목대비 김씨가 광해군을 저주했다는 음모를 꾸몄던 것이다. 광해군으로 하여금 저주를 믿도록 하기 위해 왕의 이목이 닿는 곳에 무수한 저주물을 흩어 놓고 소문을 퍼트렸던 것이다. 이런 일들은 광해군의 왕비가 배후였겠지만 실행은 측근 궁녀들의 몫이었다고 생각된다.

여기서 의문이 들지 않을 수 없다. 이런 음모는 너무나도 허술해 보이는데 어떻게 왕비와 정씨가 이렇게도 허술한 음모를 꾸몄는가 하는 의문이다. 허술함에도 불구하고 그런 음모를 꾸민 이유는 광해군과 사전 논의가 있었거나, 아니면 광해군이 저주를 혹신했거나 둘 중의 하나일 것이다. 아무래도 광해군이 저주를 혹신했던 것이 사실에 가까울 듯하다.

실록에 의하면 광해군은 복동이라는 사람을 단골무당으로 삼아 의심나는 일이 있을 때마다 그에게 물었다고 한다. 당시 복동은 저주술법의 대가로 알려져 있었다. 그런 복동을 광해군은 궁궐로 불러들여 거처를 마련해주기까지 했다. 광해군은 복동을 '성인방聖人房'이라 부르며 혹시 있을 지도 모를 저주들을 전담하여 막도록 했다. 즉 복동으로 하여금 살풀이굿을 하여 저주를 풀게 했던 것이었다. 이런 일들은 근본적으로 광해군이 저주를 혹신했기에 나타난 현상이었다.

만약 광해군이 저주를 믿지 않는 사람이었다면 계축년 초부터 궁궐 안에서 각종 저주물이 발견되었을 때 은밀하게 조사에 착수했을 것이다. 그리고 그것은 냉정하게 조사했다면 금방 알아낼 수 있는 사건이었다. 하지만 광해군은 그렇게 하지 않았다. 저주물들을 본 광해군은 누군가가 자신을 저주한다고 확신하며 공포에 떨었다. 왕비와 측근 궁녀들은 광해군의 공포를 더더욱 부채질했음에 틀림없다. 광해군은 분명 인목대비 김씨가 저주의 배후라 확신했을 것이다. 그런 와중에 박동량에 의해 유릉저주사건이 발설되었던 것이다.

유릉저주사건을 조사할 때 광해군은 사실여부와 관계없이 유릉에서 저주가 있었음을 확신했다. 확신의 근거는 계축년 초부터 수많은 저주물들이 궁궐 안에서 발견되었다는 사실이었다. 광해군은 저주물을 발견한 날짜, 장소, 모습 등을 자세히 기록해 두었다. 뿐만 아니라 저주물들은 모두 증거물로 잘 보관해 두었다. 궁궐 안에서 왕을 대상으로 이토록 조직적인 저주가 벌어질 정도라면 이번이 처음이라고 믿기는 힘들었다. 광해군은 몇 년 전부터 저주가 있었으며 그 주체는 인목대비 김씨라고 확신하고 있었던 것이다.

광해군으로 하여금 그런 확신을 갖게 한 사람은 왕비 유씨와 함께 측근 궁녀인 김개시였다. 특히 광해군의 지밀상궁이었던 김개시의 역할이 컸다. 김개시는 광해군 주변에 저주물들을 흩어놓고, 그 저주물들은 인목대비 김씨의 소행이라고 선전했다. 물론 자신의 일방적인 주장이 아니라 자신이 포섭한 인목대비 김씨의 궁녀들 입을 통해서였다.

김개시는 인목대비 김씨의 지밀상궁인 변 상궁과 비슷한 또래이며 입궁시기도 비슷했다. 변 상궁은 갑자생(1564, 명종 19)으로서 광해군 5년(1613) 당시 50살이었다. 김개시도 그 정도의 나이로 생각된다. 당시 광해군은 39살이었으므로 김개시가 광해군보다 11살 정도 연상이었다.

김개시는 노비의 딸로서 어린 나이에 입궁했다고 한다. 조선시대 궁녀들은 이르면 7~8살 정도에 입궁했으니 김개시가 입궁한 시점은 선조 4년(1571) 전후라고 생각된다. 그보다 2년 전에 선조가 의인왕후 박씨와 혼인했던 사정을 감안하면 김개시는 의인왕후 박씨의 궁녀로 입궁했을 가능성이 높다. 실제로 김개시는 인목대비 김씨의 궁녀들 중에서 의인왕후 박씨를 모셨던 궁녀들과 잘 어울렸다. 예컨대 경춘이, 중환이, 난이 같은 궁녀들이었다.

조선시대 궁중의 관행대로 했다면 경춘이, 중환이, 난이 등은 의인왕후 박씨가 세상을 떠난 후에 출궁해야 했다. 그런 그들을 인목대비 김씨가 거두어서 궁에 남아 있었던 것이다. 인목대비 김씨는 경험 많은 원로 궁녀들을 존중해서 그렇게 했던 것이다. 하지만 의인왕후 박씨를 모셨던 궁녀들이 원로 궁녀라 해서 모두가 인목대비 김씨의 신임을 받은 것은 아니었다. 오히려 그들 중 일부는 견제당하고 소외당했다. 경춘이, 중환이, 난이가 바로 그런 입장이었다. 당연히 이들은 인목대비 김씨에게 불만이 컸다.

김개시는 이런 점을 이용하여 경춘이, 중환이, 난이 등을 포섭했다. 김개시는 이들을 통해 광해군의 대전과 인목대비의 대비전 곳곳에 저주물들을 흩어놓았다. 그리고는 그 모두를 인목대비의 소행이라 선전했다. 광해군은 김개시의 저주 공작을 사실로 믿었으며 그 연장선에서 유릉 저주까지도 확신했던 것이다. 그 결과 광해군은 인목대비 김씨를 10악 대죄를 범한 흉악범으로 간주해 후궁으로 강등하고 서궁에 유폐하는 데까지 이르렀다.

인조반정은 그런 광해군의 처사를 비판하며 봉기한 것이었다. 자식이 어머니를 쫓아내는 것도 반인륜적인데 유릉 저주까지 날조하여 덮어씌웠으니 흉악하기 짝이 없는 반인륜이라는 것이었다.

광해군이 유릉저주사건을 확신하고 끝내 인목대비 김씨를 후궁으로 강등한 사건은 근본적으로 저주에 대한 혹신 때문이었다. 인목대비 김씨에 대한 불안감 그리고 저주의 영험함에 대한 공포가 혹신으로 나타난 것이었다. 그런 광해군을 잘 아는 김개시가 저주사건을 공작하여 성공시켰던 것이다. 그런 면에서 광해군은 자기 확신과 포용력 그리고 용인술이 부족한 왕이었다고 평가할 수 있다. 만약 광해군이 정략적 이유에서 유릉저주사건을 조작했다면 광해군은 부족한 왕이 아니라 흉악한 왕이라 할 것이다.

무엇이 천륜마저 저버리게 했을까, 인조

원한이 인조반정의 씨앗이었다 ❀ 대의명분은 왕의 자리도 내치는 절대절명이었다 ❀ '존명사대'는 소신에 앞서 고집이었다 ❀ 존재근거, 그것은 생명보다 무서운 것이었다 ❀ 소현세자의 죽음은 예고된 것이었다 ❀ 배신에 대한 의심은 천륜을 무시한 개인사였다 ❀ 의도적인 죽음이 아닐지라도 의심이 간다 ❀ 명분과 고집으로 현실이 극복되지는 않는다

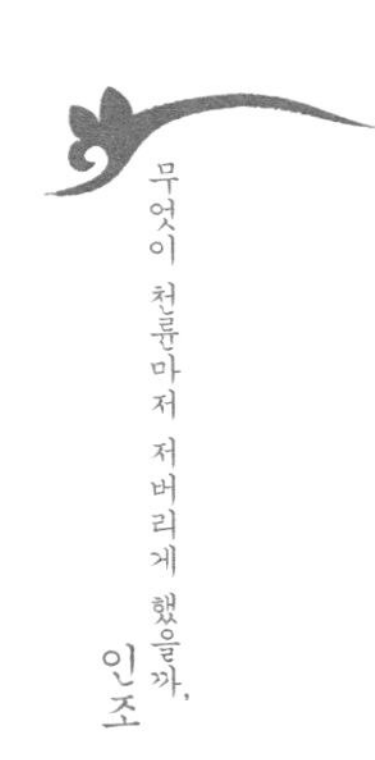

원한이 인조반정의 씨앗이었다

광해군의 생모인 공빈 김씨가 선조 10년(1577)에 세상을 떠난 후 선조의 사랑을 독차지한 여성은 인빈 김씨였다. 선조는 인빈 김씨에게서 아들 넷과 딸 다섯을 두었다. 네 아들 중에서 첫째는 혼인 전에 요절하여 실제로는 둘째 아들 신성군이 큰아들 역할을 했다. 신성군 아래로 셋째아들이 정원군이었고 넷째 아들이 의창군이었다.

선조는 인빈 김씨를 총애하여 자신의 후계자도 그녀의 소생으로 정하고 싶어 했다. 선조는 왕위에 오른 지 20여 년이 넘도록 왕비 박씨에게서 왕자를 얻지 못했다. 이에 따라 임진왜란 이전에도 몇 번에 걸쳐 세자를 정해야 한다는 요청이 있었다. 예컨대 선조 22년(1589)에는 좌승지 윤선각이 세자를 정하자고 요청했는데, 대상자는 공빈 김씨의 소생인 임해군이나 광해군이었다. 서열상 이들이 가장 높았기 때문이다. 그러나 인빈 김씨의 소생 신성군을 왕세자로 세우고 싶어 했던 선조는 이를 거부했다. 이런 상황에서 선조 24년(1591)에는 서인의 중심인물이던 정철이 세자를 정하자고 요청했는데, 이번에는 신성군을 염두에 둔 것이었다. 하지만 이번에는 동인 측에서 반대하여 성사되지 못했다. 그렇지만 만약 임진왜란이 일어나지 않았다면 신성군이 왕세자가 될 가능성이 높았다. 그의 생모는 선조의 총애를 독차지한 인빈 김씨였고, 장인은 당대의 유명한 신립 장군이었기 때문이다.

결과적으로는 1592년에 임진왜란이 발발함으로써 신성군 대신에 광해군이 세자에 책봉되었다. 세자 자리에서 밀려난 신성군은 임진왜란이 발발한 지 얼마 지나지 않아 자식도 없이 세상을 떠났다. 신성군이 죽은 후에는 정원군이 인빈 김씨의 큰 아들이 되었다. 광해군에게 인빈 김씨와 그녀의 아들들은 원수와 같은 존재였다. 광해군은 인빈 김씨 때문에 어려서부터 부왕 선조의 사랑을 잃었고, 자칫하면 신성군에게 왕세자 자리도 빼앗길 뻔했다.

광해군 5년(1613) 10월에 인빈 김씨가 세상을 떠났다. 그녀의 아들들 특히 큰아들이나 마찬가지였던 정원군은 불안에 휩싸였다. 혹시라도 광해군에게 복수를 당할지도 모른다는 두려움 때문이었다.

정원군과 본부인 구씨 사이에는 아들이 세 명 있었다. 큰 아들은 능양군이었다. 이 능양군이 훗날 인조반정을 일으켜 광해군을 축출한 인조였다. 인빈 김씨의 손자인 능양군이 결국에는 공빈 김씨의 아들 광해군을 몰아낸 것이었다. 어찌 보면 능양군과 광해군은 숙명적인 원수지간이었다.

정원군의 둘째 아들은 능원군이었고 셋째 아들은 능창군이었다. 세 아들 중에서 인물이나 재능은 막내인 능창군이 가장 돋보였다. 능창군은 성품도 호탕하고 풍채도 훤칠했으며 활도 잘 쏘았고 말도 잘 탔다. 정원군은 그 셋째 아들을 신성군의 양자로 보냈다. 정원군과 신성군은 동복형제라는 혈연 말고 처가 쪽 인연도 깊었다. 신성군의 장인인 신립 장군의 여동생이 정원군의 장모였기 때문이다. 부인들의 입장에서 보면 신성군의 부인과 정원군의 부인은 외사촌 사이였다.

정원군과 신성군의 집은 인왕산 아래의 이른바 새문동에 이웃해 있었다. 따라서 능창군이 비록 신성군에게 양자를 갔다고 해도 본가와는 멀지 않은 곳에서 양모인 신성군 부인과 함께 살았다. 유명한 신립 장군의 딸인 신씨 부인은 비록 슬하에 자녀를 두지는 못했지만 여걸로 소문이 자자했다. 이런 신씨부인에게 능창군이 양자로 들어가자 새문동에는 세상 사람들의 이목이 쏠렸다.

광해군이 인목대비를 핍박하면서 사람들 사이에는 '새문동에 왕기王氣가 있다'는 소문이 퍼졌다. 능창군 또는 정원군이 광해군을 몰아낼 가능성이 크다는 소문이었다. 이런 소문은 광해군을 싫어하는 쪽이나 광해군을 좋아하는 쪽이나 모두에게서 났다. 광해군을 싫어하는 쪽에서는 능창군 또는 정원군이 광해군을 축출했으면 하는 바람이었다. 반면 광해군을 좋아하는 쪽에서는 능창군 또는 정원군이 쿠데타를 할 가능성을 의심한 것이었다. 당연히 이들에 대한 광해군의 의심도 컸다. 그러던 중 광해군 7년(1615) 윤 8월 14일에 소명국蘇鳴國이라는 사람이 이런 고변서를 올렸다.

"신경희가 일찍이 신에게 말하기를, '신성군의 부인 신씨는 천성이 호걸스러운 여자 중의 남자이다. 그의 양자는 정원군의 셋째 아들 능창군이다. 능창군은 궁술과 마술이 뛰어나고 배우지 않고도 글을 잘한다. 윤길尹趌이 운명을 잘 점치는데 일찍이 능창군에 대하여 40년간 태평의 군주가 될 운명이라고 점쳤다. 지금 동궁에게는 아들이 없고, 외척은 운이 다했으니 당연히 운수가 이곳으로 돌아올 것이다. 지금이 바로 영웅이 부귀를 도모할 때이다.' 했습니다.(하략)" (『광해군일기』 권94, 7년 윤8월 14일조)

역모의 수괴혐의로 체포된 능창군은 강화도 교동에 위리안치되었다. 찬 돌방에서 자야하고 모래와 흙이 섞인 밥을 먹어야 했던 능창군은 결국 괴로움을 견디지 못하고 목을 매 자살했다. 죽기 직전 능창군은 부모에게 보내는 편지를 유언으로 남겼다. 당시 능창군은 17살로서 그때가 광해군 7년 11월 17일이었다. 고변이 있은 지 석 달 만이었다.

야사에 의하면 그동안 능양군은 동생을 살리기 위해 백방으로 뛰어다녔다고 한다. 능양군은 가보로 전해지던 선조대왕의 어필 병풍 등을 가지고 유력인사들을 찾아다니며 눈물로 호소했다고 한다. 그러나 그런 노력도 헛되이 능창군은 목매 자살했다.

훗날 인조반정을 일으켜 왕위에 오른 능양군은 즉시 사람을 보내 그 병풍을 찾아왔다. 병풍을 본 인조는 하루 종일 슬피 울었다. 인조의 마음속에 쌓인 통한이 그토록 깊었던 것이다. 하지만 능창군의 죽음만이 인조의 통한은 아니었다.

새문동에 왕기가 있다는 말을 들은 광해군은 정원군과 능창군의 집까지도 빼앗았다. 왕기가 있는 곳은 당연히 국왕인 자신이 소유해야 한다는 생각이었다. 광해군은 그곳에 궁궐을 지어 자신이 왕기를 받고자 했다. 정원군의 집 자리에는 경덕궁을 짓고, 능창군의 집 자리에는 인경궁을 지었다. 현재의 경희궁이 바로 정원군의 집 자리에 지었던 경덕궁이었다.

경희궁 서울 종로구 신문로2가에 있으며 사적 제271호이다.

사랑하는 아들을 잃은 데다 또 집까지 빼앗긴 정원군은 큰아들 능양군과 함께 남대문 안쪽으로 이사했다. 그곳에서 정원군은 절망과 불안으로 하루하루를 보내야 했다. 광해군이 또 무슨 죄목으로 자신이나 아들들의 목숨을 노릴지 알 수 없었기 때문이다. 야사에서는 당시 정원군의 생활을 이렇게 전한다.

"능창군의 옥사가 있은 후에 정원군은 심한 슬픔에 병을 얻어 사람들을 사절하고 늘 말하기를, '나는 해가 뜨면 그제야 지난밤에 아무 일이 없었던 줄 알고 해가 지면 비로소 오늘이 편안히 지나간 것을 다행스럽게 여긴다. 지금은 다만 일찍 죽어서 선왕을 저승에서 모시고자 바랄 뿐이다.' 했다. 정원군은 광해군 11년(1619)에 회현방의 집에서 세상을 떠났다."(『연려실기술』 원종고사본말, 원종)

정원군의 부인인 인헌왕후 구씨의 장릉지章陵誌에 전하는 이야기는 이보다 훨씬 참혹하다. 능창군이 죽은 후 정원군은 중병에 들어 병석에서 일어나지도 못했다. 스스로의 힘으로 대소변을 처리할 수도 없을 지경이었다. 구씨 부인은 그런 정원군의 병시중을 들며 대소변을 손수 받아내기까지 했다. 이렇게 병석에서 신음하던 정원군은 광해군 11년 12월 29일에 세상을 떠났다. 능창군이 죽은 지 4년여 만이었고 정원군의 나이 40살이었다.

정원군이 죽었을 때, 구씨 부인은 한 모금의 물도 입에 넣지 않은 채 가슴을 치며 통곡했다. 애통함이 지나쳐 거의 기절할 정도였다. 구씨 부인은 남편의 3년 상이 끝날 때까지 미음만으로 목숨을 연명했다. 억울하게 아들을 잃고 또 남편을 잃은 구씨 부인의 가슴속에는 원한이 쌓이고 있었다.

정원군이 죽은 후 구씨 부인은 광해군을 축출하기 위한 쿠데타에 적극 나섰다. 아들의 원수를 갚기 위해, 또 남편의 원수를 갚기 위해서였다. 구씨 부인은 친정 큰오빠 구굉 그리고 외사촌 큰오빠 신경진과 쿠데타를 논의했다. 신경진은 신립 장군의 큰아들이기도 하고, 신성군 부인의 큰오빠이기도 했다. 광해군을 몰아내고 추대할 왕은 물론 능양군이었다. 구씨 부인의 큰아들이 능양군이었으니, 이들이 쿠데타를 논의할 때 능양군이 차기 왕이 된다는 사실은 굳이 말을 하지 않아도 합의된 내용이었다.

능양군의 통한 역시 구씨 부인 못지않았다. 막내 동생 능창군이 목매 죽은 후, 두려움과 비통함에 젖어 병석에 누운 아버지, 그리고 그런 아버지의 대소변을 받아내느라 고생하는 어머니를 지켜보며 능양군은 원한을 키웠다. 능양군에게 광해군은 악의 축이었다. 광해군을 축출하기 위해 능양군도 쿠데타 모의에 적극 가담했다. 구씨 부인, 구굉, 신경진, 능양군을 중심으로 한 쿠데타 모의는 단기간에 수많은 동조자들을 규합할 수 있었다. 당시의 국내 정치상황과 국제관계가 쿠데타를 일으키기 유리했기에 가능한 일이었다.

대의명분은 왕의 자리도 내치는 절대절명이었다

정원군이 세상을 떠나기 1년 전인 광해군 10년(1618) 2월에 광해군은 인목대비를 후궁으로 강등하여 경운궁에 유폐시켰다. 이른바 서궁유폐였다. 조선 500년간 아들인 왕이 어머니 대비를 쫓아낸 유일무이한 사건이었다. 광해군에 대한 여론은 극도로 악화되었다. 설상가상 국제정세까지 광해군에게 불리하게 돌아갔다. 만주의 누루하치를 정벌하겠다고 명나라에서 파병을 요청한 것이었다.

광해군 11년 2월 21일, 강홍립은 전투병 1만 명과 보급군 3천명 등 총 1만 3천의 군사를 거느리고 압록강을 건넜다. 명나라와 연합작전을 벌여 누루하치를 정벌하기 위해서였다. 3월 4일, 강홍립의 조선군과 유격장 교일기喬一琦의 명나라 군대가 심하에서 누루하치와 일전을 벌였다. 결과는 대패였다. 강홍립과 김경서 등 대부분의 조선군 지휘관들은 항복하고, 좌조방장 김응하는 역전하다가 전사했다.

심하의 패전 이후 광해군은 후금의 실력을 중국 역사상 위衛 나라를 강남으로 밀어냈던 오호五胡 이상으로 평가했다. 오호는 중국의 화북을 장악하고 강남의 한족과 함께 남북조 시대를 이루었던 북방민족이었다. 광해군은 누르하치의 후금이 장차 만주는 물론 최소한 화북을 장악하는

양수투항도 누루하치에게 패한 두 명의 장수가 투항하는 모습을 그렸다.

대제국으로 성장하리라 전망한 셈이었다. 이런 전망을 기초로 광해군은 후금이 곧바로 만주의 중요거점을 장악하고 장차 북경으로 진군하기 위해 요동과 광녕廣寧을 공격할 것으로 예상했다. 이런 예상에서 광해군은 명나라와 후금 사이에서 중립외교를 구사하고자 했다.

그러나 광해군의 중립외교는 서궁유폐 이상으로 여론을 악화시켰다. 중립외교는 오랑캐 여진족에게 민족자손을 파는 행위라거나, 임진왜란 때 우리나라를 도와준 명나라를 배신하는 행위라는 비난이 폭발했다. 광해군은 '만약 부질없이 큰 소리만 쳐서 개돼지와 같은 놈들의 성을 더욱 북돋는다면 그 화가 헤아릴 수 없을 것이다'라거나 '적들이 말을 타고 들어와 마구 짓밟는 날에는 이들을 담론으로 막아낼 수 있겠는가? 붓으로 무찌를 수 있겠는가?'라는 말로 비난을 억누르려 했다. 후금의 무력적 위협을 인정하고 명과 후금 사이의 분쟁에 개입하지 말자는 논리였다. 명분보다는 현실을 인정하자는 주장이었다.

그러나 광해군의 현실론은 대의명분을 앞세운 여론을 누르지 못했다. 국정을 맡았던 비변사에서조차도 민족적 자존심과 대의명분을 위해 명나라와 협력하고 후금과는 단절할 것을 요구했다. 심지어 이런 주장이 나올 정도였다.

> "천하의 일에는 대의가 있고 대세가 있습니다. 이른바 대의는 강상綱常에 관련된 일을 말하고, 대세는 강약의 형세를 말합니다. 우리나라에 있어서 후금은 의리로는 부모의 원수이며 형세로는 표범이나 호랑이처럼 포악한 존재입니다. 표범과 호랑이가 아무리 포악하다고 하나 자식이 어찌 차마 부모를 버릴 수 있겠습니까? 이에 조정에 가득한 모든 사람들의 의견이 차라리 나라가 무너질지언정 차마 대의를 저버리지 못하겠다고 하는 이유인 것입니다."(『광해군일기』 권161, 13년 2월 11일조)

이런 주장은 당시의 비변사 신료들과 일반 관료들 사이의 여론이었다. 그 여론이 너무나 강력하여 후금과의 화친을 주장하는 사람은 배신자나 매국노로 몰리는 상황이었다. 이런 여론을 광해군은 '한 때의 사악한 논리'라고 무시하자, 여론은 더더욱 악화되었다. 광해군은 어머니를 유폐시킨 불효자에다가 명나라와의 의리를 저버린 배신자로 낙인찍혔다.

구굉, 신경진, 능양군은 이런 상황을 적극 활용했다. 우선 구굉은 자신의 절친한 친구 이서를 포섭했다. 신경진은 김류를 포섭하기로 했다. 신경진과 김류 두 사람은 선대로부터 막역한 사이였다. 김류의 아버지 김여물 장군이 신경진의 부친 신립의 참모로서 임진왜란 때 탄금대 전투에서 함께 전사한 인연이 있었다. 김류는 문과에 합격한 사람이지만 병법에 관심이 많아 무장인 신경진과 잘 통하는 사이였다. 당시 김류는 인목대비의 폐출에 반대하고 집에 칩거하고 있었다.

김류가 포섭된 뒤에 이귀, 심기원, 김자점, 최명길, 장유, 이괄 등 수많은 사람들이 쿠데타에 동참했다. 물론 이들은 광해군에게 반감을 가짐과 동시에 능양군에게 희망을 걸고 쿠데타에 동참했다. 당시 관상을 잘 보기로 유명했던 최명길은 능양군의 얼굴을 보고 '비상하다'면서 쿠데타의 성공을 확신했다고 한다.

능양군은 평소 총명하고 용맹하다는 평판을 얻은 사람이었다. 예컨대 능창군이 죽은 이후에 능양군이 보인 태도에서 그런 면을 찾을 수 있다. 당시 정원군이나 능양군은 광해군에게 탄압받을 가능성이 높았다. 당사자들의 입장에서는 무시무시한 공포상황이었다. 그러나 그때 능양군은 '윤리가 무너진 것을 아파하고 종묘사직이 엎어지려는 것을 괴로워하여 반정하는 것을 자기 임무로 여겼다'고 한다. 두려운 상황에서 도피하기보다는 맞서 싸우려 했다는 것이다. 이런 면에서 능양군은 아버지 정원군보다 분명 총명하고 용감했다.

능양군은 사람을 모으는데 필요한 자금을 대기 위해 거액의 돈을 풀기도 했다. 새로 포섭된 사람들은 거의가 능양군의 집에 들러 인사를 올렸다. 그들을 결속시키고 충성심을 끌어내는 것도 능양군의 몫이었다. 이렇게 포섭된 동조자들이 똘똘 뭉쳐서 인조반정을 일으켰다는 사실은 능양군의 조직력과 통솔력이 매우 뛰어났음을 반증한다.

'존명사대'는 소신에 앞서 고집이었다

인조반정은 광해군 15년(1623) 3월 12일 한밤중에 거사되었다. 반정 당일 능양군은 자신이 모은 병력들을 직접 이끌고 참여했다. 반정이 성공함으로써 능양군은 왕위에 올랐고, 거사의 명분을 이렇게 천명했다.

> "지난 10여 년 이래로 적신 이이첨이 임금의 마음을 현혹시키고 국권을 천단하며 모자母子 사이에 이간을 붙여 끝내 윤리의 사변을 자아내 모후를 별궁으로 폐출하는 등 온갖 치욕을 가했다. 중국 진秦나라 소양왕昭襄王과 진晋나라 혜공惠公의 참화도 이보다 지나칠 수 없다. 더구나 부모와 같은 명나라 조정의 은혜를 저버리고 우리 동방 예의의 풍속을 무너뜨려 삼강오륜이 땅을 쓴 듯이 없어졌으니, 이를 어찌 차마 말할 수 있겠는가? (중략)"
> (『인조실록』 권1, 1년 3월 14일조)

진나라 소양왕은 전국시대의 왕으로서 주나라 천자로부터 구정九鼎을 넘겨받은 왕이었다. 이에 비해 진문공은 형수를 강간하여 죽게 만든 왕이었다. 인조반정 주역들은 존주대의尊周大義를 무너뜨린 대표자로 소양왕을 들고, 인륜을 무너뜨린 대표인물로는 진문공을 들었던 것인데, 광해군은 그 두 왕을 합친 것보다도 더 흉악하다는 주장이었다. 결국 광해군은 어머니를 쫓아내고 동생을 죽인 패륜아이자 태조 이성계 이래의 외교노선인 존명사대尊明事大를 어긴 배신자라는 뜻이었다.

일면 총명하고 용감한 인조는 아버지 정원군 보다는 어머니 구씨를 많이 닮았다. 겁이 많고 소심한 정원군에 비해 구씨는 용감하고 대범했다. 예컨대 구씨 부인은 '의거하던 날에는 얼굴에 두려운 빛이 없었고,

난을 평정한 뒤에는 또한 기뻐하는 기색이 없었다'고 한다. 인조반정 당일, 죽음이 될지 삶이 될지 알 수 없는 길을 떠나는 능양군을 보면서 구씨 부인은 두려운 빛이 전혀 없었다는 것이다. 그런 구씨 부인이기에 감히 쿠데타를 모의했을 것이다.

구씨 부인은 용감하고 대범할 뿐만 아니라 독하기도 했다. 남편인 정원군이 죽었을 때, 구씨 부인은 한 모금의 물도 입에 넣지 않은 채 가슴을 치며 통곡하다가 거의 기절할 뻔 했다고 하는데, 이는 크나큰 슬픔 때문이기도 했지만 독한 성격 때문이기도 했다. 인조는 이 같은 구씨 부인의 성격을 여러 면에서 닮았다.

문제는 당시 인조가 반정의 명분으로 내세운 '존명사대'가 비록 민족자존심이나 의리정신에는 호소력이 있었지만 현실적 기반은 거의 없었다는 점이었다. 욱일승천하는 후금을 억누르고 기울어가는 명나라를 되살리기에는 조선의 힘이 너무나 약했다. 그럼에도 인조는 존명사대라는 대의명분을 내걸고 그 명분을 지키고자 했다. 현실적 기반이 없는 존명사대는 명분으로만 또는 담론으로만 유지될 뿐이었다. 그러므로 '적들이 말을 타고 들어와 마구 짓밟는 날에는 이들을 담론으로 막아낼 수 있겠는가? 붓으로 무찌를 수 있겠는가?'라고 했던 광해군의 경고는 여전히 살아있었다. 그 경고는 단순하게 가능성으로만 살아있는 것이 아니라 시간이 지날수록 점점 더 현실화되었다.

인조는 후금을 공공연하게 노적虜賊이라 부르며 무시했다. 존명사대의 기치를 내걸고 북방에 병력을 집중시켰고, 평안북도 철산 앞의 가도椵島에 주둔한 명나라 장군 모문룡毛文龍을 지원하기도 했다. 이것은 모두가 감정적인 면에서 또 현실적인 면에서 후금을 자극하는 일들이었다. 그럼에도 인조는 실제 후금의 침입에 대해서는 소홀했다. 현실에 바탕을 두고 존명사대를 부르짖은 것이 아니라 명분에 싸여 그렇게 한 것이었다. 그것도 누구의 강요라기보다는 인조 자신의 소신과 고집으로 그렇게 한 것이었다.

인조의 조치는 결과적으로 치명적인 결과를 가져왔다. 북방에 집중시켰던 병력은 인조 2년(1624)에 일어난 이괄의 반란에 이용되고 말았다. 인조는 반정 2등공신인 이괄을 믿고 북방의 병력을 맡겼는데, 정작 그는 논공행상에 불만을 품고 그 병력을 이용해 반란을 일으켰다. 이괄의 반란 이후 북방의 병력은 현저하게 약화되었다. 그럼에도 인조는 존명사대라는 대의명분을 고집했다.

인조 5년(1627) 1월 16일, 후금은 기마병 3만을 동원해 압록강을 건넜다. 처음에는 가도의 모문룡을 토벌한다고 했지만 결국 그들의 말발굽은 한양으로 향했다. 후금군의 길을 안내한 사람은 바로 강홍립이었다. 이른반 정묘호란이었다. 후금의 기마병은 의주를 지나 평양까지 점령했다. 다급해진 인조는 1월 27일에 강화도로 파천길에 올랐다. 이괄의 반란 때 파천 길에 올랐던 인조로서는 두 번째 파천길이었다. 대의명분이나 담론으로는 후금의 기마병을 막을 수 없었으니, 광해군의 경고가 그대로 실현된 셈이었다.

후금의 기마병은 무인지경을 달리듯 했다. 후금의 주력군은 강화도에서 1백 여리 떨어진 평산까지 다다랐다. 사태가 위급해지자 최명길이 화친을 주장했는데, 말이 화친이지 항복하자는 뜻이었다. 수많은 논란 끝에 인조는 후금과 형제의 맹약을 맺고 다시는 후금에 적대하지 않겠다는 맹약의식을 거행했다. 인조 5년 3월 3일 한밤중에 강화도 행궁에서였다. 존명사대를 내걸었던 인조의 대의명분은 무참하게 깨졌다.

존재근거, 그것은 생명보다 무서운 것이었다

반정에 성공한 인조는 경운궁에서 왕위에 올랐다. 그곳에서 인목대비 김씨가 10년간 유폐되었기 때문이었다. 즉위 후 인조와 인목대비는 창덕궁으로 옮겨 살았다. 하지만 이괄의 난 때 창덕궁이 불탄 이후 인조는 경덕궁으로, 인목대비는 인경궁으로 갈라져 살았다. 앞서 언급했듯 경덕궁은 예전에 정원군이 살던 집에, 인경궁은 신성군에게 양자로 갔던 능창군이 살던 집에 건축된 궁궐이었다. 광해군 때 이곳에 왕기가 있다고 하여 빼앗아서 궁궐을 지었는데, 결과적으로 국왕 인조와 대왕대비 인목대비가 그곳에서 살게 되었다.

인조 9년(1631) 봄에 크게 병을 앓았던 인목대비 김씨는 그 후로 계속해서 건강이 좋지 않았다. 인조 10년 봄에 인목대비는 전 해에 앓던 병이 재발했는데, 증세는 그보다 더 심했다. 인목대비는 잦은 설사와 복통 그리고 고열 등으로 고통스러워하며 밤에는 제대로 잠도 자지 못했다. 오뉴월 삼복더위가 시작되자 인목대비의 병세는 더욱 악화되었다.

인조는 인목대비를 시병하기 위해 6월 9일 인경궁으로 옮겨갔다. 그때부터 인조는 제대로 먹지도 못하고 잠도 자지 못하며 병구완에 매달렸다. 그러나 그런 노력도 보람 없이 인목대비는 6월 28일에 세상을 떠났다. 10월에 장례를 치르기까지 4개월 간 인조는 여막에 거처하면서 치상에 전념했다. 치상 동안 정신적으로 육체적으로 쇠약해진 인조는 결국 병에 걸리고 말았다.

인조가 병세를 느끼기 시작한 때는 7월 15일부터였다. 속에서는 불이 나듯이 더운데 겉은 얼음처럼 차가운 느낌이었다. 그러다가 속의 열기가 밖으로 뻗치면 온 몸이 불덩어리처럼 뜨거워졌다. 이처럼 온몸이 추워졌다가 뜨거워지는 일이 반복되었다. 여기에 식은땀까지 나면서 오른쪽 관자노리 부분과 오른 팔에 마비증세가 오기도 했다. 처음에 인조는 더위 먹은 증상으로 보고 대수롭지 않게 생각했다.

하지만 이 같은 증상이 한달 넘게 계속되자 약방의 대신들까지 알게 되었다. 약방 대신들은 정밀검사를 받고 조용히 요양할 것을 건의했다. 그러나 인조는 인목대비의 치상을 위해 그럴 수 없다고 거절했다. 10월 18일의 졸곡卒哭 때까지 인조는 치료를 거부한 채 치상에만 전념했다. 인조는 시약청을 설치하자는 약방의 요청도 거절했다.

졸곡 후에 인조는 탕약도 복용하고 요양도 했다. 그러나 병세는 계속되었고 날로 악화되었다. 그러던 중 10월 말에 궁중 저주사건이 발각되었다. 인목대비 김씨의 궁녀들이 사람 뼈와 짐승 뼈를 궁중 곳곳에 묻고 뭔가 비밀스런 의식을 했다는 것이었다. 약방 대신들은 인조의 병세가 호전되지 않는 이유를 저주 때문이라 생각하고 사악한 기운을 몰아내기 위해 침 맞을 것을 건의했다. 인조는 '이 병은 초상 때에 손상을 입어서 생긴 것이니 사악한 기운 때문에 생겼다고 의심하는 것은 지나치다'면서 거부했다. 이후에도 인조의 병세는 호전되지 않았고 약방에서 처방한 탕약은 효험이 없었다. 더구나 약방의 어의들은 인조가 앓고 있는 병명이 무엇인지 정확히 알지 못했다. 병명이 정확하지 않은 병은 곧 괴이한 병이거나 사악한 병, 즉 괴질怪疾이거나 사질邪疾이었다.

당시 괴질이나 사질은 이형익李馨益이라는 유의儒醫가 가장 잘 치료한다는 소문이 있었다. 이형익은 대홍지역의 유생으로서 번침燔針을 이용해 사질邪疾 또는 괴질을 치료했다. 불에 달군 침이 번침인데 뜸과 침의 효능을 결합한 형태였다. 번침은 뜸을 무서워하는 사람들 또는 뜸을 하도 많이 떠서 뜸뜰 자리가 없는 사람들에게 사용되곤 했다.

이형익이 치료한 괴질이나 사질은 당시 의학지식으로는 진단도 치료도 할 수 없는 병들이었다. 즉 괴질은 공인된 한의학 지식이나 치료법으로는 치료될 수 없는 병들이었다. 괴질을 치료하는 이형익은 공인된 한의학 치료법이 아닌 독특한 방법으로 번침을 놓았다. 침을 놓는 자리가 공인된 자리와 달랐던 것이다. 그래서 일부 사람들은 그것을 불안해하며 요술妖術이라고 비판했다. 하지만 병명을 몰라 불치병 환자로 취급된 많은 환자들이 지푸라기라도 잡는 심정으로 이형익에게 치료받았다. 그렇게 치료받아 완쾌된 사람들이 많이 생기자 이형익의 번침 실력이 궁궐에까지 소문났다.

인조 10년(1632) 11월 6일, 약방에서는 대흥유생 이형익의 침술이 매우 신묘하니 그를 초청하자는 요청을 했다. 어의로 특별히 채용하자는 것이었다. 인조는 '거짓되고 헛된 설은 장려할 필요가 없다' 면서 거부했다. 특이한 번침으로 사질을 치료한다는 이형익을 믿을 수 없다는 뜻이었다. 아직 인조의 증세가 절박한 정도는 아니었다.

해가 바뀌어 인조 11년(1633)이 되어도 인조의 병세는 차도를 보이지 않았다. 기왕의 증세에 더하여 현기증과 마른기침까지 더해졌다. 침 맞기를 거부하던 인조는 결국 1월 8일에 침을 맞았다. 인중, 손, 발 등 여러 곳에 맞았는데 침의鍼醫는 신득일申得一, 유후성柳後聖, 정지문鄭之問, 박태원朴泰元 4명이었다. 이후 며칠에 한 번씩 계속해서 침을 맞았지만 효과가 없었다. 마침내 1월 17일, 약방에서 이형익을 초청하자고 다시 요청하자 인조는 허락했다.

2월 10일부터 인조는 이형익의 번침을 맞았다. 2월 한 달 동안 여섯 번을 맞았는데, 효과가 있었다. 이형익의 번침을 맞고 인조는 완쾌되었다. 이후 이형익은 인조의 극진한 신임을 받는 어의가 되었다.

그렇지만 신료들 중에는 독특한 번침술로 괴질을 치료하는 이형익의 방식을 불안해하는 사람들이 있었다. 설상가상 이형익은 자신의 번침술에 확신이 강해서 다른 사람들의 말을 듣지 않았다. 비난도 많이 받고 의심도 많이 받았지만 별로 신경 쓰지 않았다. 인조가 이형익의 번침을 맞을 때마다 일부 신료들은 불안에 떨며 말렸지만 인조는 계속 맞았다. 다른 대안이 없었기 때문이다.

이형익을 신임한 인조는 그에게 용인현령을 제수하기도 했다. 인조 22년(1644) 3월 3일의 일이었다. 이형익은 현령으로 재직하는 중에도 궁궐로 불려와 인조에게 번침을 놓았다. 이후 인조의 신임 속에 이형익은 7월에 다시 어의로 입궐했다가 10월에 한양의 서부 참봉이 되었다. 병이 재발할 경우를 대비해 이형익을 궁궐에서 멀지 않은 곳에 두었던 것이다.

인조가 괴질 또는 사질을 치료한다는 번침으로 치료되었다는 사실은 인조가 단순하게 육체적 또는 계절적 요인으로 발병한 것이 아니라 심리적 요인으로 발병했음을 알려준다. 조선시대에 분명한 이유를 알 수 없어 괴질이나 사질로 불렸던 병들은 많은 경우 심리적, 정신적 요인에서 비롯되었다. 이형익이 치료한 인조의 사질邪疾도 심리적, 정신적 요인에서 온 병이었다고 보아야 한다.

국왕으로서 인조의 존재근거는 '존명사대'와 '인륜'이었다. 인조는 그것을 명분으로 반정을 일으켜 왕위에 올랐다. 하지만 존명사대는 정묘호란으로 후금과 형제의 맹약을 맺으면서 유명무실화되었다. 따라서 정묘호란 이후 인조를 지탱해준 유일한 근거는 인륜이었고, 그것은 곧 인목대비 김씨였다. 그런데 인목대비 김씨의 죽음으로 인조에게 남아있던 유일한 존재근거마저 사라져 버린 것이었다. 인조는 반정명분을 위해 괴로워했을 뿐만 아니라 자기 자신의 존재근거를 위해서도 괴로워했다. 존명사대와 인륜을 부정하면 왕으로서의 인조뿐만 아니라 개인으로서의 인조도 부정될 수밖에 없었다.

따라서 인륜을 상징하던 인목대비 김씨가 사라진 마당에 인조가 매달릴 수 있는 것은 존명사대 뿐이었다. 그렇지만 존명사대는 현실적 기반도 없었고 후금과의 맹약으로 이미 깨진 상황이었다. 정묘호란 이후 5년이 지난 즈음에 후금의 군사력은 더욱 강력해졌다. 그렇다면 인조는 진정으로 존명사대를 포기하고 후금의 군사력에 굴복할 것일까?

그렇게 하기에는 인조가 너무 용감했고 고집도 너무 세었다. 인조는 공포상황에서 도피하기보다는 정면 대결함으로써 반정을 성공시켰다. 정묘호란에서는 비록 후금의 무력에 굴복하여 맹약을 맺었지만 심리적으로는 전혀 굴복하지 않았다. 그런데 인목대비 김씨의 죽음 이후, 인조는 후금에 진정으로 굴복하느냐 아니면 심리적으로나마 계속 대결하느냐의 기로에 놓였다. 굴복은 곧 현실적인 생존을 뜻했지만 민족적 자존심과 개인적 자존심에 큰 상처였다. 심리적인 대결은 현실적 공포였지만 민족적 자존심과 개인적 자존심을 살려주었다. 용감하고 고집이 센 인조의 마음은 대결을 요구하는 반면, 백성과 나라도 생각해야 하는 또 다른 인조의 마음은 굴복을 요구했을 것이다. 인조는 고민하고 괴로웠을 것이다.

인조가 이형익의 번침을 맞고 치료되었을 즈음에는 정신적인 갈등에서도 벗어난 상태였다. 인조는 심리적으로나마 후금과의 계속적인 대결을 선택했던 것이다. 이후 인조와 후금의 대결은 계속되었고 그것은 병자호란으로 이어졌다.

소현세자의 죽음은 예고된 것이었다

인조 14년(1636) 겨울에 병자호란이 발발하자, 인조와 소현세자는 남한산성으로 피난했다. 그곳에서 50 여일 정도 저항하던 인조는 세자를 인질로 요구하는 청나라에 굴복해 항복했다. 소현세자는 인조 15년(1637) 2월 8일에 강빈, 봉림대군 등과 함께 한양을 출발해 4월 10일에 심양에 도착했다. 그 해에 소현세자는 26살이었다.

소현세자가 심양의 인질생활을 시작한 지 7년째 되던 해인 인조 22년(1644) 3월에 청나라는 명나라의 북경을 점령했다. 당시 소현세자는 청나라 군대를 따라 북경까지 갔다가 다시 심양으로 돌아왔다. 중국 대륙을 정복한 청나라 황제는 인조 22년 11월 1일에 북경에서 황제에 등극했다. 그때 소현세자는 황제의 즉위를 축하하기 위해 또다시 심양에서 북경으로 가야 했다.

중국 대륙을 정복한 이상 청나라는 소현세자를 인질로 잡아둘 필요가 없었다. 청나라 황제는 11월 11일에 소현세자에게 조선으로 영구귀국하라는 명령을 내렸다. 이에 소현세자는 11월 20일에 북경에서 귀국길에 올랐다. 청나라의 인질이 되어 한양을 떠난 때가 인조 15년(1637) 2월 8일이었으니, 그동안 7년하고도 반년이 넘는 세월이 흘렀다. 26살의 청년으로 고국을 떠났던 소현세자는 이미 33살의 장년이 되어 있었다. 그 세월을 뒤로 하고 귀국길에 오른 소현세자의 가슴은 온갖 꿈과 희망으로 벅차올랐을 것이다. 그러나 소현세자의 귀국길은 꿈과 희망의 길이 아니라 비극의 길이 되고 말았다. 소현세자는 귀국 길에 병이 들었고 귀국 후에 병으로 급사했기 때문이다.

소현세자는 조선으로의 영구귀국 명령을 받기 전까지만 해도 건강했

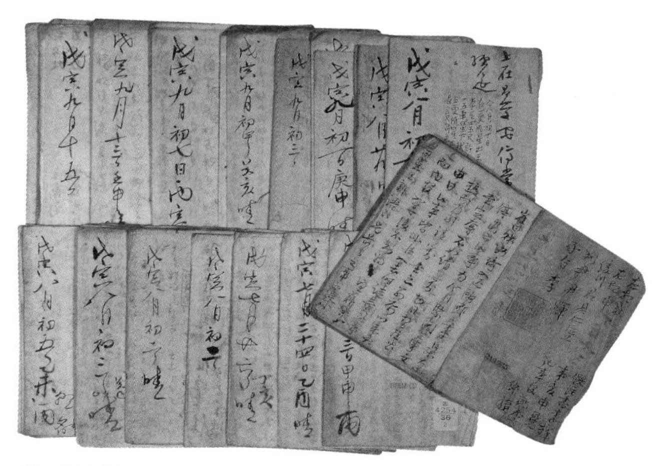

인조무인사초 인조대 사관이 집안에 보관했던 가장사초家藏史草 원본이다.

다. 그런데 11월 20일에 북경을 출발하면서 건강이 나빠지기 시작했다. 길을 서두르지 못한 소현세자는 다음해 1월 9일에야 심양에 도착할 수 있었다. 기다리고 기다리던 영구귀국 길에 올랐으니 몸과 마음이 날아갈 듯했을 텐데 거꾸로 질병이 든 이유는 무엇이었을까? 오랜 인질 생활을 끝내고 고국으로 돌아간다는 생각에 긴장이 풀어져서일까? 아니면 그 해에 두 차례나 심양과 북경을 왕래하느라 무리해서일까? 또는 이 두 가지 모두의 이유 때문일까? 어쨌든 소현세자의 병세는 조선에 보고해야 할 정도로 심각했다. 소현세자의 병세가 조선에 알려진 때는 인조 23년(1645) 1월 10일이었다.

"약방에서 아뢰기를, '동궁께서 편치 않다는 보고가 지금 임금께서 조리하시는 중에 도착했습니다. 생각건대 근심이 크실 것입니다. 이에 신들은 지극한 우려를 이길 수가 없기에 감히 와서 문안드립니다. 또한 심양에 있는 의관이 보고한 증록症錄을 여러 어의들과 의논하여 합당한 처방전을 마련하고 특별히 날랜 군사 1명을 선발하여 약재들을 가지고 주야로 달려가 증세에 따라 투약하게 하는 것이 어떠할지 아울러 여쭙니다.' 했다. 임금이 답하기를, '아뢴대로 하라. 나의 증세는 여전하다.' 했다." (『승정원일기』 인조 23년 1월 10일조)

소현세자는 1월 9일에 심양에 도착했고, 그의 병세가 조선에 알려진 것은 1월 10일이었으니 병세를 기록한 보고서는 1월 9일 이전에 작성되었다고 보아야 한다. 그것은 곧 소현세자가 북경에서 심양으로 돌아오는 길에 병들었음을 의미한다. 또한 세자의 병세가 수행 의원의 실력으로는 고칠 수 없었을 정도로 심각했음도 뜻한다. 수행 의원이 세자의 질병 증세를 자세히 기록하여 조선으로 보낸 이유는 어의들로부터 처방전과 약재를 받으려는 목적에서였다.

1월 중순쯤에는 어의들이 보낸 처방전과 약재가 심양에 도착했을 것이다. 그 덕에 1월 하순쯤에 소현세자의 병세는 많이 좋아졌고 귀국길에 오를 수 있었다. 소현세자가 심양을 떠나 귀국길에 오른 때는 인조 23년(1645) 2월 1일이었다. 소현세자는 2월 10일에 평양에 도착했고 2월 18일에는 한양에 도착했다. 꿈에 그리던 고국에 돌아온 것이었다.

그러나 고국에 도착해서도 소현세자의 병세는 완치되지 않았다. 무엇보다도 북경을 떠날 때부터 고생하던 기침과 가래가 떨어지지 않았다. 하지만 비록 완치되지는 않았다고 해도 소현세자의 병세는 점점 좋아졌다. 귀국한 지 보름쯤 후에 약방에서 올린 보고서에 의하면 세자의 병세는 3분의 2정도 좋아졌다고 했다. 그러나 완치가 되지 않았기에 계속해서 침을 맞고 탕약을 복용해야 했다. 소현세자를 치료한 어의들은 최득룡, 이형익, 박태원, 박군 등이었는데 이들 중에서 주치의는 박군이었다. 소현세자의 병세는 전반적으로 호전되었지만 두통, 현기증, 식곤증 등은 없어지지 않았다. 그러던 소현세자가 4월 21일 밤부터 갑자기 발작 증세를 보였다.

> "약방에서 다시 아뢰기를, '왕세자가 지난 21일 밤에 갑자기 오한과 부들부들 떠는 증세〔寒戰〕를 보였는데 두어 시간이나 지난 후에야 그쳤습니다. 그러나 22일에는 평상시와 같았습니다. 23일 오전 11시쯤에 또 오한과 부들부들 떠는 증세를 보였는데, 두꺼운 가죽옷을 입고도 오한을 막을 수가 없었고, 저녁때가 되어서야 오한이 풀리기 시작했습니다. 그렇지만 두통과 고열이 연이어 일어나고 정신이 혼미했습니다. 청심원淸心元을 드신 후에 약간 진정되었지만 고열은 사라지지 않아 밤새도록 고열로 괴로워하며 잠을 자지 못했습니다. 갈증이 또한 몹시 심하여 정화수井華水를 올렸지만 전혀 갈증을 없애지 못했고, 기침이 심하여 제대로 누워있지도 못했습니다. 이런 증상을 가지고 어의 유후성柳後聖, 박군朴頵 등에게 물었더니 먼저 시호지모탕柴胡知母湯에 치자梔子(치자열매), 연피連皮(연꽃 껍질), 황련黃連, 강즙薑汁을 볶아서 각각 1전錢을 넣고 황백黃柏과 염수鹽水를 볶아서 5푼分을 넣어 세 첩을 다려 먹은 후 잠시 증세가 어떤 지를 보아 다시 논의해야 한다고 했습니다. 이렇게 조제해 올리고자 합니다. 감히 아뢥니다.' 했다. 답하기를, '알았다' 했다." (『승정원일기』 인조 23년 4월 24일조)

4월 23일에 소현세자를 진찰했던 박군 등 어의들은 세자의 증상을 '학질瘧疾'로 진단하고 처방전도 그에 따라 내렸다. 그렇지만 어의들도

세자의 병명을 정확히 알지는 못했다. 오한으로 부들부들 떨다가 고열이 나타나는 증상은 학질과 유사했지만 거기에 더하여 기침과 가래까지 나타나는 심각한 증상은 무엇 때문인지 잘 알지 못했다. 즉 세자의 병은 괴질怪疾이나 사질邪疾이었다. 이런 병은 당시 어의 중에서 이형익이 제격이었다.

어의들은 처방전을 내렸지만 불안했다. 두통과 고열이 너무 심했기에 그들은 이형익의 번침으로써 소현세자의 고열을 내리려 했다. 이에 따라 소현세자는 4월 24일부터 어의들의 처방에 따른 한약을 복용하는 한편 이형익에게서 번침을 맞았다. 하지만 별로 효과가 없었다. 다급해진 약방에서는 25일에 이런 요청을 했다.

> "삼제조가 간단한 보고서로 아뢰기를, '왕세자의 상한증후傷寒症候가 오래도록 해소되지 않아 얼마 전에 어의 박군으로 하여금 들어가 진찰하고 약을 의논하게 했습니다. 그런데 신들이 이전에 들으니 최득룡崔得龍이 상한병을 치료하는데 가장 능란하다고 했습니다. 이때 박군 혼자서만 막중한 일을 전담하게 할 수는 없습니다. 최득룡으로 하여금 약을 의논하는 자리에 함께 참여하도록 하는 것이 어떻겠습니까?' 했다. 답하기를, '아뢴 대로 하라' 했다." (『승정원일기』 인조 23년 4월 25일조)

소현세자는 25일에도 한약을 복용하고 번침을 맞았다. 그러나 병세는 더욱 악화되었다. 26일 오전에 위중한 상태에 빠졌던 소현세자는 정오쯤에 세상을 떠나고 말았다. 귀국한 지 두 달여 만이었고 세자의 나이 34살이었다.

배신에 대한 의심은 천륜을 무시한 개인사였다

인조가 소현세자의 영구귀국을 알게 된 시점은 인조 22년(1644) 12월 4일이었다. 상식적으로 생각하면 소현세자의 영구귀국은 인조에게 희소식이었을 것이다. 하지만 꼭 그런 것만은 아니었다. 겉으로 볼 때는 희소식이었는지 모르지만 속으로는 의심과 불안감을 불러일으키는 흉보이기도 했다.

12월 6일, 인조는 조정 중신들을 불렀다. 소현세자가 귀국할 때 청나라 칙사와 함께 오기에 칙사영접 등 현안을 논의하기 위해서였다. 이 자리에서 인조는 소현세자의 영구귀국에 대한 자신의 미묘한 심정을 드러냈다.

의례적인 인사 후에 우의정 서경우가 중신들을 대표해 입을 열었다. 서경우는 '세자가 본국으로 돌아오는 것은 뜻밖의 일로써, 조종의 신령이 은밀하게 도와서 그렇게 된 것이니, 국가의 경사가 이보다 더 큰 것이 있겠습니까?'라고 했다. 소현세자의 영구귀국은 나라의 큰 경사라는 것이었다. 서경우 뿐만 아니라 신료들과 백성들도 같은 생각이었다.

그런데 인조의 반응은 예상 밖이었다. 인조는 '청나라의 이 조치는 정말 좋은 뜻에서 나왔고 딴 마음은 없겠는가?'하고 반문했다. 소현세자의 영구귀국을 허락한 청나라에 무슨 음모라도 있지 않을까 하는 의심이었다. 음모란 다른 것이 아니라 청나라가 인조를 폐위하고 소현세자를 왕으로 옹립할지도 모른다는 뜻이었다. 혹 소현세자가 친청파親淸派로 전향하여 자신과 조선을 배신하지는 않을까 하고 인조는 의심했던 것이다.

이에 대하여 서경우는 '다른 염려는 없을 듯합니다'라고 대답했다. 그런 음모가 있을 리 없고 소현세자가 친청파로 전향했을 리도 없다는 단언이었다. 인조는 '경들의 뜻도 다 그런가?' 하고 물었고, 중신들은 '그렇습니다' 라고 대답했다. 여기에서 인조와 조정 중신들의 생각이 확연히 드러났다. 인조는 소현세자의 영구귀국을 의심하고 불안해했지만 중신들은 그렇지 않았던 것이다.

인조의 의심과 불안은 이후에도 또 표출되었다. 12월 12일에 소현세자와 청나라 사신들을 영접하기 위한 원접사遠接使 김육을 만난 자리에서였다. 김육은 '올해가 넘어가면 원손의 나이가 10살이니 입학과 혼례에 관한 일을 속히 결정해야 합니다' 라고 요청했다. 조선시대 원손 또는 원자의 입학과 혼례는 보통 세손 또는 세자로 책봉될 때 거행했다. 원손이 단지 왕의 큰손자라는 의미라면 세손은 왕위를 계승할 손자라는 의미였기에 곧 후계자로 공포한다는 뜻이었다. 김육은 원손을 세손으로 책봉할 것을 요청한 셈이었다. 실록에 따르면 이런 요청을 받은 인조는 '아무 말도 하지 않았다' 라고 한다. 인조는 김육의 요청을 아예 무시한 것이었다. 이런 태도는 물론 소현세자의 영구귀국에 대한 의심과 불안감에서 비롯되었다고 하겠다.

인조의 의심과 불안은 건강을 해칠 정도로 심각했다. 소현세자의 귀국 소식을 들은 이후로 인조의 건강이 나빠지기 시작했는데, 딱히 원인이 없었다. 이전에도 인조는 극심한 의심이나 불안감 또는 정신적 스트레스에 시달릴 때 특별한 이유 없이 병을 앓곤 했다. 이번에도 마찬가지였다. 의심과 불안으로 인한 질병은 지금의 시각에서 보면 일종의 정신적 스트레스라 할 수 있었다. 하지만 당시에는 이런 인식이 없었다.

소현세자의 영구귀국 소식을 들은 이후로 나빠지기 시작한 인조의 건강은 23년(1645)이 되면서 점점 심해졌다. 소현세자의 영구귀국이 세자는 물론 인조에게도 질병을 불러왔다는 사실은 매우 역설적이다. 소현세자는 북경에서 귀국 길에 오른 인조 22년 11월 20일 이후로 건강이 악화되었고, 인조는 세자의 귀국 소식을 들은 12월 4일 이후로 건강이 악화되었다. 소현세자의 담당의사가 조선의 어의들로부터 처방을 요청하던 그 즈음, 인조는 특명으로 이형익을 다시 불러들였다. 그 때가 인조 23년 1월 4일이었다. 당시 이형익은 한양의 서부 참봉으로 있었다.

소현세자가 한양에 입성한 2월 18일 이후로 인조의 질병은 더욱 악화되었다. 2월 하순과 3월 초순에 인조는 거의 매일 이형익의 번침을 맞았다. 그만큼 인조의 의심과 불안이 컸다고 하겠다. 소현세자의 영구귀국이 인조에게는 재앙이었던 셈이다.

그렇다면 혹시 인조는 소현세자를 없앨 생각은 하지 않았을까? 소현세자에 대한 의심과 불안감이 죽여 버리고 싶다는 생각으로 발전하고, 또 그러면 안 된다는 자책으로 이어져 자신도 어쩔 수 없는 고뇌와 갈등으로 괴로워하다가 질병이 깊어진 것은 아닐까? 이런 생각은 소현세자가 귀국한 직후 세상을 떠난 사실과 연결되어 혹시 인조가 소현세자를 독살했을지도 모른다는 의심으로 발전하기도 한다. 그런 의심은 인조 당대에 있었을 뿐만 아니라 현재에도 꽤 널리 퍼져 있다. 예컨대 실록에는 이런 내용이 있다.

> "세자는 고국으로 돌아온 지 얼마 안 되어 병을 얻었고 병든 지 며칠 만에 죽었다. 그런데 온 몸이 전부 검은 빛이었고 이목구비의 일곱 구멍에서는 모두 선혈이 흘러 나왔다. 검은 색 천으로 세자의 얼굴을 반쪽만 가려 놓았는데 옆에 있는 사람도 어느 쪽이 얼굴이고 어느 쪽이 천인지 분별할 수가 없었다. 세자의 얼굴색은 중독된 사람과 유사했다. 그렇지만 밖의 사람

들은 알지 못했으며 임금도 또한 그것을 알지 못했다. 당시 종실인 진원군 이세완의 아내는 인렬왕후 한씨의 배다른 동생이었다. 이세완이 왕비의 친척이었기에 세자의 시체를 염습할 때 참여했는데, 그 이상한 모습을 보고 나와 사람들에게 말했다."(『인조실록』 권46, 23년 6월 27일조)

위의 내용대로 소현세자가 독살되었을지도 모른다는 의혹을 제기하고 그것을 널리 소문낸 사람은 이세완이었다. 인조의 첫 번째 왕비인 인렬왕후 한씨의 여동생이 이세완의 부인이었기에 인조와 이세완은 동서 사이였다. 이 때문에 이세완은 소현세자의 염습에 참여할 수 있었다. 염습은 사망 당일 사체를 옷으로 싸매는 의식으로 이세완은 소현세자가 죽은 4월 26일 당일의 염습에 참여했다고 보아야 한다. 그 자리에서 이세완은 세자의 얼굴색뿐만 아니라 온 몸이 마치 독살된 듯 검게 된 것을 보고 나와서 소문냈던 것이다. 그러므로 '세자의 얼굴색은 중독된 사람과 유사했다'라는 이세완의 증언이 소현세자 독살설의 가장 강력한 증거라고 하겠다.

이세완의 소문을 들은 많은 사람들은 소현세자가 혹 독살되지 않았을까 의심했다. 독살 의혹은 소현세자를 치료했던 의관들에게로 쏠렸다. 특히 의관들 중에서도 이형익에게 의혹이 집중되었다. 왜냐하면 4월 21일에 갑작스런 발작 증세를 보였던 소현세자는 24일부터 이형익의 번침을 맞다가 26일에 세상을 떠났기 때문이다. 공인되지 않은 번침술을 고집하던 이형익이 결국 소현세자를 죽였다는 의혹이 제기될 수 있는 상황이었다.

소현세자가 세상을 떠난 다음날부터 양사兩司에서는 세자를 치료했던 의관들을 탄핵했다. 왕이나 세자가 세상을 떠나면 치료를 담당했던 의원들을 탄핵하는 일은 관행이었다. 하지만 이번의 탄핵은 관행 이상으로 격렬했다. 양사에서는 이형익을 '사람됨이 망령되어 괴이하고 허탄한 의술을 스스로 믿어 진찰하던 날에도 망령되이 자기의 소견을 진술했으며, 세자께서 오한과 부들부들 떠는 증세를 보인 이후에는 증세도 판단하지 못하고 날마다 침만 놓았으니, 그가 신중하지 않고 망령되게 행동한 죄를 다스리지 않을 수 없습니다. 이형익을 잡아다 국문하여 죄를 정하소서. 또한 세자의 증후를 진찰하고 약을 의논했던 여러 의원들도 아울러 잡아다 국문하여 죄를 정하소서.'라고 했다. 양사는 인조 11년(1633)에 이형익이 어의가 된 이후로 받아오던 모든 의혹과 불만을 모아서 탄핵한 셈이었다.

그런데 이에 대하여 인조는 '여러 의원들은 신중하지 않은 일이 별로 없으니, 굳이 잡아다 국문할 것은 없다'고 응답했다. 이 응답은 마치 인조가 이형익과 어의들을 비호하는 느낌을 주었다. 인조의 응답은 곧 인조가 이형익 등 어의들을 이용해 소현세자를 독살하고 그들을 비호한 것이 아닐까 하는 의혹을 증폭시켰다. 양사의 계속된 탄핵에도 인조는 같은 입장을 고수했고 의혹은 커졌다. 그 과정에서 소현세자가 심양에 인질로 있던 동안 인조와 빚었던 각종 갈등들이 소문과 더해짐으로써 의혹은 사실인양 확대재생산 되었다. 소현세자 사후, 원손을 바꾸고 강빈까지 사사賜死해 버린 인조의 처사도 의혹을 부채질했다.

하지만 이세완이 소현세자의 독살 가능성으로 든 근거는 '중독된 사람과 유사하게 얼굴색과 온몸이 검다'는 사실뿐이었다. 사람이 독살되었을 때, 온몸이 검게 변색되니 그럴 가능성은 충분히 있었다. 그러나 검다는 사실 하나만으로 독살되었다고 단정할 수는 없다. 소현세자와 인조의 갈등은 정황증거로 볼 때, 독살시켰을 수도 있겠다는 가능성일 뿐이지 그 갈등 때문에 꼭 독살시켰다고 확정할 수는 없다.

소현세자의 직접적인 사인은 병이었다. 그 병명이 무엇인지 당시에는 잘 알지 못했다. 소현세자가 세상을 떠난 후 약방에서는 '왕세자의 병환이 5-6일 되었지만 정확한 병명을 분별하지 못해 처방한 약이 적당하지 못했습니다'라고 자책하며 처벌을 요청했는데, 이것은 괜한 소리가 아니라 사실이었다. 소현세자의 주치의인 박군이 학질로 진단했지만 세자의 병이 정말 학질이었는지 그 누구도 확신하지 못했던 것이다. 따라서 소현세자의 사인을 좀 더 정확하게 알기 위해서는 단순한 심증이나 정황증거를 찾기보다는 세자의 증세와 치료과정 자체에 대한 정밀한 검토가 선행되어야 한다. 소현세자의 사인을 정확히 파악해야 그 죽음과 관련된 인조의 태도와 개성도 보다 사실적으로 이해할 수 있다.

의도적인 죽음이 아닐지라도 의심이 간다

다시 한 번 되짚어보자. 소현세자의 건강이 나빠지기 시작한 시점은 인조 22년(1644) 11월 20일 이후였다. 그날 소현세자는 북경을 떠나 고국으로의 영구귀국길에 올랐고 도중에 병이 들었다. 북경을 떠나던 당시, 소현세자는 건강했으니까 대략 12월 전후에 병들었을 것이다. 병든 세자는 해수, 천식, 고열 등의 증세를 보였다. 증세가 심해서 소현세자는 심양에 도착한 후 요양에 들어갔으며, 조선의 어의들에게 도움을 요청했다. 소현세자의 증세가 궁궐에 알려진 때는 인조 23년(1645) 1월 10일이었다. 소현세자의 증세를 접한 어의들은 병의 원인을 '돈감장로頓撼長路' 때문으로 생각했는데, 이는 '먼 길에 시달려서'라는 뜻이었다. 어의들은 소현세자가 영구귀국 길에 오른 후 병든 이유를 '장거리 여행에 따른 여독' 때문으로 생각했던 것이다. 따라서 당시 어의들이 내린 처방도 '여독'을 풀기 위한 처방전이었을 것이다. 이런 처방전에 따라 소현세자는 심양에서 대략 보름 정도 치료를 받고 2월 1일에 귀국 길에 올라 2월 18일에 한양에 도착했다.

한양에 도착해서도 세자의 증세는 완치되지 않았다. 이에 따라 2월 20일에 약방에서는 어의들로 하여금 세자의 증세를 진찰하자는 요청을 했다. 인조가 허락하여 최득룡, 유후성, 박군 등이 세자를 진찰했는데, 결과는 다음과 같았다.

> "어의들로 하여금 세자의 증세를 진찰하게 했더니 보고하기를, '이전의 병환과 증세는 거의 회복되었습니다. 그렇지만 해수, 천식, 가래, 고열, 입맛이 없는 등의 증세는 아직 남아 있습니다. 이것은 외감外感은 비록 해소되었다고 해도 위열胃熱이 아직 남아서 그런 것입니다. 마땅히 이모영수탕二母寧嗽湯에 지골피地骨皮, 맥문동麥問冬을 각각 1전錢 더하여 5첩을 계속 복용해야 합니다.'라고 했습니다. 이렇게 만들어 올리고자 합니다."(『승정원일기』 인조 23년 2월 20일조)

세자는 2월 20일부터 24일까지 '이모영수탕' 5첩을 복용했다. 하지만 차도가 없었다. 게다가 가슴이 답답하고 위산이 올라오는 증세까지 더해졌다. 2월 24일에 세자를 진찰한 어의들은 '이런 여러 증세는 모두 가래가 콱 막혀서 생겼습니다'라고 진단했다. 어의들은 세자의 증세를 계속해서 '여독'으로 판단하고 이전의 이모영수탕에 약간의 약재를 가감하여 새로 5첩을 만들어 올렸다. 세자는 이모영수탕 5첩을 더 복용했지만 증세는 호전되지 않았고 고열 증세는 더욱 악화되었다.

이런 상황에서 2월 26일에 다시 어의들이 세자를 진찰하게 되었다. 그날의 진찰에는 최득룡, 유후성, 박군과 함께 이형익이 처음으로 참여했다. 기왕의 어의들이 내린 처방이 효과를 발휘하지 못하자 이형익이 추가 투입된 것이었다. 그날 이형익을 비롯한 어의들은 이전의 이모영수탕 대신에 '소시탕小柴湯'을 처방해 올렸다. 이 처방이 효과를 발휘했는지 세자의 증세는 아주 호전되었다. 3월 5일에 있었던 어의들의 진찰에 따르면 세자의 증상은 3분의 2 가량 치료되었다.

"신 등이 최득룡, 이형익, 박군 등으로 하여금 동궁을 진찰하게 했는데, 동궁이 어의 박태원도 함께 불러서 동참시키라고 하여 이 네 사람이 진찰했습니다. 이들이 진찰 후에 모두 신 등에게 말하기를, '전부터 있던 증세가 모두 3분의 2는 없어졌고 얼굴색도 또한 화평합니다. 다만 먹고 마실 때 입맛이 시큼한 것이 평상시와 다른데, 이것은 간화肝火가 아직 남아 있어서 그런 것입니다. 마땅히 시호연교탕柴胡連翹湯에 석고단石膏煅 1전錢을 더하고 죽여竹茹 5푼, 지골피地骨皮 8푼, 지모知母 8푼을 더하여 5첩을 만들어 연이어 복용해야 합니다. 다만 간화肝火가 상승하는 것이 지금의 주된 증상이니 반드시 침술과 의약을 함께 행하여 안과 밖을 아울러 치료한 뒤에야 빠른 효과를 볼 수 있습니다. 마땅히 간담경肝膽經, 심경心經의 몇몇 혈에 몇 차례 침을 놓아야 합니다.' 라고 했습니다. 위에서 말한 시호연교탕柴胡連翹湯 5첩을 먼저 조제해 들이고, 침을 맞는 것은 날을 가려 하는 것이 마땅합니다." (『승정원일기』 인조 23년 3월 5일조)

세자는 3월 6일부터 탕약을 복용하면서 침도 맞았다. 물론 침은 이형익이 놓았다. 소현세자는 이형익의 번침을 3차례 맞고 눈에 띄게 차도를 보였다. 3월 10일에 어의들이 세자를 진찰한 결과를 보면 다음과 같았다.

"왕세자가 침을 맞을 때, 어의 최득룡, 이형익, 박태원, 박군 등이 들어가 진찰했는데 모두 말하기를, '전에 앓던 현기증, 천식, 가슴답답증, 위산이 올라오는 등의 여러 증상은 거의 완치되었습니다. 다만 해수가 아직도 남아 있습니다. 또 요사이 사지가 나른하고 늘 졸음이 오는데, 이것은 대개 외열外熱이 없어졌다고 해도 담화痰火가 아직 남아있고 위기胃氣가 허약해서입니다. 마땅히 청화치담淸火治痰의 처방을 쓴 후에야 효과를 볼 수 있습니다. 화담청화탕化痰淸火湯에 적복령赤茯苓 7푼, 맥문동 7푼, 지각枳殼 5푼을 더하여 5첩을 조제하여 연이어 복용한 후 서서히 증세를 보아 다시 다른 약을 논의해야 합니다.'라고 했습니다. 마땅히 이렇게 조제해 들이고자 합니다. 또한 처음에 침을 맞을 때, 3차례로 아뢰어 결정했는데, 침의鍼醫 등이 말하기를, 지금 3차례 침 맞은 후에 약간의 효과가 있으니 마땅히 2차례 더 맞아야 한다고 합니다. 이에 감히 아룁니다."(『승정원일기』 인조 23년 3월 10일조)

3월 14일까지 5차례 침을 맞은 소현세자는 거의 완치되었다. 약간 열이 남아 있었지만 별로 심하지 않았다. 3월 14일부터 소현세자는 더 이상 탕약을 먹지도 않았고 침을 맞지도 않았다. 소현세자가 이 정도로 회복된 데에는 무엇보도 이형익의 번침술이 유효했다. 이후 인조는 소현세자의 기력을 회복시키기 위해 타락죽駝酪粥을 하루걸러 하루씩 동궁에 들이게 했다. 타락죽은 우유와 쌀로 만든 죽으로서, 조선시대 국왕의 대표적인 보양식이었다. 기력을 회복한 소현세자가 4월 16일에 스스로 주치의 박군에게 거의 나았다고 말할 정도였다. 그러던 소현세자가 4월 21일부터 갑자기 오한과 부들부들 떠는 한전寒戰 증세를 보였던 것이다.

하지만 그날의 한전 증세는 두어 시간 후에 없어졌고 다음날에는 아무런 증상도 나타나지 않았다. 그래서 세자 본인이나 약방에서는 이 증세를 심각하게 생각하지 않았다. 그런데 23일 오전에 또다시 오한과 부들부들 떠는 증세가 나타났다. 이번에는 그 증세가 한나절이나 지속되었다. 이에 깜짝 놀란 약방에서는 23일 한밤중에 어의 박군을 시켜 세자를 진찰하게 했는데, 박군이 학질 증세로 진단했다. 약방에서는 탕약만으로는 금방 효과를 볼 수가 없어서 24일 새벽부터 이형익의 침을 맞도록 요청했다.

3월 14일부터 탕약과 침을 끊었던 소현세자는 4월 24일에 어의 박군이 처방한 시호지모탕柴胡知母湯을 복용했다. 아울러 이형익의 번침도 맞았다. 이전에 이형익의 번침술이 소현세자의 병을 완치했었기에 또다시 맡긴 것이었다. 하지만 이번에는 전혀 효과가 없었다.

25일에 약방에서는 상한증傷寒症을 잘 고치기로 소문난 최득룡으로 하여금 박군과 함께 소현세자의 진찰과 치료를 담당하게 했다. 24일까지만 해도 약방에서는 세자의 증세를 심각하게 여기지 않아 박군 혼자에게만 진찰과 치료를 맡겼는데, 차도가 없자 다시 최득룡을 추가 투입했던 것이다. 25일에 세자는 이형익의 번침을 맞고 또 어의 박군이 처방한 시호지모탕柴胡知母湯을 들었다. 그러나 증세는 여전히 호전되지 않았다.

26일 오전에 세자는 어의 최득룡이 처방한 시호탕柴胡湯을 들었다. 그런데 시호탕을 들고난 후 위중한 상태가 되었다. 다급해진 약방에서는 이형익의 번침으로 위기를 넘기려 했다.

"약방의 삼제조가 아뢰기를, '세자의 증세가 몹시 위중하여 신 등은 세자궁으로 와서 대령하고 있습니다. 세자의 증세가 위중하니 침을 맞게 하여 위중한 상태에서 벗어나게 하고자 합니다. 감히 아룁니다.' 했다. 임금이 답하기를, '알았다' 했다. 이어서 명령하기를, '세자가 침 맞을 때에는 단지 침의鍼醫 두 명만 나에게 입시하도록 하고 나머지 모든 어의들은 세자궁으로 가서 대령하라' 했다. 약방의 삼제조가 또다시 아뢰기를, '왕세자의 증세가 가볍지 않아 간혹 담화痰火가 불시에 솟구치기도 합니다. 응급조치할 방도를 미리 생각해 두어야 합니다. 오늘부터 어의 최득룡, 유후성, 이형익, 박태원 등으로 하여금 차도가 있을 때까지 대궐 안에서 입직하게 하고, 약방의 제조도 또한 돌아가면서 숙직하고자 합니다. 감히 아룁니다.' 했다. 임금이 답하기를, '알았다' 했다." (『승정원일기』 인조 23년 4월 26일조)

결과적으로 소현세자는 이형익의 번침을 맞은 직후 세상을 떠났다. 그 때가 인조 23년 4월 26일 정오였다. 그렇다면 위의 사실들에서 소현세자가 이형익의 번침에 독살되었다고 판단할 만한 근거를 찾을 수 있을까?

『승정원일기』를 보지 않고 인조실록만 보게 되면 그렇게 판단하기 쉽다. 인조 23년(1645) 4월 23일자의 실록 기사에 '세자가 병이 났는데, 어의 박군이 들어가 진맥하고는 학질로 진단했다. 약방에서 다음날 새벽에 이형익으로 하여금 침을 놓아서 학질의 열을 내리게 하자고 청하니, 임금이 따랐다.'는 내용이 있다. 이런 서술은 마치 소현세자가 4월 23일에 갑자기 병을 앓기 시작했다고 판단하게 만든다. 게다가 당시 소현세자가 34살의 장년이었다는 점을 생각하면 세자는 손쉽게 회복될 수 있었으리라 판단하게도 만든다.

나아가 24일자의 실록기사에는 '세자가 침을 맞았다'는 기록이 있고, 또 25일자의 실록기사에도 '이날 세자가 또 침을 맞았다'는 기록이 있다. 그리고 26일자의 실록기사에 갑자기 '왕세자가 창경궁의 환경당歡慶堂에서 세상을 떠났다'는 기록이 있다. 이 같은 실록의 기록만 보게 되면 23일에 발병했던 소현세자가 24일과 25일에 이형익의 침을 맞은 후 26일에 갑자기 세상을 떠난 것으로 판단할 수밖에 없다. 소현세자가 이형익에게 독살되었을 것이라는 판단은 바로 이 같은 실록의 기록방식 때문이다.

하지만 실록은 모든 상황과 사실을 기록하는 것이 아니라 중요 상황과 사실만 선별적으로 기록한다는 점을 염두에 두어야 한다. 23일자의 실록기사에 '세자가 병이 났는데'라는 내용이 있다고 해서 이날 처음으로 세자가 병에 걸렸다는 뜻은 절대 아니다. 실록에는 기록되지 않았지만 소현세자가 처음 병든 시점은 북경에서 영구귀국길에 오른 인조 22년(1644) 11월 18일 직후였으니 병이 최소한 5개월이나 지속되었다. 더구나 완치된 듯하다가 갑자기 재발했다는 점에서 절대 사소한 병은 아니었다. 소현세자가 실제로 그 병 때문에 세상을 떠났을 가능성이 적지 않다.

게다가 이형익이 소현세자를 독살했다고 판단하기에는 난점이 너무 많다. 이형익은 영구 귀국한 소현세자를 한 차례 완치시켰다. 그런 이형익이 4월 23일 이후 소현세자를 독살했다면 그때를 전후해 인조의 암시나 사주를 받았다고 보아야 한다. 만약 인조가 소현세자를 독살할 마음이었다면 귀국 후에 얼마든지 기회가 있었다. 귀국 직후에도 소현세자가 이형익의 침을 맞았기 때문이다. 그럼에도 이형익의 침으로 굳이 완치시켰다가 발작한 후에야 죽이려 했다면 상식적으로 수긍하기 어렵다.

소현세자묘(소경원) 소현세자는 세자신분으로 죽었기에 왕릉보다 격이 낮은 원園에 묻혔다.

더욱이 완치되었던 소현세자가 갑자기 발작하리라고는 그 누구도 예상하지 못한 일이었다. 인조 역시 예상하지 못했다고 보아야 한다. 만약에 인조가 미리 예상했다면 소현세자가 처음 병들었을 때부터 수상한 약을 쓰게 한 결과일 텐데, 이런 일은 인조가 왕이라고 해도 불가능했다. 인조는 비록 왕이었지만, 소현세자를 치료할 어의들 선정과 그들의 처방에 간여할 수 없었기 때문이다. 그것은 약방에서 관장하는 일이었다.

여기서 무엇보다도 중요한 사실은 이형익의 번침이 응급조치였다는 점이다. 귀국 후 소현세자가 처음으로 이형익에게 침을 맞게 된 이유는 다른 처방이 효과를 나타내지 못했기 때문이었다. 이형익에게 처음 침을 맞은 소현세자는 완쾌되었다. 4월 23일 이후, 탕약만으로 효과가 나타나지 않자 소현세자는 또다시 응급조치로서 이형익의 침을 맞았던 것이다. 하지만 그때는 이형익의 침이 효과가 없었다. 그렇게 된 원인은 고의적인 실수 때문일 수도 있고 아니면 단순한 의료사고 때문일 수도 있으며 아니면 치료 불가능한 질병 때문이었을 수도 있다. 이유가 무엇이든 독살의 가능성은 거의 없었다고 할 수 밖에 없다.

만약 인조가 실제 소현세자를 독살했다면 염습과정이나 염습에 참여하는 사람들 또는 참여했던 사람들을 통제할 수도 있었다. 독살당한 사체가 어떠리라는 사실을 모를 리 없는 인조가 아무 대책 없이 염습했으리라고 믿기는 어렵다. 의도적으로 독살한 후에 아무 대책 없이 염습했다면 인조는 아주 부주의한 왕이거나 아주 무모한 왕이었다고 할 수 밖에 없다. 인조는 그 정도로 어리석은 왕은 아니었다.

명분과 고집으로 현실이 극복되지는 않는다

소현세자가 죽은 당일, 인조는 병중임에도 불구하고 세자의 빈소로 갔다. 세자의 죽음을 보며 인조는 어떤 마음이었을까? 혹 자신의 왕위를 빼앗을지도 모를 정적이었으니 잘 죽었다고 통쾌해 했을까? 아들의 죽음을 막지 못한 자신의 무능을 원망했을까? 아니면 아들이 죽게 된 원인을 청나라에 돌리며 이를 갈았을까?

소현세자의 직접적인 죽음은 병 때문이었다. 그러나 조금 더 생각해보면 실제 소현세자를 죽인 사람은 인조 본인이라고 할 수도 있었다. 소현세자가 병에 든 이유는 인질로 잡혀갔기 때문이고, 인질이 된 이유는 인조의 '존명사대' 때문이었다. 만약 이렇게 생각했다면 인조는 지난날의 존명사대를 반성하고 새로운 대안을 찾아야 했다.

그렇지만 반대로 생각할 수도 있었다. 세자가 친청파로 변절했기에 하늘이 벌을 내린 것이라고 생각할 수도 있었다. 그렇게 생각한다면 인조는 큰아들을 죽였다는 죄의식에서도 벗어날 수 있었고, 고집스럽게 지켜온 존재근거도 지킬 수 있었다.

소현세자의 졸곡제가 치러지고 며칠 지난 인조 23년(1645) 윤 6월 2일, 왕은 조정 중신들을 불렀다. 이날 인조는 그 누구도 예상하지 못한 문제를 제기했다. 차기 왕세자를 누구로 결정할 것인가 하는 문제였다. 당시 모든 사람들은 차기 왕세자는 당연히 원손 즉 소현세자의 10살 된 큰 아들이라고 생각했다. 하지만 인조의 생각은 달랐다.

그날 인조의 부름을 받고 참석한 중신들은 영의정 김류, 좌의정 홍서봉, 낙흥부원군 김자점, 육조판서, 양사兩司의 장관 등 16명이었다. 인조와 함께 당시의 국정을 이끌던 핵심인사들이 바로 이 16명이었다. 하지만 그들은 인조가 왜 자신들을 불렀는지 짐작조차 못했다. 인조는 단도직입적으로 이렇게 말했다.

> "임금이 여러 신하들에게 이르기를, '나에게는 오래 묵은 병이 있는데 종종 심해지곤 한다. 이런 상황에서 원손은 저처럼 어리다. 내가 오늘날의 형세를 보니, 어린 아이가 성장하기를 기다릴 수가 없다. 경들은 어떻게 생각하는지 모르겠다.'고 했다." (『인조실록』 권46, 23년 윤6월 2일조)

10살 된 원손을 왕세자로 세울 수 없다는 말이었다. 이유는 병든 자신이 언제 어떻게 될지 모르기 때문이라고 했다. 하지만 이런 말은 당시의 상식이나 명분으로 볼 때 수긍되기 어려웠다. 조선시대 왕위계승 원리로서 가장 중요한 것은 적장자 상속이었다. 소현세자의 큰 아들이 대를 이어 왕세자에 오르는 것이 상식이기도 하고 명분이기도 했다.

지난 세월로 볼 때, 인조는 자신의 큰 손자인 원손을 그 누구보다도 애틋하게 생각해야 했다. 인조 14년(1636) 3월 25일에 태어난 원손은 세자의 큰 아들로서 태어날 때부터 원손이었다. 원손이 태어나고 약 9개월이 지나 병자호란이 발발했다. 이때 인조와 소현세자는 남한산성으로, 원손은 생모인 빈궁嬪宮을 따라 강화도로 피난 갔다. 만 1살도 되기 전에 이산가족이 된 셈이었다. 파란만장한 원손의 삶은 그 후로도 계속되었다.

인조는 남한산성에서 50여 일 정도 저항하다가 결국에는 항복하고 말았다. 그 결과 소현세자와 빈궁 그리고 봉림대군 등이 인질로 잡혀가게 되었다. 원자는 그 당시까지도 아직 만 1살이 되지 않았다. 너무 어린 원손은 부모를 따라 청나라로 가지 못하고 그냥 조선에 남았다. 강보에 쌓인 원손은 할아버지 인조의 보살핌을 받으며 궁궐에서 컸다. 10살이 될 때까지 그렇게 자랐다. 따라서 어린 원손을 키운 사람은 소현세자와 빈궁이 아니라 인조 자신이었다.

원손은 5살 때와 8살 때 인질이 되어 잠시 청나라 심양에 다녀오기도 했다. 인질로 잡혀있던 소현세자가 조선으로 일시 귀국하게 되어 그 대신 인질로 잡혀갔던 것이다. 원손은 10살 밖에 되지 않았지만 그 10년은 파란의 연속이었다. 보통의 할아버지라면 그렇게 파란만장한 세월을 보낸 원손에게 인간적인 애틋함과 미안함 등을 동시에 가지고 있었을 것이다. 그런데도 인조는 상식과 명분 그리고 인간적인 감정들을 '병든 자신이 언제 어떻게 될지 모른다'는 논리만으로 뒤집으려 했다.

더군다나 인조의 논리는 조정 중신들을 자칫 불충으로 몰아넣을 소지가 다분했다. '병든 자신이 언제 어떻게 될지 모른다'는 인조의 논리를 그대로 수긍하면 인조가 조만간 세상을 떠난다는 사실을 인정하는 셈이었다. 당시 인조는 51살 밖에 되지 않았다. 그 말을 액면 그대로 수긍했다가는 '왕의 죽음을 바라는 불충한 무리'로 몰릴 수 있었다. 그렇다고 인조가 꼭 그렇게 하겠다고 맘먹고 있는 상황이라면 무작정 반대하는 것도 위험했다. 조정 중신들은 인조의 본심이 정말로 원손을 왕세자 후보자에서 제외하려는 것인지, 아니면 충성심을 시험해보려는 것인지 알 수 없었다.

이런 상황에서 자신의 생각을 섣불리 발설하는 것은 위험한 일이었다. 영의정 김류는 '전하께서 갑자기 이런 말씀을 하시니 신들은 무어라 말씀드려야 할지 모르겠습니다'라며 인조의 본심을 떠보고자 했다. 그러자 인조는 '만일 내가 죽으면 어린 임금이 임금 자리를 감당할 수 없을 듯해서 대군 중에서 골라 세우려 한다'고 했다. 인조는 자신의 본심이 원손 대신 봉림대군 아니면 인평대군 중에서 왕세자를 세우려는 것이라고 공포한 셈이었다. 이제 조정 중신들 입장에서는 찬성하느냐 마느냐의 선택만이 남았다. 이런 상황에서는 조정 중신들의 대표자인 영의정이 먼저 입장을 밝혀야만 했다.

그러나 영의정 김류는 그렇게 하지 않았다. 김류는 '여러 신하들에게 널리 물으셔야 합니다'라고 했는데, 이는 자신이 먼저 나서서 찬성이냐 반대냐를 밝히지 않으려는 속셈이었다. 자칫 잘못 의견을 표명했다가는 후환이 걱정되었기 때문이다. 만약 너무 쉽게 찬성하면 임금에게 아부한다는 비난을 받아야 했고, 또 처음부터 반대하다가는 인조의 분노를 살 우려가 있었다. 김류는 다른 중신들의 생각 그리고 인조의 반응을 본 후 자신의 입장을 밝힐 생각이었다.

영의정 김류가 이렇게 나오자 좌의정 홍서봉이 나섰다. 홍서봉은 '옛 역사를 보건대 태자가 없으면 태손太孫으로 이었으니 이것이 곳 떳떳한

법입니다. 상도를 어기고 권도를 행하는 것은 국가의 복이 아닌 듯합니다.'라며 반대 입장을 분명히 했다. 인조는 '아무리 잘 다스려진 세상에서도 반드시 나라에 장성한 임금이 있는 것을 복으로 여겼다'라며 자신의 입장을 강조했다. 하지만 이후 발언한 중신들은 '인심이 소란해질 것'이라며 반대했다. 그러자 인조는 전혀 엉뚱한 이야기를 함으로써 상황을 반전시키려 했다.

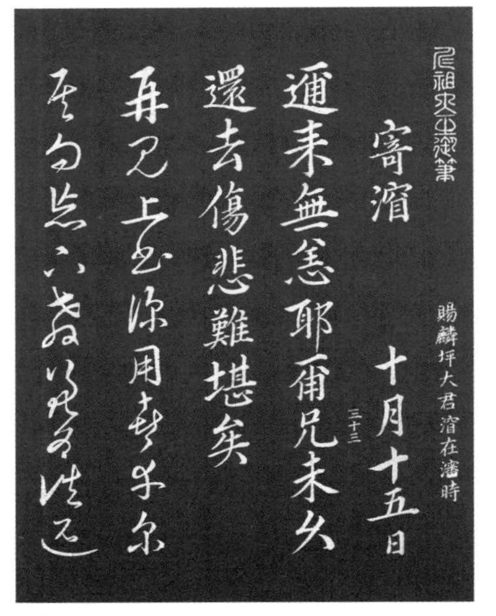
仁祖大王御筆

賜麟坪大君淯在瀋時

寄淯　十月十五日

邇來無恙耶爾兄未久

還去傷悲難堪矣

인조편지 인평대군 창에게 보낸 것이다.

"임금이 이르기를, '우리 세조께서는 원손에게 자리를 전하지 않고 예종에게 전하였는데 당시 조정신료들은 이의가 없었다. 그렇다면 과연 그 신하들은 모두 불충한 자들이었단 말인가? 대신이 국가의 대사를 담당해서는 마땅히 그 책임을 져야 하는데, 한갓 평범한 얘기로 책임이나 때우려 하니 이것이 어찌 대신의 도리인가? 이른바 인심이 소란해질 것이란 말도 그렇지 않다. 권도權道를 행해서 중도中道를 얻는 것이 바로 인심을 진정시키는 도리이다. 그러니 무슨 소란해질 걱정이 있단 말인가?' 하였다."(『인조실록』 권46, 23년 윤6월 2일조)

인조가 '세조께서는 원손에게 자리를 전하지 않고'라고 언급한 원손은 월산대군을 지칭했다. 월산대군은 덕종으로 추존된 생부가 세자로 있었을 때 원손이었다. 그런데 월산대군이 4살 되던 해에 덕종이 세상을 떠났다. 그때 세조는 4살의 원손을 대신해 8살 된 왕자 즉 훗날의 예종을 왕세자로 결정했다. 당시 원손이었던 월산대군이 왕세자가 되지 못했던 것은 너무 어렸기 때문이었다. 인조는 바로 이 같은 전례를 들어 자신의 처사를 합리화하려 했던 것이다.

인조는 '이 일은 오로지 영의정에게 달려 있으니 경이 결단하라'며 김류를 압박했다. 그러나 김류는 계속해서 어물어물하며 피해가려고만 했다. 보다 못한 중신들이 나서서 홍서봉의 의견이 옳다고 주장하자 인조는 발끈 성을 내며 '어느 날 내가 죽기라도 한다면 경들은 어찌할 생각인가?'라며 소리쳤다. 갑자기 분위기는 험악해졌고 중신들은 입을 다물었다. 결국 김류와 조정 중신들은 인조의 판단과 뜻대로 하라고 물러섰고, 인조는 '봉림대군을 세자로 삼노라'고 선포함으로써 자신의 뜻을 관철시켰다. 그날부터 원손은 더 이상 원손이 아니었다. 갑자기 왕세자가 된 봉림대군의 큰 아들이 새로운 원손이 되었다.

원손이 교체되고 9개월이 지난 후에는 강빈까지도 사사되었다. 심양에 있을 때부터 강빈이 역모를 도모했으며 자신을 독살하려고 했다는 죄목이었다. 이렇게 인조의 큰아들, 큰손자 그리고 큰 며느리는 비참하게 세상을 떠났다. 인조가 큰손자를 쫓아내고 큰며느리를 사사한 가장 큰 이유는 존명사대를 지키려는 그의 고집 때문이었다. 친청파로 변절한 소현세자가 하늘의 벌을 받아 죽었으니, 그의 아들을 왕세자로 삼을 수는 없었던 것이다. 인조는 존명사대를 지키기 위해 온갖 비난과 희생을 무릅쓰고 봉림대군을 세자로 삼았다. 이로써 인조의 명분과 고집은 살아남았지만, 그만큼 조선은 존명사대라는 대의명분에 갇혀버렸다.

이복형 경종의 죽음 앞에서, 영조

두 형제의 질긴 악연은 결과이자 원인이었다 ❀ 끝이 없는 편애는 두 사람의 인생을 갈랐다 ❀ 야심과 기대, 누구도 모르지만 자신은 알았다 ❀ 이미 아무 것도 하지 못하는 망가진 신세였다 ❀ 인식의 차이, 그것은 기회이자 현실이었다 ❀ 결단의 순간, 그는 자신만의 히든카드를 냈다 ❀ 죽음의 현장과 배후에 함께하고 있었다 ❀ 호의와 양보, 음모와 술수 사이에서 결백을 증명하라

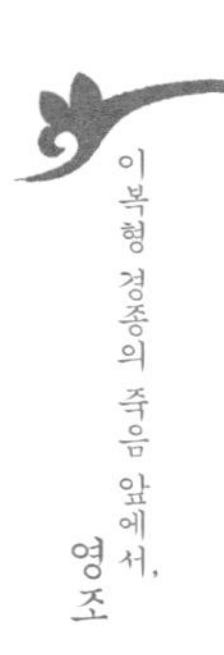

두 형제의 질긴 악연은 결과이자 원인이었다

영조는 숙종의 아들이며 경종의 이복동생이었다. 영조는 이복형 경종과 질기고도 질긴 악연을 달고 태어났다. 그 악연은 영조가 태어나기 훨씬 이전부터 시작되었다.

경종은 유명한 희빈 장씨의 아들이었다. 숙종 14년(1688) 10월, 궁녀 출신인 희빈 장씨가 경종을 낳았을 때 숙종은 스물여덟 살이었다. 나이 서른이 다 되어 첫아들을 본 숙종은 감격했다. 숙종은 첫아들 경종을 곧바로 자신의 후계자로 확정하고자 했다. 기사년인 숙종 15년(1689) 1월, 경종은 태어난 지 100일도 되기 전에 원자로 책봉되었다.

당시 송시열을 비롯한 서인들은 왕비가 아직 젊은데도 불구하고 후궁이 낳은 아들을 너무 일찍 원자로 결정하는 것은 옳지 않다고 반대했다. 숙종은 이들을 모두 역적으로 몰아 처벌하고 남인들을 대거 등용했는데, 이것이 '기사환국'이다. 그 여파로 왕비 인현왕후는 폐위되고 희빈 장씨가 왕비 자리에 올랐다.

경종의 탄생은 서인과 인현왕후에게는 저주와 같았지만 남인과 희빈 장씨에게는 축복이었다. 경종의 입장에서는 자신의 생모가 왕비가 되었을 뿐만 아니라 숙종의 총애까지 독차지함으로써 완벽한 조건을 갖춘 셈이었다. 세살에 왕세자에 책봉된 경종은 네 살에 천자문을 배우는 등 세자 교육을 받기 시작했다.

숙원최씨신도비(소령원) 영조의 생모인 숙원 최씨의 무덤이다.

부모의 사랑과 기대를 한 몸에 받으면서 경종은 똑똑하고 효심 가득한 아이로 자라났다. 어린 시절의 경종은 장래가 촉망되는 세자였다. 그러나 이런 모든 상황은 영조의 생모 숙빈 최씨에 의해 뒤집어졌다.

숙빈 최씨의 신도비명에 의하면 최씨는 현종 11년(1670) 11월 6일에 한양에서 태어났고 7살 되던 숙종 2년(1676)에 입궁했다고 한다. 숙종의 첫 번째 왕비인 인경왕후 김씨의 궁녀들을 충원할 때 숙빈 최씨도 입궁했는데, 훗날 그녀가 무수리였다고 알려진 사실로 보면 평민 또는 관노비의 딸이었다고 생각된다. 최씨는 인경왕후 김씨가 세상을 떠나고 인현왕후 민씨가 들어온 후 민씨의 궁녀가 되었다. 기사환국으로 인현왕후 민씨가 출궁한 후에도 숙빈 최씨는 여전히 궁궐에 있었다.

남인에게 권력을 빼앗긴 서인은 숙빈 최씨를 이용해 희빈 장씨를 견제하고 또 권력도 되찾아 오고자 했다. 마침 인경왕후 김씨의 조카인 김춘택은 숙종의 유모와 친밀했다. 김춘택은 숙종의 유모를 시켜 숙빈 최씨와 숙종이 가까워지도록 공작했다. 숙빈 최씨는 숙종보다 9살 어렸고 희빈 장씨보다는 11살이나 어렸다. 그렇게 싱싱한 숙빈 최씨의 젊음에 속종은 매혹되었고, 그 결과 숙종 18년(1692) 연말에 숙빈 최씨는 임신했다. 기사환국이 있은 지 3년 만이었고, 숙빈 최씨의 나이 23살이었다. 희빈 장씨를 총애하던 숙종은 이제 숙빈 최씨를 총애했다. 숙빈 최씨를 이용해 희빈 장씨를 견제하려던 서인의 공작은 성공했다.

당연히 희빈 장씨는 숙빈 최씨를 질투하고 미워했다. 숙빈 최씨는 거의 목숨을 보존할 수도 없을 정도였다. 이 와중에 숙종 19년 10월에 숙빈 최씨는 첫째 아들을 낳았는데, 그 아들은 두 달 후에 요절하고 말았다. 첫째 아들이 죽던 즈음 숙빈 최씨는 둘째 아들을 또 임신했다. 숙종의 총애가 여전했던 것이다. 숙빈 최씨의 연이은 임신에 희빈 장씨뿐만 아니라 남인들도 긴장했다.

숙종 20년(1694) 3월 29일, 정체불명의 세 명이 창덕궁으로 들어갔다. 그들은 승정원을 지나쳐 곧바로 숙종이 거처하는 곳으로 돌입하려고 했다. 문을 지키는 사람들이 두 번 세 번 쫓아내려고 해도 물러가지 않았다. 그들은 '역모를 직접 고변하기 위해서'라며 숙종을 직접 만나겠다고 고집했다. 결국 사알司謁이 그들의 고변서를 숙종에게 전달했는데, 그 고변서에는 남인이 서인을 일망타진하고 숙빈 최씨를 독살하려 한다는 등의 내용이 있었다. 이 고변서가 발단이 되어 결국 남인이 축출되고 서인이 다시 중앙정계로 복귀했다. 장씨는 왕비에서 쫓겨나 희빈으로 강등되고 다시 인현왕후 민씨가 복위되었다. 이 사건이 갑술년에 일어났기에 '갑술환국'이라고 한다. 기사환국 이후 5년만의 일이었다.

갑술환국이 일어나던 해, 경종은 일곱 살이었다. 인현왕후가 다시 복위했으니 이제 경종의 어머니는 장씨가 아니라 인현왕후 민씨였다. 소년기에 막 접어들던 경종 앞에 가정의 풍파가 들이닥쳤던 것이다. 이런 일의 배후에는 숙빈 최씨가 있었다. 설상가상 갑술년 9월 13일에 숙빈 최씨는 둘째 아들을 낳았다. 그 아들이 훗날의 영조였다. 경종을 총애하던 숙종은 이제 영조를 총애했다. 경종에게 숙빈 최씨는 어머니를 잃게 만든 원수였고, 영조는 아버지의 사랑을 앗아간 원수나 마찬가지였다.

경종이 처한 상황은 숙종 27년(1701) 8월에 인현왕후 민씨가 갑자기 세상을 떠나고, 두 달 뒤인 10월에는 희빈 장씨마저 민씨를 저주해 죽였다는 혐의로 사사된 이후 더욱 악화되었다. 적모의 돌연한 죽음과 생모의 비참한 사사는 겨우 14살 밖에 안 된 경종에게 크나큰 충격을 주었다. 그 충격으로 경종은 자칫 제2의 연산군이 될 가능성이 농후했다. 경종의 성격이 강하다면, 훗날 왕이 되어 생모의 죽음을 복수하겠다고 나설 수도 있었기 때문이다.

그러나 경종은 나약했다. 거기에 부왕 숙종의 정신적인 학대는 경종의 마음을 병들게 했다. 숙종은 경종이 조금만 실수해도 '누구 아들인데 그렇지 않겠느냐'며 면박을 주곤 했다. 한창 감수성이 예민할 십대 초반에 부왕의 냉대와 눈치 속에서 경종은 제대로 자랄 수가 없었다. 경종은 시름시름 병을 앓으며 혼자 헛소리를 하거나 실없이 웃는 등 정신 이상 증세를 보였다.

경종이 이처럼 처참하게 청소년기를 보내는 동안 영조는 부왕과 생모의 사랑 속에서 무럭무럭 자랐다. 경종보다 6살 아래의 영조는 생모 숙빈 최씨와 함께 살며 정신적으로도 육체적으로도 건강하게 자랐다. 숙종 28년(1702)에 인현왕후 민씨의 뒤를 이어 왕비가 된 인원왕후 김씨도 경종보다는 영조를 사랑했다. 영조가 받는 부왕의 사랑과 주변 사람들의 기대는 본래 경종이 받던 것이었다. 영조는 태어나면서 자신도 모르는 사이에 이복형 경종의 모든 것을 빼앗았고, 그것은 두 형제 사이의 질기고도 질긴 악연의 결과이자 원인이었다.

끝이 없는 편애는 두 사람의 인생을 갈랐다

영조는 6살 되던 해에 연잉군延仍君으로 책봉되었다. 연잉군이 되기 이전에는 그냥 후궁 소생의 왕자일 뿐이었다. 조선왕실의 관행상 왕자는 7살이 되어야 군君에 책봉되었다. 군에 책봉되면 정1품보다 더 많은 녹봉과 토지를 받을 수 있었다. 경국대전에 의하면 군은 녹봉으로서 네 달에 한 번씩 곡식 110석, 포 21필, 저화 10장을 받았다. 이외에 토지는 180결結을 받았다. 숙종은 관행보다 1년 앞당겨서 연잉군을 책봉하고 그에게 막대한 녹봉과 토지를 주었던 것이다.

연잉군은 7살 때 종친부의 유사당상有司堂上에, 8살 때 사옹원 제조에 임명되었다. 왕의 종친을 대표하는 종친부 유사당상이나 왕의 음식을 관장하는 사옹원 제조는 비록 실권은 없다고 해도 상당한 명예직이었다. 겨우 일곱 여덟 살 밖에 되지 않은 연잉군이 이런 명예직에 임명된 것은 숙종의 편애가 있었기에 가능했다.

연잉군이 10살이던 숙종 29년(1703) 11월 1일, 왕은 연잉군의 부인을 간택하라는 명령을 내렸다. 간택하라는 명령은 곧 금혼령을 내리라는 뜻이었다. 조선시대 금혼령은 왕비 또는 세자빈을 간택할 때나 공포했는데, 숙종은 연잉군을 위해서도 금혼령을 공포했던 것이다. 연잉군의 혼인을 세자의 혼인에 준하여 치르겠다는 뜻이었다.

숙종의 명령에 따라 11월 1일 당일로 금혼령이 공포되었다. 금혼령에서 처녀단자를 내야 할 대상자는 11살의 계유생, 10살의 갑술생, 9살의 을해생이었다. 당시 연잉군이 10살의 갑술생이었기에 이렇게 정한 것이었다.

12월 20일 정오에 42명의 처녀를 대상으로 초간택이 있었다. 그 결과 감사 홍수주, 도사 심정로, 부사정 김중원, 진사 조두빈의 딸 4명이 선발되었다. 이날의 선발에는 후에 연잉군의 부인으로 선발된 진사 서종제의 딸이 들어있지 않았다. 이유는 서종제의 딸은 임신생으로서 금혼령에 해당되지 않았기 때문이었다.

초간택을 한 후 숙종은 나머지 처녀들의 혼인을 허락하는 한편 선발된 4명의 처녀가 이미 홍역을 겪었는지 조사하게 했다. 조사결과 감사 홍수주의 딸과 도사 심정로의 딸은 홍역을 겪었고, 나머지 처녀는 아직 겪지 않은 것으로 밝혀졌다. 당시 연잉군이 아직 홍역을 겪지 않았기에 처녀들의 홍역여부를 조사한 것이었다. 홍역을 기준으로 본다면 재간택에서 두 명의 처녀만 대상자가 되는데 너무 숫자가 적었다. 이에 숙종은 12살의 임신생 처녀들도 단자를 받도록 명령했다.

숙종 30년(1704) 1월 1일 정오에 초간에서 선발된 4명의 처녀와 새로 추가된 임신생의 처녀 15명을 대상으로 재간택이 거행되었다. 결과는 약간 의외였다. 보통 초간에서 첫 번째를 차지한 처녀가 그대로 최종후보자로 결정되곤 했는데, 이번에는 재간에 처음 참여한 진사 서종제의 딸이 첫 번째가 되었다. 그 외 두 명의 처녀는 부사정 김종원의 딸과 진사 조두빈의 딸이었다. 이 두 명의 처녀는 아직 홍역을 겪지 않은 상태였다. 숙종은 연잉군과 마찬가지로 홍역을 겪지 않은 처녀를 간택한 것이었다. 이어서 1월 15일의 삼간택에서 진사 서종제의 딸이 최종 선발되었다. 탈락한 처녀들은 혼인이 허락되었다. 2월 21일에 연잉군이 서씨 부인을 친영親迎함으로써 혼례는 성사되었다. 연잉군은 11살에 새신랑이 되었다.

연잉군은 비록 일개 왕자였지만 세자에 준하는 혼례가 거행됨으로써 막대한 경비가 들어갔다. '이 혼인은 사치가 법도를 넘어 비용이 만금으로 헤아릴 정도였다'는 비난이 실록에 실릴 정도였다. 이처럼 막대한 경비가 들어가다 보니 혼례를 주관하던 국가기관에서는 민간에 빚을 내기도 했다. 물론 서씨 부인의 친정집에서도 막대한 빚을 냈다. 그 빚을 갚느라 국가기관과 서씨 부인의 친정에서는 몇 년을 고생했다. 그 정도로 연잉군의 혼례는 파격적이었고 그것은 곧 숙종의 파격적인 사랑이었다.

그런데 숙종은 연잉군의 혼례와 동시에 관례도 거행하고자 했다. 조선시대 왕세자들이 대부분 8세를 전후하여 혼례를 치르면서 동시에 관례까지 거행했기 때문이었다. 관례는 유교식 성인식으로서 어른이 되었다는 표시로 모자인 관冠과 성인 복장을 착용하게 하고 자字를 지어주는 의식이었다. 자는 평생 명심해야 할 두 글자의 훈계문이었다.

숙종은 연잉군의 부인을 간택하기 위해 금혼령을 내린 지 18일 후에, 연잉군의 관례에 참조할 만한 전례를 조사하라고 명령했다. 하지만 왕자의 관례에 참조할 만한 규정이나 전례는 없었다. 왕실의례를 규정한 『국조오례의』에는 왕세자의 관례만 규정되어 있었다. 이것은 왕자의 관례는 궁중에서 공식적으로 치르는 것이 아니라 출궁 후 사적으로 치른다는 뜻이었다. 실제로 연잉군 이전에 궁중에서 공식적으로 관례를 치른 왕자는 없었다. 그럼에도 불구하고 숙종은 연잉군의 관례를 궁중에서 공식적으로 치르려 고집했다. 숙종은 창경궁의 요화당瑤華堂에서 관

창경궁 영춘헌(집복헌)

례를 치르라 명령했다. 당시 숙빈 최씨와 연잉군이 그 주변의 집복헌集福軒에 살고 있었기에 그렇게 명령한 것이었다.

그런데 요화당에서 관례를 거행하라는 명령에 대신들이 이의를 제기하고 나섰다. 왕세자도 아닌 일개 왕자가 궁궐 안의 건물에서 관례를 거행하는 것은 명분에 어긋난다는 취지였다. 결국 연잉군의 관례는 창경궁의 동쪽문인 통화문通化門의 동월랑에서 거행하게 되었다. 통화문은 창경궁의 궁성에 있는 문으로 이곳의 동월랑은 궁궐 안도 아니고 그렇다고 궁궐 밖도 아니었다. 궁궐 안을 주장하던 숙종과 궁궐 밖을 주장하던 대신들이 각각 한발씩 양보한 셈이었다. 이런 우여곡절 끝에 숙종 29년(1703) 12월 26일에 연잉군의 관례가 통화문의 동월랑에서 거행되었다.

연잉군에 대한 숙종의 파격적인 사랑은 혼례, 관례 이외에 출합出閤에서도 드러났다. 원래 조선왕실의 관행으로는 왕세자를 제외한 모든 왕자들은 혼인 직후 출합해야 마땅했다. 혼인한 왕자가 궁궐 안에 머무르며 왕세자와 더불어 부왕의 총애를 다툰다면 크나큰 파장을 불러올 수 있기 때문이었다. 따라서 숙종 30년(1704) 2월 21일에 연잉군이 친영한 이후에는 조만간 출합해야 했다.

숙종도 처음에는 혼인 직후 출합시키려 했다. 숙종 30년 4월 17일에 숙종은 연잉군의 출합에 대비하여 적당한 저택을 매입하라고 명령했다. 처음 의도했던 대로 일이 되었다면 그해 안에 연잉군은 출합했을 것이다. 하지만 그 해에 연잉군은 출합하지 않았다. 숙종이 출합시키지 않은 것이었다.

숙종 33년(1707) 8월 17일에 숙종은 다시 연잉군의 출합을 위해 적당한 집을 매입하라 명령했다. 이에 정명공주와 홍주원이 살다가 후손들에게 물려준 집을 사려고 했다. 인목대비 김씨의 유일한 딸 정명공주가 살았던 그 집이 아주 좋았기 때문이었다. 하지만 당시의 소유자 홍현보는 그 집을 절대 팔지 말라고 한 조상들의 유훈을 들어 팔지 않겠다고 했다. 결국 다른 사람의 집을 샀는데, 당시 매매가가 2,017량 2전이었다. 그러나 이렇게 저택까지 매입하고도 숙종은 연잉군을 출합시키지 않았다. 매입했던 저택은 취소하고 돌려주었다. 그렇게 또 3년이 흘러 연잉군은 어느덧 17살이 되었다. 궁궐 안에 계속 머물기에는 너무나 나이가 많았다.

숙종 36년(1710) 9월 30일, 숙종은 내년 봄에 연잉군을 출합시키겠다고 공포했다. 주변의 따가운 시선을 더 이상 견디기 어려웠기 때문이었다. 이때 연잉군의 출합에 대비하기 위해 정계일이라고 하는 사람의 집을 샀는데, 가격은 은 3,934냥 7전 4푼이었다. 그 집은 대지 3,539칸에 건물 266칸의 대저택이었다. 이 집은 인왕산 아래 순화방順化房에 있었는데, 훗날 영조가 왕위에 오른 후 창의궁彰義宮이 되었다.

하지만 집까지 다 장만해 놓고도 숙종은 연잉군의 출합을 계속해서 미뤘다. 봄이 지나도 출합시키지 않았던 것이다. 게다가 숙종 37년(1711) 9월에 연잉군이 마마를 앓자 연잉군의 출합은 계속 지연되었다. 결국 연잉군은 숙종 38년(1712) 2월 12일에야 출합했다. 그때 연잉군의 나이 19살이었다. 연잉군이 11살에 혼인했으니 혼인 후에도 8년이라는 오랜 세월을 궁궐에 머문 셈이었다. 그 세월 동안 연잉군은 부왕 숙종과 생모 숙빈 최씨의 사랑을 독차지했다. 반면 이복형 경종은 명색이 왕세자였지 부왕의 냉대와 눈치 속에서 몸과 마음이 망가지고 있었다. 19살의 연잉군이 건강한 몸과 마음으로 출합했을 때, 25살의 경종은 폐인이 되어 있었다. 더구나 9살에 혼인한 경종은 16년이 지나도록 한명의 자녀도 보지 못하고 있었다.

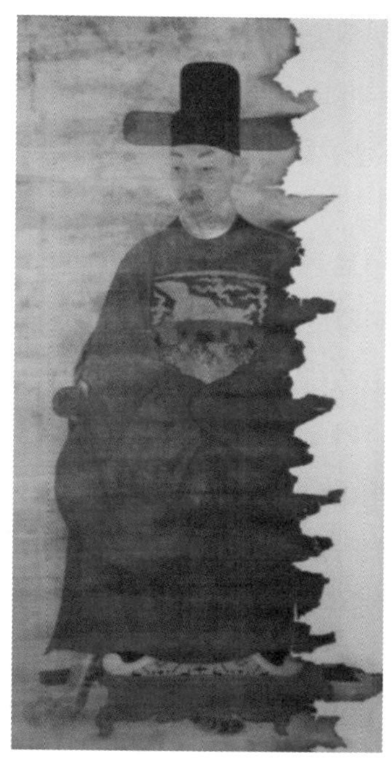

연잉군 시절 초상 연잉군은 왕위에 오르기 전 영조의 왕자군호王子君號이다.

야심과 기대, 누구도 모르지만 자신은 알았다

숙종은 연잉군의 출합에 대비해 큰돈을 들여 집을 사주었다. 하지만 연잉군은 정작 출합한 후 이현궁梨峴宮이라는 곳에서 살았다. 인왕산 아래 순화방에 있는 연잉군의 집이 창덕궁과 너무 멀리 떨어져 있었기 때문이었다.

이현궁은 본래 광해군이 즉위하기 전에 살던 집이었다. 광해군이 즉위한 후 세자를 혼인시키면서 크게 확장하여 궁궐에 버금가는 대저택이 되었다. 인조반정 이후에는 이곳에 인목대비 김씨의 생모가 잠시 살다가 인조의 친동생인 능원군이 살았다. 능원군이 자손 없이 죽자, 다시 국가에서 수용했는데, 숙종은 이 집을 숙빈 최씨에게 주었다. 숙종은 이현궁이 넓고 화려할 뿐만 아니라 창경궁과도 가까워 입궐하기 편하다는 이유로 연잉군을 이곳에 살게 했던 것이다. 숙종은 출합하는 연잉군에게 좋은 집 두 채를 선물한 셈이었다.

정조가 지은 영조의 행록行錄에 의하면, 연잉군은 출합한 후에 하루도 거르지 않고 날마다 궁궐에 들어갔다고 한다. 또한 숙종 40년(1714)에 숙종의 환후가 위독했을 때부터 세상을 떠나던 46년(1720)까지 7년 동안 날마다 첫닭이 울면 일어나 입궐하여 숙종의 병석을 지키며 효도와 공경을 다하다가 밤이 깊어서야 돌아오곤 했다고 한다.

결국 연잉군은 출합한 후에도 매일 입궐하여 숙종의 사랑을 받았던 것이다. 연잉군의 입장에서 매일 입궐해 부왕을 뵙는 것은 자식의 도리를 했을 뿐이라고 항변할 수도 있었다. 하지만 그 자식의 도리가 이복형 경종에게는 지울 수 없는 상처일 수밖에 없었다.

연잉군이 혼인하고 1년이 넘도록 출합하지도 않고 궁궐에 머물고 있었을 때부터 경종의 이상증세는 악화되기 시작했다. 경종은 때때로 아무도 없는 벽을 향하고 앉아 조그만 소리로 중얼중얼 하며 마치 누군가와 대화하는 듯하기도 하고, 혹은 한밤중에 계단이나 마당을 헤매고 다니기도 했다. 연잉군의 출합이 늦어질수록 경종의 증세는 더욱 나빠졌다. 정신뿐만 아니라 몸도 약화되었다. 경종은 20대 초반에 벌써 하체의 기운이 마비되고 약해져서 성생활이 불가능할 정도였다. 경종이 성불능이라는 사실은 공공연한 비밀이었다. 또한 경종은 부왕 숙종이 조정 중신들을 만날 때 속옷 차림으로 불쑥 나타나 창문을 통해 들여다보기도 하고, 부왕 숙종과 단둘이 있을 때 숙종이 무슨 말을 하면 딴 곳을 보거나 딴 짓을 하여 마치 부왕을 무시하는 듯한 행동도 했다. 그렇지만 의도적으로 그런 것이 아니라 자기도 모르게 그러는 것이었다.

부왕 숙종이나 세상은 이런 경종에게 냉정하기만 했다. 숙종은 몸과 마음이 망가진 경종이 장차 후계왕으로서의 역할을 제대로 감당할지 걱정했다. 희빈 장씨를 사사시키는데 일조했던 노론들도 숙종의 의견과 같았다. 숙종과 노론은 경종의 이복동생인 연잉군을 대안으로 생각하고 있었다. 이 와중에 연잉군은 숙종 40년(1714) 이후 부왕의 병석을 지킨다는 명분으로 매일 숙종의 곁을 지키고 있었다. 그렇게 3년이 지나 정유년이 되었다. 그해에 연잉군은 24살, 경종은 30살이었다.

숙종은 정유년인 43년(1717) 7월 17일부터 침을 맞기 시작했다. 두통과 현기증이 더해 시력이 몹시 약화되어 거의 글자를 읽지 못했기 때문이다. 당시 약방의 도제조는 김창집, 제조는 민진원이었다.

7월 18일에 이어 7월 19일에도 숙종은 침을 맞았다. 그런데 19일에 도제조 김창집은 몸이 아파서 요양이 필요하다며 사직상소를 올렸다. 김창집은 그날 숙종이 침을 맞는 자리에 참여하지 못했다. 숙종은 김창집 대신 좌의정 이이명을 대신 참여하라고 했다.

숙종은 오전 10시쯤에 창덕궁의 희정당에서 침을 맞았다. 침을 맞고 난 숙종은 왼쪽 눈이 침침해서 거의 글자를 읽지 못하는데 억지로 문서

김창집 초상 경종대 소론의 공격을 받고 숙청된 노론 4대신 중 한명이다.

를 보느라 장님이 될까 걱정된다면서, 눈을 치료하기 위해서는 '반드시 변통시키는 방도가 필요하다'고 했다. 숙종의 말에 이이명은 보고서를 줄이던가, 다른 사람이 대신 보고서를 읽게 하던가 하는 등의 변통을 말했다. 숙종은 '당 태종도 말년에 병이 위중하게 되자 변통시킨 일이 있지 않았는가?'라고 하며 뭔가 다른 변통을 요구했다. 이에 대해 이이명은 세종 말년에 문종이 대리청정했던 고사를 말하고, 숙종이 더 생각한 후 대신들과 의논하는 것이 좋겠다고 했다. 숙종이 '다시 생각해 보겠다'고 함으로써 변통 문제는 차후로 넘겨졌다. 이이명과 민진원은 약방으로 물러가고 숙종은 점심수라를 들기 위해 안으로 들어갔다.

점심 식사가 끝나고 오후 2시쯤, 숙종은 이이명 혼자만 희정당으로 불렀다. 신하가 단독으로 국왕을 면담할 때는 반드시 승지와 사관이 동행하는 것이 당시의 관행이었다. 이이명은 승지 남도규, 사관 이의천, 김홍적, 권적 등과 함께 숙종을 만나기 위해 희정당으로 향했다. 이들 5명은 희정당 밖의 대기실에서 기다렸다.

그런데 조금 있다가 사알司謁이 와서 좌의정 이이명 혼자만 입시하라는 명령을 전했다. 이이명은 말로는 '승지와 사관도 나와 함께 들어가는 것이 옳겠다'고 하면서도 그들을 기다리지 않고 먼저 일어나 들어갔다.

뒤에 남은 승지와 사관들은 관행으로 따지면 꼭 들어가야 한다고 주장하는 쪽과, 그렇기는 하지만 들어오지 말라는 왕명을 받고도 마음대로 들어가면 안 된다는 쪽으로 갈려 논쟁을 벌였다. 결국 관행상 당연히 들어가야 한다는 쪽으로 결론이 나서 이들은 희정당으로 밀고 들어갔다. 그렇지만 숙종과 이이명 사이에 이야기는 이미 끝난 상태였다. 대화를 듣지 못한 사관들은 숙종실록의 이

이이명 초상 경종대 소론의 공격을 받고 숙청된 노론 4대신 중 한명이다.

날자 기사에다가 '이때 이이명은 이미 물러나 자기의 자리에 부복하고 있었기에 이날 임금 앞에서 있었던 이야기는 드디어 전하지 못하게 되었다'고 밝혀 놓았다.

임금이 사관 없이 신하와 만나는 것을 독대獨對라고 한다. 숙종과 이이명 사이의 독대가 정유년에 있었기에 이날의 독대를 '정유독대'라고 한다. 독대를 한 신하는 그 내용을 함구하는 것이 또한 관행이었다. 당연히 정유독대에서 숙종과 이이명 사이에 무슨 이야기가 오고갔는지 온갖 추측과 억설이 난무했다. 독대 직후 숙종이 경종에게 대리청정을 명령했기에 추측과 억설은 더욱 증폭되었다. 특히 노론에 적대적인 소론 사이에는 숙종과 이이명이 세자를 경종에서 연잉군으로 바꾸려 했다는 추측과 억설이 횡행했다.

그런데 숙종과 독대했던 이이명은 숙종과의 대화를 민진원에게 모두

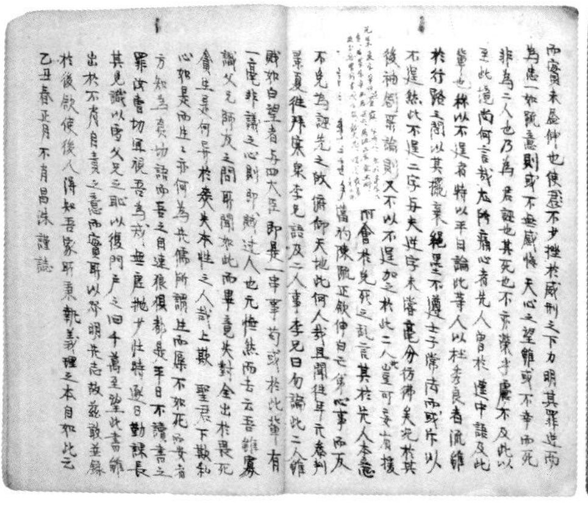

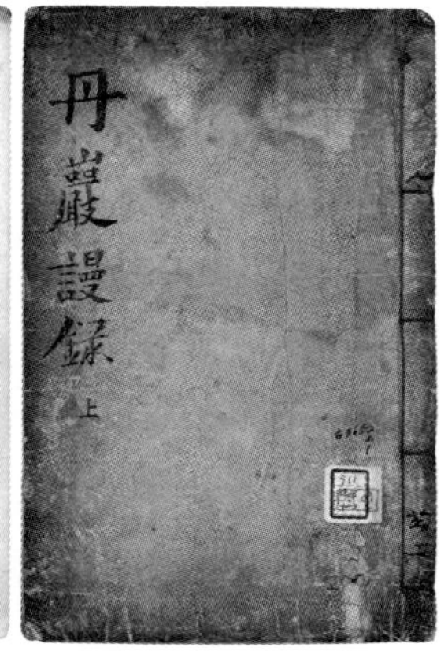

『단암만록』 인현왕후 민씨의 오빠인 민진원이 지은 책으로, 그는 경종대 노론 과격파이다.

말했다고 한다. 민진원은 그 내용을 즉시 기록해 두었다가 『단암만록』이라는 자서전에 수록했다. 『단암만록』은 당시의 대화내용을 이렇게 전하고 있다.

"이이명이 들어와 엎드리자 임금이 손을 잡고 탄식하며 이르기를, '내가 죽을 날이 멀지 않았다. 내가 죽은 후 세자는 결코 왕의 임무를 감당할 수 없을 것이다. 어찌한단 말인가?' 했다. 이이명이 말하기를, '전하께서는 어찌하여 이런 말씀을 하십니까? 옛날의 일은 물론이고, 지금 저 청나라 사람들의 일이 어찌 경계가 되지 않겠습니까?〈당시 청나라 황제 강희제가 태자를 폐위하고 다시 책봉하지 않았다.〉' 했다. 임금이 이르기를, '내가 매번 말하지만 오늘날 청나라 태자와 우리나라 세자는 어찌도 그리 유사하단 말인가?' 했다. 이이명이 말하기를, '신사년(숙종 27, 1701)에 임금님께서 오직 세자의 처지를 위해서였다고 말씀하셨으며, 그 후에 선위하려고까지 하셨습니다.

그런데 지금 갑자기 이렇게 하시는 것은 무엇 때문이십니까?' 했다. 임금이 이르기를, '그때는 세자가 지금과 같지 않았고, 선위하려고 했을 때도 지금보다는 좋았다. 옛날에 위관衛瓘이라는 사람은 이 자리가 애석하다고 말한 적이 있었는데, 경은 대신이 되어서 어찌 국가를 위해 깊이 염려하지 않고 이처럼 한단 말인가?' 했다. 이이명이 말하기를, '세자는 어질고 유순하십니다. 인현왕후를 지극한 효성으로 섬겼고 또한 치상 중에도 실수했다는 소문이 없었기에 백성들이 모두 우러러 떠받들고 있습니다. 만약 잘못하는 일이 있으면 신 등이 또한 보좌하여 잘할 수 있게 할 수 있습니다.' 했다. 임금이 이르기를, '사부와 빈객이 좌우에 둘러앉아 있어도 가르치는 말을 전혀 신경 쓰지 않고 혹 지붕을 쳐다보거나 혹 다른 곳을 돌아보거나 한다. 그러니 경 등이 어떻게 보좌한단 말인가? 하물며 간혹 나에게도 불손한 행동을 하는데, 어떻게 할 방법이 없다. 내가 병든 후로 이런 생각을 한 지 오래되었다. 지금 눈병이 이와 같아서〈임금의 병중에서 눈병이 가장 심했다. 봄에 온천에서 목욕했지만 효과가 없었고 사물을 보지 못했다.〉 어쩔 수 없이 이런 말을 꺼냈다.' 했다. 이이명이 말하기를, '이것이 얼마나 큰일인데 저 혼자에게만 명령하십니까? 신은 죽어도 따를 수가 없습니다. 여러 대신들을 모두 불러 의논하시는 것이 어떻겠습니까?' 했다. 그러자 임금이 허락했다."(『단암만록』 숙종조)

오후 4시쯤 숙종은 희정당으로 조정 중신들을 불렀다. 행판중추부사 이유, 영의정 김창집, 좌의정 이이명 등이 들어왔는데 모두 노론이었다. 숙종은 이이명에게 했던 말을 반복했다. 노론 대신들은 숙종이 갑자기 세자 교체를 거론하자 곧바로 찬동할 수가 없었다. 경종의 질병에 대한 인식이 사람과 당파에 따라 서로 다른 상황에서 세자 교체가 이루어질 경우 극심한 혼란이 야기될 것이 뻔했다. 이들은 세자교체 대신 대리청정을 제안했다. 경종의 대리청정을 통해 숙종의 업무 부담을 줄이는 한편 경종의 상태도 확인하자는 의미였다. 숙종은 그날부터 경종에게 대리청정을 명령했다.

숙종이 이이명과 독대를 할 때, 세자 경종은 희정당의 창문 밖 계단에서 있었다. 『단암만록』에 따르면 그때 경종은 안의 대화를 엿들은 것 같기도 하고 그렇지 않은 것 같기도 했다고 한다. 하지만 경종이 귀머거리가 아니었으니 분명 안에서 하는 이야기를 들었다고 보아야 한다.

경종은 간혹 정신이상 증세를 보이긴 했지만 평상시에는 멀쩡했다. 희정당 창문 밖에 서있었을 때, 경종은 멀쩡한 정신이었을 것이다. 경종은 다른 사람도 아닌 부왕 숙종이 자신을 어떻게 생각하는지 적나라하게 듣게 된 셈이었다. 숙종은 장탄식을 내뿜으며, '내가 죽은 후 세자는 결코 왕의 임무를 감당할 수 없을 것이다'라고 했다. 자신을 불신하고 다른 누군가에게 세자 자리를 넘겨주려는 부왕 숙종의 속마음을 그대로 들었을 때 경종의 마음이 어떠했을까?

세자를 교체한다고 하면 첫 번째로 물망에 오르는 인물은 단연 연잉군이었다. 실제로 이이명이 숙종과 독대했을 때, 수많은 사람들은 이이명이 연잉군을 추천했으리라고 의심했다. 숙종이 세자를 교체하고 싶다고 말했을 때, 비록 누구로 하겠다고 말은 하지 않았지만 그 대상자는 연잉군이었음이 분명하다. 희정당 창문 밖에서 이이명과 숙종의 독대를 엿들은 경종도 그렇게 생각했을 것이다.

연잉군은 그날도 부왕 숙종의 병석을 지키기 위해 입궐해서 궁궐 어딘가에 있었을 것이다. 연잉군은 자식의 도리를 하기 위해 입궐했을 텐데, 그렇다면 연잉군은 그때 이미 노론과 정치적으로 결탁한 상태였을까?

민진원은 훗날 이이명과 독대에 관한 이야기를 나눈 적이 있었다. 그 때 민진원은 '만약 태조 때의 고사에 의해서 숙종이 경종에게 선위하게 한 후, 다시 정종 때의 고사에 의해 즉시 세자를 새로 세우고 형편을 보아 대리청정하게 했다면 국가의 형세가 공고해졌을 것이다.'라고 했다. 숙종이 살아있는 상황에서 먼저 경종에게 선위하고, 그 후 연잉군을 세자로 세웠다면 아주 좋았을 것이라는 말이었다. 즉 그 당시 이이명이나 민진원은 아직 연잉군을 세자로 세운다는 생각을 못했던 것이다. 결국 그들 사이의 정치적 결탁은 없었다고 하겠다. 또한 이이명과 숙종의 독대에서 세자를 교체하려는 숙종에게 이이명이 '신은 죽어도 따를 수가 없습니다'라고 한 사실로 보아도 당시에 연잉군과 노론 사이에 정치적 결탁은 없었다고 보아야 한다. 그 당시 연잉군은 노골적으로 이복형 경종을 밀어내려고 하지는 않았던 것이다.

그러나 연잉군의 마음속에 진정 야심이 없었을까? 혹시나 하는 기대가 정말로 없었을까? 연잉군은 겉으로는 그런 야심이나 기대를 결코 드러낸 적이 없었다. 그러나 연잉군의 존재 자체가 경종을 불안하게 했다. 연잉군 자신은 드러내놓고 차기를 노리지 않았다고 해도 사람들은 그를 차기 대상자로 생각했다. 그렇게 연잉군의 속마음은 그 누구도 알 수 없었다.

이미 아무 것도 하지 못하는 망가진 신세였다

숙종은 재위 46년인 1720년 6월 8일에 세상을 떠났다. 앞서 언급했듯이 숙종은 세상을 떠나기 3년 전에 '내가 죽은 후에 세자는 결코 왕의 임무를 감당할 수 없을 것이다'라고 우려했었다. 그런 우려에도 불구하고 경종은 숙종의 뒤를 이어 왕위에 올랐다. 당시 경종은 33살, 연잉군은 27살이었다. 숙종의 우려가 기우로 끝날지, 아니면 현실로 나타날지 누구도 알 수 없었다.

그런데 민진원이 『단암만록』에서 소개하는 경종 이야기들은 정말 그랬을까 하는 의심이 생길 정도로 심하다. 예컨대 숙종이 세상을 떠난 후, 경종이 곡을 할 때가 되어 환관이 모시고 가면 그냥 엎드려만 있을 뿐 한 번도 곡소리를 내지 않았고, 초상을 치르면서 초우제初虞祭만 직접 지내고 다른 제사는 한 번도 직접 지내지 않았다거나, 까닭 없이 웃으며 오줌을 수없이 싸서 앉은 자리가 늘 축축했다거나, 평생 머리를 빗지 않아 머리털이 엉겨 붙어 먼지와 때로 꽉 차서 머리에 쓰는 관의 크기가 점점 커졌다거나, 신하들을 만날 때 무릇 아뢰는 일을 전혀 알지도 못하고 그냥 입에서 작은 소리로 '응' 또는 '그대로 하라'고만 했는데 소리가 분명할 때가 거의 없었다고 하는 등등의 이야기들이 그렇다. 이런 이야기들은 '세자는 결코 왕의 임무를 감당할 수 없을 것이다'는 숙종의 우려가 현실로 나타났음을 강조하기 위해 고의적으로 만들어낸 것은 아닐까 하는 의심을 불러일으키기도 한다.

게다가 경종이 재위 4년간 단 두 차례만 경연을 열었는데, 그것도 민진원의 강요에 의해 억지로 열었으며 그나마 헛소리를 하고 제대로 글을 읽지 못해 다시는 열지 않았다는 이야기에서는 이것은 분명 중상모략이 분명하다는 생각도 든다. 재위 4년간 두 차례만 경연을 열었다면 경종은 분명 문제가 심각한 왕이라고 밖에 할 수 없기 때문이다. 경연을 자주 열어야 학문적 실력도 늘리고 신료들과의 유대도 공고히 할 수 있는데, 4년간 딱 두 번만 경연을 했다면 신료들로부터 무수한 비판이 제기되었을 것이다. 경종은 정말 재위 4년간 두 차례만 경연을 열었을까?

그런데 신기하게도 『승정원일기』를 확인해보면 경종은 재위 4년간 정말로 딱 두 차례만 경연을 열었다는 사실이다. 그것도 민진원의 강압에 가까운 요청에 의해서였다. 경종 1년(1721) 7월 20일자의 『승정원일기』에 이런 내용이 실려 있다.

이건명 초상 경종대 소론의 공격을 받고 숙청된 노론 4대신 중 한명이다.

"좌의정 이건명이 아뢰기를, '(중략) 임금께서 자주 경연을 열어 신료들을 만나 글을 토론하고 그때 임금의 잘못과 백성들의 괴로움을 듣고 부지런히 정치에 임한다면 또한 하늘의 마음을 돌릴 수 있을 것입니다.(중략)' 했다. (중략) 행호조판서 민진원이 아뢰기를, '(중략) 전하께서는 왕위에 오르신 후, 슬픈 얼굴색이나 애통한 곡소리로 여러 사람들을 감동시킨 적이 없었습니다. 크고 작은 제사도 끝내 직접 행하시는 때가 없었으며, 경연을 아직 한 번도 열지 않았습니다. (중략) 앞으로는 크고 작은 제사를 모두 직접 행하시는 것으로 마련하고, 또 내일부터 경연을 열겠다고 승정원에 하교하시어 보고 듣는 사람들로 하여금 크게 감동하게 한다면 실로 온 나라 신민의 행운입니다. 신민의 행운일 뿐만 아니라 실로 종묘사직의 행운입니다.' 했다. 임금이 이르기를, '유의하겠다' 했다. 영의정 김창집이 아뢰기를, '민진원은 바로 앞에서 거리낌 없이 곧이곧대로 진술했습니다. 그것은 진실로 충애의 마음에서 나왔습니다. 주상께서 유의하시겠다는 하교 말고, 모두 채용하시겠다고 하신다면 천재도 없어지고 나라 일도 이루어질 것입니다. 엎드려 바라건대 내일부터 경연을 여는 것이 어떻겠습니까?' 했다. 임금이 이르기를, '윤허한다' 했다." (『승정원일기』 경종 1년(1721) 7월 20일조)

경종 1년 7월 20일이면 경종이 왕위에 오른 지 1년이 넘는 시점이었다. 민진원은 그동안 경종이 숙종의 초상 때 한 번도 쉽게 울지 않았고, 크고 작은 제사도 직접 지내지 않았으며, 경연을 한 번도 열지 않았다고 직설적으로 비난했다. 민진원의 성격이 그 정도로 직설적이기도 하고, 또 경종이 그 정도로 무섭지도 않았기에 이런 일이 가능했을 것이다. 어쨌든 위의 내용으로 본다면 『단암만록』에 소개한 경종 이야기들을 날조된 것이라고 보기에는 문제가 있다고 하겠다.

7월 21일, 경종은 즉위한 후 처음으로 경연에 참여했다. 장소는 창경궁의 진수당進修堂이었고, 때는 오전 10시쯤이었다. 교재는 서경이었다. 이날의 경연이 갖는 상징성 때문에 요양하기위해 집에 머물고 있던 영의정 김창집도 특별히 참여했다. 그날의 경연 모습을 『승정원일기』는 이렇게 전하고 있다.

"사시巳時에 임금이 진수당에 납셨다. 주강晝講에 입시한 신하는 영사 김창집, 무신武臣 김수, 동지사 이관명, 특진관 이홍술, 참찬관 서명연, 시강관 신석, 검토관 이중협, 가주서 김시엽, 기사관 윤동형과 박사성이었다. 임금이 서경의 군석편君奭篇을 읽었는데 '주공약왈군석周公若曰君奭' 장으로부터 '오호군이왈嗚呼君已曰' 장까지였다. 신석이 새로 수업할 부분을 읽었는데, '천명불이天命不易' 장으로부터 '솔유자率由玆' 장까지였다. 임금이 또한 이어서 읽었다. 끝까지 읽자 신석이 글의 뜻을 아뢰기를, '이 편은 소공召公이 연로하여 돌아가려 하자 주공周公이 이것을 지어서 머물게 한 것인데, 천명은 쉽지 않다는 뜻으로 반복하여 알렸으니 또한 옛날의 대신이 깊이 경계한 뜻을 볼 수 있습니다.' 했다. 이중협이 아뢰기를, '천명의 향배는 임금이 덕을 열심히 닦느냐의 여부에 달려 있습니다. 엎드려 바라건대 주상께서는 이 뜻을 체념하시고 선왕의 덕을 준수하시어 혹시라도 소홀히 여기지 마소서.' 했다. 이관명이 아뢰기를, '주나라 초에는 성스런 왕이 성스런 왕을 계승하였고 또 주공과 소공의 보좌가 있었습니다. 그 당시에는 결코 위험하거나 망할 걱정은 없었습니다. 그런데도 그들은 서로 이렇게 경계하였으니 어찌 아름답지 않습니까? 지금 우리나라의 시세를 보건대 주나라 성왕 때에 미치지 못하고 보좌하는 신하로서 또한 주공이나 소공처럼 현명한 사람을 얻기도 어렵습니다. 그러므로 근심하고 조심하기를 성왕 때보다 몇 배나 더해야 합니다.' 했다. 신석이 또 아뢰기를, '이 글에서는 또한 하늘과 상제를 감동시켰다고 했습니다. 한번 움직이고 한번 정지하는 사이에도 재앙과 상서의 응답이 그림자나 메아리처럼 빠릅니다. 〈글자빠짐〉 무슨 일 때문인지는 모르나 요사이 천재지변이 일어난 것은 우연이 아닌듯합니다. 주상께서 더더욱 열심히 수양하시는 것이 어떻겠습니까? 또 이 글로 보건대 위아래가 서로 교통한 뒤라야 치도를 이루고 하늘을 감동시킨다고 했습니다. 주상께서 지방에 있는 신하들을 지성으로 불러들여 함께 사귀며 돕게 하는 것이 어떻겠습니까?' 했다. 이관명이 아뢰기를, '전하께서 민진원의 충언을 받아들여 경연을 열었으니, 학문에 힘쓰고 충언을 받아들이는 전하의 덕에 누가 감탄하지 않겠습니까? 그러나 학문의 덕이란 듣기만 하고 질문과 토론이 없으면 다만 헛것일 뿐입니다. 주상께서 침묵하시지 말고 자주 토론하고 물으신 뒤에야 실효가 있을 듯합니다. 또 경연에 임할 때 작은 주석을 모두

보기는 어렵다고 해도 틈이 나실 때나마 보신다면 분명 유익할 것입니다. 주상께서 명심하시는 것이 어떻겠습니까?' 했다. 임금이 이르기를, '응' 했다.(중략)" (『승정원일기』 경종 1년(1721) 7월 21일조)

위의 내용으로 볼 때, 경종은 경연 중에 거의 말을 하지 않고 듣기만 한 것이 분명하다. 보다 못한 이관명이 '학문의 덕이란 듣기만 하고 질문과 토론이 없으면 다만 헛것일 뿐'이라고까지 하자 겨우 '응'이라고 한마디 했을 뿐이다. 이어지는 내용을 보아도 신하들의 긴 이야기 끝에 경종은 그저 '그대로 하라'고 응답한 것이 전부였다.

『단암만록』에 소개된 이날의 경종 모습은 더욱 참담하다. 경종은 경연이 시작되자마자 혼자 계속해서 헛소리를 해댔다. 보다 못한 김창집이 경연 후에 의관을 부르자고 요청하자 경종은 조용해졌다. 이틈을 놓치지 않고 김창집이 '주상께서 전에 배우셨던 부분을 읽으신 후에 경연관이 새로 공부할 부분을 읽는 것이 전례입니다'라고 말하자 경종이 글을 읽기 시작했다. 그러나 글을 읽는 것이 끊어졌다 이어졌다 해서 전혀 유창하지 않았다. 그렇게 경연이 시작된 뒤에 경종은 거의 말을 하지 않고 조용히 있기만 했던 것이다. 이런 상황이 7월 22일의 경연에서도 또 반복되었다. 그 뒤로 경종은 더 이상 경연을 열지 않았다. 신하들도 경연을 열라고 요구하지 않았다. 경종도 신하들도 경연을 포기한 셈이었다.

인식의 차이, 그것은 기회이자 현실이었다

경종의 몸과 마음은 경연을 열 수 없을 정도로 망가져 있었다. 조선시대 왕에게 경연을 감당하지 못한다는 사실은 크나큰 결격 사유였다. '세자는 결코 왕의 임무를 감당하지 못할 것이다'라고 우려했던 숙종의 예언이 현실화된 셈이었다. 왕으로서 경종의 결격 사유는 경연뿐만이 아니었다. 일반 국정업무도 제대로 처리하지 못했다.

경종은 만약 신료가 어떤 사안에 대하여 '어떻게 처리할까요?'라고 물으면 대답을 하지 못했다고 한다. 그러다가 '신의 생각에 이렇게 하면 좋을듯합니다'라고 대처방안까지 말하면 그제야 '그렇게 하라'고 대답했다고 한다. 경종은 복잡다단한 국정현안에 대해 어떻게 처리하는 것이 좋을지 잘 모르기도 했고, 잘 판단하지도 못했으며, 잘 표현하지도 못했던 것이다. 만약 국가에 별 일이 없다면 이런 경종이 왕이라고 해도 큰 문제가 되지 않을 수도 있었다. 그러나 만에 하나 국가에 비상사태라도 발생해서 경종이 최종적인 판단을 해야 할 경우에는 크나큰 문제였다. 이에 신료들은 뭔가 대책이 필요하다고 생각하면서도 감히 말을 꺼내지 못했다. 대책이라는 것이 경종과 직결되었기에 자칫 역모로 몰릴 수 있었기 때문이었다.

정유독대 당시, 숙종은 이런 문제를 예상하고 경종을 세자에서 교체하려고 했었다. 그에 비해 노론은 세자를 잘 가르쳐서 좋은 왕으로 만들 수 있다고 했다. 그렇지만 정작 경종은 왕위에 오른 후 경연이 불가능한 상태였다. 잘 가르쳐서 바꿀 수 있는 상황이 아니었다. 이런 상황은 노론과 소론의 대립을 격화시켰다. 노론과 소론의 대립은 연잉군의 운명과 직결되기도 했다.

노론은 연잉군을 경종의 후계자로 세우는 외에 달리 방법이 없다고 생각했다. 경종이 왕의 임무를 감당할 수 없다고 판단한 것이었다. 반면 소론은 경종을 잘 치료하면 문제될 것이 없다는 입장이었다. 노론과 소론의 입장 차이는 단순한 정책노선의 차이가 아니라 경종이 왕의 임무를 감당할 수 있는가 없는가에 대한 인식의 차이이기도 하고, 왕에 대한 신료의 명분에 대한 차이이기도 했다.

경종이 경연을 포기한 이후, 노론은 사실상 경종을 포기했다. 이런 상황에서 노론 중진들 사이에서는 이른바 '건저建儲'라는 얘기가 은밀하게 나돌았다. 건저란 경종이 왕의 임무를 감당하지 못하니, 연잉군을 세제로 세워 왕의 임무를 대신 감당하게 하자는 얘기였다. 그렇지만 사안이 워낙 민감하다 보니 공개적으로 논의되지 않고 은밀하게 논의되었다. 당시 호조판서 민진원과 병조판서 이민성 사이에서도 건저 얘기가 은밀하게 오갔다.

이민성은 민진원에게 '건저는 하루가 급한데 묘당에서는 아직도 감감무소식이다. 자네는 김창집 대감과 인척이 되고 또 같은 동네에 사는데 어째서 힘써 권하지 않는가?'라고 했다. 민진원이 영의정 김창집에게 권해서 김창집이 직접 건저를 요청하게 하라는 뜻이었다. 그때 민진원은 건저가 급한 일이라는 점에서는 동감하면서도 영의정 김창집이 직접 건저를 요청했다가 성사되지 못했을 때의 위험을 걱정했다. 즉 소론이 영의정 김창집은 물론 노론 전체를 역적으로 몰아버리면 대책이 없다는 것이었다. 그래서 민진원은 그런 위험을 없애기 위해서는 대비 김씨 또는 왕비 어씨의 밀약이 필요하다고 말했다. 대비나 왕비의 밀약을 받은 후에, 영의정 김창집이 건저를 요청하고 이어서 대비의 명령으로 건저 문제를 기정사실화 한다면 소론도 어쩔 수 없다는 것이었다.

민진원의 의견이 당시 노론 중진들 사이의 주류 의견이었다. 민진원의 생각대로 건저를 추진하기 위해서는 먼저 대비나 왕비의 뜻부터 알아야 했다. 민진원은 왕비 어씨의 친정아버지인 어유구에게 건저 문제를 넌지시 묻기도 했다. 민진원을 중심으로 하는 노론 중진들 사이에서 나름대로 건저를 위한 활동이 시작되었던 것이다.

하지만 노론 중진들보다도 먼저 건저를 위한 활동에 들어간 사람들이 있었다. 노론 소장파가 그들이었다. 그들은 노론 원로들의 아들이나 손자 또는 사위였다. 젊은 만큼 그들은 과감했고 빨랐다. 노론의 원로인 이이명의 아들 이기지, 사위 이천기, 조카 이희지 그리고 역시 노론의 원로인 김창집의 손자 김성행 등이 노론 소장파의 중심인물이었다.

노론 소장파들은 건저를 성사시키기 위해 대비 김씨는 물론 연잉군에게도 직접 손길을 뻗쳤다. 그들은 환관 장세상을 이용해 대비 김씨에게 접근했다. 장세상은 숙종의 신임을 받던 승전색承傳色으로서 연잉군방을 관리하고 있었다. 따라서 장세상은 연잉군과 대비 김씨를 연결하기 좋은 위치에 있었다. 노론 소장파의 사주를 받은 장세상은 대비 김씨에게 조정에서 건저를 요청하려 하며, 연잉군도 그 문제에 동의했다고 알렸다.

한편 노론 소장파는 영의정 김창집의 손자 김성행을 연잉군에게 보냈다. 김성행에게서 연잉군은 '조정의 의논은 모두 같으며, 할아버지 김창집 또한 하늘과 인심이 귀의함을 알아 회피하지 않을 것입니다.'라는 이야기를 들었다. 조정의 대신들은 물론 중신들도 모두가 자신을 왕의 후계자로 세우려 한다는 말이었다. 연잉군이 김성행에게 무슨 대답을 했는지는 알 수 없다. 하지만 연잉군이 김성행의 제안을 거부하지 않은 것은 분명하다. 연잉군은 노론의 건저 추진과 함께, 그 대상자가 자신이라는 사실을 미리 알았던 것이다. 그때 연잉군은 분명 왕이 되고 싶은 마음이 있었다.

연잉군의 내락까지 있자 대비 김씨는 '속히 계책을 정하라'는 밀지를

조태채 초상 경종대 소론의 공격을 받고 숙청된 노론 4대신 중 한명이다.

이희지에게 내렸다. 이희지는 숙부이자 좌의정인 이건명에게 이 사실을 알렸다. 이건명은 또 영의정 김창집에게 알린 후, 같은 노론인 사간원 정언 이정소를 시켜 건저를 요청하는 상소문을 올리게 했다. 경종 1년(1721) 8월 20일에 올라온 이정소의 상소문을 접한 경종은 당일로 조정 중신들을 불렀다. 후계 문제를 논의하기 위해서였다. 그날 영의정 김창집, 좌의정 이건명, 판중추부사 조태채, 호조판서 민진원 등이 입궐했다. 판중추부사 김우항, 이조판서 최석정, 예조판서 송상기 등 소론들은 연락을 받고도 불참했으며, 우의정 조태구는 과천에 있어서 참여하지 못했다. 이 결과 경종을 만난 사람들은 노론뿐이었다. 김창집, 이건명, 조태채 등이 시민당에서 경종을 만난 것은 밤 2경(9-11시)이었다.

영의정 김창집은 입궐하는 길에 민진원을 찾아와 어떻게 대처할지를 논의했다. '오늘 일을 어찌 처리할까?'라고 묻는 김창집에게 민진원은 '이런 논의가 이미 발의된 뒤에 어찌 중지할 수 있습니까? 반드시 오늘 밤 안에 생사를 무릅쓰고라도 이 일을 결판지어야 나라를 보존할 수 있습니다.'라고 대답했다. 김창집과 민진원은 생사를 무릅쓰고라도 오늘 밤 안에 건저 문제를 결판 지을 각오로 입궐했다. 그리고 그날 밤 연잉군은 왕세제로 결정되었다.

노론은 경종을 포기하고 그 대안으로 연잉군을 선택했지만, 소론은 달랐다. 소론은 경종의 질병은 그리 심한 것이 아니며 충분히 치료할 수 있다고 생각했다. 이런 생각이라면 대비와 연잉군을 업고 경종을 몰아붙여 건저를 관철시킨 노론은 왕을 핍박하는 역적일 수밖에 없었다. 소론은 연잉군이 경종의 후계자로 결정되고 곧이어 대리청정의 명령까지 내려지자 극도로 의구심에 휩싸였다. 대리청정 다음은 무엇인가? 선양을 가장한 왕위 찬탈이 아닌가?

소론은 건저나 대리청정 모두 경종의 본심일 리가 없다고 생각했다. 이 결정은 노론과 대비의 압력으로 부득이하게 내려진 것이라 본 것이었다. 왕을 위협해 몰아내려는 노론은 대역무도한 사람들이 아닌가?

연잉군의 대리청정을 놓고 노론과 소론 사이에 격심한 대결이 벌어졌다. 대리청정은 국가 장래를 위해 어쩔 수 없는 조치라는 노론과 대리청정은 왕을 위협하는 대역무도한 행위라는 소론의 주장은 타협점을 찾지 못했다. 경종은 노론과 소론의 대립에서 중심을 잡지 못하고 우왕좌왕했다. 대리청정을 취소했다가 다시 명령하는 등 갈팡질팡하는 모습을 보여주었다.

소론 인물 중에 김일경은 경종을 위해 무언가 행동해야 할 필요를 느끼고 있었다. 김일경은 젊어서부터 노론과 대립하던 과격 인사였다. 김일경은 대비의 후원을 받는 노론과 대결하기 위해 궁중에 지원세력을 만들었다. 김일경은 경종의 신임을 받고 있는 박상검이란 환관을 포섭했다.

박상검은 평안도 영변 출신의 환관이었다. 어려서 한양에 올라온 박

김일경 단소 김일경은 경종대 노론을 숙청하는 데 앞장선 소론 과격파이다.

상검은 심익창에게 글을 배웠는데, 글에 뛰어난 재능을 보여주었다. 궁중에 들어간 박상검은 글 솜씨를 인정받아 경종을 대신해 문서 업무를 처리했다. 경종이 내리는 각종 명령문은 거의가 박상검의 손을 거치게 되어 있었다.

박성검과 결탁한 김일경은 소론계의 인사들을 규합해 상소를 올렸다. 그때가 경종 1년(1721) 12월 6일이었다. 연잉군에게 대리청정의 명령이 내려진 지 두 달쯤 지난 시점이었다. 김일경, 박필몽, 이명의, 이진유, 윤성시, 정해, 서종하 등 7명이 연명한 이 상소문은 건저대리를 주도한 노론 4대신을 표적으로 격렬하게 비난했다.

상소문이 올라가자 노론 4대신 중에 청나라에 사신으로 간 이건명을 제외한 김창집, 이이명, 조태채는 도성 밖으로 물러가 왕의 처분을 기다렸다. 그런데 경종의 처분은 이례적이었다. 그간 이렇다 저렇다 자신의 의사를 표현하지 않던 경종이었다. 그런 경종이 이날 승정원과 군사 요직에 포진한 노론들을 물러나게 했다. 명백하게 노론들을 역적으로 인정한다는 의미였다.

이날을 기점으로 노론들은 중앙정계에서 사라지기 시작했다. 표적이 되었던 노론 4대신은 면직되었다가 귀양을 가는 등 50여 명의 노론이 숙청되었다. 그 자리에는 영의정 조태구, 우의정 최석항을 비롯한 소론이 들어갔다. 김일경은 상소하던 당일로 이조참판의 요직에 임명되었으며 다음해인 경종 2년(1722) 1월 22일에는 수어사까지 겸임함으로써 인사권과 군사권의 요직을 겸하게 되었다. 이해가 신축년이었는데, 가히 '신축환국'이라 할 만한 일이었다.

신축환국은 매우 중요한 의미를 내포하고 있었다. 과거 경종은 병으로 아무런 업무 능력이 없어 보였다. 그런 경종이 스스로의 판단으로 환국을 결정할 정도라면 그동안은 일부러 그랬다는 의미일까? 소론은 경종이 노론과 대비의 위협 때문에 질병을 가장하고 있다가 일거에 노론을 숙청한 것이라고 생각했다. 그동안 멍한 표정을 짓던 경종이 면목을 일신하고 새 모습을 보여주기 시작했다고도 했다.

그러나 노론의 생각은 정반대였다. 경종은 여전히 회복 불능의 질병에 빠져 있는 것으로 보았다. 그런 경종이 스스로의 판단으로 환국을 결정한다는 것은 불가능했다. 중간에 누군가가 경종을 대신해 환국을 주도했다고 의심했다. 노론은 환관 박상검과 중전 어씨에게 그 혐의를 두었다. 노론은 경종 1년 12월 6일의 상소문 및 그에 뒤이은 환국도 모두 소론의 김일경과 박상검, 그리고 중전 어씨의 음모라고 생각했다.

환관 박상검에 대한 적대감은 특히 왕세제 연잉군이 심했다. 궁중 안에서 왕세제 연잉군을 도와주는 환관은 장세상이었는데, 박상검이 그

장세상을 미워했던 것이다. 왕세제 연잉군은 장세상에 대한 미움은 곧 자신에 대한 미움이라고 생각했다.

김일경 등이 노론 4대신을 탄핵한 보름쯤 지난 경종 1년(1721) 12월 22일, 환관 장세상이 갑자기 유배형이라는 엄벌을 받았다. 죄목은 '사람됨이 간사하다'는 아주 추상적인 내용이었다. 환관 장세상이 간사하다는 죄목을 얻은 이유는 그가 왕세제 연잉군과 대비에게 충성했기 때문이었다. 결국 왕세제 연잉군과 대비가 간사한 사람이라는 뜻이었다. 그런 죄목으로 장세상을 유배시킨 배후는 사실 환관 박상검이었다. 장세상 다음 차례는 왕세제 연잉군이 될 것이 분명했다.

불안해진 왕세제 연잉군은 대비에게 하소연하고 경종을 만나 노론들을 신원해줄 것을 요청했다. 경종은 그의 요청을 허락하는 명령서를 승정원에 내렸다. 그런데 박상검이 이를 다시 회수하여 찢어버리고는 왕세제가 경종을 만나기 위해 드나드는 문까지 폐쇄해 버렸다. 다급해진 왕세제 연잉군은 배수진을 칠 수밖에 없었다. 왕세제 연잉군은 12월 22일 환관이 자신을 죽이려 한다고 주장하며 왕세제를 사퇴하겠다는 의사를 밝혔다.

일개 환관으로 인해 왕의 후계자가 사퇴하겠다고 소동을 피우자 사태는 매우 심각해졌다. 환관의 발호를 억제해야 한다는 대의명분 앞에는 노론과 소론이 있을 수 없었다. 결국 박상검은 경종 2년(1722) 1월 6일 사형에 처해졌다. 박상검에게 협력했다는 의심을 사던 환관, 궁녀들도 처형되었다. 김일경의 입장에서 보면 궐 밖에서는 환국에 성공했지만 가장 중요한 대궐 안의 후원자를 잃은 셈이었다.

이에 김일경은 궁궐 안의 후원자 대신에 노론 내부에서 협력자를 구하고자 했다. 이조참판과 수어사를 겸임한 김일경은 이미 당대의 실력자로 부상해 있었다. 김일경은 노론과 대비, 그리고 왕세제 연잉군의 연결고리로 의혹을 사던 목호룡을 주목했다.

목호룡은 남인 출신의 서얼로서 청릉군의 종이었는데 숙종 대부터 풍수가로 이름을 떨치고 있었다. 연잉군은 생모 숙빈 최씨의 초상을 치르면서 목호룡을 알게 되었다. 숙빈 최씨는 숙종 44년(1718) 3월 9일에 세상을 떠났는데, 연잉군은 묘지를 물색하러 다닐 때 목호룡과 동행했다. 결국 목호룡의 추천을 받아 경기도 양주 상운산에 무덤자리를 잡고 장례를 치렀다. 연잉군은 장례 후 목호룡의 노고에 보답하고자 했다. 연잉군은 청릉군에게서 목호룡을 넘겨받은 후 면천시켜 주었다. 그뿐만 아니라 아예 자신의 재산관리까지 맡겼다. 목호룡은 연잉군의 내밀한 비밀까지 모두 아는 측근이 되었다.

김일경은 그런 목호룡을 은밀히 불러 수천금의 돈을 주며 협박했다. 김일경에 의해 노론들이 일망타진되는 상황을 본 목호룡은 두려움에 휩싸였다. 수천금의 재물도 뿌리치기 어려운 유혹이었다. 경종 2년(1722) 3월 27일, 목호룡은 '역적 중에 주상을 시해하려는 자들이 있었는데, 혹은 칼로써 혹은 독약으로써 하려고 했으며 또 폐출을 모의했습니다.'라는 고변서를 올렸다.

목호룡의 고변서에 등장하는 역적은 대부분 연잉군의 건저를 주도했던 노론 소장파였다. 당연히 소론들은 이들에게 의구심을 갖고 있었다. 역적들이 시도했다는 3가지 방법도 모두가 소론들이 의구심을 갖고 있던 내용들이었다.

목호룡의 고변은 의금부 당상 김일경의 주도하에 조사되었다. 김일경은 고변에 언급된 연루자들을 가혹하게 조사했다. 연루자들 대부분은 혹형에도 불구하고 혐의사실을 부인했다. 그러나 목호룡의 고변과 대질

신문을 근거로 역모는 기정사실로 인정되어갔다.

경종의 자객으로 지목된 백망은 혹심한 고문을 받으면서도 혐의사실을 부인하다가 4월 13일에 옥사했다. 같은 날 이천기도 형장을 받다가 사망했다. 이희지는 4월 17일에 형장을 받다가 사망했으며, 이기지는 5월 5일 사망했다. 연잉군을 찾아가 건저를 제안했던 김성행도 가혹한 고문 끝에 죽었다. 그러나 일부는 가혹한 고문에 굴복해 혐의사실을 인정하기도 했다.

자제들이 연루된 노론 4대신도 온전할 수가 없었다. 노론 4대신은 처음에 귀양에 처해졌다가 사약을 받고 죽었다. 이외에도 170여 명의 노론들이 죽음을 당하거나 처벌되었다. 숙종 때의 갑술환국 이후 근 30년간 중앙정계를 좌우하던 노론으로서는 최대의 참변이었다. 이해가 임인년이었으니 이 사건을 '임인역옥'이라고 한다.

이런 와중에도 왕세제 연잉군은 무사했다. 건저 대리의 중심에는 언제나 왕세제 연잉군이 있었다. 역적으로 몰려죽은 김성행은 분명 왕세제 연잉군을 만나 건저 문제를 논의했다. 그때 김성행과 연잉군이 어디까지 이야기를 나누었는지는 아무도 몰랐다. 단지 건저 문제만 논의했는지, 아니면 여의치 않을 때 경종을 암살하거나 독살할 문제까지도 논의했는지 알 수 없었다. 게다가 칼을 가지고 궁궐로 들어가 경종을 암살하려 했다는 백망은 연잉군 첩의 조카이기도 했다. 의심을 가지고 보면 한없이 의심할 수도 있는 상황이었다.

목호룡의 고변이 올라오자, 왕세제 연잉군은 경종에게 자신의 허물을 고백하는 상소문을 올리고 신하들의 숙배단자도 받지 않으려고 했다. 고변을 한 목호룡이나 경종을 살해하려 했다는 백망이나 모두가 왕세제 연잉군의 사람이었다. 무어라 변명을 하기에는 너무나 불리한 상황이었다. 결국 왕세제 연잉군은 구차하게 변명하지 않고 왕세제 자리에서 물러나려고 한 것이었다.

이때 경종이 왕세제 연잉군에게 조금이라도 혐의를 품었다면 연잉군은 살아남기 힘들었다. 역적으로 몰려 죽을 수밖에 없는 상황이었다. 그런데 경종은 그렇게 하지 않았다.

당시 우의정 최석정이 '주상께서 반드시 동궁을 침실로 불러 잘 타일러 위로하고 편안하게 함으로써 곤란하지 않게 하소서'라고 요청하자 경종은 '응'이라고 대답했다. 경종은 자신이 대답한 그대로 왕세제 연잉군을 침실로 불러들여 잘 타이르고 위로했다. 무슨 말로 타이르고 위로했는지는 모르지만, 왕세제 연잉군은 그 때문에 왕세제에서 사퇴하지 않았다. 또 고변에 연루되어 죽음을 당하지도 않았다. 목호룡의 고변으로 거의 죽을 뻔했던 왕세제 연잉군은 경종의 도움으로 살아날 수 있었던 것이다.

죽음의 현장과 배후에 함께하고 있었다

소론은 경종의 질병을 치료하기 위해 전국에서 의사들을 물색했다. 그렇게 해서 경종 2년(1722) 8월에 3명의 유의儒醫가 선발되었다. 경기도 이천에 사는 임서봉任瑞鳳, 경상도 성주에 사는 박태초朴太初 그리고 한양에 사는 이공윤李公胤이 그들이었다. 이들 중에서 임서봉은 운기법運氣法을 이용해서 기질奇疾을 잘 치료하는 것으로 명성을 얻었으며, 이공윤 또한 기중奇中하는 의술로 명성이 있었다. 이들은 일반적인 한의학으로는 잘 치료되지 않는 희귀병 또는 난치병을 치료하는데 탁월했던 셈이다. 결국 경종의 질병은 통상적인 어의들이 완치시킬 수 없는 특이한 병이었다고 하겠다.

임서봉과 이공윤은 경종 2년 12월 29일에 처음으로 왕을 진맥했다. 그날 임서봉과 이공윤은 경종의 얼굴까지 보며 자세히 진맥했고, 약방 제조들은 왕의 증세를 자세하게 물었다. 당시 경종의 증상을 『승정원일기』는 이렇게 전하고 있다.

> "(중략) 이공윤이 앞으로 나오자 제조 이태좌가 아뢰기를, '이 사람은 장릉長陵 참봉 이공윤입니다' 했다. 이공윤이 진맥하고 아뢰기를, '저는 여염에 있을 때 진맥을 해본 적이 없습니다. 그러므로 평상시 맥을 알지 못합니다. 그러나 크게 보아 습맥濕脈인 듯합니다.' 했다. 임서봉이 앞으로 나오자 제조 이태좌가 아뢰기를, '이 사람은 유의 임서봉입니다' 했다. 임서봉이 진맥하고 아뢰기를, '맥후 중에서 척맥尺脈이 약합니다. 척맥 중에서 양기陽氣가 생기는데, 척맥이 약한 것은 진양眞陽이 부족해서입니다. 그렇지만 얼굴색은 약간 홍기가 있습니다.' 했다. 제조 이태좌가 아뢰기를, '여러 어의들은 모두 맥박이 빠르다고 했습니다. 아마도 주상의 건강이 평상시와 다른 듯합니다. 그렇다면 갈증을 느낄 때가 있으십니까?' 했다. 임금이 이르기를, '갈증이 대단하지는 않다' 했다. 제조 이태좌가 또 아뢰기를, '소변은 자주 보십니까?' 하니, 주상이 이르기를, '평상시와 같다' 했다. 제조 이태좌가 또 아뢰기를, '소변이 평상시와 같다면 이렇게 밤이 길 때는 취침 후에 소변을 보실 때가 있으십니까?' 하니, 주상이 이르기를, '취침 후 또한 소변을 볼 때가 있다' 했다. 제조 이태좌가 또 아뢰기를, '약을 논의하는 방법은 진맥과 대변의 색을 보는 것에 있습니다. 대변은 물렁하십니까? 아니면 건조하십니까?' 하니, 주상이 이르기를, '물렁하다' 했다. 제조 이태좌가 또 아뢰기를, '하루 안

에 몇 번이나 대변을 보십니까?' 하니, 주상이 이르기를, '하루 안에 한두 번 대변을 본다' 했다. 제조 이태좌가 또 아뢰기를, '대변은 어느 정도나 미끈미끈하십니까?' 하니, 주상이 이르기를, '아주 미끈미끈하지는 않다' 했다. 제조 이태좌가 또 아뢰기를, '수라는 어느 정도나 드십니까?' 하니, 주상이 이르기를, '겨우 몇 홉만 먹는다' 했다. 제조 이태좌가 또 아뢰기를, '수라 2홉은 비록 여염사람으로 말해도 적다고 할 것입니다. 수라가 이처럼 적으니 간혹 잡수라를 드십니까?' 하니, 주상이 이르기를, '간혹 먹는다' 했다.(하략)" (『승정원일기』 경종 2년〔1722〕 12월 29일조)

처음으로 경종을 진맥한 이공윤은 '습맥濕脈'으로 진단했는데, 습맥이란 힘이 없고 느슨한 느낌의 맥이라고 한다. 습맥은 심장에 문제가 있을 때 나타난다고 하는데, 심장에 무언가가 꽉 맺혔을 때 나타날 수 있다고 한다. 당시 경종을 진맥한 어의들은 '맥박이 빠르다'라고 했고, 또 얼굴에는 '약간 홍기가 있다'고 했다. 이것을 습맥과 관련해 보면 경종은 평상시 심장이 두근두근 거리는 동시에 원기가 약했다고 생각된다. 아마도 갈증을 자주 느끼고 소변을 자주 보는 것은 물론 헛소리를 하는 것도 이런 증상과 관련이 있었을 것으로 생각된다.

이공윤은 경종의 맥을 습맥으로 진단했으니, 그 처방도 이에 의거했다. 이와 관련하여 민진원은 '이광좌 등은 (중략) 서울과 지방의 유생 중에서 의술을 업으로 하는 자를 널리 구하여 마음을 다스리고 화기를 다스리는 약재를 많이 써서 남극요선단감수탕南極曜仙丹甘遂湯 같이 매우 독한 약도 시험 삼아 썼다'고 증언했다. 이공윤의 처방이 바로 그런 것이었다. 민진원의 증언대로 이공윤은 경종의 마음을 다스리고 화기를 다스리기 위해 이런 약을 썼다. 마음을 다스리고 화기가 다스려지면 경종의 갈증은 물론 헛소리도 줄어들 것이었다. 실제로 민진원은 '대개 헛소리 등의 증상을 다소 줄여 나라 사람들로 하여금 주상에게 병이 없다는 것을 알리려는 것이었다'고 증언했다.

그런데 이공윤이 처방한 약은 매우 독하고 써서 식욕을 감퇴시켰다고 한다. 이공윤은 경종 2년(1722) 12월부터 경종이 세상을 떠날 때까지 2년 가까이 주치의 역할을 했다. 이에 따라 경종은 독하고 쓴 약을 장기간 복용하면서 식욕이 많이 감퇴했고 그 결과 살도 많이 빠졌다.

경종 4년(1724) 삼복더위를 거치면서 경종의 식욕은 더더욱 감소했다. 8월 들어서면서 두통, 답답증까지 겹쳐 경종은 거의 먹지를 못했다. 설상가상 가끔씩 복통을 느끼면서 설사까지 했다. 경종의 원기는 더더욱 약해졌다. 못 먹어서 원기가 더 약해지고, 또 원기가 약해서 먹지 못하는 악순환이 반복되었다.

8월 20일 저녁 수라로 경종은 게장과 생감을 먹었다. 경종이 좋아하는 음식이었다. 그간 제대로 먹지 못하던 경종은 게장과 생감을 과식했다. 그러나 갑작스런 과식으로 제대로 소화시키지 못하고 체하고 말았다. 경종은 극심한 체증과 복통을 느꼈다. 놀란 어의들은 한밤중에 아기 똥한 되와 생강즙, 소합원 등을 올렸다. 경종은 이것을 먹고 체증은 내렸지만 대신 극심한 설사에 걸렸다. 경종은 물같이 멀건 설사에 시달렸다.

그런데 『승정원일기』를 보면 경종이 게장과 생감을 먹게 된 배경이 매우 의심스럽게 나와 있다. 8월 21일 오전에 약방에서는 어의들을 거느리고 입진했는데, 그때 약방도제조 이광좌가 '어젯밤 의관들에게 자세히 물으니 게장과 생감을 드시고 복통과 설사를 하셨다고 했습니다'라고 언급한 내용이 있다. 그런데 수상하게도 그 이하 4줄이 왕명에 의해 삭제되었다고 기록되어 있다. 분명 게장과 생감을 누가 올렸으며, 그것에 대한 문제점 등등이 발언되었을 텐데 그 부분이 삭제된 것이었다. 이 부분은 영조가 왕위에 오른 후 삭제되었다고 생각된다. 당일 왕세제 연잉군은 이광좌가 발언할 때 그 자리에 함께 있었다.

같은 날짜의 『경종실록』에는 '약방에서 입진했는데, 여러 어의들은 어제 주상에게 게장을 올리고 또 생감을 올린 것은 한의학에서 매우 꺼려하는 것이라며, 두시탕豆豉湯과 곽향정기산藿香正氣散을 복용하도록 요청했다.'는 기록이 있다. 분명 그날 어의들은 게장과 생감을 함께 먹으면 좋지 않다는 의견을 진술했을 것이다. 이에 대하여 왕세제 연잉군이 어떤 식으로든 변명했을 가능성이 높다. 예컨대 경종이 오래도록 식사를 못해 할 수 없이 평상시 좋아하던 게장과 생감을 올렸다는 등의 변명이다. 어쨌든 이런 기록이 남게 되면 왕세제 연잉군이 의도적으로 게장과 생감을 올렸다고 의심받기 딱 좋게 된다. 이를 우려해서 훗날 영조는 『승정원일기』의 관련 기록을 삭제했을 것이다.

왕세제 연잉군의 수상한 행동은 이뿐만이 아니었다. 경종이 세상을 떠나던 날, 왕세제 연잉군의 행동은 더더욱 수상했다. 8월 20일 밤부터 시작된 경종의 복통과 설사는 며칠 내내 계속되었다. 어의들은 원기를 북돋기 위해 인삼차를 올렸다. 하지만 아무리 인삼차를 먹어도 설사는 그치지 않았고 원기도 회복되지 않았다. 8월 23일이 되자 경종은 거의 탈진 상태가 되었다. 경종이 살기 위해서는 우선 설사부터 멈춰야 했다.

8월 24일 오전 10시쯤에 약방에서 어의들을 거느리고 들어와 경종을 진찰했다. 그때 이공윤도 함께 들어와 진찰했는데, '인삼차를 쓰면 안 됩니다. 계지마황탕桂枝麻黃湯 2첩만 복용하면 설사는 금방 멈출 수 있습니다.'라고 장담했다고 한다. 인삼차와 계지마황탕이 상극이라 탕약을 복용하는 동안은 인삼차를 끊어야 한다는 뜻이었다. 경종은 이공윤의 말에 따라 24일 오전부터 인삼차를 끊고 계지마황탕을 복용했다. 오후에도 마찬가지였다. 그날 저녁 때에도 약방에서는 대기 상태로 있었다. 하루 동안 쓴 계지마황탕이 효과가 있었는지 확인하기 위해서였다. 그런데 바로 그 즈음 경종은 혼수상태에 빠져 있었다. 당시의 상황을 『승정원일기』에서는 이렇게 전하고 있다.

"유시(오후 5~7시)에 대기 중이던 어의가 들어가 주상의 병세를 진찰하고 나와서 말하기를, '정오 때에 비해 갑자기 위중해 졌습니다' 했다. 이에 약방의 도제조 이광좌, 제조 이조, 부제조 남취명이 급히 합문으로 나아가 입진할 것을 요청했다. 잠시 후에 사알司謁이 와서 말하기를, '주상께서 환취정에 나오셨으니 삼제조와 사관은 속히 들어오시오' 했다. 삼제조와 사관이 희인문熙仁門에 도착하기도 전에 갑자기 일진의 발소리가 우뢰처럼 들리더니 '빨리 들어와 진찰하시오'라는 소리가 연이어 들렸다. 도제조 이하가 정신없이 달려갔는데, 환취정에 도착하기도 전에 안에서 울음소리가 들렸다. 급히 안으로 들어가니 주상은 환관에게 의지하여 앉아 있었는데, 눈빛이 이미 희미했다. 도제조 이광좌가 앞으로 나아가 엎드려 아뢰기를, '몸이 어떠십니까?' 했지만 주상은 답이 없었다. 동궁이 눈물을 흘리며 명령을 내리기를, '빨리 인삼과 부자를 써라. 빨리 인삼과 부자를 써라.' 했다. 도제조 이광좌가 제조 이조를 돌아보며 말하기를, '빨리 인삼과 부자를 가지고 와서 문 밖에서 달이시오' 했다. (중략) 동궁이 명령하기를, '약을 의논하는 것이 잘못되어 이 지경에 이르렀다. 앞으로는 절대 다른 논의에 휘둘리지 말고 오직 인삼과 부자를 써서 주상의 양기를 회복하게 해야 한다.' 했다. 도제조 이광좌 이하가 입진할 때에 오전에 다렸던 인삼 2량이 든 차를 가지고 왔었는데, 이것을 즉시 따뜻하게 했다. 이광좌가 먼저 맛을 보고 찻그릇을 받들어 올리면서 아뢰기를, '원컨대 얼른 복용하소서' 했다. 환관이 받아서 올리니 주상이 오른손으로 찻그릇을 잡으려 했지만 잘 잡지 못한 채 조금 마셨다. (중략) 도제조 이광좌가 아뢰기를, '이공윤으로 하여금 진찰하게 하소서' 했다. 이공윤이 들어와 도제조 이광좌에게 말하기를, '인삼차를 많이 쓰지 마십시오. 제가 조제한 약을 복용한 후 또 인삼을 복용하면 기운이 운행하는 길이 막힐 것입니다' 했다. 동궁이 명령하기를, '이때가 어느 때인데 인삼을 쓰지 말라고 하는가? 사람은 자기주장을 세워야 할 곳이 있다. 그러나 군부의 병환이 얼마나 중대한데 꼭 자신의 소견만 세워 인삼을 쓰지 못하게 하는가? 계지마황탕〈이것은 이공윤이 권해서 쓴 약이다.〉이 만약 효과가 없으면 장차 어찌할 것인가?' 했다. 이공윤이 엎드려 아뢰기를, '이렇게 명령하시니 황공하옵니다. 황공하옵니다.' 했다." (『승정원일기』 경종 4년[1744] 8월 24일조)

호의와 양보, 음모와 술수 사이에서 결백을 증명하라

인삼차를 든 경종은 상태가 호전되는 듯했지만 곧 기절하고 말았다. 혼수상태를 헤매던 경종은 2경(밤 9~11시) 쯤에 세상을 떠났다. 당시 경종의 나이 37세, 왕세제 연잉군의 나이 31세였다.

왕세제 연잉군은 왜 강압적으로 인삼을 쓰게 했을까? 물론 이공윤이 처방한 계지마황탕을 믿지 못해서였을 것이다. 하지만 연잉군의 의학 실력이 이공윤보다 뛰어난 것은 아니었다. 인삼을 쓴다고 해서 경종이 호전되리라는 보장도 전혀 없었다. 그럼에도 왕세제 연잉군은 강압적으로 인삼을 쓰게 했다.

물론 인삼을 쓰지 않았더라도 경종이 호전되었으리라는 보장도 없었다. 호전될 가능성도 있었지만, 반대로 왕세제 연잉군의 말처럼 계지마황탕이 효과를 보지 못했다면 장차 어찌할 도리가 없었던 것도 사실이다. 극단적으로 보면 인삼도 계지마황탕도 모두 효과가 없었을 수도 있었다. 계산적으로만 본다면 왕세제 연잉군은 가만히 있는 것이 바람직했다. 당시 상황으로 본다면 경종은 어차피 오래 살기 힘들었다. 가만히 있다가 경종이 세상을 떠났다면 자신이 죽였다는 의혹을 받지 않을 수 있었다.

그런 상황에서 왕세제 연잉군은 어떤 선택을 했어야 할까? 당시 그의 마음은 경종을 꼭 살리고자 하는 마음이었을까? 아니면 그 반대의 마음이었을까?

좋게 보면 왕세제 연잉군은 지푸라기라도 잡고 싶은 심정으로 인삼을 썼을 수도 있었다. 그러나 나쁘게 보면 죽이려고 그랬다고 생각할 수도 있었다. 그때 왕세제 연잉군의 속마음은 오직 본인만이 알 수 있었다.

영조는 왕위에 오른 후 자신의 결백을 끝없이 주장했다. 자신은 경종을 살해할 마음이 조금도 없었다고 주장했다. 자신이 왕세제에 책봉된 것은 대비의 명령 때문이었고, 목호룡의 고변은 날조된 것이었으며, 경종이 죽은 것은 이공윤의 처방이 잘못되었기 때문이라고 했다. 자신과 경종 사이는 돈독한 형제 사이였다고 강변했다.

그러나 영조의 결백을 믿지 않는 사람들이 많았다. 그들은 영조가 왕세제로 책봉될 때부터 흑심을 품었다고 생각했다. 임인년의 옥사 때, 왕세제 연잉군이 백망을 사주해 경종을 살해하려고 한 것도 사실이었고, 그 연장선상에서 경종을 독살하려고 게장과 생감을 올렸으며, 마지막에는 인삼차를 강압적으로 올렸다고 믿었다. 상황으로 보면 충분히 그렇게 믿을 수 있었다. 경종의 복수를 하겠다고 거병했던 영조 4년(1728)의 이인좌도 그런 사람들 중의 한 명이었다.

국왕으로서 영조의 일생은 자신의 결백을 증명하기 위한 일생이었다. 영조는 수많은 글과 말을 통해 자신의 결백을 증명하고자 했으며, 좋은 정치를 통해서도 자신의 결백을 증명하고자 했다. 먼 훗날 영조는 환갑이 넘은 나이에 경종을 추억하며 이런 글을 남기기도 했다.

영조 초상 영조 노년의 모습이다.

"아, 오늘이 어떤 날인가? 우리 형님의 제삿날이다. 아, 내가 이전에 지은 술편述編에서 나는 이렇게 말했었다. '형님의 지극한 우애가 아니었다면 내가 어찌 오늘까지 살았으랴' 라고. 이런 때를 만나고 이런 처지를 당하고도 내가 오늘까지 살 수 있었던 것은 누가 준 것인가? 모자란 덕으로 30년간 국왕의 즐거움을 누릴 수 있었던 것은 형님이 주신 것이다. 60이 넘어 자식의 도리를 마칠 수 있었던 것도 형님이 주신 것이다. 아련히 오늘에 이르러 나라의 경사를 본 것도 형님이 주신 것이다. 형님이 아니었다면 어찌 오늘이 있었으리요? 형님이 아니었다면 어찌 오늘이 있었으리요?" (영조 지음, 감회感懷)

영조는 왕위에 오른 후 진심으로 이복형 경종에게 감사해하고 또 미안해했다. 실제 영조가 왕위에 오를 수 있었던 것은 경종 때문이었다.

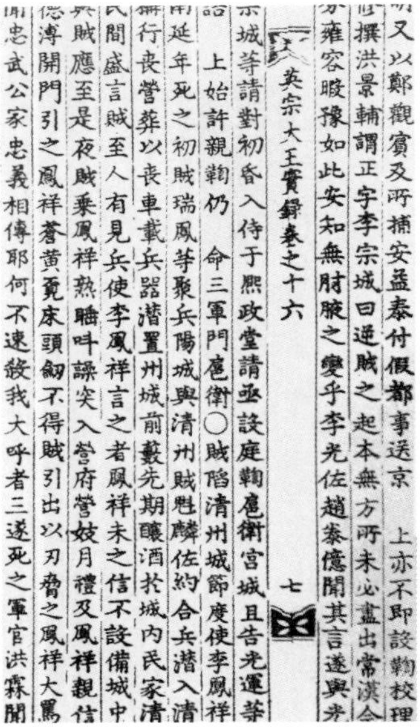
又以鄭觀賓及兩捕安益泰付假都事送京 上亦不即設鞫校理
撰洪景輔謂正字李宗城曰逆賊之起本無方所未必盡出常漢令
雍容暇豫如此安知無肘腋之變乎李光佐趙泰億聞其言遂與光
英宗大王實錄卷之十六 七
城等請對初昏入侍于熙政堂請亟設庭鞫扈衛宮城且告光遷等
上始許親鞫仍 命三軍門扈衛○賊陷清州城節度使李鳳祥
延年死之初賊瑞鳳等聚兵陽城與清州賊魁麟佐約合兵潛入清
行喪營葬以喪車載兵器潛置州城前藪先期釀酒於城內民家清
間盛言賊至人有見兵使李鳳祥言之者鳳祥未之信不設備城中
賊應至是夜賊乘鳳祥熟睡叫譟突入營府營妓月禮及鳳祥親信
溥開門引之鳳祥蒼黃覓床頭劒不得賊引出以刃脅之鳳祥大罵
忠武公家忠義相傳耶何不速殺我大呼者三遂死之軍官洪霖聞

영조실록 이인좌부분 이인좌는 독살된 경종의 복수를 갚겠다는 영조 4년(1728) 명분으로 거병했다가 실패했다.

그것이 경종의 호의와 양보에 의한 것인지, 아니면 영조의 음모와 술수에 의한 것인지는 영조와 경종 단 두 사람만이 알 수 있는 문제이다. 그러나 영조는 자신의 결백을 주장하는 무수한 말과 글을 남겼지만, 경종은 아무것도 남기지 못했다.

영조가 일생동안 누린 모든 것은 사실상 경종이 누려야 할 것들이었다. 그런 면에서 영조가 '형님의 지극한 우애가 아니었다면 내가 어찌 오늘까지 살았으랴' 라고 언급한 것은 빈말이 아니라 사실이었다. 혹 이런 말이 지난날의 악업에 대한 반성이었다면 국왕으로서 영조의 일생은 참회와 자기개발의 시간이었다고 할 수 있다. 반면 이런 말이 진실이었다면 국왕으로서 영조의 일생은 자신의 결백을 증명하기 위한 시간이었다고 할 수 있다.

만들어진 천재성, 정조

건강한 몸과 마음에 준비된 합방이 시초였다 ❀ 출산의 이면에는 모진 다짐과 노력이 있었다 ❀ 천재는 지극한 관심과 보살핌 속에서 기다렸다 ❀ 훌륭한 태교와 생모의 사랑은 무엇보다 강했다 ❀ 최고의 교육환경과 애정에 정성을 다했다 ❀ 교육의 양과 질, 지극한 관심이 만든 결과였다

건강한 몸과 마음에 준비된 합방이 시초였다

혜경궁 홍씨가 정조를 임신한 때는 영조 27년(1751) 12월이었다. 그 때 혜경궁 홍씨에게는 2살짜리 첫째 아들이 있었다. 의소세손이 그였다. 당시 혜경궁 홍씨는 나이가 17살이었고, 첫째아들 의소세손은 영조의 끔찍한 사랑을 받았다. 이로 볼 때 정조를 임신하던 당시의 혜경궁 홍씨는 나이도 어느 정도 되고, 시아버지에게 사랑받는 첫째 아들까지 둔 상황이라 정서적으로 매우 안정되어 있었다.

이것은 혜경궁 홍씨가 의소세손을 임신하던 때와는 사뭇 다른 상황이었다. 혜경궁 홍씨가 의소세손을 임신한 때는 영조 25년(1749) 10월쯤이었다. 당시 혜경궁 홍씨는 15살로서 아직 어린 나이였다. 거기에 더하여 궁중 상황은 아주 좋지 않았다.

혜경궁 홍씨가 의소세손을 임신하기 약 1년 전, 영조의 사랑을 독차지하던 화평옹주가 아이를 낳다가 세상을 떠났다. 비통에 젖은 영조는 너무나 슬퍼하다가 몸져눕기까지 했다. 이런 와중에 혜경궁 홍씨가 의소세손을 임신했던 것이다. 당시 혜경궁 홍씨의 임신은 도리어 영조에게 슬픔을 안겨주었다. 해산 중에 세상을 떠난 화평옹주가 자꾸 상기되었기 때문이다. 그런 상황이라 혜경궁 홍씨가 의소세손을 출산했을 때에, 영조는 기뻐하는 기색을 조금도 보이지 않았다. 도리어 다른 사람이 혹 의소세손의 탄생을 기뻐하면 '화평옹주는 잊고 좋아만 하니 인정이 박하다'며 타박을 하기까지 했다. 그래서 혜경궁 홍씨는 의소세손을 임신하고 출산하는 동안 시아버지 영조에게 괜히 죄스럽고 미안하기까지 했다.

그래서 그런지 의소세손을 임신 중에 혜경궁 홍씨의 꿈속에는 화평옹주가 자주 나타났다. 어느 때는 화평옹주가 침실에 들어와 곁에 앉아 웃는 꿈을 꾸기도 했다. 화평옹주의 꿈을 꿀 때마다 15살의 혜경궁 홍씨는 무섭기만 했다. 혹 화평옹주의 원혼이 빙의된 것은 아닐까 두려웠던 것이다. 이런 상황이니 혜경궁 홍씨는 편안하고 즐거운 마음으로 태교에 임할 수가 없었다.

더더욱 무서운 일은 태어난 의소세손이 화평옹주와 너무나도 닮았다는 사실이었다. 영조 26년(1750) 8월에 혜경궁 홍씨가 의소세손을 출산하고 씻길 때 보니 어깨에 푸른 점이 있고, 배에 붉은 점이 있었다. 이런 점들은 바로 화평옹주에게도 있었다. 혜경궁 홍씨는 혹 화평옹주가 환생한 것이 아닐까 하는 두려움에 떨었다.

게다가 어떻게 된 일인지 영조도 그런 사실을 알고 직접 확인까지 했다. 그 결과 실제로 푸른 점과 붉은 점이 있자, 영조는 분명 의소세손은 화평옹주의 환생이라며 갑자기 편애하기 시작했다. 그전까지는 화평옹주 생각에 조금도 기뻐하지 않았던 영조였지만 그날로 돌변해서 의소세손을 자신의 거처로 옮기고 마치 화평옹주에게 하듯이 예뻐했다. 이런 일들도 혜경궁 홍씨에게는 두려움이었다. 밖으로 표시는 못했지만 의소세손을 볼 때마다 무섭고 두려웠다. 자신의 첫째 아들임에도 불구하고 마치 낯선 사람 같기도 하고 귀신의 환생 같기도 했던 것이다. 사정이 이러하니 혜경궁 홍씨는 마음속 깊은 곳에서 우러나오는 모정을 의소세손에게 줄 수가 없었다. 그러기에는 아직 너무 어렸고 두려움도 너무 컸다.

혜경궁 홍씨는 스스로 자책하고 반성했다. 드러내 놓고 말할 수는 없었지만 의소세손을 볼 때마다 무섭고 두려우면서도 미안하고 죄스러웠다. 그런 상황에서 영조 27년(1751) 10월에 사도세자가 태몽을 꾸었다. 의소세손이 태어난 지 만 1년쯤 지난 시점이었다.

어느 날 밤인가 곤히 잠에 떨어졌던 사도세자가 문득 일어나서 '용꿈을 꾸었으니 귀한 아들을 낳을 징조'라고 했다. 태몽이 얼마나 생생했는지 직접 그림으로 그리기까지 했다. 사도세자는 흰색 비단에 용을 그려서 침실 벽에 걸었다. 혜경궁 홍씨나 사도세자는 조만간 아들이 임신될 것임을 알았던 것이다. 그날부터 혜경궁 홍씨와 사도세자는 귀한 아들을 맞이할 준비에 돌입했다. 아직 임신을 한 것은 아니지만 미리 준비했던 것이다. 귀한 아들이 태어날 것이라 확신했던 두 사람은 사전 준비를 통해 귀한 아들을 맞으려 했다.

혜경궁 홍씨와 사도세자가 했던 사전 준비가 구체적으로 어떤 것이었는지는 알 수 없다. 어디에도 기록이 없기 때문이다. 이런 일은 부부사이의 은밀한 사생활이라 기록될 수가 없었다. 그러므로 귀한 아들을 맞이하기 위한 두 사람의 사전준비가 무엇이었는지 알기 위해서는 직접적인 기록보다는 간접 증거를 이용할 수밖에 없다.

조선시대 왕실에서 좋은 자녀를 갖기 위한 사전 준비는 『동의보감』을 근거로 했다. 혜경궁 홍씨와 사도세자도 이것에 근거했음이 분명하다. 『동의보감』에 의하면 좋은 자녀를 갖기 위한 사전 준비는 '건강한 몸과 마음'을 만들어 '좋은 시간에 합방'하는 것이었다. 그렇게 하면 '복과 덕이 있고, 큰 지혜와 인격을 갖춘 아이가 태어나는데, 그 아이의 성품과 행실이 어긋나지 않아 집안이 나날이 번성할 것이다.'라고 했다. 혜경궁 홍씨와 사도세자가 기다린 '귀한 아들'이란 바로 '복과 덕이 있고 큰 지혜와 인격을 갖춘 아이'라고 할 것이다.

『동의보감』은 건강한 몸과 마음은 건전한 생활과 정신 수양으로 가능하다고 가르친다. 건전한 생활을 해야 건강한 몸과 마음이 가능하고, 건강한 몸과 마음이라야 남편의 건강한 정자와 부인의 순조로운 월경이 가능하다는 것이다. 그 건강한 정자와 순조로운 월경을 성공적으로 결합시키기 위한 방법이 바로 좋은 시간에 합방하는 것이었다. 『동의보감』에 제시된 건강한 몸과 마음을 갖기 위한 비법은 이런 것이었다.

> "자녀를 갖고자 한다면 부인은 반드시 월경이 순조로워야 하고, 남자는 반드시 정액이 충분해야 한다. 이를 위해서는 욕정을 줄이고 마음을 깨끗이 하는 것이 상책이다. 욕정을 줄이고 함부로 교합하지 않아야 기운과 정액이 쌓인다. 그러다가 때에 맞게 교합하면 능히 자녀를 가질 수 있다. 그러므로 욕정을 줄이면 정액이 충분해 자녀가 많을 뿐만 아니라 건강한 자녀를 낳을 수 있고, 오래 살 수도 있다."(『동의보감』 잡병편 권10, 부인편)

태몽 이후로 혜경궁 홍씨와 사도세자도 이렇게 준비했다. 당시 혜경궁 홍씨와 사도세자는 17살로서 한창 나이였지만 귀한 아들을 얻기 위해 서로 절제하고 조심했다. 그런 준비 끝에 혜경궁 홍씨와 사도세자는 12월에 합방하여 임신에 성공한 것이었다. 10월에 태몽을 꾸고 12월에 합방했으니 사전준비에 약 2개월 정도 걸린 셈이었다. 좋은 시간에 합방하는 방법이 『동의보감』에 이렇게 제시되어 있다.

> "아들을 얻고자 한다면 부인의 월경 후 1일, 3일, 5일 가운데 봄에는 갑을甲乙이 들어가는 날에, 여름에는 병정丙丁이 들어가는 날에, 가을에는 경신庚辛이 들어가는 날에, 겨울에는 임계壬癸가 들어가는 날에 교합하되 한밤중이 지난 다음에 사정해야 한다. 이렇게 하면 아들이 태어나는데 그 아들은 장수를 누리고 똑똑하기조차 하다. 부인의 월경 후 2일, 4일, 6일에 교합하면 딸이 태어난다. 6일이 지난 뒤에는 교합하지 않는 것이 좋다."(『동의보감』 잡병편 권10, 부인편)

위에서 봄, 여름, 가을, 겨울에 합방하는 날짜를 달리 하라고 한 이유는 음양오행 때문이었다. '갑을병정무기경신임계甲乙丙丁戊己庚辛壬癸'의 10간干을 오행으로 나누면 '갑을'은 봄, '병정'은 여름, '무기'는 늦여름, '경신'은 가을, '임계'는 겨울이었다. 신미년(1751, 영조 27) 12월은 겨울이므로 혜경궁 홍씨와 사도세자는 '임계가 들어가는 날 교합'했을 것이다. 그해 12월 중에서 임계가 들어가는 날 중에서 홀수 날은 12월 1일(癸巳), 12월 11일(癸卯), 12월 21일(癸丑)의 3일이었다. 그러므로 혜경궁 홍씨와 사도세자가 합방한 날짜는 이 3일 중에 하루였다고 생각된다.

범위를 좀 더 좁혀본다면 혜경궁 홍씨와 사도세자는 12월 21일(癸巳)에 합방했을 가능성이 제일 높다. 왜냐하면 11월 14일에 혜경궁 홍씨의 손위 형님이던 현빈 조씨가 세상을 떠났기에 12월 1일이나 11일은 상이

난 시점으로부터 너무나 가깝기에 합방을 꺼렸으리라 짐작되기 때문이다. 12월 21일은 상이 난지 한 달도 넘었고 또 날씨도 화창했다. 분명 이날 밤에 혜경궁 홍씨와 사도세자는 크나큰 희망을 안고 합방했으리라 생각된다. 귀한 아들을 얻기 위한 합방 방법은 궁중에서의 관행대로 『소녀경素女經』에 입각했을 것이다.

> "소녀素女가 말하기를, '현명한 자녀를 갖기 위한 방법에는 법도와 체위가 있습니다. 먼저 마음을 맑게 하고 생각을 원대하게 가지며 복장을 편안하게 입고 마음을 비우며 몸가짐을 조심해야 합니다. 부인의 월경이 끝나고 3일 뒤에 한밤중이 지나서 첫닭이 울기 전에 부인을 애무하여 달아오르게 합니다. 부인이 극도로 흥분에 이르면 옥경을 밀어 넣어 왕복운동을 하는데, 법도에 따라 적절하게 해야 합니다. 부인과 그 쾌락을 함께하여 절정에 이르게 되면 몸을 약간 빼면서 사정해야 합니다. 이때 옥경을 너무 빼서 맥치麥齒(소음순) 밖으로 나오게 해서는 안 됩니다. 옥경이 너무 많이 빠져나와 자궁문을 벗어나게 되면 정액이 자궁 속으로 들어가지 못하게 됩니다. 이러한 방법에 따라서 자식을 갖게 되면 자식은 현명하고 선량하며 무병장수를 누리게 될 것입니다.' 했다."(『소녀경』)

출산의 이면에는 모진 다짐과 노력이 있었다

혜경궁 홍씨는 합방 후부터 본격적으로 태교에 집중했다. 물론 그 방법은 왕실에서 관행적으로 해오던 그대로였다. 조선시대 왕실 태교는 기본적으로 음식태교, 행동태교, 마음태교 등등이었다.

음식태교는 임신부가 태아에게 유익한 음식을 먹고 유해한 음식을 피하는 것이었다. 조선의 왕실 태교에서는 무엇보다도 임신 중의 음주를 금지했다. 술은 물론 술로 만든 약도 복용해서는 안 되었다. 임신 중의 음주는 몸 안의 경맥들을 흩어 각종 질병을 초래한다고 생각하여 술 대신 물을 마셨으며 그것도 달여서 마셨다. 술 이외에 당나귀 고기, 말고기, 개고기, 토끼고기, 비늘 없는 물고기 등도 금기시되었다. 이런 음식을 먹으면 난산하거나 또는 불구아가 태어날 수 있다고 생각했다. 또한 엿기름, 마늘, 메밀, 율무, 계피, 생강 등은 소화를 촉진하거나 혈기를 흩어지게 함으로써 태아를 유산시킬 수 있다고 하여 쓰지 않았다. 음식 금기보다 더 중요시된 것은 약물 금기였다. 약물이 더 위험했기 때문이다. 따라서 약물을 쓸 때는 신중에 신중을 기했다. 『동의보감』에 소개된 임신 중의 금기 약물에는 거머리, 부자, 복숭아씨, 도마뱀 등등이 있었다.

임신부에게 권장된 음식은 잉어, 소의 콩팥, 새우, 미역 등이었다. 잉어는 물고기 중의 왕으로 간주되었는데, 임신부가 잉어를 먹으면 잉어처럼 단정한 아이를 낳는다고 믿었다. 소의 콩팥은 임신부의 신장을 보완해 주고 새우와 미역 등은 해산을 돕는다고 생각했다. 임신부에게 권장되는 음식들은 모양, 맛, 냄새, 온도 등을 적당하게 요리해 먹었다. 음식태교가 음식을 조심하는 것이라면 행동태교는 말과 행동을 조심하는 것이었다. 『동의보감』에 소개된 행동태교에는 이런 내용들이 있다.

"무거운 것을 들거나, 높은 곳에 오르거나, 험한 곳에 가지 말아야 한다. 과로하지 말아야 한다. 잠을 너무 많이 자지 않아야 한다. 반드시 때때로 걸어주어야 한다. 너무 놀라지 말아야 한다. 너무 놀라면 아이의 정신이 이상해진다. 산달에는 머리를 감지 말아야 한다. 높은 곳에 있는 화장실에 올라

가지 말아야 한다."(『동의보감』 잡병편 권10, 부인편)

그런데 혜경궁 홍씨가 이런 음식태교나 행동태교보다도 더욱 신경 쓴 부분은 마음태교였다. 의소세손을 임신했을 때 꿈에 나타나는 화평옹주로 인해 두려운 마음을 제대로 다스리지 못했다는 자책 때문이었다. 혜경궁 홍씨는 환갑이 지난 후 어느 날인가 정조를 출산했을 때를 회상하면서 '내 먼저 생산에 나이가 어려 어미 도리를 못했다'라고 반성했다. 정조를 임신, 출산했을 때는 그렇지 않았다는 뜻이었다. 혜경궁 홍씨는 자신의 마음속에서 일어나는 두려움을 이겨냈던 것이다.

혜경궁 홍씨가 정조를 임신했을 때에도 끔찍한 일이 있었다. 정조를 임신한 지 만 3개월도 되기 전에 혜경궁 홍씨의 첫째아들인 의소세손이 세상을 떠난 것이었다. 의소세손은 갑자기 몸이 붓고 대소변을 보지 못하는 증상을 앓다가 세상을 떠났다. 그 때가 임신년(1752, 영조 28) 3월 4일이었다. 혜경궁 홍씨가 전년 12월 말에 임신했으니 대략 만 두 달이 조금 넘는 시점이었다.

당시 18살이었던 혜경궁 홍씨는 크나큰 비통과 회한에 휩싸였을 것이다. 자신이 태교와 유아교육을 잘못해서 이런 일이 벌어졌다고 자책했을 수도 있다. 제대로 어미의 정을 받아보지도 못하고 세상을 떠난 의소세손에게 미안한 마음이었을 수도 있다. 그러므로 혜경궁 홍씨가 남모르는 자책감과 미안함으로 마음을 상하고 건강을 해칠 가능성이 높았다.

하지만 혜경궁 홍씨는 그러지 않았다. 오히려 더 건강하고 강인하게 변했다. 혜경궁 홍씨는 정조를 해산할 때까지 잔병하나 없이 건강했다. 분명 뱃속의 태아를 위해 더 건강하고 강인해지려고 노력한 결과였다. 혜경궁 홍씨는 그렇게 하는 것이 의소세손에게 지은 잘못을 용서받는 길이라고 생각했는지도 모른다. 결과적으로 혜경궁 홍씨가 더 건강하고 강인하게 변한 것은 궁극적으로 두려움, 비통함, 미안함 등과 같은 마음의 상처를 극복함으로써 가능한 일이었다. 혜경궁 홍씨가 그렇게 할 수 있었던 것은 이전의 실수를 다시는 되풀이 않겠다는 반성과 함께 그렇게 실천할 수 있을 정도의 경험과 연륜 그리고 노력 때문이었다. 혜경궁 홍씨가 무사히 정조를 출산하자 영조는 '빈궁嬪宮이 무한한 심려를 써서 능히 보호하여 오늘날의 경사를 보게 되었다'고 칭찬했다. 이 칭찬은 빈말이 아니라 그동안 혜경궁 홍씨의 눈물겨운 노력을 지켜본 시아버지의 진정이었다.

게다가 혜경궁 홍씨가 정조를 임신했을 때는 궁중의 상황도 의소세손을 임신했을 때보다 훨씬 좋았다. 우선 시아버지 영조가 진정으로 혜경궁 홍씨의 임신을 기뻐하며 반겼다. 영조는 공공연하게 이번에 꼭 손자를 보면 좋겠다는 기대를 나타내기도 했다.

영조는 의소세손이 죽었을 때 혜경궁 홍씨가 임신 중이라는 사실을 이미 알고 있었다. 그래서 영조는 혹 혜경궁 홍씨가 비통에 젖어 유산할까 몹시 걱정했다. 의소세손이 죽은 직후, 영조는 혜경궁 홍씨를 다른 곳으로 옮기고 빈소에 오지 못하게 했다. 의소세손의 시신을 부여잡고 통곡하다 잘못될까 염려해서였다. 영조는 혜경궁 홍씨의 친정어머니를 입궁시켜 위로하게 했다. 물론 친정아버지 홍봉한도 옆에서 위로하도록 배려했다.

하지만 그 충격과 비통으로 혜경궁 홍씨는 경기驚氣를 일으켰다고 한다. 스스로 억누르기에는 충격과 비통이 너무 컸던 것이다. 그런 혜경궁 홍씨를 진정으로 보호해준 사람들은 친정부모 그리고 시아버지 영조였다.

영조의 혜경궁 홍씨에 대한 배려는 이에 그치지 않고 몸소 장문의 글을 지어 위로하고 격려하기도 했다. 영조는 진정으로 혜경궁 홍씨를 염려했다. 영조는 혜경궁 홍씨를 보호하기 위해 자신이 할 수 있는 모든 노력을 기울였다. 이와 관련하여 『승정원일기』에는 이런 내용이 실려 있다.

홍봉한 초상 홍봉한은 사도세자의 장인이자 정조의 외할아버지이다.

"약방도제조 김약로金若魯가 아뢰기를, '지난번 홍봉한이 입시했다가 물러간 뒤에 전한 이야기를 들으니, 빈궁의 징후는 별로 집어서 말할 것이 없다고 했습니다. 그렇지만 식사문제는 매우 염려스럽다고 했습니다.' 했다. 영조가 이르기를, '어의 김수규金壽煃는 어떤 약을 써야 한다고 했는가?' 했다. 김약로가 아뢰기를, '김수규는 마땅히 금궤당귀산金櫃當歸散을 써야 한다고 했습니다. 그렇지만 어의 허조許琱는 마땅히 팔물탕八物湯을 써야 한다고 했습니다. 지금 빈궁께서 이미 임신 중이시니 당귀산을 쓰는 것이 마땅한 듯 합니다.' 했다. 영조가 이르기를, '금궤당귀산은 진실로 통상적으로 쓰는 약이다. 하지만 지금 이 약을 쓸 수 있는 때인가?' 했다. 김약로가 아뢰기를, '다른 어의들은 모두 금궤당귀산을 써야 한다고 했습니다. 왜냐하면 팔물탕은 오직 혈기를 보충하지만 금궤당귀산은 혈기를 보충할 뿐만 아니라 맑게 하기도 하기 때문이라 했습니다.' 했다. 영조가 이르기를, '빈궁은 작년 5월에 중병을 앓은 후 완쾌되지 않았는데 이런 일을 당했으니 이번에 혈기가 많이 손상되었을 것이다. 그래서 내가 사

홍상한 초상 홍상한은 홍봉한의 사촌형이다.

는 곳 너머에 살게 했다. 요새 그 얼굴을 보니 어질어질해 하는 기색이 많았으며 또한 오래 서있기 힘들어 했다. 내가 알고 속으로 걱정하고 있었지만 비통한 일 때문에 다른 일은 생각지 못해 오래도록 살펴보지 못했다. 지난번 원경하元景夏가 한 말이 있었는데 나는 아첨이라고 생각했다.' 고 했다. 약방제조 홍상한洪象漢이 아뢰기를, '신이 어제 홍봉한의 부인을 보니 빈궁이 식사를 잘못하는 것이 가장 걱정이라고 했습니다' 했다. 영조가 이르기를, '빈궁에게는 대추미음을 올리는 것이 훨씬 좋을 듯하다' 했다. 홍봉한이 아뢰기를, '금궤당귀산은 어의들이 말하기를 피를 윤택하게 하기 때문에 식사도 또한 잘 하게 될 것이라 했습니다' 했다. 영조가 이르기를, '피뿐만 아니라 기 또한 몹시 허약하다' 했다. 김약로가 아뢰기를, '팔물탕은 통상적인 처방법이고 금궤당귀산 역시 통상적인 처방법입니다. 그리고 어의들의 소견이 각각 다르니 저는 결정할 수가 없습니다.' 했다. 영조가 이르기를, '금궤당귀산은 혈기를 보충할 뿐만 아니라 맑게 하기도 한다' 했다. 홍봉한이 아뢰기를, '어의 중에서는 두 명이 팔물탕을 써야 한다고 하고 그 나머지는 모두 금궤당귀산을 써야 한다고 합니다. 정제현鄭齊賢도 또한 금궤당귀산을 써야 한다고 했습니다.' 했다. 영조가 이르기를, '그랬는가?' 했다. 홍상한이 아뢰기를, '의녀들로 하여금 진찰하게 하는 것이 어떨까요?' 했다. 영조가 이르기를, '의녀들이 어찌 잘 알겠는가?' 했다. 홍상한

이 아뢰기를, '허조와 김이형金履亨은 빈궁이 어렸을 때부터 여러 번 진찰했으니 본맥本脈을 잘 알 듯합니다' 했다. 영조가 이르기를, '그랬는가? 지금 빈궁은 임신 중이니 더더욱 신중해야 한다. 내일 아침 진찰하도록 하라. 정제현의 의술은 믿을만하다. 금궤당귀산은 내 생각에도 써야할 듯하다.' 했다. 김약로가 아뢰기를, '내일 아침 일찍 들어가 진찰하겠습니다' 했다. 영조가 이르기를, '하필 일찍 해야 하는가?' 했다. 또 하교하기를, '다만 세 사람만 들어가 진찰하도록 하라' 했다. 홍상한이 아뢰기를, '이때 약을 쓰는 것은 자세히 살펴서 올려야 합니다. 내일 후에도 계속해서 진찰하는 것이 어떨까요?' 했다. 영조가 이르기를, '어찌 거듭하겠는가?' 했다. 약방부제조 이철보李喆輔가 아뢰기를, '자주 진찰하는 것은 미안한 듯합니다' 했다. 김약로가 아뢰기를, '대추미음을 계속해서 올리는 것이 좋은 듯합니다' 했다. 영조가 이르기를, '그렇다. 내일 진찰은 잘 살펴서 하라.' 했다.(하략)" (『승정원일기』 영조 28년 3월 17일조)

위는 의소세손이 사망하고 보름 가까이 지난 시점에서 나온 대화였다. 당시 혜경궁 홍씨는 현기증을 느낄 뿐만 아니라 식사를 잘 못했다. 임신 초기에 정신적 충격이 겹쳤기 때문일 것이다. 영조는 그런 혜경궁 홍씨가 걱정되었던 것이다.

위의 대화가 있은 다음날 어의들이 혜경궁 홍씨를 진찰한 후, 영조는 혜경궁의 허약해진 혈기를 보충하기 위해 금궤당귀산을 쓰도록 결정했다. 또한 약재를 가감할 필요가 있으면 어의들이 다시 의논하게 했다. 아울러 묵은 닭을 푹 고아 만든 미음도 계속해서 올리게 했다. 물론 어의와 의녀들은 정기적으로 혜경궁 홍씨를 진찰하도록 했다.

이렇게 해서 혜경궁 홍씨는 당대 최고의 어의들로부터 정기적으로 건강관리를 받으며 대추미음과 묵은 닭을 푹 고아 만든 미음을 계속해서 먹었다. 그런 결과인지 혜경궁 홍씨는 곧 식욕을 회복했고 어지럼증도 치료되었다. 영조와 친정부모의 진정어린 염려와 보호, 그리고 당대 최고의 의술에 힘입은 결과일 것이다. 물론 그 밑바탕에는 귀한 아들을 얻기 위해서는 반드시 이런 슬픔을 딛고 일어서야 한다는 혜경궁 홍씨 자신의 다짐과 노력이 있었다.

천재는 지극한 관심과 보살핌 속에서 기다렸다

영조 27년(1751) 12월에 혜경궁 홍씨의 자궁에 배태된 정조는 무럭무럭 자라났다. 태아인 정조는 어머니의 탯줄을 통해 전해지는 영양을 받으며 자라났다. 직접 보고들을 수는 없었지만 어머니의 눈과 귀 그리고 감정을 통해 세상의 소리와 색깔 그리고 느낌을 배워나갔다. 늘 그렇듯이 바깥세상은 소란스럽고 복잡했지만, 태아인 정조에게는 그런 혼란이 전해지지 않았다. 바깥세상의 혼란은 어머니를 통하는 순간 깨끗하게 정화되었다. 그렇게 정화된 영양과 감정들이 탯줄을 통해 또 어머니의 마음을 통해 태아 정조에게 전달되었다. 이렇게 8개월쯤 지나자 태아 정조는 몸체와 골격이 점차 자라 이목구비까지 뚜렷해졌다. 태아 정조는 손을 움직이기도 하는 등 점점 거세게 태동을 하기 시작했다. 자궁이 좁다는 신호이기도 하고 바깥세상으로 나가고 싶다는 신호이기도 했다. 이렇게 혜경궁 홍씨의 자궁 속에서 태아 정조가 바깥세상으로 나갈 준비를 하는 동안 궁궐에서도 정조를 맞이할 준비를 하기 시작했다.

영조 28년(1752) 7월 28일 오후 4시쯤에 영조는 창덕궁의 희정당熙政

堂에서 조정 중신들을 접견했다. 정조가 임신된 지 8개월째 되던 때였다. 이 자리에서 영조는 산실청産室廳에 관한 이야기를 먼저 꺼냈다. 산실청이란 조선시대 왕비 또는 왕세자빈이 해산할 산실産室을 설치하고 임신부의 건강도 관리하던 임시기구였다. 영조는 혜경궁 홍씨의 해산을 대비해 산실청 이야기를 꺼냈던 것이다.

영조는 '산실청을 마땅히 설치해야 하지만, 빈궁嬪宮의 마음이 불안해질까 염려하여 아직 명령을 내리지 않았다.'고 했다. 조선시대에 산실청은 임신 7개월째에 설치하는 것이 관행이었다. 그 관행대로 했다면 영조는 한 달 전에 벌써 산실청에 관해 언급했어야 했지만 영조는 그렇게 하지 않았다. 그렇다고 산실 설치를 마냥 늦출 수도 없었다. 어쨌든 해산은 산실청에서 설치한 산실에서 해야 했기 때문이었다. 혜경궁 홍씨가 임신 8개월쯤 되어 더 이상 늦출 수 없는 상황이 되자 영조는 산실청 문제를 거론했던 것이다.

산실청이 설치되면 그곳에는 어의와 의녀 그리고 조정대신이 배속되었다. 산실청에 배속되는 어의는 탕약 조제, 침, 뜸, 진맥 등등 한의학의 각 분야에서 당대 최고의 실력자들이었다. 의녀는 여의사였다. 산실청의 책임자는 현임 정승이나 원로대신이 많았다. 임신 중인 왕비나 세자빈의 건강을 유지하고 좋은 후손을 낳게 하는 일이 왕조 국가에서는 무엇보다도 중요한 일이었기 때문이다.

영조가 혜경궁 홍씨의 산실청을 관행보다 늦게 설치한 실제 이유는 어의 때문이었다. 산실청이 설치되기 이전에는 영조의 어의가 혜경궁 홍씨의 건강도 관리했다. 하지만 산실청을 설치하게 되면 그곳에 배치된 어의는 혜경궁 홍씨의 건강관리만 전담해야 했다. 그렇다면 당대 최고의 어의를 산실청에 배속하기가 곤란했다. 명실상부 당대 최고의 어의는 혜경궁 홍씨가 아니라 영조 자신을 보살펴야 했기 때문이다.

7월 28일의 회견에서 영조는 산실청에 배속될 어의와 의녀들을 추천하게 하고 권초관捲草官은 그 자리에서 결정했다. 권초관은 '산자리를 걷는 관리'란 뜻인데, 해산할 때 깔았던 볏짚을 걷는 관리였다. 해산할 때 깔았던 볏짚은 신생아가 태어나면서 처음 접하는 물건이기도 하고 산모의 피가 묻어 있는 물건이기도 하다. 그래서 그 산자리는 신생아의 운명과 깊은 관련을 갖는다고 생각했기에, 신생아의 만수무강을 기원하는 제사를 지낸 후에 걷었다. 당연히 왕비나 세자빈의 산자리는 아무나 걷을 수 있는 것이 아니었다. 아들을 여럿 두고 부모 형제들도 모두 장수하며, 가정이 화목하고 무난하게 출세 길에 오른 다복한 사람이라야 될 수 있었다.

그날 여러 명의 권초관이 거론되었다. 나름대로 복이 많은 사람들이었다. 심지어 혜경궁 홍씨의 친정아버지인 홍봉한이 거론되기도 했다. 하지만 영조는 '외할아버지가 권초관이 되는 것은 좀 그렇다'고 하여 배제시켰다. 결국 서명빈徐命彬과 홍계희洪啓禧로 압축되었는데, 영조가 홍계희로 결정했다.

산실은 8월 9일 오전에 설치되었다. 장소는 창경궁의 경춘전景春殿이었다. 의소세손이 죽은 후에 혜경궁 홍씨가 경춘전에 머물고 있었기에 그곳으로 결정된 것이었다. 원래 혜경궁 홍씨의 거처는 동궁의 관희합觀熙閤이라는 곳이었다. 동궁은 사도세자가 사는 곳이었는데 취선당就善堂, 저승전儲承殿, 관희합, 낙선당樂善堂, 덕성합德成閤, 시민당時敏唐, 춘방春坊 등이 있었다. 이 중에서 취선당은 동궁의 수라간으로, 저승전은 사도세자의 거처로, 낙선당은 사도세자가 공부하는 장소로, 덕성합은 사도세자가 신료들을 접견하는 장소로, 시민당은 사도세자가 대리청정

창경궁 경춘전 조선 제22대 정조와 제24대 헌종이 이곳에서 태어났다.

하는 장소로 그리고 춘방은 세자시강원 선생님들의 근무지로 이용되었다. 공간구성으로 보면, 취선당과 저승전 및 관희합은 동궁과 동궁빈의 생활공간, 낙선당은 세자의 공부공간, 그리고 덕성합과 시민당은 세자시강원 선생님들의 근무공간이었다.

『동궐도東闕圖』를 통해보면 사도세자의 동궁 구역은 창경궁의 정전인 명정전明政殿 남서쪽이었다. 그곳에 춘방春坊, 장서각藏書閣 등의 건물이 보이는데 춘방 위쪽으로 집현문集賢門이 있고 그 안쪽 지역이 바로 동궁 구역이었다. 집현문 가까이로 시민당과 덕성합이 있었으며 그 서쪽으로 가면서 낙선당, 관리합, 저승전, 취선당이 있었다.

당시 왕실의 최고어른인 인원대비 김씨는 창경궁의 통명전通明殿에 거처하고 있었다. 또한 사도세자의 생모인 선희궁 이씨는 통명전의 동쪽건물인 연경당延慶堂에 살았다. 그래서 영조는 인원대비에게 문안인사하기도 편리하고 선희궁에게 찾아가기도 편리한 환경전歡慶殿에 거처하는 경우가 많았다. 이에 비해 당시의 왕비인 정성왕후 서씨는 창덕궁의 대조전大造殿에 거처했다.

영조는 의소세손이 죽은 후, 동궁의 관희합에서 살던 혜경궁 홍씨를 경춘전으로 옮겼었다. 그 당시 경춘전이 비어 있었을 뿐만 아니라, 영조가 거처하는 환경전 바로 옆에 있었기에 수시로 찾아가 위로하기에도 편했기 때문이었다. 그 결과로 산실이 경춘전에 설치된 것이었다.

그런데 현존하는 『동궐도』에는 경춘전을 둘러싼 담장 안에 경춘전만 보이고 다른 건물은 없지만 영조 당시에는 부속 건물이 몇몇 있었다. 예컨대 경춘전 남쪽과 서쪽에 부속 건물이 있었다. 경춘전 남쪽에 있던 건물은 훗날 가효당嘉孝堂이 되었다. 즉 혜경궁 홍씨의 『한중록』에 '내 거처한 집이 경춘전 남쪽 낮은 집이니 선대왕(영조)께서 그 집 이름을 가효당이라 하시고 현판을 친히 쓰시며'라고 한 건물이 그곳이었다. 서쪽에 있던 부속 건물은 희강당喜康堂이었다.

혜경궁 홍씨는 관희합에서 경춘전으로 옮겨왔을 때 경춘전 본 건물이 아니라 훗날의 가효당이 되는 건물로 왔었다. 본 건물인 경춘전에는 사도세자가 거처했다. 왕실의 관행으로 본다면 사도세자는 경춘전의 동온돌에 거처했을 것이다. 따라서 산실은 경춘전의 서온돌에 설치되었다고 생각된다. 경춘전은 유서 깊은 건물이었다. 인수대비로 유명한 소혜왕후 한씨가 이곳에서 승하했으며 장희빈과의 궁중암투로 유명한 인현왕후 민씨도 이곳에서 승하했다. 훗날 정조는 자신이 태어난 이곳에다 '탄생전誕生殿'이라는 편액을 직접 써서 걸었으며 혜경궁 홍씨도 이곳에서 임종을 맞이했다. 이렇게 유서 깊은 곳에 정조를 출산하기 위한 산실이 설치되었던 것이다.

산실은 앞에서 언급한 대로 산실청의 관리들이 설치했다. 당시 산실청의 삼제조는 판부사 김약로, 판서 원경하, 도승지 김광세였다. 어의는 김이형金履亨, 이이해李以楷, 김덕륜金德崙, 이흥문李興門이었고, 의녀는 월옥月玉과 차심次心이었다. 이외에 환관 이경담李景聃과 신필휘申必輝가 산실청에 배속되었는데 실제로 산실을 설치한 사람들은 바로 이들 환관 두 명 그리고 어의 네 명이었다. 산실을 설치하는 방법은 『동의보감』에 다음과 같이 기록되었다.

먼저 산실의 북쪽 벽에는 붉은 색으로 만든 안산도安産圖라는 부적을 붙였다. 이 부적은 산실에 혹시 있을지도 모르는 잡귀들을 몰아내기 위한 것이었다. 안산도 아래에는 최생부催生符와 차지부借地符라는 부적을 붙였다. 최생부는 산모의 무사 출산을 바라는 부적이고, 차지부는 해산을 위해 산실 공간을 빌리니 하늘과 땅의 신들은 잡귀를 몰아내고 산모와 아이를 보호해 달라는 내용의 부적이었다.

방바닥 위에는 임신부가 실제로 해산할 산자리를 깔았다. 맨 아래에는 고운 볏짚을 깔고 그 위에 볏짚으로 만든 빈 가마니를 올렸다. 그 위에다가 풀로 엮은 돗자리, 양털 방석과 기름종이, 백마가죽, 고운 볏짚을 차례로 깔았다. 산자리의 머리 쪽으로는 날다람쥐 가죽을 두고 다리 쪽으로는 비단을 두었다. 백마 가죽, 비단, 날다람쥐 가죽은 무사 해산과 좋은 아들을 낳기 바라는 뜻에서 사용했다. 이렇게 산자리를 까는 일은 어의가 맡아서 했다. 이어서 환관이 차지부 주문을 세 차례 읽었다.

"동쪽 10보, 서쪽 10보, 남쪽 10보, 북쪽 10보, 위로 10보, 아래로 10보의 방안 40여 보를 출산을 위해 빌립니다. 산실에 혹 더러운 귀신이 있을까 두렵습니다. 동해신왕, 서해신왕, 남해신왕, 북해신왕, 일유장군日遊將軍, 백

호부인白虎夫人께서는 사방으로 10장丈까지 가시고, 헌원초요軒轅招搖는 높이 10장까지 오르시고, 천부지축天符地軸은 지하로 10장까지 내려가셔서, 이 안의 임산부 모씨某氏가 방해받지도 않고 두려움도 없도록 여러 신께서 호위해 주시고, 모든 악한 귀신들을 속히 몰아내 주소서."(『동의보감』 잡병편 권10, 부인)

주문이 끝난 후에는 해산할 때 잡을 말고삐를 매달았다. 천장에는 구리 방울을 달았다. 해산 중 임산부에게 위급한 상황이 발생했을 때 즉시 사람들을 부르기 위해서였다. 마지막으로 산자리에 깔았던 볏짚을 해산 후에 내걸기 위해 산실문 밖에 세 치 길이의 큰 못 세 개를 박았다. 못 위에는 붉은 색 실을 걸어놓았는데 이것은 뒤에 금줄 역할을 했다.

경춘전에 산실이 설치된 후에는 의녀 월옥과 차심이가 정기적으로 들어와 혜경경 홍씨의 몸 상태를 확인했다. 월옥과 차심이는 혜경궁 홍씨에게 친숙한 의녀들이었다. 혜경궁 홍씨가 첫째 아들 의소세손을 낳을 때도 월옥과 차심이가 산실청 의녀로 차출된 적이 있었기 때문이다. 영조는 이왕이면 혜경궁 홍씨에게 친숙한 월옥과 차심이가 좋을 듯해서 이번에도 산실청 의녀로 임명했던 것이다. 이처럼 혜경궁 홍씨는 시아버지 영조의 지극한 관심과 보살핌 속에서 해산 날짜를 기다렸다.

훌륭한 태교와 생모의 사랑은 무엇보다 강했다

영조 28년(1752) 8월 9일에 산실청이 설치되고 한 달 열흘쯤 지난 9월 21일 저녁부터 혜경궁 홍씨는 산기産氣를 느끼기 시작했다. 해산할 징조가 분명했다. 그날 저녁 혜경궁 홍씨는 해산하기 위해 경춘전의 서온돌에 설치된 산실로 옮겨졌다.

혜경궁 홍씨가 경춘전의 서온돌로 들고 난 후 사도세자는 설핏 잠에 빠져 꿈을 꿨다. 그 꿈에서 사도세자는 용이 침실로 들어오는 것을 보았다. 작년 10월에 꾼 태몽에서도 용을 보았는데, 해산이 임박한 즈음 또다시 용꿈을 꾼 것이었다. 분명 아들이 태어날 징조였다. 사도세자는 잠에서 깨어나 아들이 태어나기를 기다렸다.

밤이 깊어가면서 혜경궁 홍씨에게 산통이 잦아졌다. 해산이 임박했다는 신호였다. 혜경궁 홍씨 옆에는 의녀 월옥과 차심이 이외에도 입궁할 때 함께 들어온 유모가 있었다. 아이가 태어나면 경험 많은 유모가 받을 예정이었다. 새벽 한 시쯤 되었을 때 산통이 본격화되었다. 곧 해산할 징조였다. 혜경궁 홍씨는 옆에 있던 해마海馬와 석연자石燕子 힘주어 잡았다. 해마는 말 모양으로 생긴 바다 생물이고 석연자는 밤톨 크기의 제비 모양인데 이것을 잡으면 쉽게 해산한다고 했다. 9월 22일 새벽 두시쯤, 혜경궁 홍씨는 마침내 정조를 출산했다. 순산이었다. 정조의 첫울음소리는 크고 우렁찼다. 10달을 꽉 채우고 나와서인지 신생아치고는 몸도 매우 충실했다.

그 시각 동온돌에서 기다리던 사도세자가 아들이 태어났다는 소식을 들었다. 사도세자는 자리를 털고 일어났다. 사도세자는 지필묵을 찾아 용을 그리기 시작했다. 꿈에서 본 용이었다. 태어나기 전에 두 번이나 꿈에 나타났던 용이라 생생하게 기억할 수 있었다. 사도세자는 꿈에서 두 번이나 예언된 귀한 아들의 탄생을 축하하기 위해 용 그림을 그렸던 것이다. 후에 사도세자는 이 용 그림을 경춘전의 대청 동쪽 벽에 붙여 놓았다.

사도세자가 용을 그리는 동안, 산실에서는 해산 후의 뒤처리로 바빴다. 우선 탯줄을 잘라야 했다. 탯줄은 5~6치 정도 되는 곳을 실로 동여매고 그 끝을 부드러운 솜으로 싼 뒤에 끊고 실을 풀었다. 탯줄을 자른 곳은 솜으로 비비거나 약쑥으로 뜸을 떠서 피가 나지 않도록 했다. 잘라낸 탯줄은 나중에 태반이 나오기를 기다려 태항아리에 담았다.

탯줄 자르기와 함께 신생아 처리도 중요했다. 가장 시급한 일은 입 안의 오물을 닦아주는 일이었다. 신생아는 양수를 비롯한 각종 오물을 입안에 머금고 있기 때문이었다. 이것을 태독胎毒이라고 하는데, 부드러운 비단 천을 손가락에 감은 다음 연꽃과 감초를 넣고 달인 황연감초탕黃蓮甘草湯에 적셔 입안을 닦아냈다. 이렇게 닦아내지 않으면 아이가 태독을 삼켜 여러 가지 병을 앓게 된다고 했다.

정조의 탄생은 모든 사람들의 기쁨이었다. 의소세손이 태어났을 때에는 영조가 화평옹주 생각에 별로 기뻐하지 않았지만 이번에는 달랐다. 혜경궁 홍씨 자신은 물론 시아버지 영조, 남편 사도세자, 친정부모 등 모든 사람들이 기뻐했다. 그런 상황을 혜경궁 홍씨는 '경모궁景慕宮(사도세자)께서 기뻐 즐거워하시기는 이를 것이 없고, 거국 신민의 즐거움이 경오년(1750, 의소세손이 태어난 해)에 비해 백배나 기뻐 뛰고, 우리 부모가 기뻐 축하하심이 어떠 하시리오. 뵈올 적마다 성자聖子 낳음을 내게 하례하시니, 내 이십 전 나이에 또 나라의 경사를 내 몸에 얻은 줄 떳떳하고 기쁜 밖 신세 의탁이 어떠하리오.'라고 표현했다.

모든 사람들의 기쁨 속에서 태어난 정조는 아버지 사도세자를 꼭 빼닮은 모습이었다. 정조가 태어난 다음날 영조는 홍봉한을 만나자 '원손을 보았는가?'라고 물은 후 '울음소리가 아주 크다고 하던데 그렇던가?'라고 물었다. 홍봉한은 '코가 우뚝하고 미간이 넓으며, 눈빛은 사람을 엄숙하고 두려운 생각이 들도록 하였습니다. 울음소리만 큰 것이 아니었습니다.'라고 대답했다. 이에 영조는 '원량元良(사도세자)과 꼭 닮은 듯하다'고 했다. 사도세자의 얼굴 특징이 바로 우뚝한 코와 넓은 이마 그리고 형형한 눈빛이었던 것이다.

정조가 태어났을 때 영조가 곧바로 가보지 못한 이유는 금기 때문이었다. 조선시대 왕실이나 일반민 사이에는 산후 초7일 동안은 외부 사람들에게 신생아를 보여주지 않았다. 혹 부정을 탈까 염려해서였다. 영조도 산후 8일째인 9월 30일이 되어서야 정조를 처음 볼 수 있었다. 신생아 때의 정조 모습에 대하여『승정원일기』에는 이런 표현들이 있다.

"영조가 이르기를, '원손이 눈뜬 것을 보니 눈이 가장 좋았다. 입과 턱은 원량과 비슷했다. 원량은 대개 제비턱(燕頷)이다.' 했다. 약방도제조 김약로가 아뢰기를, '무릇 신생아들은 중간에 변하기는 해도 또한 처음 모습이 완전히 변하는 것은 아닙니다' 했다. 영조가 이르기를, '원량의 아래 입술은 약간 들어갔는데, 이 아이도 또한 그렇다. 원량을 닮아 그런 듯하다. 오늘 젖을 토했는데 기침하다가 토했다고 한다.' 했다. 김약로가 아뢰기를, '너무 젖을 많이 먹여 그런 듯합니다. 어의들 말로는 젖을 토하는 것은 신생아들에게는 통상적인 증세라고 했습니다.' 했다. 영조가 이르기를, '옛날 아이들은 7일이 지나도 젖 먹을 줄 몰랐다. 지금은 7일이 안되어도 능히 젖을 찾으니 어찌 괴이하지 않은가? 처음 태어난 아이들은 의례 모두가 더벅머리인데 이 아이는 그렇지 않다.' 했다. 김약로가 아뢰기를, '홍봉한의 말을 들으니, 원손께서는 자못 덩치가 크다고 했습니다.' 했다. 영조가 이르기를, '홍봉한 역시 나이어린 사람이니 신생아를 어찌 안고 놀릴 수 있겠는가? 옛날에는 보모도 감히 안지 못하고 젖을 먹일 때 늘 누워서 먹였다. 근래에는 그렇게 하지 않는다.' 했다. 김약로가 아뢰기를, '백일 안에는 싸서 키우는 것이 좋습니다' 했다. 영조가 이르기를, '백일동안 어찌 늘 싸 둘 수 있는가? 나는 자못 늦게 성취했다고 한다. 늦게 성취해도 무방하다.(중략)' 했다. (중략) 영조가 이르기를, '원손의 눈은 자못 크며 길다' 했다. 김약로가 아뢰기를, '들으니 입이 몹시 커서 거의 주먹이 들어간다고 했습니다' 했다. 영조가 이르기를, '입을 닫으면 작은데 열 때는 몹시 크다. 눈도 또한 어린 아이의 눈이 아니다. 그냥 내버려 두고 키우고 재지 않으려 한다.' 했다." (『승정원일기』 영조 28년 10월 5일조)

위의 기록으로 본다면 신생아 때 정조는 눈과 코 그리고 미간은 앞쪽으로 튀어나오고 입과 턱은 뒤쪽으로 들어갔다고 생각된다. 이런 모습은 앞짱구라고 할 수 있다. 입을 벌렸을 때는 주먹이 들어갈 정도로 크지만 오므리면 작았다는 사실 그리고 영조가 사도세자를 제비턱이라고 표현한 사실로 보아 턱은 거의 보이지 않을 정도로 들어간 대신 입은 옆으로 넓적하게 발달했던 듯하다. 그래서 입을 벌렸을 때는 마치 메기 같이 보이지 않았을까 싶다. 이렇게 생긴 정조는 신생아 치고는 덩치도 크고 울음소리도 우렁찼다고 하니 혈기가 아주 충실했을 것으로 생각된다. 신생아 정조는 이렇게 건강하게 태어났기에 생후 한 달도 안 되어 홍역에 걸렸지만 살아남을 수 있었다.

영조 28년(1752) 가을부터 평양에서 홍역이 크게 번지기 시작했다. 홍역은 길을 따라 황해도, 한양으로 퍼졌다. 10월 초에는 연경당에서 선희궁 이씨와 함께 살던 화협옹주가 홍역을 앓기 시작했다. 전염성이 강한 홍역이 자신의 거처 가까이에서 발생하자 영조는 크게 놀랐다. 영조는 스스로 이미 홍역을 앓았지만 다시 걸릴지도 모른다는 두려움도 있었고, 해산한지 얼마 안 된 혜경궁 홍씨와 신생아 정조가 걸릴지도 모른다는 두려움도 있었다. 영조는 자신의 거처를 창경궁의 환경전에서 창덕궁의 희정당熙政堂으로 옮겼다. 연경당에서 멀리 떨어지기 위해서였다.

이와 함께 영조는 경춘전에 머물던 사도세자와 신생아 정조도 다른 곳으로 옮겼다. 사도세자는 저승전의 동쪽 부속건물인 양정합養正閤으로, 신생아 정조는 낙선당 옆의 관희합으로 옮겼다. 그때가 10월 11일이었으니, 정조가 태어난 지 삼칠일도 되기 전이었다. 정확히 말하면 정조가 9월 22일에 태어났으니 생후 19일째였다.

왕실의 관행으로 본다면 신생아는 생후 삼칠일 정도는 생모가 함께 데리고 있으면서 모유로 키웠다. 삼칠일이 지나면 서서히 유모의 젖을 먹이기 시작하면서 생모와 떨어지기 시작했다. 이후로 삼칠일 동안 생모가 하던 역할은 유모와 보모가 대신했다.

홍역을 피해 신생아 정조를 관희합으로 옮길 때는 삼칠일이 되기 전으로 유모만 결정되었고 아직 보모는 결정되지 않았다. 그런 상태에서 부랴부랴 신생아 정조를 옮기게 되었다. 물론 생모인 혜경궁 홍씨는 같이 가지 못했다. 혹시라도 홍역에 옮을까 걱정해서 모자가 한 곳에서 생활한다는 것은 생각할 수 없었다. 혜경궁 홍씨는 자신의 유모를 대신 딸려서 보낼 수밖에 없었다.

신생아 정조는 태어난 지 20일도 되기 전에 생모의 품을 떠나 관희합에서 유모, 보모와 함께 살아야 했다. 그때부터 더 이상 모유를 먹지 못하고 유모의 젖만 먹어야 했다. 설상가상으로 정조는 관희합으로 옮겼음에도 불구하고 홍역을 앓기 시작했다.

사실은 관희합으로 옮기기 3일 전부터 정조의 얼굴에 홍점이 나타났었다. 하지만 그 홍점이 홍역 때문인지 아니면 단순한 열꽃인지는 확실하지 않았다, 홍점이 며칠 지나자 저절로 없어졌던 것이다. 괜찮은 듯하던 정조는 10월 24일부터 홍역 증상을 보이기 시작했다. 먹은 젖을 토하고 열이 나며 얼굴과 가슴, 등, 허벅지에 붉은 반점들이 나타난 것이었다. 분명 홍역이었다. 이때부터 홍역을 앓기 시작했다.

하지만 정조는 신생아답지 않게 무난하게 홍역을 겪었다. 홍역을 앓으면서도 잠도 잘 자고, 젖도 잘 먹었다. 별로 열도 나지 않았다. 정조는 약 일주일 정도 앓다가 회복되었다. 이것은 정조가 튼튼하게 태어났기에 가능한 일이었다. 정조가 회복되었을 때 영조는 '이것은 모두 빈궁의 덕이다'라며 혜경궁 홍씨를 치하했는데 결코 빈말이 아니었다.

신생아 정조가 무난하게 홍역을 겪었다 해서 홍역을 사소하게 보면 안 된다. 조선시대에 홍역은 매우 무서운 병이었다. 자칫하다가는 목숨을 잃었고 혹 살아남아도 얼굴에 무수한 마마자국을 남기는 무시무시한 병이었다. 그래서 조선시대에 홍역은 호랑이에 버금가는 공포의 대상이었다. '호환虎患과 마마'라고 할 때 마마가 바로 홍역이었던 것이다. 영조 28년(1752)의 홍역에서는 화협옹주가 목숨을 잃었다.

그 무서운 홍역이 가라앉자 정조는 다시 부모와 함께 살 수 있었다. 그때는 영조 29년(1753) 초로서 정조의 나이 두 살이었다. 이때부터 정조는 혜경궁 홍씨와 함께 관희합에서 살았다. 생부 사도세자는 저승전에 거처했다. 이것은 영조의 배려로 가능한 일이었다.

영조는 신생아 정조에 대해 '그냥 내버려 두고 키우고 재지 않으려 한다'고 한 적이 있었다. 정조를 키우는데 있어서 이것저것 간섭하고 따지지 않겠다는 뜻이었다. 결국 정조를 키우는 일은 혜경궁 홍씨에게 맡기겠다는 의미였다.

이런 생각은 이전의 영조에게서는 찾아보기 힘들었다. 영조는 정조가 태어나기 이전에 아들 둘과 손자 한 명을 키운 경험이 있었다. 그때마다 영조는 극성이다 싶을 정도로 이것저것 간섭하고 따졌다. 예컨대 첫째 손자 의소세손이 태어났을 때, 영조는 자신이 잘 키우겠다는 욕심에 백일이 지나자마자 의소세손을 자신의 거처에다 옮겨두었다. 사도세자를 키울 때도 잘 키우겠다는 욕심이 앞서 생후 백일밖에 되지 않은 어린애를 생모의 품에서 떼어내 저승전에다 옮겨 두었다. 모두 잘 키우겠다는 욕심에서 그런 것이었지만 결과적으로는 신생아를 생모에게서 떼어내는 일이었다. 그 결과는 참혹했다. 어쨌든 의소세손은 세살 때 죽어버렸고, 사도세자는 문제아가 되었기 때문이다. 이런 결과를 보면서 영조는 아무리 자신이 왕이고 또 자신의 손자라 해도 너무 간섭하고 너무 따져서는 오히려 역효과라는 사실을 깨달은 것이었다.

영조의 이런 결심과 깨달음은 신생아 정조에게는 크나큰 행운이었다. 정조는 신생아 때부터 생모의 사랑과 보호를 넘치도록 받으며 자랄 수 있었던 것이다. 할아버지 영조는 너무 간섭하고 너무 따지지 않는 대신 정조가 잘 자랄 수 있도록 뒤에서 배려했다.

영조는 정조가 태어난 후 만 1년 정도 계속해서 우유죽을 먹이도록 했다. 우유죽을 만들려면 송아지가 딸린 암소가 있어야 했다. 정조를 위해 송아지 딸린 18마리의 암소가 마련되었다. 이렇게 해서 정조는 두 살 때까지 끼니마다 우유죽을 먹을 수 있었다. 우유죽은 궁중에서도 아무나 먹을 수 있는 음식이 아니었다. 조선시대에는 소가 워낙 귀했고, 유학자들은 송아지가 먹어야 할 우유를 사람이 빼앗아 먹는 것은 비인도적이라 비판했다. 그래서 영조 이전에는 왕과 대비만 우유죽을 먹을 수 있었다. 그런 상황에서 영조는 정조의 건강을 위해 우유죽을 먹이게 했던 것이다.

정조는 이렇게 혜경궁 홍씨의 훌륭한 태교 덕분에 튼튼하게 태어났을 뿐만 아니라 태어난 후에도 우유죽을 통해 건강하게 자랄 수 있었다. 그 못지않게 중요한 사실은 혜경궁 홍씨를 비롯하여 영조, 사도세자 등 모든 가족들이 정조를 사랑하고 아꼈다는 점이다. 더욱이 신생아 정조는 생모 혜경궁 홍씨의 사랑과 보호 속에서 무럭무럭 자랄 수 있었다는 점이다.

최고의 교육환경과 애정에 정성을 다했다

정조는 생후 한 달도 안 되어 경춘전에서 관희합으로 옮긴 후 다섯 살이 될 때까지 그곳에서 살았다. 혜경궁 홍씨의 『한중록』에 '저승전에 돌아와 내가 머무는 집인 관희합으로 드는 모습을 보시고 어머니께서 나가시고'라는 표현이 있는 것으로 보아 관희합은 저승전 부근에 있었음을 알 수 있다. 또한 '낙선당과 관희합이 한 일자로 있어 두어간 동안인데'라는 내용으로 본다면 관희합은 저승전과 낙선당의 중간쯤에 있었다고 하겠다. 즉 저승전은 사도세자의 거처였고 관희합은 혜경궁 홍씨의 거처였다. 정조가 관희합에서 살게 된 것은 당연한 일이었다. 정조는 다섯 살 때 다시 경춘전으로 옮겨 갈 때까지 약 5년간의 유아기 생활은 관희합을 무대로 했다.

관희합은 동궁 영역 중 세자빈의 생활공간이었다. 당연히 관희합에는 부속건물이 많이 있었다. 예컨대 『정조원손궁일기正祖元孫宮日記』에 의하면 정조는 다섯 살 때 '관의헌寬毅軒'에서 살았던 것으로 나타나는데, 이

관의헌이 관희합의 부속건물이었다. 관의헌은 일명 관의합寬毅閤이라고 도 했다. 관의헌의 위치는 관희합과 낙선당 사이에 있었다고 생각된다. 왜냐하면 낙선당에 화재가 발생했을 때, 혜경궁 홍씨는 관의헌에 머물던 정조를 구하기 위해 '반 칸이나 한 섬돌을 바삐 뛰어 내려가 자는 아기를 깨어 보모에게 안겨 보냈다'고 했는데, 이 기록으로 보면 혜경궁 홍씨는 관희합 본 건물에 머물고 정조는 관의헌에 머물렀던 것이 분명하다. 관의헌에 남자아이인 정조가 머물렀던 사실로 미루어보면 관의헌은 관희합의 사랑방에 해당했을 듯하다. 혜경궁 홍씨는 비록 정조와 한 방에서 생활하는 것은 아니었지만 가까운 곳에 살면서 자주 찾아가 볼 수 있었다. 혜경궁 홍씨는 큰 아들 의소세손에게 주지 못한 모정까지도 정조에게 쏟았던 것이다.

정조가 살던 관의헌은 교육환경으로 볼 때 최고의 조건을 갖추고 있었다. 관의헌 옆에 있는 낙선당은 사도세자가 공부하는 교실이었다. 이곳에는 사도세자와 세자의 선생님들이 늘 드나들었다. 사도세자는 비록 대리청정을 하고 있었지만 근본적으로는 공부에 전념해야 하는 입장이었기에 늘 예습과 복습을 해야 했다.

따라서 유아기 때 정조의 생활환경은 학생과 선생님들에게 둘러싸인 상태나 마찬가지였다. 이런 상황이었으니 정조는 책을 보고 글씨를 쓰는 일에 익숙할 수밖에 없었다. '돌 때는 돌상으로 걸어가서 맨 먼저 붓과 먹을 만지고 책을 펴 읽는 시늉을 했다'거나 '백일이 되기 전에도 글자 같은 것을 보면 좋아하는 빛이 있었다. 경모궁이 직접 종이에다 글자를 써서 주면 놀 때 꼭 그것을 가지고 놀아 마침내는 종이가 다 해지고 말았다.'라고 했던 혜경궁 홍씨의 언급이 전혀 이상할 것이 없었다. 이것은 마치 어린 시절의 맹자가 학교 옆으로 이사 가자 학교놀이를 하면서 공부하는 흉내를 냈다는 것과 다를 것이 없었다. 실제로 『승정원일기』에 의하면 정조는 세살 때 '강관이 책을 끼고 서둘러 가는 흉내를 냈다'는 기록이 있다.

어린 정조가 튼튼하게 자라고 또 공부에도 관심을 보이자 영조는 본격적으로 교육을 시키고자 했다. 영조는 정조가 세 살 되던 해에 보양관輔養官을 뽑아 정조의 교육을 책임지게 했다. 영조는 동왕 30년(1754) 9월 2일에 민우수閔遇洙와 남유용南有容을 보양관으로 임명했는데, 당시 정조는 만 두 살로써 우리 나이로 세살에 불과했다.

세 살 밖에 되지 않은 정조가 보양관으로부터 받는 교육이란 사실 크게 특별할 것은 없었다. 보양관은 말 그대로 '보좌하며 양육하는' 일을 맡을 뿐이었다. 아직 문자 교육을 시키지는 않았던 것이다. 보양관은 한 달에 두세 번 정도 정조를 만나 좋은 이야기를 해 주거나, 정조를 모시는 사람들에게 훈계를 하는 정도였다. 그러나 이것 자체가 큰 교육이었다. 정조는 보양관들을 만날 때마다 절을 하고 공손히 앉아 이야기를 들었다. 처음에는 너무 어려서 환관들이 도와주었지만 시간이 지나면서 스스로 할 수 있었다. 네 살 쯤 되었을 때, 정조는 혼자서도 보양관에게 절할 수 있었으며 '잘 있습니다'라는 대답도 스스로 했다. 또 혼자서도 자주 책을 읽는 습관이 들었는데, 이것은 보양관들이 시켜서라기보다는 사도세자와 혜경궁 홍씨의 가르침이었다고 생각된다.

정조는 자신이 살고 있던 관의헌에서 보양관들을 만났다. 이때 보양관들은 정조에게 바른말, 바른 행동 그리고 바른 감정표현을 하도록 가르쳤다. 어린 정조가 혹 밥을 먹으면서 흘리거나, 혹 말을 거칠게 하거나 또는 행동을 거칠게 하면 좋은 말로 타이르는 것이었다. 어린 정조는 노숙한 보양관들의 훈계를 듣고 고치기도 하고 또는 언행을 보면서 자기도 모르게 동화될 수도 있었다. 이처럼 정조는 최고의 교육환경 속에서 유아 시절을 보낼 수 있었다. 여기에 혜경궁 홍씨의 아낌없는 모정까지 받음으로써 정조는 몸과 마음은 물론 공부실력까지도 무럭무럭 자라났다.

정조는 네 살이 되면서 『효경』을 배우기 시작했다. 『효경』은 '효도에 관한 유교경전'으로서 인간이 왜 효도를 해야 하는지, 어떻게 효도를 해야 하는지에 관해 설명하는 책이다. 『효경』을 가르친 선생님들도 물론 보양관이었다. 가르치는 방법은 한 문장 정도를 읽고 설명해 주는 식이었다. 이때는 아직 정조가 어렸기에 암송을 시키거나 시험을 보지는 않았다. 그냥 『효경』의 내용들을 읽어주고 설명해줄 뿐이었다. 그렇게만 해도 교육효과는 컸다. 정조는 어려서부터 '효'의 중요성과 가치를 자연스럽게 배웠던 것이다. 보양관들이 중요하다고 강조한 구절은 외우기도 했다. 그래서 정조는 네 살 때 이미 『효경』에서 가장 중요시되는 구절을 외우고 쓸 수 있었으며 예의범절도 반듯했다.

> "영조가 환관에게 명령하여 원손을 안고 오게 했다. 원손이 와서 절을 하고 앉았다. 영조가 책을 읽으라고 명령하자 원손이 '신체발부 수지부모 불감身體髮膚 受之父母 不敢'의 열 자를 외웠다. 영조가 홍봉한을 가리키면서, '이 사람은 누구인가?' 하자, 원손이 대답하기를, '외할아버지입니다' 했다. 영조가 원손에게 명하여 글자를 쓰게 하자 원손이 '부모父母' 두 글자를 썼다. 영조가 말하기를, '네가 주고 싶은 사람에게 주어라' 하니 원손이 예조판서 이익정李益炡을 지목하고 주었다. 홍봉한이 아뢰기를, '원손이 반열의 첫머리에 있는 사람에게 글을 주었으니 그 뜻이 귀합니다' 했다. 영조가 이르기를, '오늘 원손을 내보인 것은 자랑하자는 것이 아니다. 이 또한 나라를

위하는 마음이다. 원손의 기질이 세자의 배나 된다.' 했다. 홍봉한이 아뢰기를, '동궁에게도 흥기興氣가 있습니다' 했다. 영조가 이르기를, '원손의 기질이 이와 같으니 잘 배양하면 좋을 것이다. 보양관을 제대로 얻었다.' 했다. (하략)" (『승정원일기』 영조 31년(1755) 1월 28일조)

정조가 외운 '신체발부 수지부모 불감'은 『효경』에 나오는 구절로서 '사람의 몸은 부모에게서 받았으니 감히 훼손하지 않는 것이 효의 시작이다'라는 의미이다. 정조는 위의 구절에서 '훼상 효지시야毁傷 孝之始也'라는 뒷부분은 빼놓고 외웠다. 보양관들은 정조에게 『효경』을 가르치기는 했지만 완벽하게 외우도록 하지는 않았던 것이다. 그럼에도 불구하고 네 살 밖에 되지 않은 정조가 『효경』의 중요한 구절을 외웠다는 사실은 놀랄만하다.

정조가 외운 구절이 『효경』에서는 가장 중요했다. 왜냐하면 '효의 시작'이 무엇인지를 알려주기 때문이다. 정조가 『효경』중에서도 이 구절을 외운 이유는 보양관들이 중요하다고 강조했기 때문이다. 또한 정조가 '부모'라는 두 글자를 쓴 이유도 바로 효의 대상은 부모라고 보양관들이 강조했기 때문이다. 정조가 보양관들에게서 받은 최초의 문자 교육은 유교가치관의 핵심인 '효'였던 것이다.

영조는 정조가 다섯 살이 되자 교육 강도를 높였다. 가르치는 횟수나 양을 늘렸던 것이다. 이렇게 해서 정조는 다섯 살이 되던 해에 일찌감치 『효경』을 떼고 『소학초략小學草略』을 공부하기 시작했다. 『소학초략』은 조선시대 아동교육서로서 가장 중요시된 『소학』의 요약본이었다. 그런데 이렇게 관의헌에서 열심히 공부하며 무럭무럭 자라던 정조에게 큰 사건이 터졌다.

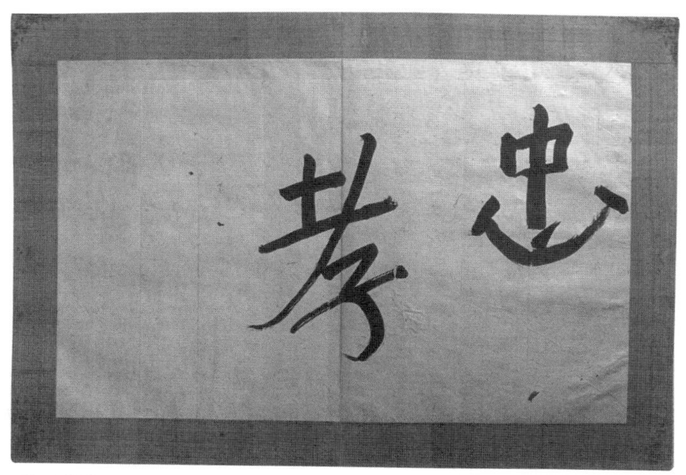

정조 글씨 정조가 원손 때 쓴 글씨이다.

『영조실록』에 의하면 정조가 다섯 살이던 영조 32년(1756) 5월 1일 밤 4경에 낙선당과 양정합養正閤에 화재가 났다는 기록이 있다. 같은 날자 기록에는 영조가 '불이 어디서 일어났는지 알지 못하나, 이처럼 급히 번졌으니 이상하다'는 언급도 있다. 화재원인을 알 수 없다는 뜻이었다.

이와 관련해서 『승정원일기』에는 조금 더 자세한 기록이 있다. 『승정원일기』에 의하면 영조는 5월 2일 오후 4시쯤 숭문당崇文堂에서 조정중신들을 접견했다. 숭문당은 영조가 거처하는 환경전과 사도세자가 공부하는 낙선당의 중간쯤에 위치한 건물이었다. 영조는 이곳에서 신료들을 접견하는 경우가 많았다. 그런데 영조는 숭문당에서의 접견이 끝나자 갑자기 낙선당으로 행차했다. 사도세자의 근황이 궁금해서 간 것인데 둘 사이에 무슨 일이 있었는지는 기록되어 있지 않다. 다만 낙선당에 갔던 영조가 환관 신치하申致夏와 나인 해정海貞을 유배하라 명령한 내용이 기록되어 있다. 신치하는 '보고할 때 두서가 없었다'는 것과 해정은 '금주하는 때에 대궐 안에서 술을 빚었는데 물을 때 거짓말하며 사실대로 답하지 않았다'는 것이 이유였다. 영조가 사도세자와 관련해서 무엇인가를 물었는데 신치하와 해정이 명쾌하게 답하지 못했던 것이다.

이어서 밤 3경에 사도세자가 낙선당에 나와 조정중신들과 춘방관들을 만났다. 그런데 이상한 일은 사도세자와 조정중신들 간에 오고간 대화가 삭제되었다는 사실이다. 『승정원일기』에는 '병신년(1776, 영조 52)의 하교로 말미암아 세초洗草했다'고 기록되어 있을 뿐이다. 병신년의 하교란 당시 세손이던 정조가 '『승정원일기』의 내용 중에서 사도세자를 뒤주에 가두어 죽게 한 사건과 관련 있는 내용들을 삭제할 것'을 요청하자 영조가 허락한 하교였다. 따라서 이날 사도세자와 조정중신들 사이에 오고간 대화는 '사도세자를 뒤주에 가두어 죽게 한 사건'과 밀접한 관련을 갖고 있었다고 하겠다.

사도세자가 밤 3경에 낙선당에서 조정중신들과 만나 무엇인가 대화한 직후에 낙선당에서 화재가 발생했다는 사실은 방화범이 사도세자일 수도 있음을 암시한다. 실제로 영조는 그렇게 의심했다. 그날 영조와 사도세자 사이에 심각한 일이 있었던 것이다. 이와 관련해서 『한중록』에는 이런 내용이 있다.

"오월에 영조께서 숭문당에서 인견하시고 홀연 낙선당으로 보러 가셨는데, 세자는 얼굴도 씻지 않고 옷차림새도 모두 단정치 못했다. 그때 금주령이 엄한 때라, 술 먹었나 의심하시고 크게 노하셔서, '술 드린 이를 찾아내라'하시며 세자에게 '누가 술을 드렸는가?' 엄히 물으셨다. 그때 세자께서는 정말로 술을 먹은 일이 없었다. 그런데 원통하고 이상하게도 영조께서 무슨 말씀이시고 물으시면 그 후 그런 일을 행하니 다 하늘이 시키는 듯하더라. 그날 세자를 뜰에 세우시고 술 먹은 일을 엄히 물으시니, 진실로 먹은 일이 없건만 너무 두려워 변명을 못하는 듯했다. 어찌나 심하게 물으셨는지 어쩔 수 없이, '먹었습니다' 하니, '누가 주더냐' 물으셨다. 댈 데가 없어 '밧소주방 큰 나인 희정이가 주었습니다' 하니, 영조께서 가슴을 두드리시며, '네가 이 금주하는 때에 술을 먹어 광패狂悖하게 구느냐?' 하시며 엄히 책망하셨다. 보모 최 상궁이 아뢰기를, '술 먹었다는 말씀은 지극히 원통하니 술 냄새가 나는지 맡아보소서' 하니, 그 상궁이 아뢴 뜻은 술이 들어 온 일도 없고 먹은 일도 없으니 차마 원통하여 그리 아뢴 것이었다. 그런데 세자가 영조 앞에서 최 상궁을 꾸중하되, '먹고 아니 먹고는 내 먹었노라 아뢰었으니 자네가 감히 말을 하고 싶은가? 물러가소.' 했다. 전에는 영조 앞에서 쭈뼛쭈뼛하여 말을 못하더니 그 날은 원통하게 꾸중을 들어 그리 말을 잘 하였던가? 그때 송구하고 두려운 중에 그렇게 말하는 일이 다행하더니, 영조께서 또 격노하시기를, '네 내 앞에서 그 상궁을 꾸짖으니 어른 앞에서는 개나 말도 꾸짖지 못하는데 그리 하는가?' 하시니, 대답하기를, '감히 와서 변명하기에 그리했습니다' 하며 안색을 낮추어 아래 사람의 도리로 잘 했다. 금주령 중에 동궁에 술 드렸다 하여 희정을 멀리 유배하시고 대신 이하 인견하라 하시고 우선 춘방관이 먼저 들어가 직접 훈계하라 하셨다.

그날 원통하고 억울하며 서러워 하늘에 다다를 듯한 장기壯氣가 다 나와 병환이 있었으나 겉으로는 몰랐는데, 춘방관 들어오니 처음으로 호령하기를, '너희 놈들이 부자간에 화하게는 못하고 내가 이리 원통하고 억울한 말을 들어도 너희 한 마디도 아뢰지 아니하고 감히 들어오느냐? 다 나가라' 했다. 춘방관 하나는 뉘런지, 하나는 원인손이었는데 무엇이라 아뢰고 썩 나가지 않으니 증症을 내며, '어서 나가라' 하고 쫓아낼 때 책상 위의 촛대가

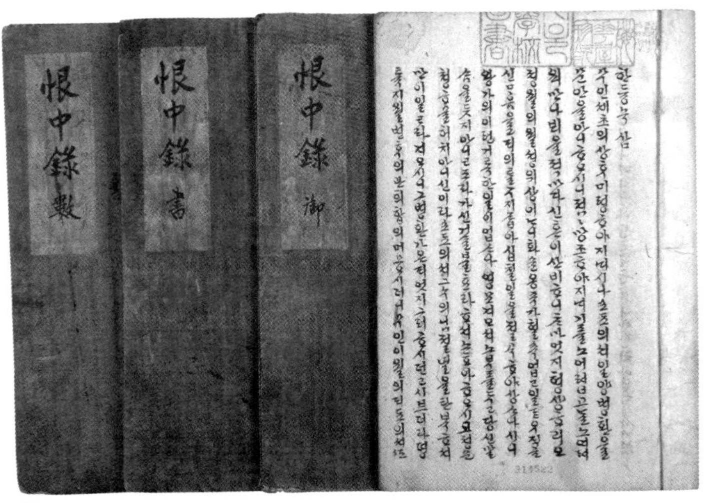

『한중록』 혜경궁 홍씨의 작품으로 홍씨의 어린 시절, 궁중 생활 등이 담겨있다.

거꾸러져 낙선당 온돌 남창에 불이 붙었다. 그런데 불 잡을 이는 없고 불길은 급했다. 세자는 춘방을 쫓아 낙선당에서 덕성합으로 내려가는 문이 있더니 그리로 내려가니 일변 춘방은 쫓겨 나갔다. 매번 숭문당에서 인견하실 때면 대전에 입시하는 손님은 건양문建陽門으로 돌아 집현문이 합문閤門이 되고, 시민당 앞으로 덕성합의 서연소대書筵召對하는 집을 지나 보화문普化門으로 입시했다. 춘방이 나가고 입시하는 손님이 덕성합 앞을 막 지날 때 세자가 소리를 높여 '너희 부자간을 좋게 못하고 녹만 먹고, 간하지는 않으니 저 입시를 하러 들어가는 저런 놈들은 무엇에 쓰리오?' 하며 다 쫓으니 그 과격한 행동과 모습이 어떠하리? (중략) 화재가 의외에 나니 영조께서는 아드님이 성결에 불을 냈는가 여겨 진노하심이 십 배나 더하여 함인정涵仁亭에 여러 신하를 모으고 세자를 부르셔서, '네가 불한당이냐? 불은 어이

지르나?' 하시니, 그때 설움이 꽉 차서 그 불이 촉대 굴러서 난 불인 줄 아뢰지 않고, 술 말씀같이 변명을 않으시고 스스로 하신 듯이 구니 절절이 서럽고 갑갑하더라." (『한중록』)

사정이 어떻든 낙선당 화재는 정조에게 큰 위험이었다. 정조가 거처하는 관의헌이 낙선당에 가까웠기 때문이다. 당시 혜경궁 홍씨는 첫째 딸을 임신한 지 대여섯 달쯤 된 상태였다. 그런 와중에도 혜경궁 홍씨는 '반 칸이나 한 섬돌을 바삐 뛰어 내려가 자는 아기를 깨워 보모에게 안겨 경춘전으로 가게' 했다. 『정조원손궁일기』에도 '밤 3경쯤에 낙선당 아기씨를 경춘전 남온돌로 옮겼다'는 기록이 있는데 혜경궁 홍씨가 그리로 보냈던 것이다.

정조가 옮겨왔다는 경춘전의 '남온돌'은 '남쪽 온돌방'이라는 뜻이다. 남북 방향으로 놓인 경춘전은 중간에 대청이 있고 그 북쪽에 북온돌, 남쪽에 남온돌이 있었다. 혜경궁 홍씨가 정조를 남온돌에 옮긴 이유는 북온돌을 사도세자가 썼기 때문이다. 정조가 옮겨온 경춘전의 남온돌은 원래 정조가 태어난 곳이었다. 이곳에서 태어났던 정조는 홍역 때문에 관희합으로 옮겼었는데, 화재 때문에 다시 이곳으로 오게 된 것이었다.

정조가 경춘전으로 옮긴 후 혜경궁 홍씨도 다시 그 부속건물인 훗날의 가효당으로 옮겨왔다. 사도세자는 북온돌로 옮겼다. 정조는 경춘전에서도 여전히 부모와 함께 살았기에 크게 바뀐 것은 없었다. 바뀐 것이 있다면 관의헌에 있을 때보다 할아버지 영조에게 가까이 다가왔다는 사실이다. 영조는 정조가 가까워진 만큼 애정을 더 쏟았고 교육에도 정성을 더 기울였다.

교육의 양과 질, 지극한 관심이 만든 결과였다

정조는 경춘전으로 옮겨와서도 열심히 공부했다. 다섯 살에 불과했지만 이미 공부를 재미있어 했다. 그냥 노는 것보다 공부할 때가 더 좋다고 하기도 했다. 행동거지는 점점 의젓해져 어린아이답지 않은 품위까지 풍겼다. 게다가 정조는 나이가 들면서 할아버지 영조를 닮아 가기도 했다. 그런 정조를 영조는 더더욱 총애했다. 영조는 사랑스런 정조를 신하들에게 보여주면서 자랑도하기도 하고 즐거워하기도 했다.

"영조가 이르기를, '여러 신하들 중에서 누가 원손을 보았는가?' 했다. 여러 신하들 중에 혹 보지 못했다고 답하는 사람이 있었다. 영조가 어린 환관에게 명하여 원손을 안고 오라고 했다. 이태중李台重이 아뢰기를, '원손의 지식이 점점 진보하고 있으니 이때 보양하는 도리는 신 등이 감당할 수 있는 것이 아닙니다. 만약 산림의 훌륭한 선비를 불러서 종종 보게 한다면 크게 보탬이 될 것입니다.' 했다. 영조가 이르기를, '그렇다' 했다. 잠시 후에 원손이 어린아이 상투에 옥비녀를 꽂고 푸른 도포에 검은 신발을 신고 들어왔다. 영조가 이르기를, '너는 많은 사람들 중에서 보양관을 구별해 낼 수 있겠느냐?' 했다. 이천보李天輔가 아뢰기를, '여항의 어린아이들은 사람 많은 곳에 놓여 지면 꼭 두리번두리번 합니다. 또 머리와 수염이 흰 노인을 보면 많이 무서워하기도 합니다. 지금 이곳에 모시고 앉은 여러 신하들은 노인도 많고 처음 보는 얼굴도 많습니다. 그런데도 원손은 의젓하게 압도하는 뜻이 태도에서 드러나니 신기합니다.' 했다. 유척기兪拓基가 아뢰기를, '몹시 영준하면서도 눈빛이 깊고 온화합니다' 했다. 홍상한洪象漢이 아뢰기를, '신은 갑술년(1754, 영조 30, 정조 3살)에 잠깐 본 적이 있는데 이전에 비해 훨씬 듬직해 지셨습니다. 소신이 보기에 원손의 산 같은 눈빛은 전하를 닮은 듯합니다.' 했다. 남태재가 아뢰기를, '원손이 이처럼 듬직하고 겨우 다섯 살에 또 이처럼 지식이 있으니 진실로 우리나라의 무궁한 복입니다' 했다. 영조가 또 묻기를, '누가 보양관인가?' 했다. 원손이 북쪽을 가리켰는데 대개 보양관 이태중을 가리킨 것이었다.(중략) 영조가 이르기를, '너는 보양관을 볼 때가 좋으냐 아니면 옷을 벗고 놀 때가 좋으냐?' 했다. 원손이 대답하기를, '보양관을 볼 때가 좋습니다' 했다. 영조가 웃으면서 이르기를, '어찌하여 그렇게 될 수 있는가?' 했다. 홍상한이 아뢰기를, '보양관을 볼 때는 좌우에 사람들이 모시고 늘어서서 멋있게 존대하므로 좋아하는 듯합니다' 했다. 이태중이 아뢰기를, '소신이 지난번에 밥을 흘리면 안 된다는 소학의 내용을 고하였더니 원손이 미소를 지었습니다' 했다. (하략)" (『승정원일기』 영조 32년(1756) 6월 2일)

영조는 정조를 위해 손수 교육 지침을 지어서 내리기까지 했다. 그때가 영조 32년(1756) 10월 9일로서 정조가 경춘전으로 옮겨온 지 다섯 달 쯤 지난 시점이었다. 영조의 교육 지침은 주로 이전까지는 보양관들이 한 달에 서너 번만 교육시켰는데 앞으로는 사흘에 한번 씩 교육시키라는 것이었다. 또한 이미 『소학초략』을 끝냈으니 앞으로는 『동몽선습童蒙先習』을 교재로 하고 수업 분량은 두세 줄을 넘지 않도록 하라는 내용이었다. 요컨대 이전에 비해 교육의 양과 질을 높이겠다는 뜻이었다. 이렇게 해서 정조는 공부에 더 몰두하게 되었다.

정조는 다섯 살부터 여덟 살이 될 때까지 경춘전에서 약 3년간을 살았다. 생모 혜경궁 홍씨와 할아버지 영조는 여전히 지극한 관심과 사랑을 쏟았다. 타고난 재능에 가족들의 애정까지 겹쳐져서 정조의 실력은 나날이 향상되었다. 영조의 애정도 계속해서 커갔다.

유척기 초상 연잉군이 왕세제에 책봉되었을 때 책봉 주청사로 청나라에 다녀왔으며 영조 즉위 후 왕의 측근이 되었다.

영조 35년(1759) 2월에 여덟 살이 되던 정조는 원손에서 세손世孫으로 책봉되었다. 원손이란 단순히 '큰 손자'란 뜻임에 비해 세손이란 '대를 이을 손자'란 뜻이었다. 공식적으로 영조의 후계자라는 뜻이었다.

정조는 세손이 된 후 부모의 곁을 떠나 영조와 함께 살기 시작했다. 공식적으로 영조의 후계자였기 때문이다. 그래서 정조는 영조가 창경궁의 환경전에 거처할 때는 그곳의 공묵합恭默閤에서 모시고 살았고, 영조가 창덕궁의 희정당으로 옮기면 그곳의 극수재克綏齋로 가서 모시고 살았다. 자연히 세손 때에는 공묵합 또는 극수재 주변에 있는 건물에서 공부했다. 공묵합에 있을 때는 그 앞쪽의 근독각謹獨閣이, 또 극수재에 있을 때는 그 동쪽의 성정각誠正閣이 교실로 이용되었다.

정조가 세손이 되어 영조를 모시고 산다고 해서 부모와의 정을 끊은 것은 아니었다. 정조가 머물던 창경궁의 공묵합은 사실 경춘전의 바로 옆 건물이었다. 혹 정조가 창덕궁으로 옮겨갔을 경우에는 날마다 혜경궁 홍씨에게 문안편지를 써서 올렸다. 정조는 이미 여덟 살 이전부터 한글로 편지를 써서 할머니나 외할머니에게 보내곤 했었다. 세손이 된 후에는 날마다 부모에게 문안 편지를 썼다. 세손이 된 후 비록 이전에

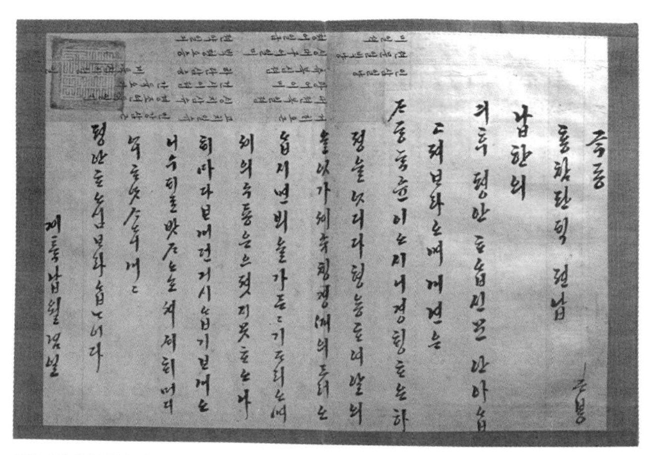

정조의 한글편지 홍 참판댁에 보낸 것으로 되어 있다.

비해 부모와 약간 멀리 떨어져 살게 되었지만 심정적인 거리는 오히려 가까워졌다. 따라서 세손이 된 후 정조는 학문적으로나 정신적으로나 부쩍 성장했다고 할 것이다.

정조가 세손에 책봉되고 4개월 지난 후 영조의 두 번째 왕비인 정순왕후 김씨가 입궁했다. 그때 정조와 정순왕후 김씨는 처음으로 만났다. 당시 정조는 여덟 살 밖에 되지 않았지만 어른처럼 의젓하고 위엄 있게 행동했다. 훗날 정순왕후 김씨가 '선왕先王(정조)이 여덟 살 때 내가 처음으로 만나 보았는데 비록 어린 나이였지만 그 행동거지라든가 풍기는 기상이 의젓하고 덕기가 있었으며'라고 회상한 것은 정조가 받은 태교와 유아교육을 생각할 때 너무나 당연한 일이었다.

외롭고 고단한 황제, 고종

자신의 경호를 위해 목숨을 걸어야 했다 ❀ 공포와 불안은 또 다른 돌파구를 찾게 했다 ❀ 급박한 위기탈출 순간에 배신이 막아섰다 ❀ 복수의 의지는 없었지만 탈출의 기회는 있었다 ❀ 황제가 된 것은 새로운 통합과 도약의 전기였다 ❀ 하지만 스스로 판단하고 결정하고 책임져야 했다 ❀ 그것은 근본적 개혁이 아닌 꿈속의 자기 의지였다

자신의 경호를 위해 목숨을 걸어야 했다

고종에게 을미사변은 잊을 수 없는 치욕이자 공포였다. 명색이 일국의 왕이었지만 고종은 자신의 왕비도 지켜내지 못했다. 명성황후를 찾아 시해하려고 날뛰는 일본 낭인들의 칼날 앞에 고종의 목숨도 위태위태했다.

고종은 을미사변이 일어나기 전에 일본의 위협으로부터 자신과 왕비의 목숨을 지키기 위해 나름대로 조치를 취했었다. 혹시라도 있을지 모르는 비상사태에 대비하기 위해 안전한 곳으로 거처를 옮겼는데, 그곳이 경복궁의 후원에 위치한 건청궁乾淸宮이었다. 건청궁에는 장안당長安堂과 곤녕합坤寧閤이 있는데, 고종은 장안당에서 명성황후는 곤녕합에서 거처했다. 고종과 명성황후는 장안당이나 곤녕합이라는 이름대로 그곳에서 '안녕'하기를 기원했을 것이다.

건청궁터 명성황후가 일본의 낭인들에게 시해당한 곳이다.

실제로 건청궁이 위치한 후원은 경복궁에서 가장 안녕한 지역이었다. 경복궁의 앞쪽과 동서 방면은 평지였기에 외부로부터의 공격이 수월했다. 반면 북쪽의 후원지역은 백악산으로 연결되는 산기슭일뿐더러 북쪽 궁성 너머로도 궁궐후원이 연속되어 외부로부터의 공격이 곤란했다. 건청궁은 경복궁의 후원에서도 가장 뒤쪽에 위치하여 비상시 탈출하기에도 용이했다. 이처럼 고종이 건청궁으로 거처를 옮긴 이유는 궁궐 밖으로부터의 공격에 대비해 안녕을 확보하기 위해서였다.

하지만 위협은 궁궐 밖에서만 오는 것이 아니었다. 일본의 사주나 공작에 의해 궁중 안에서 군사반란이 일어날 가능성도 충분히 있었다. 어쩌면 이것이 더 위협적인 상황일 수도 있었다. 고종은 이런 위협에 대비하여 외국인들에게 500명 정도 되는 궁중 시위대의 훈련과 지휘를 맡겼다. 미국인 다이 William McEntyre Dye(茶伊, 1831-1899) 장군과 러시아인 사바틴 M. sabatin(薩巴丁)이 그들이었다. 조선에 오기 전 다이 장군은 미국의 웨스트포인트 사관학교를 졸업하고 남북전쟁에 참여했으며 워싱턴 경찰국장을 지내기도 했다. 1888년 미 국무부에 의해 조선 정부에 추천된 다이 장군은 고종의 요청으로 궁중 시위대의 훈련과 지휘를 맡았다. 사바틴은 독립문을 설계한 러시아의 건축가로 잘 알려져 있지만, 1894년 이래로 다이 장군을 보좌하며 궁중 시위대를 훈련시키는 임무도 맡았다.

그런데 특이하게도 다이 장군의 숙소 및 시위대사령실侍衛隊司令室은 경복궁의 북문인 신무문 가까이에 있었다. 시위대사령실은 조선시대로 치면 금군禁軍의 지휘소였던 내병조內兵曹나 마찬가지였다. 조선시대 금군은 궁궐의 정전을 경호하는 정예군이었다. 따라서 금군의 막사나 지휘소도 정전 가까이에 있었다. 예컨대 경복궁의 내병조는 정전인 근정전 앞에 있었다. 물론 금군의 막사도 근정전 가까이에 있었다.

하지만 이런 경호체제는 고종이 경복궁의 침전인 강녕전康寧殿에 거처할 때를 상정한 것이었다. 고종의 거처가 강녕전에서 건청궁으로 바뀜에 따라 자연히 경호체제도 바뀌었다. 다이 장군의 숙소 및 시위대 사령실이 신무문 가까이에 위치한 것은 그 결과였다. 궁중 시위대의 막사도 시위대 사령실 주변으로 옮겨졌고, 이는 시위대 병력이 경복궁 북쪽 건천궁 가까이에 집중되었음을 의미했다.

경복궁의 북쪽 후원은 백악산 기슭까지 연속되어 있었다. 이 후원은 동쪽 궁성과 서쪽 궁성에 잇대어진 담장으로 둘러져 있었기에 경복궁의 북쪽 궁성은 이 담장 안에 위치하게 되었다. 따라서 경복궁의 동쪽이나 서쪽 또는 뒤편에서 북쪽 궁성문인 신무문으로 접근하기 위해서는 궁성 밖의 후원을 둘러싸고 있는 담장의 문부터 지나야 했다. 동북쪽의 담장에 있던 문이 춘생문春生門, 서북쪽의 문이 추성문秋成門이었다.

그러므로 건청궁에 거처하는 고종은 외부 공격으로부터 삼중 방어선을 쳐놓은 셈이었다. 즉 춘생문이나 추성문 쪽에서 비상사태가 발생하면 우선 그곳이 일차 방어선이 되었다. 만약 그곳이 무너진다면 신무문이 이차 방어선이 되었다. 신무문의 방어선이 무너지면 최후로 다이 장군과 사바틴이 지휘하는 시위대가 있었다. 이런 상황이었으니 신무문 가까이에 있는 시위대 사령실과 시위대 막사는 사실상 건청궁의 최후 보루라고 할 수 있었다.

하지만 이런 준비들은 정작 을미사변에서 아무런 효과도 발휘하지 못했다. 일본은 공작을 통해 시위대가 써야 할 탄약을 어디론가 빼돌렸으며, 친일파 병사들로 시위대를 교체하기도 했다. 이 결과 을미사변 당일에 일본군이 공격을 시작하자마자 춘생문과 추성문 그리고 신무문을 지키던 병력들은 맥없이 달아났다. 다이 장군이 훈련시킨 시위대 병력들도 제대로 저항 못하고 산지사방 흩어졌다. 고종이 믿던 모든 방어선이 사라진 마당에 일본 낭인들의 만행을 저지할 수 있는 것은 그 무엇도 없었다. 그날 일본 낭인들에 의해 건청궁의 곤녕합에서 왕비가 시해당하고 세자가 폭행을 당하는 참혹한 상황에서도 고종은 속수무책이었다.

앞서 고종은 신임하던 시위대 병력과 외국인 지휘관에게 경호받을 때 경복궁의 후원에서 안녕을 기대할 수 있었다. 하지만 을미사변 후 상황은 더욱 악화되었다. 을미사변 후 고종이 신임하던 시위대 지휘관들은 대부분 교체되었다. 고종에게 적대적인 병력들이 궁중 경호를 명분으로 대거 입궁했다. 그 결과 경복궁은 국가권력을 장악한 친일파 관료들의 손아귀에 넘어갔다. 그런 상황에서 고종이 머물고 있는 경복궁의 후원은 유폐의 공간이었다. 고종은 명색이 왕이었지 국정에 대하여 아무런 발언권도 행사하지 못했다. 뿐만 아니라 고종은 독살될지도 모른다는 생각에 제대로 식사하지도 못했다. 절망적인 상황에서 고종이 의지한 사람들은 서양의 선교사들이었다.

> "대궐 침입 사건이 있은 뒤 몇 달 동안 왕은 결코 편안하지 못했다. 그는 국사를 처리하는 데에 있어서 아무런 발언도 하지 못했으며 스스로 자기는 사실상 친일내각의 수인囚人이 된 것이라고 생각했다. 심지어 그는 신변의 위협을 느껴 몇 주일 동안은 대궐 밖에 있는 친지들이 열쇠를 채운 통 속에 넣어 보내 주는 음식 이외에는 아무 것도 먹지 않았다. 그는 두세 명의 외국인들이 매일 밤 대궐로 들어와서 사건이 일어날 때에는 당신의 옆에 와 있도록 부탁했는데, 이러한 그의 판단은 그들이 당신의 옆에 있음으로써 당신의 신변을 해치려고 음모할지도 모르는 사람들에 대해 저지 효과를 나타낼 수 있으리라고 느꼈기 때문이었다."(H.B. 헐버트 『대한제국멸망사』 제9장 민비 시해사건)

을미사변 후 고종은 자유로이 외부 인사를 만날 수도 없었다. 고종은 감시자의 입회하에서 외부 인사들을 만나야 했다. 그렇지만 그것만으로도 고종에게는 기회였다. 한동안 고종은 매일 미국, 영국, 러시아 등 외국 공사들을 만났다. 외국 공사들은 고종의 본심을 알기위해 또 일본의 영향력을 줄이기 위해 매일 입궁했던 것이다. 이렇게 입궁한 사람들 중에 미국 공사의 통역관이었던 언더우드가 있었다.

고종은 미국 공사와 언더우드를 만나는 기회를 이용해 도움을 요청했다. 간혹 감시자들의 주의가 잠시 미국 공사에게 쏠려 있을 때, 고종은 통역관 언더우드에게 작은 소리로 속삭이거나 사인을 보냄으로써 또는 작은 메모지를 건네줌으로써 자신의 희망이나 계획 또는 생각을 간략하게 전달하곤 했던 것이다.

당시 고종이 요청한 도움은 『대한제국멸망사』에 나오듯이 크게 두 가지였다. 첫째는 음식, 둘째는 경호였다. 음식을 요청한 이유는 물론 독살될지도 모른다는 공포심 때문이었다. 고종의 요청을 받은 언더우드는 밀봉된 깡통에 담긴 음식 또는 껍질째 삶은 계란을 작은 상자에 넣고 자물쇠로 잠가 보냈다. 열쇠는 고종이 식사할 때마다 언더우드가 직접 가져가서 건네주었다. 고종은 자신이 자물쇠를 열고 음식을 꺼내 먹었는데, 그렇게 해야만 안심할 수 있었다.

음식 이상으로 고종은 자신의 신변안전을 불안해했다. 시위대 병력들은 물론 그들의 지휘관들 중에는 고종에게 적대적인 사람들이 많았기 때문이다. 그래서 고종은 매일 밤 두 세 명의 선교사가 입궁하여 경호해 주기를 요청했다. 고종은 이 선교사들을 마치 인질처럼 이용하고자 했다. 일본이 고종을 살해하려면 선교사들까지 같이 살해해야 하는데, 그렇게 될 경우 종교탄압이라는 비난과 함께 서양각국의 보복공격이 예상되었기에 고종의 신변은 안전해질 수 있었다. 선교사들의 입장에서 고종 경호는 목숨을 걸어야 하는 모험이었다.

그럼에도 불구하고 선교사들은 고종 경호에 기꺼이 동의했다. 경호 기회를 선교활동으로 쓸 수 있다고 생각해서였다. 이렇게 해서 을미사변 후 3개월 가까이 선교사들이 고종의 측근 경호를 맡게 되었는데, 그때 경호를 맡았던 선교사 중에 언더우드. 아펜젤러, 에비슨 등이 있었다. 그들은 다이 장군의 숙소에서 권총으로 무장하고 비상사태에 대비했다.

공포와 불안은 또 다른 돌파구를 찾게 했다

고종은 을미사변 이후로도 건청궁의 장안당에 거처했다. 매일 밤 두 세 명의 선교사들이 경호를 서고 있었지만 고종은 공포심에서 벗어나지 못했다. 경복궁의 요소요소에는 고종에게 적대적인 병력들과 친일파 관료들이 가득했기에, 고종이 안심하고 머물 수 있는 공간은 오직 한 곳, 후궁과 궁녀들이 거처하는 곳이었다.

조선시대 궁중의 관행상, 후궁과 궁녀들이 거처하는 곳은 '금남의 영역'이었다. 비록 친일파 관료들과 고종에게 적대적인 병력들이 경복궁을 장악하고 있다고는 해도 그들은 금남의 영역에 함부로 들어가지 못했다. 고종은 마치 맹수들에게 쫓긴 초식동물이 후미진 굴속에 숨어들듯 틈만 나면 이 금남의 영역으로 숨어들었다. 그곳의 일부 후궁과 궁녀들이 비록 친일행각을 보이기도 했지만 그래도 대부분은 고종에게 충성을 바치고 있었다. 당시 고종은 주로 엄 상궁과 홍 상궁을 찾아갔다. 둘 다 명성황후와 밀접한 관계가 있던 궁녀로 또한 고종이 신임하는 궁녀이기도 했다.

엄 상궁은 훗날 영친왕을 낳고 귀비貴妃까지 올라 흔히 엄비라고 불리는 궁녀였다. 엄 상궁은 고종보다 2살 연하로서 여섯 살 때인 1859년(철종 10)에 입궁했다. 고종이 12살 때인 1863년에 왕위에 오르면서 입궁했으니, 엄 상궁이 4년이나 먼저 입궁한 셈이었다. 엄 상궁은 1866년(고종 3)에 고종과 명성황후가 혼인하자 명성황후를 모시는 궁녀가 되었다. 당시 명성황후가 16살, 고종이 15살 그리고 엄 상궁은 13살이었다. 『매천야록』에 의하면 을미사변이 일어나기 10년 전 쯤에 고종이 우연히 엄 상궁을 가까이 하자 명성황후가 엄 상궁을 죽이려 했는데, 고종이 간청하여 밖으로 출궁시켰다고 한다. 을미사변 10년 전이면 1885년인데, 아마도 갑신정변 직후쯤이었던 듯하다. 1885년이면 명성황후가 35살, 고종이 34살 그리고 엄 상궁은 32살이었다.

엄비 영친왕의 생모이다.

그렇게 쫓겨난 엄 상궁은 10년간을 궁 밖에서 어렵게 생활하고 있었다. 그러던 중 을미사변에서 몇몇 궁녀들이 살해되었다는 소식을 들은 엄 상궁은 궁녀들을 위문하기 위해 은밀히 입궁했다. 아마도 일본 낭인들에게 살해당한 궁녀 중에 아는 사람이 있었던 모양이다. 엄 상궁은 위문을 위해 여러 번 입궁했다. 그 때마다 엄 상궁은 이전부터 잘 알고 있던 안 상궁이라는 궁녀의 거처에 머물렀다. 그러던 어느 날 고종이 궁녀들의 거처에 들렀다가 우연히 엄 상궁을 보게 되었다. 고종은 '너 엄 상궁은 전에 쫓겨났던 사람이 아닌가? 어찌하여 한 번 나간 후에는 그림자도 볼 수 없는가?' 하고 물었다. 엄 상궁은 '밖에서 주저하며 들어오지 못했습니다' 라고 대답했다. 그러자 고종은 '지금부터 궁궐 안에 머물고 밖에는 나가지 말라' 고 명령했다. 이렇게 해서 엄 상궁은 다시 입궁하게 되었다. 고종은 그 직후 엄 상궁을 지밀로 불러 동침했다. 명성황후가 비명횡사한 후 사실상의 첫 번째 동침이었다. 이때 고종은 44살, 엄 상궁은 42살이었다.

그런데 여기에서 약간의 의문이 들기도 한다. 고종은 10년 만에 처음 엄 상궁을 보았는데 어떻게 한 눈에 알아볼 수 있었을까? 혹 고종은 사람을 잘 기억하는 능력이 있었던 것일까? 고종은 절대 그런 왕이 아니었다. 고종은 몇 번 본 사람도 이삼일 지나면 금방 얼굴도, 이름도 잊곤 했다. 그런 고종이 일개 궁녀였던 엄 상궁을 10년 만에 처음 보면서 한 눈에 알아보았다는 사실은 뭔가 특별한 이유가 있어서였다.

고종이 엄 상궁을 만난 시점은 을미사변이 일어나고 5일만이었다. 고종에게는 아직도 을미사변의 충격과 공포가 생생하던 시점이었다. 그때 고종은 엄 상궁을 한 눈에 알아보고 곧바로 입궁시켜 동침까지 했던 것이다. 어떻게 이런 일이 가능했을까? 『매천야록』에 이런 내용이 있다.

> "전 상궁 엄씨를 불러 입궁토록 했다. 명성황후가 있을 때는 임금이 황후를 꺼려 감히 만나지 못했다. 10년 전 임금이 우연히 엄씨를 가까이 한 일이 있었는데, 명성황후가 크게 성을 내어 죽이려고 했다. 임금이 살려주기를 간청하여 밖으로 쫓아냈다. 이때에 이르러 불러들였는데 을미사변이 있은 지 불과 5일 밖에 지나지 않았다. 임금이 쓸개 빠진 짓을 하여 한양 사람들이 모두 한탄했다. 엄씨는 외모가 명성황후와 닮았고 권모와 지력도 그와 같았으니 입궁하고 나서 크게 총애를 받아 국정에 간여하고 뇌물을 받아들여 점점 명성황후가 있을 때와 같아졌다."(『매천야록』)

을미사변 이후 후궁과 궁녀들의 거처를 찾을 때 고종은 절박한 상황이었다. 주변에는 온통 친일파 인사들뿐이었다. 그들은 고종의 일거수일투족을 감시하며 일제에 보고했다. 그들이 언제 독수를 뻗쳐 목숨을 앗아갈지 알 수 없었다. 그런 상황에서 고종은 지푸라기도 잡는 심정으로 외국 선교사들에게 경호를 요청했다. 하지만 그것만으로는 안심이 되지 않아 후궁과 궁녀들의 거처로 숨어들곤 했던 것이다.

그러나 그뿐이었다. 고종은 어떻게 하면 그 무섭고 불안한 상황에서 벗어날 수 있을지 방법을 몰랐다. 안심하고 의논할 상대도 없었다. 그때 고종은 명성황후와 생김새나 지략이 비슷한 엄 상궁을 만났던 것이다. 분명 고종의 눈에 엄 상궁은 일개 상궁이 아닌 명성황후의 환생으로 보였을 것이다. 고종은 마치 구세주를 만난 듯이 엄 상궁을 반겼던 것이다. 엄 상궁이 고종의 내밀한 의논 상대가 된 것은 당연한 일이었다.

엄 상궁과 달리 홍 상궁은 을미사변 훨씬 이전부터 명성황후의 측근 궁녀였다. 홍 상궁은 명성황후가 가장 신임했던 홍계훈 장군의 여동생이었기 때문이다. 홍 상궁이 언제 입궁했는지는 확실하지 않다. 하지만 다음과 같은 사실로 미루어 본다면 임오군란 이전에 입궁했던 것으로 보인다.

임오군란 당시, 민씨 척족과 명성황후에게 불만을 품은 구식 군사들은 창덕궁으로 쳐들어갔다. 그들은 명성황후를 찾아 죽이려 했다. 명성황후는 흥선대원군 부인의 가마를 타고 도망치다가 구식 군사들에게 잡혀 살해당할 뻔했다. 그때 홍계훈 장군이 '이는 내 누이로 상궁이 된 사람이다. 오해하지 말라'고 크게 고함을 치며 말렸다. 구식 군사들이 어물어물 하는 사이에 홍계훈 장군은 명성황후를 들쳐 업고 궁궐 밖으로 나갔다. 이렇게 해서 명성황후는 구사일생으로 목숨을 건질 수 있었다. 이후로 홍계훈 장군이 명성황후의 측근 중 측근이 된 것은 당연한 일이었다. 홍계훈 장군은 을미사변 때 일본 낭인들에게 대항하다가 살해당했다.

임오군란 당시 홍계훈 장군이 '이는 내 누이로 상궁이 된 사람이다'라고 고함쳤을 때 구식 군사들이 어물어물 한 이유는 실제로 홍계훈 장군의 누이 중에 상궁이 있었기 때문이다. 그 주인공이 바로 홍 상궁이었다. 명성황후를 죽이려고 모여 있던 구식 군사들 중에는 그런 사실을 아는 사람들이 있었을 것이다. 임오군란 이후, 홍계희 장군과 마찬가지로 홍 상궁도 명성황후의 측근 중 측근이 된 것은 당연한 일이었다.

고종이 후궁과 궁녀들의 거처로 자주 간 이유는 일제 감시자들의 눈을 피하려는 이유도 있었지만 그곳에 홍 상궁처럼 진정 신임할만한 궁녀가 있었기 때문이다. 을미사변에서 오빠를 잃은 홍 상궁은 무엇으로 보나 믿을만한 궁녀였다. 고종이 일제 감시자들에게 발각되지 않고 경복궁에서 벗어나려면 홍 상궁 같은 사람의 도움이 있어야 했다.

급박한 위기탈출 순간에 배신이 막아섰다

일제가 을미사변을 일으킨 이유는 10년간이나 들인 공든 탑을 명성황후가 다 무너뜨리려 했기 때문이다. 일제는 1876년 강화도 조약이후 본격적으로 조선에 진출했다. 조선의 문명개화와 자주독립을 명분으로 친일세력을 불렸다. 그렇게 성장한 친일개화파가 1884년에 일으킨 정변이 이른바 갑신정변이었다. 그러나 갑신정변은 청나라의 무력개입으로 3일천하로 끝났다. 그 후 10년간 조선에서는 청나라가 주도권을 행사했다. 일제는 절치부심 군사력을 키워 1894년에 청일전쟁을 일으킴으로써 청나라로부터 요동반도를 할양받고 조선에서의 주도권도 빼앗을 수 있었다. 조선에는 친일파 관료들을 중심으로 친일정권을 세웠다.

그러나 그것은 잠시뿐이었다. 한반도와 만주에서 일제의 영향력이 폭증할 것을 우려한 서구열강이 개입했기 때문이다. 러시아, 독일, 프랑스의 이른바 3국 간섭에 의해 일제는 청나라에 요동반도를 다시 되돌려주어야 했다. 조선에서는 명성황후가 러시아의 도움을 얻어 친일정권을 무너뜨리려 했다. 일본의 입장에서는 10년간의 절치부심 끝에 쌓아올린 모든 것을 명성황후와 러시아가 다 망치는 셈이었다. 이것을 막기 위해 일제는 명성황후 시해라는 천인공노할 만행을 저질렀던 것이다.

형식적으로 본다면 일제의 을미사변은 성공했다. 목표했던 명성황후는 시해되었고, 친일정권은 다시 세워졌다. 조선에서 일제의 주도권은 강화되었다. 홍선대원군을 섭정으로 내세워 황후 시해의 책임에서도 벗어나려했다. 이 정도면 성공이라 할만 했다. 하지만 그것은 매우 불안한 성공이었다.

무엇보다도 조선에서는 물론 세계적으로 일제에 대한 여론이 극도로 악화되었다. 아무리 무력이 횡횡하던 열강시대라고 해도, 타국의 국모를 난자해 죽인 만행은 야만이라는 비난을 면하기 어려웠다. 악화된 여론은 반일행동으로 나타났다. 조선에서는 국모의 원수를 갚으려는 을미의병이 일어났다. 한양에 모여 있던 외국 공사들은 일제의 독주를 견제하기 위해 협력했다. 그것은 경복궁에 유폐된 고종을 구출해 내려는 시도로 이어졌다.

을미사변 이후 친일파 정권이 강화되면서 반일 성향의 정치인들은 탄압 당했다. 특히 명성황후를 도왔던 정치인들이 표적이었다. 이들은 크게 보면 왕당파라 할 만한 정치인들이었다. 그들 중의 일부는 친일정권의 탄압을 피해 외국공사관으로 피신했다. 왕당파 정치인들은 외국 공사관의 도움을 받아 고종을 경복궁에서 구출해 내려는 계획을 세웠다.

이 계획의 핵심인사는 왕당파의 거두인 이재순李載純이었다. 삼국간섭 직후인 1894년 5월 25일에 이재순은 시종원경侍從院卿 겸시종장兼侍

從長에 임명되었는데, 시종원은 과거의 승정원을 계승하는 곳이었다. 삼국간섭 직후 이재순이 시종원경에 임명되었던 사실은 그가 고종의 신임을 받았음을 보여준다. 이재순은 전주 이씨로서 왕권강화에 적극적이었기에 왕의 신임을 받았던 것이다. 이재순은 을미사변 이후에도 계속 시종원경으로 남아 있었다. 이런 점에서 고종을 경복궁에서 구출해내는 계획을 세우는 데는 이재순만한 적임자가 없었다. 이재순은 안으로 고종과 직결될 뿐만 아니라 밖으로 왕당파 정치인들과도 연결될 수 있었기 때문이다.

이재순은 을미사변 직후에 고종을 구출해내려는 계획을 세웠다. 이재순은 홍 상궁의 조카인 홍병진洪秉晋의 집을 거점으로 포섭자들을 늘려나갔다. 이재순이 포섭한 사람들은 왕당파 정치인들 그리고 다이 장군이 훈련시켰던 시위대 장교들이었다. 이들은 대부분이 을미사변 이후 정치적으로 탄압을 받는 상황이었기에 쉽게 포섭될 수 있었다. 이재순이 포섭한 정치인은 임최수林最洙, 이범진李範晉, 윤웅렬尹雄烈, 안경수安駉壽 등이었으며 장교는 김진호金振澔, 홍진길洪眞吉, 이진호李軫鎬, 이도철李道徹 등이었다. 임최수는 이재순이 시종원경으로 있는 시종원의 부하였으며, 이범진과 윤웅렬은 반일성향의 왕당파 정치인이었다. 김진호, 홍진길, 이진호는 다이 장군에게 교육받은 시위대 장교들이었다. 이들은 기본적으로 왕당파로서 고종을 구출하여 친일정권을 전복시키는 데 적극적인 사람들이었다.

이재순은 외국 공사관의 협력도 끌어내고자 했다. 이 문제에서는 윤웅렬과 이범진이 적극적으로 나섰다. 당시 윤웅렬의 아들 윤치호尹致昊가 미국 공사관의 통역관이었으며, 이범진과 가까운 김홍륙金鴻陸이 러시아 공사관의 통역관이었기 때문이다. 이들의 노력으로 미국 공사관과 러시아 공사관의 협력 약속도 받아낼 수 있었다.

한편 이재순은 홍 상궁을 통해 고종의 밀지密旨도 받아냈다. 홍 상궁은 조카 홍병진을 통해 받은 소식을 고종에게 전달하고 고종이 내리는 밀지를 전달해주기도 했다. 고종이 내린 밀지는 '병력을 끌고 와서 궁성을 보호하고 역적을 토벌하라'는 내용과 '임최수는 믿을만한 신하이다. 대소신민들은 모두 떨쳐 일어나라'는 내용이었다. 요컨대 경복궁에 유폐된 자신을 구출하기 위해 궐기하라는 것이었다.

이런 준비를 거쳐 을미년(1895) 11월 28일에 경복궁을 습격해 고종을 구출하기로 정해졌다. 10월 20일에 을미사변이 있었던 점을 생각하면 고종을 구출하려는 계획이 신속하게 수립되었음을 알 수 있다.

하지만 동지들 중에 배신자가 있었다. 바로 이진호와 안경수였다. 이진호는 사태가 불리할 것으로 판단해 밀고했던 것이다. 그것도 초반단계에서부터 밀고했다. 그래서 친일정권은 고종구출 계획이 어떻게 진행되는지 다 알고 있었다. 그럼에도 불구하고 친일정권은 미연에 방지하지 않고 그대로 기다렸다. 일망타진하기 위해 또 정치적으로 이용하기 위해서였다.

을미사변 후 성립된 친일정권은 백성들의 지지를 받지 못하고 있었다. 조선인 특히 왕당파의 입장에서 보면 그들은 일제의 하수인 또는 왕비를 시해한 대역죄인일 뿐이었다. 이런 비난여론을 반전시키려면 뭔가 획기적인 사건이 필요했다. 만약 고종을 구출하려는 세력들을 일거에 섬멸하고 그들을 대역 죄인으로 선전한다면 친일정권은 국왕을 보호한 충신들이라 주장할 수 있었다.

11월 28일 새벽, 고종을 구출하려는 왕당파 인사들과 시위대 병력들은 먼저 경복궁의 동문인 건춘문을 통해 들어가려 했다. 하지만 친일정권은 이미 만반의 준비를 갖춘 상태였다. 이들은 건춘문으로 들어갈 수 없자 북쪽으로 올라가 춘생문으로 진입하고자 했다. 이런 와중에 뭔가 수상한 낌새를 눈치 챈 안경수가 중도에서 이탈하여 배신자로 돌아섰다. 계획을 고발했던 것이다.

원래 거사가 시작되면 이진호가 춘생문을 열기로 밀약이 되어 있었다. 이진호는 고종으로부터도 거사 때 춘생문을 열라는 당부를 받기까지 했었다. 그러나 그 이진호가 바로 배신자였다. 이들이 춘생문으로 진입하려 하자 문이 열리는 대신 안쪽에서 총격이 가해졌다. 함정에 빠진 이들은 제대로 대응하지도 못하고 와해되었다. 이른바 춘생문 사건이 이것이었다.

춘생문에서 총격전이 벌어질 당시, 고종은 건청궁에서 공포에 떨고 있었다. 계획이 누설된 상태라 고종은 이미 포로로 잡혀 있는 상태였다. 고종은 다급하게 외국인 선교사들을 찾을 뿐이었다. 『상투의 나라』에는 당시 상황이 이렇게 묘사되어 있다.

"미국 공사는 언더우드 씨에게 그날 밤에 왕의 측근에 가까이 있어줄 것을 요청했다. 대궐 문이 닫혀 있을 것이고 그 후에는 어느 누구의 출입도 통제되기 때문에 공사는 언더우드 씨에게 출입 허가서를 받을 때 제시할 수 있도록 그의 신분증을 보냈다. 물론 그것은 단지 요청일 뿐이었기 때문에 언더우드 씨는 절대적으로 거절할 수 있는 자유가 있었으나, 그는 사실 가는 것을 기뻐했고 이러한 봉사를 위해 선택된 것을 영광스럽게 여겼다. 그리하여 그는 즉시 동의하고 나서 지금 관립 학교에서 봉사하고 있는 헐버트 씨에게 함께 동행할 것을 요청했다. 직업상 요청받았던 에비슨도 그들과 함께 합류했으며, 세 사람이 궁궐의 정문 앞에서 만났다. 그러나 그곳의 보초

병은 어느 누구도 출입을 못하게 하라는 단호한 명령이 있었다는 이유로 단번에 그들의 출입을 거절했다. 공사의 신분증은 아무런 효력을 가지지 못했으나 보초를 서고 있던 관리가 이 신분증을 가지고 궁궐에 들어가서 허락을 받아 오겠다고 제의했다. 내각은 거의 확실히 거절할 것이기 때문에 언더우드 씨는 이것이 아무 소용이 없을 것이라는 것을 알았다. 그래서 그는 대답하기를, '아니요. 우리는 미국 공사의 요청을 받고 이곳에 왔는데, 만일 당신이 그의 신분증을 거절하고 그의 사자도 거절한다면 당신은 모든 책임을 져야 할 것이요. 나는 즉시 되돌아가서 당신의 답변을 그에게 전하겠소.' 했다. 바로 며칠 전에 대단히 화가 난 외교관의 출입을 왕궁 문에서 거절했다가 심한 처벌을 받은 일이 있었기에 그 보초병은 망설이지 않을 수 없었다. '빨리 결정하시오'라고 언더우드 씨는 단호하게 말했다. 이렇게 해서 미국인들은 서둘러 들어갔다. 그들은 직접 왕에게 가서 그들이 그날 밤을 위해서 그곳에 왔다는 것을 알리고 그의 뜻을 물었다. 그리하여 그들은 가까이 있는 다이 장군의 방에서 왕의 측근 옆에서 자리를 잡고 첫 번째 신호가 울리기를 기다리라는 요청을 받았다.

그래서 세 사람의 경호원은 다이 장군의 방에서 사태를 기다렸다. 그 방은 다이 장군과 몇 번 대화를 갖기도 했던 곳이었다. (중략) 12시에 갑자기 총소리가 들렸다. 그는 용수철처럼 벌떡 일어나서 왕의 거실로 달려 들어갔고 나머지 두 사람도 바로 그를 뒤따라갔다. 한 열을 지은 군인들이 정렬하여 복도를 따라서 어깨를 붙이고 있었는데 그가 다가가자 '서라!' 고 날카롭게 소리쳤다. 그러나 그는 그들에게 아무런 주의도 기울이지 않고 재빠르게 지나쳐갔다. 무엇을 어떻게 해야 할지를 생각하고 결정할 사이도 없이 애비슨과 헐버트도 뒤따라갔다. 바로 뒷문에 두 명의 관리가 칼을 교차하여 들고 서 있었다. 언더우드 씨는 그 칼을 권총으로 일격을 가하고 통과했으며 다른 두 사람도 바로 그 뒤를 따라 들어왔다. 그때 왕이 '외국인들은 어디에 있느냐, 외국인들을 불러라.'라는 소리를 들었다. '예, 전하. 여기 있습니다.'라고 대답하면서 세 명이 방으로 들어서자 왕은 그들의 손을 꼭 쥐고 밤새도록 옆에 있도록 했다." (L. H. 언더우드, 『상투의 나라』)

복수의 의지는 없었지만 탈출의 기회는 있었다

춘생문 사건에 참여했던 왕당파 지도자들은 대부분 현장에서 사살되거나 체포되었다. 일부는 도망하여 외국 공사관에 숨었다. 예컨대 윤웅렬은 미국 공사관으로, 이범진은 러시아 공사관으로 도피했다. 반일 성향의 왕당파가 이렇게 지리멸렬하자 친일 정권은 더욱 강력해졌다. 이에 경복궁에 유폐된 고종의 고립무원은 더욱 심화되었고, 고종의 공포심도 더욱 커졌다. 고종이 장안당을 떠나 후궁과 궁녀들의 거처에서 보내는 시간은 점점 길어졌다.

친일정권은 고종이 금남의 영역에서 홍 상궁과 함께 춘생문 사건을 밀의했음을 알고 있었다. 친일정권은 금남의 영역에도 감시의 손길을 뻗쳤다. 금남의 영역에 자유로이 드나들 수 있는 여인들을 감시자로 들여보낸 것이었다. 흥선대원군의 부인과 첩 이렇게 두 여인이 주인공이었다.

흥선대원군의 부인은 고종의 생모였으므로 궁궐출입이 자유로웠다. 밤이든 낮이든 고종을 만나거나 후궁을 만난다는 명목으로 궁궐 어디든지 갈 수 있었다. 흥선대원군의 부인은 주로 밤에 입궁하여 고종을 감시했다. 이에 비해 흥선대원군의 첩은 낮에 입궁하여 감시했다.

고종과 더불어 반일 성향의 왕당파와 연결되는 후궁이나 궁녀들도 감시의 대상이었다. 홍 상궁의 경우에서 보듯이 그런 궁녀들이 외부의 정치세력과 연결하여 정변을 일으킬 가능성은 높았다. 그런 궁녀들을 완벽하게 감시한다면 외부의 정치세력이 고종에게 접근할 가능성을 원천적으로 차단할 수 있었다.

고종도 이런 사실을 모르지 않았다. 공개된 왕당파와 연결되는 궁녀와 경복궁 탈출을 밀의하는 것은 이제 어리석은 일이었다. 성공적으로 탈출하려면 친일 정권에서 전혀 예상하지 못하는 궁녀가 필요했다.

그런 면에서 엄 상궁은 적격자였다. 엄 상궁이 10년 전에 명성황후의 미움을 받아 궁에서 쫓겨났다는 사실은 공공연한 비밀이었다. 그런 엄 상궁이었기에 명성황후에게 호의보다는 원한을 갖고 있었다고 판단하기 쉬웠다. 고종은 바로 그 점을 활용했다.

『매천야록』에 따르면 을미사변이 난 지 5일 만에 고종이 엄 상궁을 입궁시켜 동침하자 한양 사람들은 임금이 쓸개 빠진 짓을 했다며 한탄했다고 한다. 그렇다면 엄 상궁의 입궁이 왜 쓸개 빠진 짓으로 간주되었을까? 상식적으로 판단하면 을미사변 후 고종의 급선무는 복수였다. 개인적으로 보아도 또 국가적으로 보아도 일제에 복수해야 했다. 그래야 조선왕실도 또 조선이라는 국가도 세상에 얼굴을 들 수 있었다. 그러면 고종이 일제에 복수하기 위해서는 어떻게 해야 하는가?

그 방법이 쉬울 수는 없었다. 하지만 명성황후의 미움을 받던 엄 상궁을 입궁시키는 것은 아니었다. 고종에게 복수할 마음이 있었다면 사변 5일 만에 그럴 수는 없는 일이었다. 그럼에도 불구하고 고종이 엄 상궁을 입궁시켜 동침까지 했다는 사실은 고종에게 복수의지가 없다는 것이나 마찬가지였다. 왕비를 잃고도 복수의지가 없다면 그것은 쓸개 빠진 것이나 진배없었다.

실제로 고종은 겉으로는 복수의지가 없는 듯이 행동했다. 춘생문 사건 때, 밀지를 내려주기도 했지만 거사가 실패하자 그런 적이 없다고 딱 잡아뗐다. 밀지는 위조된 것이라고 발뺌한 것이었다. 자신은 친일정권이나 일제에 대하여 복수할 생각도 없었고 시도도 없었다는 뜻이었다. 이렇게만 보면 고종은 분명 쓸개 빠진 왕이었다. 을미사변 5일 만에 엄 상궁을 입궁시켜 동침한 것도 분명 쓸개 빠진 짓이었다. 하지만 이것은 어디까지나 겉으로 드러난 사실일 뿐이었다.

고종은 춘생문 사건 때 홍 상궁을 통해 은밀하게 반전을 꾀했던 것처럼, 거사 실패 이후에도 은밀하게 반전을 꾀했다. 다만 이번에는 홍 상궁처럼 혐의를 받을만한 궁녀가 아니라 엄 상궁처럼 혐의를 받지 않을 만한 궁녀를 통해서였다. 그 반전을 위해 고종은 '쓸개 빠진 왕'이라는 비난을 기꺼이 감수한 것이었다.

고종의 반전 노력은 춘생문 사건 직후부터 시작되었다. 고종은 사소하다면 사소한 문제에서 반전의 계기를 마련했다. 고종은 궁녀들이 궁궐에 드나들 때 당연히 가마를 타고 있어야 하며 검문도 받지 말아야 한다고 주장했다. 그래야만 하는 이유는 매우 많았다. 남녀유별을 강조하는 궁중 관습을 존중하고 궁중 안의 풍기문란을 방지하며 왕의 여인들을 특별히 우대하기 위해서 그래야만 했다.

원래 궁녀들이 궁궐에 드나들 때 가마를 타고 검문도 받지 않는 것은 남녀유별이라는 유교윤리가 팽배한 조선에서는 당연한 관습이었다. 하지만 바로 그 점이 불온하게 이용될 수 있었다. 궁녀의 가마 안에 은밀하게 무기를 숨겨 궁궐로 들이거나 궁녀인척 변장하고 잠입할 수도 있었기 때문이다. 게다가 서양 선교사의 부인들까지 수시로 입궁함으로써 친일정권의 우려는 컸다. 이 결과 친일정권은 궁녀들뿐만 아니라 부인들이 입궁할 때에도 문에서 검문을 받은 후 걸어서 들어가도록 했다. 고종은 바로 이 점에 이의를 제기했던 것이다.

하지만 고종은 실권이 전혀 없었기에 자신의 주장을 관철하려면 홍선대원군의 도움이 필요했다. 마침 홍선대원군의 부인과 첩이 고종과 궁녀들을 감시하기 위해 매일 입궁했기에, 그녀들도 궁녀들과 마찬가지로 궁문에서 검문을 받고 걸어서 들어가야 했다.

그녀들은 자신들이 그런 대접을 받는 것이 너무나 치욕스럽다고 불평했을 것이다. 이런 불평은 궁녀들도 제기했을 것이다. 실제로 검문과정에서 궁녀들이 희롱 받을 가능성은 충분히 있었다. 홍선대원군은 그런 불만이 타당하다고 생각했는지 고종과 마찬가지의 주장을 하게 되었다. 이에 친일정권은 마지못해 궁녀들이 입궁할 때 가마를 타고 검문 없이 통과할 수 있도록 했다. 물론 이것은 춘생문 사건 이후 친일정권의 입지가 강화되었다는 자신감의 발로일 수도 있었다.

1895년 연말이 되면서 궐 밖으로 나갔다가 들어오는 궁녀들이 많아졌다. 연말이라 궁녀들도 궐 밖에 볼 일이 많았다. 친정 부모나 식구들에게 인사를 하거나, 필요한 물건을 들여오기 위해 또는 왕족들의 소식을 전하기 위해서, 등등 이유는 많았다. 그런 이유들은 수상한 것이 아니라 관행적인 것이었다. 그래서 전혀 의심을 받지 않을 수 있었다.

고종은 바로 그 점을 노렸다. 궐 밖 출입을 하는 궁녀 중에는 고종이 신임하던 엄 상궁과 김 상궁이 있었던 것이다. 이 두 명의 상궁은 수시로 궁 밖을 출입했다. 그렇게 몇 주간이나 계속하자 수문병들은 이들의 궐 밖 출입을 심상한 일로 여기게 되었다. 이것이 일차 목표였지만 다른 목표도 있었다. 바로 고종과 궐 밖을 연결시키는 일이었다. 엄 상궁과 김 상궁이 궐 밖 출입을 통해 고종과 연결시킨 사람들은 이범진과 러시아 공사였다.

이범진은 명성황후가 살아있었을 때 홍계훈 못지않게 황후의 신임을 받던 사람이다. 갑신정변 중에 일본군과 청군이 창덕궁에서 총격전을 벌이던 위기 상황이 있었다. 마침 궁중 안에서 당직 중이던 이범진은 명성황후를 업고 대궐을 빠져나갔다. 이런 인연으로 명성황후는 이범진을 몹시도 신임했다. 3국 간섭 이후, 명성황후가 러시아의 힘을 빌려 일제를 몰아내려 했을 때, 명성황후와 러시아 공사관 사이의 연락을 맡았던 사람도 이범진이었다.

그런 이범진이었기에 당연히 춘생문 사건에도 가담했다. 거사가 실패하자 이범진은 또다시 러시아 공사관으로 도피했다가 러시아 군함을 타고 인천에서 중국 상해로 건너갔다. 12월 중순까지 중국에 머물던 이범진은 연말연시의 어수선한 틈을 타고 다시 조선으로 돌아왔다. 러시아 공사관에 은신한 이범진은 일제에 행적이 노출되지 않았다. 일제는 이범진이 중국으로 간 것까지는 확인했지만 그 이후의 행적을 놓쳤던 것이다. 일제는 이범진이 중국에 망명한 것으로 오해했던 듯하다. 고종은 엄상궁을 통해 러시아 공사관에 은신한 이범진과 연락을 취할 수 있었다.

1896년 1월 8일에 스페이어(Alexis de speyer, 士貝耶) 신임 주한 러시아 공사가 한양에 도착했다. 이 소식을 접한 고종은 이범진을 통해 스페이어에게 비밀 메모를 전하게 했다. 자신의 불안한 처지를 설명하고 러시아의 지원을 요청하는 내용이었다. 1월 12일에 스페이어 공사가 신임장을 제출하기 위해 경복궁의 공묵재恭默齋에서 고종을 알현했을 때, 고종은 같은 내용의 비밀 메모를 스페이어의 주머니에 몰래 넣었다. 이를 통해 스페이어 주한 러시아 공사는 고종의 뜻이 무엇인지 확실하게 알 수 있었다. 스페이어 공사는 이런 상황이 러시아에 유익하다고 판단했다. 고종의 뜻이 이와 같다면 일본이 독주하는 현 상황을 러시아에 유리하게 바꿀 수가 있었기 때문이었다.

이범진은 경복궁에 유폐된 고종을 구출해 러시아 공사관으로 옮길 계획을 세웠다. 지난번 춘생문 사건이 실패한 이유 중의 하나는 고종을 경복궁 밖으로 구출한 후 어떻게 한다는 대책이 없었다. 그 때문에 거사의 성공을 의심한 사람들이 배신자로 돌아섰던 것이다. 이범진은 거사의 성공을 위해서는 고종을 외국 공사관으로 탈출시키는 것이 가장 안전하다고 생각했다.

이범진은 먼저 엄 상궁을 설득했다. '만약 간신들이 국왕을 폐위하는 날에는 엄빈嚴嬪의 신상에도 역시 위험이 닥치지 않을 수 없습니다. 마땅히 국왕과 세자를 안전한 곳으로 옮기는 것이 상책입니다.'라는 설득에 엄 상궁은 전적으로 동의했다. 엄 상궁은 이범진으로부터 '친일정권과 일본 병력들이 공모하여 은밀히 반역을 꾀하고 바야흐로 궐 안에 들어가 국왕을 폐위하려 합니다. 그 시기가 절박하니 매우 위험합니다. 속히 러시아 공사관으로 파천하시어 화를 피하심이 상책입니다.'라는 글을 받아 고종에게 전달했다. 엄 상궁은 자신이 보고 느낀 러시아 공사관의 분위기 등을 자세하게 설명했을 것이다. 당연히 고종은 공포심에 휩싸였다.

2월 2일 고종은 이범진에게 글을 보내 자신은 러시아 공사관으로 파천할 의향이 있으니 이 문제를 스페이어 공사와 의논하라고 했다. 스페이어 공사는 고종의 파천에 대비하여 공사관의 경비 병력을 대폭 증강했다. 이에 따라 인천항에 정박해 있던 러시아의 해군함정 어드미럴 코르닐로푸 호에 승선한 장교 5명이 107명의 해군을 거느리고 러시아 공사관으로 왔다. 그 때가 2월 10일이었다. 바로 다음날인 2월 11일 새벽에 고종은 세자와 함께 궁녀들이 타는 가마를 타고 경복궁을 탈출해 러시아 공사관으로 갔다. 이른바 아관파천이었다.

고종은 러시아 공사관으로 갈 때 엄 상궁의 가마를 탔으며 세자는 김 상궁의 가마를 탔다. 고종과 세자는 엄 상궁과 김 상궁의 뒤에 숨어서 보이지 않도록 했다. 엄 상궁과 김 상궁은 아무런 검문도 받지 않고 대궐 문을 나설 수 있었다. 지난해 연말부터 엄 상궁과 김 상궁이 수시로 출입했기에 수문병들은 매우 익숙해 있었다. 물론 더더욱 결정적인 것은 궁녀들이 가마를 타고 출입할 때 검문을 받지 않도록 조치했던 고종의 계획이었다.

아관파천으로 정세는 돌변했다. 친일정권은 무너지고 일제의 독주는 끝이 났다. 그 빈자리는 반일성향의 정치인들과 러시아가 채웠다. 조선에서 일제를 대신해 러시아의 횡포가 커지기는 했지만 어쨌든 일제의 입장에서는 고종의 계략에 꼼짝없이 당한 셈이었다. 그렇게 당한 이유를 일제는 이렇게 정리했다.

"생각건대 이번 사변은 실로 작년 11월 28일에 일어났던 사변에 기인하는 것입니다. 이범진, 이윤용, 이완용 등 당시 그 사변에 관여했던 주모자들은 그 후 모두 러시아와 미국 공사관에 잠복해 있었습니다. 또 러시아 공사관에는 항상 수십 명의 호위병을 배치하고 크게 경계를 하고 있었는데, 올해에는 호위병을 교대할 때마다 병력을 늘려 점차 증원했습니다. 요사이 계산해 보니 적어도 40~50명이 증원되었다고 합니다. 그런데 지난 10일에 또 인천항으로부터 107명의 무장병이 대포 1문을 이끌고 입경했다는 보도가 있었던 것을 보고 이번 러시아 공사관의 증병 움직임은 분명 깊은 음모가 있을 것이라 생각했습니다. 그래서 조선 내각에서는 그날 밤부터 특별히 순검 70명을 증원해서(평상시는 30명) 궁중호위를 엄히 했습니다. 또한 우리 수비대에서도 은밀하게 경계를 하고 있었습니다. 그런데 이 어찌 예측이나 했겠습니까? 다음날 11일 새벽, 대군주(고종)는 일본당日本黨 대신 중에 지난해 10월 사변(을미사변)과 같은 음모를 꾀하는 자가 있으니 급히 외국 공사관에 피신해야 한다는 거짓 밀고를 받자마자 몹시 두려워한 나머지 마침내 세자와 함께 궁녀들이 타는 가마를 타고 경비의 허점을 틈타 밖으로 나와 러시아 공사관으로 갔는데, 이를 저지하는 사람이 없었다고 합니다. 궁녀가 가마를 타고 궁중을 출입하게 된 연유에 관해서는, 작년 11월 28일 사변(춘생문 사건)이 일어난 후 종전과 같이 궁녀가 출입할 때에는 가마를 내리게 해서 도보로 출입하게 하는 것은 대단히 무례하다는 설이 있어 국왕을 위시하여 흥선대원군도 이러한 거동에 동의하지 않아 끝내는 그 뒤로 부인만은 가마를 탄 채 출입하는 것을 허용하게 되었습니다. 이런 뜻이 수위병들에게 전달되어 이날 여자용 가마가 밖으로 나가는 것을 보고도 수위병이 조금도 이를 허물하지 않은 것을 보면 사전의 밀계密計가 때마침 적중한 것이라고 말해도 좋을 것입니다."

(『주한일본공사관기록』 주한변리공사 소촌수태랑小村壽太郎이 일본외무대신 서원사공망西園寺公望에게 보낸 1896년 2월 13일자의 기밀보고)

황제가 된 것은 새로운 통합과 도약의 전기였다

고종은 러시아 공사관으로 파천하면서 왕태후 홍씨와 태자비 민씨를 러시아 공사관에 가까운 경운궁으로 옮겼다. 장차 고종 자신도 경운궁으로 가기 위해서였다. 경운궁은 러시아 공사관에 가깝기도 하려니와 미국 공사관, 프랑스 공사관, 독일 공사관 등 외국 공사관들에 둘러싸여 있어 경복궁이나 창덕궁에 비해 상대적으로 안전했다.

고종이 러시아 공사관으로 파천하자 환궁 여론이 들끓었다. 고종 스스로도 파천직후부터 환궁을 준비했다. 물론 경복궁이 아니라 경운궁으로의 환궁준비였다. 고종은 을미사변의 악몽이 서려있는 경복궁으로는 절대 돌아가려 하지 않았다.

고종은 우선 홍태후와 민태자비를 위한다는 명분으로 경운궁을 수리하도록 했다. 이때 홍태후와 민태자비를 위해 수인당壽仁堂과 태자궁太子宮이 마련되었다. 고종은 러시아 공사관에 머무는 중에 수시로 경운궁으로 행차하여 외국 공사들을 접견하기도 했다.

고종은 1896년(고종 33) 8월 10일에 다시 명령을 내려 경운궁을 재차 손보도록 했다. 8월 23일에는 경복궁에 모시고 있던 명성황후 민씨의 혼백魂帛과 유골 그리고 어진도 경운궁으로 옮기도록 했다. 왕실의 관행상, 왕이 다른 궁궐로 옮기게 되면 먼저 어진을 옮기는 것이 관행이었다. 따라서 고종은 조만간 경운궁으로 환궁하겠다는 의지를 천명한 셈이었다. 고종은 어진을 옮기라는 명령을 내린 지 반년쯤 후인 1897년(고종 34) 2월 20일에 경운궁으로 환궁했다. 그리고 8개월 후인 10월 12일 환구단圜丘壇에서 황제 즉위식을 거행함으로써 황제에 올랐다. 이로써 우리나라는 역사상 처음으로 대내외적으로 공인받는 황제의 나라가 되었다.

황제국의 주권자는 '황제'였으므로 '왕'이라고 하는 용어는 더 이상 최고 권력자를 지칭하지 않게 되었다. 그 대신 왕 또는 친왕親王은 봉작명으로 바뀌었다. 예컨대 영왕, 또는 영친왕처럼 황제의 아들 또는 황제의 형제들에게 수여되는 작위의 명칭이 되었던 것이다.

그런데 엄밀하게 말하면 고종은 왕으로 있다가 곧바로 황제가 된 것이 아니었다. '대군주大君主'라는 중간 단계를 거쳐 황제가 되었다. 고종이 왕에서 대군주로 된 것은 일제의 영향력 아래에서였다. 일제는 1894년의 동학농민봉기를 기화로 군대를 파견하고 경복궁을 점령했는데, 이런 상황에서 일제는 조선의 독립이라는 미명하에 청나라와의 관계를 단절시키고자 했다. 당시 조선이 황제국을 선언한다는 것은 청나라의 영향력에서 완전히 벗어나겠다는 선언과 마찬가지였다. 그것은 분명 청나라로부터의 자주독립을 의미하기도 했지만 반대로 일제에의 예속을 의미하기도 했다. 당시의 일본공사 대조규개大鳥圭介는 고종에게 황제에 즉위할 것은 물론, 연호의 사용과 단발斷髮 등을 강력하게 요구했다. 그때 대조규개의 요구대로 했다면 고종은 벌써 황제에 즉위했을 것이다.

하지만 당시 일제가 무엇을 의도하는지 알고 있던 고종은 황제에 즉위하기를 거부했다. 그 결과 타협안으로 '황제' 대신 '대군주'라는 칭호를 사용하게 되었다. 하지만 당시 황제라는 말만 안 썼을 뿐이지 '건양建陽'이라는 연호도 썼고, '대군주'의 존칭으로 '폐하陛下'라는 말도 썼으며 단발령까지 시행함으로써 대부분 일제의 의도대로 되었다. 그런 면에서 대군주라는 칭호에는 일제에 대한 고종의 저항이 담겨 있었다고 하겠다.

고종의 아관파천 기간 중에 나라의 독립과 자주를 열망하는 여론이 높아졌다. 백성들은 고종의 환궁을 요구하는 한편 황제로 즉위할 것을 요청했다. 고종이 황제에 즉위한다면 그것은 명실상부 자주독립국가임을 만천하에 선포하는 것이라 생각했던 것이다.

원래 황제라고 하는 용어는 중국의 진시황제가 처음 사용했다. 진시황제의 '시황제始皇帝'란 '최초의 황제'라는 의미였다. 진시황제가 황제

환구단 고종이 황제에 오르기 위해 천지신명에 제사한 제단이다.

라는 칭호를 쓰기 전에는 왕이라고 불렸다. 왕은 중국의 춘추전국시대에 최고 권력자였기에 진나라를 포함하여 전국시대의 이른바 전국 칠웅이라고 하는 일곱 나라의 지배자는 모두 왕이었다.

전국 칠웅을 통일한 진시황제는 왕이라는 용어로는 자신의 공업을 나타내기에 부족하다고 생각했다. 왕은 자신에게 정복된 지배자들이었으니, 그런 왕을 정복한 자신은 왕과 구별되는 특별한 칭호를 가져야 한다고 생각했다. 그래서 진시황제는 신하들에게 왕보다 더 존귀한 호칭 즉 존호尊號를 조사해서 보고하게 했다. 그때 신하들은 '옛날에는 천황天皇, 지황地皇, 태황泰皇이 있었는데, 이 중에서 태황이 가장 존귀합니다.'라고 하면서 '왕'을 '태황'으로 바꾸자고 건의했다. 태황은 달리 '인황人皇'이라고도 했다. 태황이나 인황은 사람 중에서 가장 존귀한 존재라는 의미였다. 이 건의가 그대로 받아들여졌다면 진시황은 '진시황제'

가 아니라 '진시태황' 또는 '진시인황'이 되었을지도 모른다.

그런데 진시황은 태황 또는 인황이라는 칭호가 불만스러웠는지 태황 대신에 '황제'로 바꾸게 했다. 『사기』에 의하면, 진시황은 태황이라는 칭호에서 '태泰 자를 버리고, 상고시대의 제帝라는 호칭을 채용해서 황제라고 하라.'고 했다고 한다. 그래서 황제라고 하는 칭호가 탄생했던 것이다. 이처럼 중국에서 최초의 황제란 천황, 지황, 태황의 3황에 쓰인 황皇자와 오제五帝라고 할 때의 제帝자가 결합된 칭호였다. 3황의 '황'이란 위대하다는 뜻이거나 하늘의 신이라는 의미였으며, 오제의 '제'는 덕이 천지와 짝한다거나 하늘의 신이라는 의미였다. 결국 황제란 '공과 덕이 위대하여 천지에 짝하며 존귀하기가 하늘의 신과 같은 분'이라는 의미라고 하겠다.

고종은 일제의 강요에 의한 황제 즉위는 거부했지만 백성들의 열화와 같은 황제 즉위 요청은 거부하지 않았다. 오히려 고종은 황제 즉위에 필요한 상황을 능동적으로 조성해 나갔다. 고종은 아관파천 중에 이미 독립신문 창간과 독립문 건립을 후원함으로써 백성들의 독립과 자주 의식을 고양하는데 일조했었다.

이런 상황에서 고종이 경운궁으로 환궁하자 황제 즉위를 요청하는 상소문들이 올라오기 시작했다. 예컨대 1897년 5월 1일에는 전 승지 이최영 등이 황제 즉위를 요청하는 상소문을 올렸으며, 이어서 5월 9일에는 유학 권달섭 등이, 5월 16일에는 의관議官 임상준이 상소문을 올렸다. 고종은 '말이 옳지 못하다'고 겉으로 거부하는 뜻을 보였지만, 그렇다고 적극적으로 부정하지도 않았다. 그리 싫지 않다는 속뜻을 내비친 것이었다. 이에 조정 중신들까지 황제 즉위를 요청하게 되었고 급기야는 수백 명의 연명상소문까지 올라오게 되었다. 10월 2일에는 조정 중신들이 백관을 거느리고 황제 즉위를 간청하기에 이르렀다. 고종은 이날도 사양했지만, 다음날도 백관들의 간청이 이어지자 마침내 '대동大同한 인정을 끝내 저버릴 수가 없어서 곰곰이 생각하다 이에 부득이 따르기로 했다'며 황제 즉위를 허락했다.

고종은 길일을 골라 황제 즉위를 10월 12일에 거행하도록 했다. 그 사이 황제 즉위에 필요한 준비를 했다. 먼저 궁중 안에서 황제가 각국 사절들을 접견하는 건물의 명칭을 태극전太極殿으로 바꾸었다. 황제는 '공과 덕이 위대하여 천지에 짝하며 존귀하기가 하늘의 신과 같은 분'이므로 그런 황제가 임어하는 건물의 명칭으로는 태극전이 제격이었다. 아울러 한양의 회현방 소공동에는 환구단을 마련하고 궁내부 안에 환구단圜丘壇 사제서祠祭署도 설치했다. 황제는 환구단에서 즉위하고 또 환구단에서 천지에 제사를 지내야하기에 환구단을 담당할 부서가 필요했기 때문이다. 모든 준비를 마친 고종은 11일 오후 2시쯤에 경운궁을 떠나 환구단으로 행차했다. 환구단의 준비가 제대로 되어 있는지 확인하기 위해서였다.

경운궁의 인화문에서 소공동의 환구단에 이르는 거리에는 병사들이 도열하여 고종의 행차를 호위했다. 한양 시민들은 집집마다 태극기와 등불을 높이 내걸고 고종의 황제 즉위를 환영했다.

환구단에 도착한 고종은 준비된 제단, 제기, 희생물, 제사용품 등을 조심조심 살펴보았다. 이어서 고종은 대신들에게 국호國號 개정 문제를 제기했다. 황제에 즉위하는 역사적인 상황에서 새로운 국호가 필요하다는 이유였다. 논의결과 국호는 '조선'에서 '대한大韓'으로 바뀌었다. 고종은 옛날 고려 태조가 천명을 받아 삼한을 하나의 나라로 통일했던 것처럼, 새로 천명을 받아 황제에 오르는 그 시점에서 국호를 대한으로 고

침으로써 당시 이러 저리 갈라진 국론을 대통합하여 새로운 도약의 전기로 삼고자 했던 것이다.

일을 마친 고종은 오후 4시쯤 다시 경운궁으로 돌아갔다. 다음날 새벽 2시쯤 고종은 다시 경운궁을 나와 환구단으로 행차했다. 이번에는 천지신명에게 제사하기 위해서였다. 환구단에 도착한 고종은 황천상제皇天上帝와 황지기皇地祇의 신위神位 앞에서 제사를 올렸다. 황천상제와 황지기가 바로 천지신명이었다. 천지신명에게 직접 제사를 올려야 황제가 될 수 있었다. 천지신명에 올리는 제사가 끝나자마자 의정議政은 백관을 거느리고 고종에게 황제의 어좌에 오를 것을 요청했다. 『대례의궤大禮儀軌』에는 당시의 상황이 이렇게 묘사되어 있다.

"의정이 백관을 거느리고 망료위望燎位에서 무릎을 꿇고 아뢰기를, '천지신명에 대한 제사가 끝났으니 청컨대 황제의 옥좌에 오르소서' 했다. 여러 신하들이 옆에서 부축하고 금의金椅(황금 옥좌)에 이르러 옥좌에 앉게 했다. 백관들은 줄에 늘어섰다. 집사관이 면복안冕服案(면류관과 12장복을 올려놓을 책상)과 보안寶案(옥새를 올려놓을 책상)을 들고 왔다. 의정이 곤면袞冕(곤룡포와 면류관)을 받들어 무릎을 꿇고 면복 안 위에 올려놓았다. 의정 등이 곤면을 들어서 고종에게 입혀드렸다. 의정이 제자리로 가자 찬의贊儀가 국궁鞠躬, 사배四拜, 흥興, 평신平身하라고 창했다. 장례원掌禮院의 주사主事가 의정을 인도하여 고종 앞으로 갔다. 찬의가 무릎을 꿇고 홀을 꽂으라고 창했다. 의정은 무릎을 꿇고 홀을 꽂았다. 백관도 모두 무릎을 꿇었다. 봉보관奉寶官이 옥새 통을 열고 옥보玉寶를 꺼내 무릎을 꿇고 의정에게 주었다. 의정이 옥보를 받고 아뢰기를, '황제께서 대위大位에 오르셨으니 신 등은 삼가 어보御寶를 올립니다' 했다."(『대례의궤』 조칙, 정유[1897] 9월 17일조)

환구단 돌북 고종의 즉위 40년(1903)을 기념하기 위해 만들었다.

이것이 고종황제의 즉위식이었다. 천지신명에게 몸소 제사를 지낸 후에, 옥좌에 올라 곤면과 옥새를 받는 의식이 황제 즉위식이었던 것이다. 대한제국의 황제는 더 이상 중국 황제의 책봉을 받는 제후 왕이 아니라, 천지신명에게 책봉을 받는 천자였던 것이다. 고종은 황제가 됨으로써 나라를 일신하고 새로운 통합과 도약의 전기로 삼고자 했다.

하지만 스스로 판단하고 결정하고 책임져야 했다.

고종은 황제가 된 후 부국강병을 이루기 위해 이른바 '광무개혁'을 추진했다. 그 결과 경제, 산업, 군사 부문에서 상당부분 근대화를 성취하기도 했다. 그러나 정작 광무개혁을 추진해가는 고종 자신은 적극적이지도 못했고 과감하지도 못했다. 고종은 비록 친절하고 상냥하기는 했지만 천성적으로 추진력이 부족했고 나약했으며 겁도 많은 사람이었다.

을미사변 이전까지 고종은 항상 누군가에 의지해 살았다. 12살에 왕이 되었을 때는 대왕대비 신정왕후 조씨가 수렴청정을 했고, 그 후로는 흥선대원군이 10년간에 걸쳐 섭정을 했다. 흥선대원군이 하야한 이후로는 명성황후 민씨가 그 자리를 대신했다. 그동안 결정적인 판단력과 추진력은 고종 자신이 아닌 신정왕후 조씨, 흥선대원군, 명성황후 등에게서 나왔다.

그러나 고종이 황제에 오른 후에는 그럴만한 사람이 없었다. 고종이 총애하는 엄 상궁은 명성황후에 비견될 만한 사람이 아니었다. 고종은 이제 스스로 판단하고 결정해야 했다. 그 결과에 대한 책임도 물론 스스로가 져야 했다. 이것이 두려운 고종은 결정적인 판단을 내려야 할 때마다 무당이나 술사들에게 의지했다. 자신감이 약한 고종은 지푸라기라도 잡고 싶은 심정이었던 것이다.

고종은 황제가 되기 전에도 무당이나 술사들을 좋아한 왕이었다. 그런 성향은 을미사변 이후 더욱 심해졌다. 이런 고종이라 황제가 되어서도 사기꾼들에게 어이없이 당하는 일도 있었다. 『매천야록』에 이런 일화가 전한다.

"충주에 사는 성강호成康鎬라는 사람이 귀신을 잘 본다고 하므로 고종이 그를 불러 명성황후의 혼령을 보여 달라고 했다. 하루는 경효전에서 다례茶禮를 행하고 있는데 성강호가 갑자기 계단 아래에 엎드렸다. 고종이 그 까닭을 묻자 그는 '황후의 신령이 오셔서 지금 자리에 오르고 계십니다' 했다. 그러자 고종은 자리를 어루만지면서 대성통곡을 했다. 이때 성강호는 '그렇게 요란하게 애통해 하시면 신령이 임하지 않습니다' 라고 말했다. 이 말에 고종은 억지로 눈물을 거두었다. 이때부터 궁전이나 능에 일이 있으면 고종은 '황후가 오고 있느냐? 안 오느냐?'하고 물었다. 그는 '유명幽明이 달라 혹 강림하기도 하고 강림하지 않기도 합니다' 했다. 고종은 언제나 명성황후가 생각나면 반드시 그를 불러들였기에 그는 1년 사이에 협판이 되었다. 그의 문전은 항상 시장처럼 붐볐다."(황현, 『매천야록』 광무 3년)

경운궁으로 환궁한 후 고종을 사로잡은 술사는 정환덕鄭煥悳이라는 역술가易術家였다. 정환덕은 경상도 영양永陽 사람으로 40이 되도록 과거에 합격하지 못했다. 과거 공부를 포기한 정환덕은 어려서부터 공부한 역술易術로 출세할 생각을 했다. 정환덕은 서울에 올라와 아는 사람들을 통해 인사 청탁을 했다. 이렇게 해서 당시 전화과장이던 이재찬李在纘이 정환덕을 고종에게 추천하게 되었다. 이재찬은 정환덕을 '국가의 흥망성쇠와 인생의 길흉화복'에 통달한 사람이라고 했다. 요컨대 정환덕의 역점이 기가 막히게 잘 맞는다는 뜻이었다.

광무 5년(1901) 11월 27일, 고종과 정환덕은 경운궁의 함녕전 서온돌에서 첫 대면했다. 당시 정환덕은 40밖에 되지 않았는데 이미 머리가 허옇게 세었다. 고종은 첫 질문으로 '어쩌다가 40에 벌써 백발이 되었는지'를 물었다. 이어서 고종은 자신이 정말 알고 싶어 하는 것을 질문했다. 그것은 '한양에 도읍을 정할 때 5백년으로 한정하였고, 종묘의 정문 이름을 창엽蒼葉이라 썼다. 창蒼이라는 글자는 이십팔군二十八君이 되고 엽葉이라는 글자는 이십세二十世를 형상한 듯하다. 국가의 꽉 막힌 운수가 과연 이와 같은가?'라는 질문이었다.

고종의 질문은 자기 대에서 조선왕조가 멸망할 것인지 아닌지를 물은 것이었다. 조선후기에는 왕조의 생명이 500년이라는 예언들이 횡횡했다. 그 증거가 종묘의 정문 이름인 '창엽'이라는 것이었다. 창엽이라는 글자에는 조선이 태조 이성계 이후 20세대가 되거나 28대째 되는 임금 때에 망한다는 예언이 들어있다는 것이었다.

고종이 정환덕을 만난 1901년은 조선왕조가 세워진 지 이미 509년이 되는 시점이었다. 또한 고종은 조선의 26대 임금이었지만 세대로 치면 철종이 20세대였다. 예언대로라면 조선왕조는 철종 때에 망했거나 아니면 고종 당대 또는 늦어도 손자 대에서 망할 수밖에 없었다. 고종은 강화도조약 이래의 온갖 풍파가 혹 왕조멸망의 징조는 아닐까 두려웠던 것이다.

정환덕은 '폐하의 운수로는 정유년(1897)부터 11년의 한계가 있습니다. 이 운수는 모면하지 못할 것입니다.'라고 대답했다. 1907년까지는 고종이 황제 자리를 유지할 수 있다고 대답한 것이었다. 그 이후는 황태자가 계승할지 아니면 왕조가 멸망할지 언급하지 않았다. 그러자 고종은 '그렇다면 혹 기도한다면 꽉 막힌 운수를 피할 수 있는가?'라고 물었다. 고종은 어떻게 해서든 황제 자리를 연장하고 왕조의 운수도 연장하고 싶었던 것이다. 고종이 가장 알고 싶어 하는 것이 바로 이것이었다. 하지만 정환덕은 '인재를 얻는 방법 밖에는 없습니다'라고 대답했다. 고종은 뭔가 신통한 방법이 있을까 질문했는데 정환덕은 원론적으로 대답하고 만 셈이었다.

그래도 이 날의 만남은 고종에게 제법 인상을 주었다. 무엇보다도 고종의 황제운수가 1907년에 끝난다는 말 때문이었다. 고종은 11월 29일에 다시 정환덕을 불러 보았다. 이날 고종과 정환덕 사이에 무슨 대화가 오고 갔는지는 알 수 없다. 아마도 첫날과 비슷한 대화가 오고간 듯하다. 고종은 계속해서 어떻게 하면 왕조의 운수를 연장할까 묻고 정환덕은 덕을 닦아야 한다느니 인재를 등용해야 한다느니 원론만을 되풀이 했을 것이다. 이런 대답은 고종을 전혀 만족시켜주지 못했다. 정환덕은 마지막으로 '12월 그믐쯤에 화재의 염려가 있습니다'라는 예언을 하고 물러났다.

이날 이후 고종은 더 이상 정환덕을 부르지 않았다. 고종이 정말로 원하는 대답을 정환덕이 해주지 못했기 때문이다. 고종은 아예 정환덕을 잊어버렸다. 그런데 신기하게도 12월 그믐에 정말로 화재가 발생했다. 고종은 정환덕의 신통한 예언에 감탄했다. 해가 바뀐 광무 6년(1902) 1월 7일에 고종은 함녕전 침실에서 정환덕을 다시 만났다. 당시 그곳에는 오직 황태자와 엄비만이 들어갈 수 있었는데, 전에 딱 두 번밖에 만나지 않은 정환덕을 침실에서 만난다는 사실은 대단히 이례적인 일이었다. 그만큼 고종은 운수 또는 운명에 관심이 많았던 것이다.

고종은 '네가 그렇게 미리 알 수 있었던 것은 확정적인 운수가 있기 때문인가? 아니면 우연히 맞은 것인가? (중략) 장래 종묘사직이 편할지 아니면 위태로울지, 국가가 보존될지 아니면 망할지 임금인 나도 알지 못하겠다. 이런 것을 들을 수 있겠는가?' 하고 물었다. 고종은 명색이 황제인데도 나라가 보존될지 아니면 망할지 자신도 모르겠다고 했다. 고종은 내우외환에 휩싸인 대한제국을 살릴 자신도 없었으며 어떻게 해야 살릴 수 있는지도 잘 몰랐던 것이다. 고종은 어떻게 해서든 인간적인 노력을 통해 내우외환을 극복하기보다는 혹 그런 내우외환이 운명은 아닐까 하고 의심한 것이었다. 그것이 운명이라면 인간적인 노력보다는 운명 자체를 바꿀 수 있는 어떤 신통한 방법에 매달리고 싶었던 것이다.

정환덕의 입장에서는 참으로 대답하기 곤란한 문제였다. 신기한 예언력으로 고종에게 부름을 받았으니 어떻게든 대한제국의 미래를 예언해야 했다. 그렇다고 망한다고 예언할 수는 없었다. 그때 정환덕은 이렇게 대답했다고 한다.

> "신의 계산으로 본다면 다가오는 광무 9년(1905) 을사 11월 갑자일에 일계日計가 건괘의 초구初九로 옮겨 들어가게 됩니다. 따라서 옛 것을 개혁하고 새로운 정치로 나가는 시기입니다. 초구는 하루 종일 씩씩하고 저녁까지 조심하라는 뜻입니다. 이런 시국을 당하여 국가의 형세는 날이 갈수록 위태하고 어렵습니다. 충신과 열사가 서로 죽기를 다투며 조정과 재야가 함께 힘써야 할 것입니다. 이 밖에도 허다한 변란을 이루 셀 수가 없습니다. 엎드려 바라건대 폐하께서는 궁중의 법을 엄숙히 맑게 하시고 씩씩한 용단을 확고히 하시어 어진 신하를 친근히 하시고 소인을 멀리 하소서. 그렇게 하면 화란에서 벗어나 복록이 되며 꽉 막힌 운수는 가버리고 태평의 운수를 맞을 것입니다. 만약 그렇게 하지 않는다면 국가의 일이 어느 지경에 이를지 알 수 없습니다."(정환덕, 『남가몽南柯夢』)

정환덕은 대한제국의 미래를 광무 9년(1905)까지라고 예언했던 것이다. 주역으로 본다면 그때가 건괘 초구라고 했는데, 이 말은 묵은 것이 끝나고 새 것이 시작된다는 의미였다. 묵은 것이 끝난다는 의미는 망한다는 뜻이기도 하고, 거듭 난다는 뜻이기도 하다. 고종의 입장에서는 나라가 망하느냐 마느냐의 문제인데, 정환덕은 망한다고 하지 않고 잘 하면 더 좋아질 수 있다고 희망적으로 이야기했다.

정환덕의 신기한 역술에 감탄한 고종은 이 말도 믿었다. 정환덕의 말대로라면 대한제국은 1905년에 결정적인 전환기를 맞을 수밖에 없었다. 어떻게 해서든 그 전환기를 반전의 기회로 삼아야 했다. 그러려면 정환덕처럼 미래를 내다볼 줄 아는 사람의 도움을 받아야 했다. 이후 고종은 정환덕이 하는 말을 거의 들어주었다. 그런 면에서 정환덕은 대한제국 시기 황제의 측근 자문관이었다고 할 수 있다. 문제는 그런 자문관이 역술가였다는 점이다. 역술가의 현실 판단과 미래 비전은 말 그대로 현실보다는 역술易術에 기초했다. 그런 면에서 고종의 광무개혁은 적어도 역술만큼이나 근대적인 합리주의와는 거리가 있었다.

그것은 근본적 개혁이 아닌 꿈속의 자기 의지였다

대한제국 시기 고종황제는 어진도 자주 그리고 사진도 자주 찍었다. 그래서 현재 남아있는 어진과 사진이 제법 된다. 그런데 특이한 사실은 이런 어진과 사진에 드러난 고종 황제는 철저하게 전통적인 이미지로부터 완전히 근대적인 이미지까지 다양한 이미지를 공유하고 있다는 점이다. 그래서 어느 이미지가 고종황제의 진면목일까 하는 호기심을 불러일으키기도 한다.

고종은 광무 5년(1901) 11월 7일에 명령을 내려 자신의 어진을 그리게 했다. 이유는 다음해가 자신의 즉위 40주년이라 이를 기념하기 위해서라고 했다. 이에 따라 광무 6년(1902) 2월(음력)부터 어진을 그리기 시작하여 4월에 완성했다. 고종은 경운궁의 정관헌靜觀軒에 나가 직접 모델 역할을 했는데, 그때 면복본冕服本, 익선본翼善本, 군복본軍服本 등 세 가지의 어진을 그렸다. 면복본은 면류관을 쓴 어진이고 익선본은 익선관을 쓴 어진이며 군복본은 군복을 입은 어진이었다.

당시에 그려진 익선본의 어진은 현재 원광대학교 박물관에 보존되고 있는 익선본 어진을 통해 추정해 볼 수 있다. 이 어진은 1900년쯤 그려졌는데 1902년에 그려진 어진과 유사할 것이라 생각된다. 원광대학교에 소장된 어진은 전통적인 이미지를 완벽하게 보존하고 있다. 어진 속의 고종 황제는 익선관을 쓰고 곤룡포를 입은 상태로 용상에 앉아 있다. 익선관이나 곤룡포는 조선시대 왕들이 평상시 근무할 때 입는 복장이었다. 고종 황제가 착용한 익선관이나 곤룡포는 그 형태가 조선시대 왕들의 것과 동일하다. 배경에 쓴 일월오봉병日月五峯屛도 조선시대의 이미지와 다를 것이 없다. 신고 있는 신발도 마찬가지이다. 다만 조선시대의 왕들은 제후 왕이라 붉은 색이나 푸른 색 곤룡포를 입었던 것에 비해 고종 황제는 황색 곤룡포를 입었다는 점이 다르다. 색깔만 제외한다면 고종황제의 이미지는 조선시대 왕들의 전통적인 이미지와 별로 다를 것이 없다. 이렇게 그려진 어진은 전통시대와 마찬가지로 진전眞殿 속에 깊숙이 비장되었다. 그런 면에서 이런 어진들은 고종이 황제가 되어서도 조선시대의 전통을 그대로 계승했음을 상징한다고 할 수 있다.

이에 비해 짧게 깎은 머리를 드러낸 상태에서 서양식 군복을 입고 가슴에는 주렁주렁 훈장을 달고 옆구리에는 칼까지 찬 고종황제의 사진에서는 전통적인 이미지를 찾기 어렵다. 구두를 신은 모습에서는 전통과의 완전한 단절을 느끼게도 한다. 이 이미지가 사진이라는 점에서도 비전통적이다.

사실 짧게 깎은 머리를 드러낸 이미지 자체가 전통과의 단절을 의미했다. 고종은 을미사변 후 단발령을 반포하기에 앞서 머리를 깎았는데, 대한제국 때에도 머리를 기르지 않았다. 단발령이 반포되었을 때, 전통을 지키려는 양반유생들의 격렬한 반대가 있었다. 극단적으로는 '내 목을 자를 수는 있어도 내 머리칼을 자를 수는 없다'는 말이 나오기까지

했다. 그런 사태를 겪었지만, 대한제국 선포 이후에도 고종은 머리를 기르지 않았던 것이다. 이런 부분에서 광무개혁을 추진한 고종의 근대성을 찾아볼 수 있다. 짧은 머리와 마찬가지로 서양식 군복과 훈장도 근대문물을 상징했다.

본래 조선시대 왕이 공식적으로 입는 전통복장은 크게 면류관과 구장복九章服, 원유관遠遊冠과 강사포絳紗袍, 익선관과 곤룡포袞龍袍, 그리고 군복이었다. 면류관과 구장복은 신에게 제사할 때 입는 제례복祭禮服으로서 왕의 최고 예복이었다. 그래서 대례복大禮服이라고도 했다. 원유관과 강사포는 면류관과 구장복보다 품격이 낮은 예복으로서 일본이나 유구에서 온 사신들을 접견할 때 입는 복장이었다. 이에 비해 익선관과 곤룡포는 평상시 근무할 때 입는 복장이고, 군복은 군사훈련이나 대궐 밖으로 행차 때 입는 복장이었다.

이 중에서 군복을 제외한 왕의 복장은 대한제국 시기 때에도 색상이나 일부 문양만 빼고 그대로 사용되었다. 예컨대 면류관과 구장복의 경우, 면류관에 드리우는 9줄의 류旒가 12류로 늘었으며 구장복에 사용된 9가지 문양이 12가지 문양으로 늘어났다. 원유관과 강사포의 경우, 조선시대의 원유관은 주름을 9개 잡았지만 대한제국 때에는 주름이 12개로 늘었다. 익선관과 곤룡포는 조선시대 청색 또는 붉은색의 곤룡포가 황색으로 바뀌었다. 이런 변화는 조선시대의 제후 왕이 대한제국 시기의 황제로 변했음을 상징하는 것일 뿐 근대화와는 거리가 멀었다. 즉 황제를 상징하는 색이나 문양들은 근대문물이 아니라 동양의 전통문물이었던 것이다.

이에 비해 군복은 철저하게 근대화되었다. 고종황제가 착용한 군복은 전통과는 아무런 상관이 없었다. 모자도, 복장도 철저하게 서양식 군복이었다. 가슴에 붙이는 훈장도 전통시대에는 없던 근대문물이었다. 허리에 차고 있는 칼도 발에 신은 구두도 마찬가지였다. 이런 모습만 보면 고종황제는 전통과 단절된 근대인으로 느껴진다.

그렇다면 대한제국 시기 고종황제의 본 모습은 전통을 그대로 계승한 어진과 전통과는 단절된 군복 중 어느 이미지에 가까울까? 만약 전통을 그대로 계승한 어진이 고종의 본 모습이라면 고종은 전혀 근대화되지 않은 황제였다고 할 수 있다. 반면 전통과는 단절된 군복사진이 고종의 본 보습이라면 고종은 철저하게 근대화된 황제였다고 평가할 수 있다. 하지만 이 두 가지 모두 고종이 추구한 본 모습이 아니었다. 고종은 완전한 전통인이 되는 것도 또 완전한 근대인이 되는 것도 원하지 않았다. 고종은 자신이 전통을 계승하는 근대인이 되고자 했다. 고종은 그런 이미지로 세상 사람들에게 알려지기를 원했다. 특히 서양 사람들에게 그렇게 알려지기를 원했다.

1902년 말에 고종은 경운궁의 중화전에서 서양화가 조셉 드 라 네지에르joseph, de la neziere에게 자신의 초상화를 그리게 한 적이 있다. 네지에르가 얼굴을 스케치하는 작업이 끝나자 고종은 다시 들어가 정복을 갖추어 입고 용상에 앉았다. 당시 고종은 익선관에 곤룡포를 입었는데, 거기에 더하여 금척대수장金尺大綬章이라는 훈장을 착용했다. 고종은 전통복장과 근대문물을 결합한 모습으로 나타난 것이었다. 고종이 서양화가에게 이런 모습으로 그려지기를 원한 이유는 무엇이었을까?

"고종은 여기서도 황룡포를 걸치고 그 위에 금척대수정장金尺大綬正章과 금척부장金尺副章을 패용한 것을 볼 수 있다. 금척은 조선의 태조가 왕위에 오르기 전에 꿈에 금척을 얻었는데 이로부터 나라를 세워 왕통을 전하게 되

군복을 입은 고종 전통과 단절된 모습의 고종

었기에 천하를 다스린다는 뜻을 담고 있다. 그러므로 새로 건축된 경운궁 중화전과 그 속에 놓인 황금빛의 옥좌와 오봉병 그리고 전통적인 황제의 상징인 황룡포와 금척훈장으로 구성된 이 삽화는 하늘로부터 부여받은 황제의 정통성을 고종 자신이 보다 적극적으로 드러내고 있음을 보여준다. 동시에 전통복식 위에 걸친 대수정장과 훈장은 대한제국이 단순히 과거의 황제국이 아니라 국제적 질서에 편입하는 신흥제국임을 드러내준다. 결국 어진의 전통적 도상을 모르는 서양인이 자신의 눈으로 본 그대로 그린 이 삽화는 조선왕조의 정통성을 이은 전제군주이자 동시에 근대 국가의 군주임을 자처한 고종의 의도를 그대로 보여주게 되었다." (권행기『사진 속에 재현된 대한제국 황제의 표상』)

고종이 전통적인 익선관과 곤룡포 위에 더한 금척대수장은 고종의 근대화를 상징했다. 이 금척대수장은 대한제국 시기 최고의 훈장으로서 황족만이 사용할 수 있었다. 고종황제가 서양식 군복을 입었을 때 착용한 훈장도 바로 금척대수장이었다.

그런데 금척대수장은 태조 이성계가 꿈에서 받았다는 금척金尺을 상징하는 훈장이었다. 훈장은 정 중앙의 태극을 중심으로 열십자 형태의 금척과 백색광선 그리고 오얏꽃 문양으로 조각되었다. 중앙의 태극은 하늘의 태양, 금척은 태조 이성계가 꿈에서 받은 황금 자, 백색광선은 태양 빛 그리고 오얏꽃은 전주 이씨를 상징했다. 이 훈장을 황색의 띠에 달아 오른쪽 어깨에서 왼쪽 허리에 드리웠는데, 훈장은 왼쪽 허리부분에 위치했다. 또한 왼쪽 가슴에도 이 훈장을 달았다. 띠에 매단 훈장을 정장正章, 왼쪽 가슴에 다는 훈장을 부장副章이라고 했다.

고종황제는 꿈속의 금척을 바탕으로 근대문물을 수용하고자 했다. 고종황제가 광무개혁 때 제창한 '구본신참舊本新參' 또는 '법고창신法古創新'에서 '구본'이나 '법고'의 핵심은 바로 꿈속의 금척이었던 것이다. 그런 면에서 고종황제가 의지한 역술은 또 하나의 꿈속의 금척에 지나지 않았다.